陽新堂主人

秘伝
実験

神仏霊妙開運大秘書

八幡書店

秘傳
實驗

神佛靈妙開運大秘書目次

○救民妙藥

—目次終—

緒《ちよ》言《げん》

呪《まじな》ひ方術《はうじゆつ》と言《い》へば社會《しやくわい》一般《ぱん》、輕蔑《けいべつ》して一個《いつこ》の價値《かち》なきものとして之《こ》れを雲烟過眼《うんえんくわがん》視《し》するの徒《と》多《おほ》きも寧《いづく》んぞ知《し》らん、西洋《せいやう》、東洋《とうやう》、古今《ここん》の別《べつ》なく綿々《めん〳〵》絶《た》えず廣《ひろ》く大《おほ》きく瀰漫《びまん》して現《げん》に行《おこな》はれつゝあることを其《そ》の一二の例《れい》を擧《あげ》んかカントは大哲學者《だいてつがくしや》なり而《しか》も其《その》言《げん》に曰《いは》く祈禱《きとう》、呪《まじな》ひは人世《にんせい》の一大要義《いちだいえうぎ》なりとカイゼルと言《い》へば誰《たれ》知《し》らぬものなき歐州《おうしう》を睥睨《へいげい》しつゝある現今《げんこん》の獨逸《どいつ》皇帝《こうてい》なり皇帝《こうてい》、兵士《へいし》を送《おく》る詞《ことば》に曰《いは》く『汝等《なんぢら》之《これ》より兵火《へいくわ》の巷《ちまた》に出《い》て行《ゆ》かんとす願《ねがは》くは國旗《こくき》を辱《はづか》しむるなく朕《ちん》が祈禱《きとう》、朕《ちん》が國旗《こくき》と共《とも》に進《すゝ》め』とイドワードと言《い》へば英國《えいこく》の名《な》高《だか》き大皇帝《たいこうてい》なり皇帝《こうてい》、佛國《ふつこく》と大戰爭《だいせんさう》のとき神《かみ》に祈《いの》り神《かみ》に信心《しんじん》して眼《め》に滿《み》つ佛蘭西《ふらんす》勢《ぜい》を打破《うちやぶ》りて英國《えいこく》の國旗《こくき》に層《そう》一層《いつそう》の光彩《くわうさい》を發《はつ》せしめたり其《その》父王《ちゝわう》も又《また》深《ふか》く神《かみ》を信仰《しんかう》せり其《そ》の出陣《しゆつぢん》の際《さい》

父王《ちゝわう》一人《ひとり》、一室《いつしつ》に金《きん》の鎖《くさり》を下《おろ》し香《かう》を炷《た》きて清坐《せいざ》し良久《やゝひさし》く神《かみ》を祈《いの》られけるッは太子《たいし》が出陣《しゆつぢん》の爲《た》めに神《かみ》の擁護《ようご》を垂《た》れて戰爭《せんさう》の際《さい》、年若《としわか》き太子《たいし》に過《あやま》ちなからんことを祈《いの》られしなり

其《そ》の勝《かつ》て歸《かへ》るや斯《かゝ》る大勝利《だいしようり》を得《え》しことは皆《みな》、神《かみ》の擁護《ようご》と利益《りやく》に倚《よ》るものとして父王《ちゝわう》

と太子《たいし》(イドワード)と全《ぜん》軍《ぐん》殘《のこ》らず地《ち》に膝《ひざ》を折《をり》敷《しき》て神《かみ》を拜《はい》して其《そ》の惠《めぐ》みと勝《しよう》利《り》とを謝《しや》し奉《たてまつ》れりシャンダークは幼《えう》少《さう》より能《よ》く神《かみ》に信《しん》心《じん》しければ佛《ふつ》國《こく》の將《ま》さに亡《ほろ》びんとする危《き》機《き》一髮《ぱつ》の國《こく》運《うん》を救《すく》ひて大《おほい》に英《えい》軍《ぐん》を打《うち》破《やぶ》りてチャーレスを目《め》出《で》度《たく》、皇《くわう》帝《てい》の位《くらゐ》に即《つか》しめたり、ワシントン曰《いは》く神《かみ》及《およ》び神《かみ》の語《ご》に付《つい》ては宜《よろ》しく恭《けう》敬《けい》なれとフランクリン曰《いは》く神《かみ》を信《しん》仰《かう》せよ祈《き》禱《たう》を忽《ゆるが》諸《せ》にすること勿《なか》れと夫《そ》れフランクリンと言《い》ひワシントンと言《い》ひイドワードと言《い》ひシャンダークと言《い》ひカイゼルと言《い》ひ何《いづ》れも名《めい》將《しやう》、皇《くわう》帝《てい》、偉《ゐ》人《にん》、學《がく》者《しや》にして西《せい》洋《やう》文《ぶん》明《めい》國《こく》のチャキ〳〵なり、チャンピオンなり然《さ》れど之《これ》を排《はい》除《ぢよ》輕《けい》蔑《べつ》せざるのみか否《いな》、大《おほい》に之《こ》れに向《むかつ》て尊《そん》敬《けい》の意《い》を拂《はら》ひ誠《せい》意《い》誠《せい》心《しん》を以《もつ》て之《こ》れを行《おこな》ひつゝあるにあらずや豈《あ》に唯《た》だ西《せい》洋《やう》のみならんや世《せ》界《かい》の三大《だい》聖《せい》人《じん》たる釋《しや》迦《か》も其《そ》の靈《れい》山《せん》に於《おい》て說《せつ》法《ぽふ》せられし時《とき》に曰《いは》く「我《わ》れ佛《ぶつ》道《だう》を勵《はげ》みてより娑《しや》婆《ば》世《せ》界《かい》を往《わう》來《らい》すると八千度《たび》、然《しか》るに善《ぜん》日《じつ》に當《あたつ》ては轉《てん》輪《りん》聖《せう》王《わう》の位《くらゐ》に預《あづか》り惡《あく》日《にち》に當《あたつ》ては鬼《き》神《しん》外《げ》道《だう》の難《なん》を受《う》く、況《いは》んや我《われ》に及《およ》ばざる弟《てい》子《し》諸《しよ》人《にん》に於《おい》ては豈《あ》に日《ひ》を擇《えら》ばざるべけんや善《ぜん》日《じつ》を擇《えら》んで事《こと》を行《おこな》ひ惡《あく》日《にち》を避《さ》くるに祈《き》禱《たう》を以《もつ》てし福《ふく》を招《まね》き幸《さいはひ》を迎《むか》ふることそ之《こ》れぞ人《じん》世《せい》の至《し》福《ふく》なりと耶《や》蘇《そ》も朝《てう》夕《せき》祈《き》禱《たう》しければ其《そ》の餘《よ》流《りう》を汲《く》める敎《けう》徒《と》は今《いま》も猶《な》も怠《おこた》らず毎《まい》週《しう》祈《き》禱《とう》しつゝあるとは諸《しよ》君《くん》の常《つね》に目《もく》覩《と》耳《じ》聞《ぶん》する所《ところ》、孔《こう》子《し》曰《いは》く『神《しん》を祭《まつ》る神《しん》、在《いま》すが如《ごと》し』と之れは神《かみ》の前《まへ》へ出《で》ては十分《ぶん》に誠心《せいしん》誠意《せいい》を籠《こ》めて神《かみ》が其人《そのひと》の前《まへ》に居《を》るが如《ごと》く恭敬《けうけい》の意《い》を表《へう》せんければならぬ、神《かみ》と言《い》ふものは極《ご》く尊《たつと》く極《ご》く貴《たつと》きものであるからと中江《なかえ》藤樹《とうじゆ》は諸君《しよくん》も知《し》らるゝ通《とほ》り近江《あふみ》聖人《せいじん》と言《い》はれて名《な》高《だか》き方《かた》であるが其人《そのひと》も

千早《ちはや》振《ふ》る神《かみ》の心《こゝろ》は月《つき》なれや
參《まゐ》る心《こゝろ》の中《うち》に映《うつ》ろふ

と一首《いつしゆ》の歌《うた》を詠《よ》まれたり其《その》歌《うた》は孔子《こうし》が『神《しん》を祭《まつ》る神《しん》在《いま》すが如《ごと》し』と言《い》はれしと同《おな》じ意味《いみ》てす吉備《きび》大臣《だいじん》は毎朝《まいあさ》起《お》き出《いづ》るや鏡《かゞみ》に對《たい》して我《わ》が顏色《がんしよく》、五體《たい》、衣服《ゐふく》總《すべ》ての身装《みなり》を能《よ》く振返《ふりかへ》り見《み》て之《こ》れては整頓《せいとん》して居《を》るか整頓《せいとん》して居《ゐ》ぬか何方《どこ》が惡《あし》きか何方《どこ》が善《よ》きかと身装《みなり》より心《こゝろ》の中《うち》を正《たゞ》しくし而《しか》して後《のち》朝庭《てうてい》へ出《い》でられしと言《い》ふことも博覽《はくらん》なる諸君《しよくん》の百《ひやく》も御承知《ごしようち》のことならん加持《かぢ》、祈禱《きとう》、呪《まじな》ひと云《い》へば言葉《ことば》は別々《べつ／＼》であるけれど之《こ》れを一括《いつくわつ》して言《い》ふときは神《かみ》の事《こと》である佛《ほとけ》の事《こと》である神佛《しんぶつ》を敬《うやま》へ神佛《しんぶつ》に向《むかつ》て懺悔《さんげ》し、過《あやま》ちを改《あらた》め、善心《ぜんしん》に立返《たちかへ》るから今《いま》までの不良《ふりやう》、非行《ひかう》を赦《ゆる》し給《たま》へ滅《めつ》し給《たま》へと眞心《まごころ》から御詫《おわ》びすることとなり御詫《おわ》びさへすれば其《そ》れて善《ぜん》に向《むかつ》て萬事《ばんじ》行《ゆ》くものとす故《ゆゑ》に何事《なにごと》でも早《はや》く懺悔《さんげ》するが肝心《かんじん》なり、善《ぜん》に向《む》くのが一番《ばん》なり善《ぜん》にさへ向《む》くときは福《ふく》は來《きた》るもの

とす故《ゆゑ》に易《えき》經《けう》にも『積《せき》善《ぜん》の家《いへ》に餘《よ》慶《けい》あり』と言《い》はれてあり支《し》那《な》の西門豹《せいもんのへう》と云《い》ふ人《ひと》は今《いま》までの不良行爲《ふりやうかうゐ》を止《や》めて大《おほい》に善《ぜん》に向《むか》ひたれば其《それ》より人《ひと》々《〴〵》に愛《あい》せられて福《ふく》分《ぶん》も四方《はう》より聚《あつ》り來《きた》れり文覺上人《もんがくしやうにん》は他《た》人《にん》の妻《つま》に戀《れん》慕《ぼ》して其《その》妻《つま》が自《じ》害《がい》したら之《こ》れは已《おれ》が惡《わる》かつたとて大《おほい》に前非《ぜんひ》を後悔《こうくわい》し佛《ぶつ》に向《むか》つて懺悔《ざんげ》し那《な》智《ち》の瀧《たき》に身《み》を打《う》たれ水《みづ》に揉《も》まれ荒《あら》行《げふ》をしたりければ後《のち》には立派《りつぱ》なる和尚《おしやう》樣《さま》となれり北條時政《ほうでうときまさ》は三《み》島《しま》の神《じん》社《じや》へ三七日の願《ぐわん》を掛《か》け武運《ぶうん》の長久《ちやうきう》と子《し》孫《そん》の繁《はん》榮《えい》を祈《いの》つたら其《そ》の滿願《まんぐわん》の夜《よ》、夢《ゆめ》に龍《りう》神《じん》來《きた》り何事《なにごと》か言《い》ひつゝあるかと思《おも》ふ折《をり》、不斗《ふと》、眼《め》が覺《さ》めて手《て》の中《うち》を見《み》れば三つの鱗《うろこ》を握《にぎつ》て居《を》れり之《こ》れより北條《ほうでう》は三鱗《みつうろこ》を旗章《はたじるし》としてとう〳〵北條《ほうでう》九《く》代《だい》の天下《てんか》の運《うん》を開《ひら》き源頼朝《みなもとのよりとも》が未《いま》だ天下《てんか》を取《と》らす伊豆《いづ》の蛭《ひる》ヶ小《こ》島《じま》に居《をら》れし前後《ぜんご》、八幡《まん》樣《さま》に願掛《ぐわんか》けて申《まう》されるのに願《ねがは》くは一國《いつこく》の領主《りやうしゆ》として下《くだ》さい、然《しか》らざれば北條《ほうでう》の恩《おん》に報《むく》いて下《くだ》さるやうにと誠心《せいしん》を籠《こ》めて祈願《きぐわん》を掛《か》けたれば遂《つひ》に天下《てんか》を取《と》るの▲運《うん》を開《ひら》きたり

誠《せい》心《しん》通《つう》達《たつ》すれば
天《てん》遠《とう》きにあらず
善《ぜん》事《じ》を奉《ほう》行《かう》すれば
福《ふく》自《おのづか》ら來《きた》る

大職冠藤原鎌足《たいしよくくわんふぢはらのかまたり》は千《せん》体《たい》佛《ぶつ》を崇《あが》め祭《まつ》りて藤《ふじ》原《はら》氏《し》の運《うん》を開《ひら》き御《み》堂關白《どうくわんぱく》道《みち》長《なが》は寺《てら》を建《た》て熱《ねつ》心《しん》に祈《き》願《ぐわん》を籠《こ》めたれば道《みち》隆《たか》の盛《せい》大《だい》なる權《けん》勢《せい》を壓《あつ》倒《たう》して遂《つい》に其《その》家《いへ》より三《さん》后《かう》を出《いだ》して其《そ》の皇《こう》后《こう》の子《こ》は天《てん》子《し》とな

り自分《じぶん》は天子《てんし》の叔父《おぢ》て何《な》に不自由《ふじゆう》不足《ふそく》なければ

此世《このよ》をば我世《わがよ》とぞ思《おも》ふ望月《もちづき》の
虧《かけ》たることもなしと思《おも》へば

と歌《うたつ》て榮耀榮華《えいようえいくわ》を盡《つく》し藤原氏《ふじはらし》第一《だいいち》の全盛《ぜんせい》を極《きは》めたり、新田義貞《につたよしさだ》北條《ほうでう》を攻《せめ》るとき稲村《いなむら》ケ崎《さき》を通《とう》らんとしけるに海波《かいは》逆谷《さかない》て通《とふ》るを得《え》ず依《よつ》て切《きツ》立《たつ》たる海岸《かいがん》に突《つツ》立《たつ》て『我《わ》れ國家《こくか》の爲《た》めに義兵《ぎへい》を擧《あ》げ逆賊《ぎやくぞく》北條《ほうぜう》を倒《たふ》し一天萬上《いつてんばんじやう》の天皇陛下《てんくわうへいか》の御難儀《ごなんぎ》を救《すく》ひ奉《たてまつ》らんとすれば龍神《りうじん》願《ねがは》くは臣《しん》の微衷《びちう》を察《さつ》して此海《このうみ》の水《みづ》を退《しりぞ》け給《たま》へ』と合掌《がつしやう》默祷《もくとう》しければ至誠《しせい》の徹《てつ》する所《ところ》神《かみ》も其《そ》の志《こゝろざし》に感《かん》じけん忽《たちま》ち海水《かいすい》退《しりぞ》きて漫々《まん〳〵》たる海上《かいじやう》も干潟《ひかた》となり依《よつ》て兵士《へいし》先《せん》を爭《あらそつ》て鎌倉《かまくら》に討入《うちい》り健戰激闘《けんせんげきとう》遂《つひ》に北條《ほうでう》を亡《ほろぼ》したり山中鹿之助《やまなかしかのすけ》は三日月《みかづき》様《さま》を信仰《しんかう》し『願《ねがは》くは我《わ》が力《ちから》を以《もつ》て一旦《いつたん》亡《ほろ》びたる尼子《あまこ》の家《いへ》を再興《さいこう》なさしめ給《たま》へ助《たす》け給《たま》へ』と明《あ》け暮《く》れ熱血《ねつけつ》を絞《しぼ》りて祈願《きぐん》したりければ遂《つひ》に望《のぞ》み通《どほ》り尼子《あまこ》を再興《さいこう》して今《いま》ても其《そ》の英名《えいめい》は活動寫眞《くわつどうしやしん》までに顯《あらは》れ居《を》れり那須與市宗高《なすのよいちむねたか》は壇浦《だんのうら》で扇《あふぎ》の的《まと》を射《い》らんとせしに折《をり》しも風吹《かぜふ》き波《なみ》搖《ゆ》れて動搖《どうよう》定《さだ》ず若《も》し射損《ゐそん》じたら之《これ》ぞ我《わ》が一身《いつしん》の不名譽《ふめいよ》のみならず併《あは》せて源家《げんけ》の不名譽《ふめいよ》、義經公《よしつねこう》に對《たい》して謝《しや》する辭《ことば》なし、如《し》かじ之《こ》れ

○至誠《しせい》の集《あつま》る所《ところ》鬼神《きしん》感《かん》ず
○至誠天地《しせいてんち》を動《うごか》す

を神《かみ》に祈《いの》らんものと默禱《もくとう》、良《やゝ》あッて一發《いっぱつ》ヒヤウと射《い》れば扇《あふぎ》はひら〳〵要《かなめ》を射《い》られて海上《かいじやう》遙《はる》か落《お》ち行《ゆ》きたり高橋《たかはし》泥舟《でいしう》は山岡《やまおか》鐵舟《てつしう》の兄《あに》なり然《しか》るに泥舟《でいしう》、劍術《けんじゆつ》が嫌《きら》ひ、到底《とうてい》、鐵《てつ》舟《しう》に及《およ》ばざれば父《ちゝ》は泥舟《でいしう》を差措《さしおい》て弟子《でし》の鐵舟《てつしう》を家督《かとく》相續人《さうぞくにん》としたり此《こゝ》に於《おい》てか泥《でい》舟《しう》無念《むねん》の涙《なんだ》やる瀨《せ》なく之《こ》れより一心《いっしん》籠《こ》めて神佛《しんぶつ》に祈《いの》り以《もっ》て劍術《けんじゆつ》を勉强《べんきやう》したれば遂《つひ》に天下《てんか》劍術《けんじゆつ》の名人《めいじん》となりて鐵舟《てつしう》、泥舟《でいしう》、負《ま》けず劣《おと》らず其名《そのな》は共《とも》に並稱《へいしよう》せらるゝに至《いた》れり祐天上人《いうてんしやうにん》は初《はじ》め非常《ひじやう》に馬鹿《ばか》で愚《ぐ》鈍《どん》で何遍《なんべん》お經《けう》を敎《をし》へられても憶《おぼ》えざれば我《われ》も呆《あき》れ師匠《ししやう》も呆《あき》れ殘念《さんねん》無念《むねん》の極《きよく》、不動樣《ふどうさま》へ三七日《にち》の斷食《だんじき》したれば效驗《こうけん》忽《たちまち》現《あら》はれけん之《こ》れより物覺《ものおぼ》え急《きふ》によくなり遂《つひ》に天下《てんか》の大和尙《だいおしやう》となれり、二宮《にのみや》尊德《そんとく》翁《おう》は讒言《さんげん》、謗語《はうご》、脅迫《けうはく》に逢《あ》ひ二進《につち》も三進《さつち》も行《ゆ》かざる苦境《くけう》に沈《しづ》みたれば成田《なりた》不動樣《ふどうさま》に斷食《だんじき》したれば之《こ》れも效驗《かうけん》忽《たちま》ち現《あら》はれて惡漢《わるもの》ども却《かへつ》て二宮《みや》尊《そん》德《とく》翁《おう》の德《とく》の高《たか》きに感服《かんぷく》して以後《いご》能《よ》く其《そ》の言《こと》葉《ば》に從《したが》ひたり杉山《すぎやま》檢校《けんげう》は盲《めくら》で貧乏《びんぼう》で人《ひと》々《〳〵》より侮辱《ぶじよく》せられ輕蔑《けいべつ》せられ愚弄《ぐろう》せられし無念《むねん》さが骨髓《こつずい》に徹《てつ》し何《ど》うかして此《こ》の恥辱《ちじよく》を雪《すゝが》んものと江《え》ノ島《しま》辨天《べんてん》に三七日の斷食《だんじき》したれば其效《そのこう》にや德川將軍《とくがはしやうぐん》の大病《たいびやう》を治《ち》し天下《てんか》の名醫《めいい》をして舌《した》を捲《ま》かしめ、將軍《しやうぐん》後《の》ちに汝何《なんぢなに》をか欲《ほつ》するぞ、欲《ほつ》するものあらば遠慮《えんりよ》に及《およ》ばず何《なん》なりとも申《まを》すが宜《よろ》しきぞと仰《おほ》せありければ檢校《けんげう》、私《わたし》は見《み》る通《とほ》りの盲《めくら》ですから目《め》が一つ欲《ほし》くありますと[illegible]《い》へば將《し》始《はじ》め並《なら》居《ゐ》る近侍《をそば》の者《もの》ども思《おも》はずどッと笑《わら》ひ出《だ》したり将軍《しやうぐん》依《よ》つて其《そ》れ汝《なんぢ》に『一つ目《め》』を與《あた》へるぞとて本所《ほんじよ》『一つ目』に立派《りつぱ》な家屋敷《いへやしき》を與《あた》へられた珍談《ちんだん》も能《よ》く諸君《しよくん》の御存《ごぞん》じのことならん日本海《にほんかい》の海戦《かいせん》は日露《にちろ》勝敗《しようはい》の決《けつ》する所《ところ》若《も》し此《こ》の一戦《いつせん》に負《まけ》たらんには日本《にほん》の滅亡《めつぼう》となれること鏡《かゞみ》に懸《か》けて視《み》るよりも明《あきらか》なれば東郷《とうがう》大将《たいしやう》も『何卒《なにとぞ》今度《こんど》の戦争《せんそう》には露國《ろこく》を打挫《うちひしい》で我《わ》が皇國《こうこく》へ勝利《しようり》を與《あた》へ給《たま》へ助《たす》け給《たま》へ』と人《ひと》知《しれ》ず心《こゝろ》の底《そこ》て天照《てんせう》皇太神宮《こうたいじんぐう》様《さま》へ祈願《きぐわん》を籠《こ》めて、飲《の》みたい酒《さけ》も飲《の》まず一月《つき》餘《あま》りも信神《しんじん》したれば其《そ》の効験《かうけん》や忽《たちま》ち現《あら》はれけん滅茶《めつちや》〳〵に露國《ろこく》の軍艦《ぐんかん》をしたる上《うへ》に猶《なほ》も二人《ににん》の大将《たいしやう》を生擒《いけどり》して其《そ》の名《な》は高《たか》くネルソンの上《うへ》に出《い》でたり兒玉《こだま》大将《たいしやう》も奉天《ほうてん》の戦《たゝか》ひに東天《とうてん》に向《むかつ》て日本《にほん》の神々《かみ〴〵》に祈《き》願《ぐわん》を籠《こめ》たれば流石《さすが》のクロパトキンも生命《いのち》から〴〵逃《に》げ失《う》せて帝國《ていこく》萬歳《ばんざい》、萬々歳《ばんばんざい》の勇《いさ》ましき聲《こゑ》の響《ひゞき》は亜細亜州《あじあしう》を振撼《しんかん》するに至《いた》れり神武天皇陛下《じんむてんのうへいか》が厳瓮《いつべ》を丹生《にぶ》の川上《かはかみ》に沈《しづ》めて『朕《ちん》能《よ》く天下《てんか》を平定《へいてい》することを得《え》ば即《すなは》ち魚類《さかなるい》悉《こと〴〵》く酔《よ》うて此《こ》の川面《かはづら》へ浮《うか》べ』と神《かみ》に心願《しんぐわん》を籠《こ》めたれば丹生《にぶ》川《がは》の、大魚《たいぎよ》、小魚《せうぎよ》、時《とき》を移《うつ》さず悉《こと〴〵》く酔《よ》うて浮《うか》み出《い》でて之《これ》より天《てん》下《か》を平定《へいてい》して都《みやこ》を橿原《かしはばら》に定《さだ》め給《たま》へり、神功皇后《じんぐうくわうごう》、三韓《さんかん》征伐《せいばつ》のとき松浦《まつうら》の小川《をがは》の汀《ほと》りに至《いた》り木綿《もめん》針《ばり》を投《とう》じて『朕《ちん》能《よ》く三韓《さんかん》を征服《せいふく》することを得《え》ば願《ねがは》くば此《この》川《かは》の鮎《あゆ》釣《つ》れよ』と祈《いの》りければ神《かみ》や皇后《くわうごう》の篤《あつ》き志《こゝろざし》に感《かん》じたりけん忽《たちま》ち鮎《あゆ》釣《つ》れたり之《これ》より『香魚《あゆ》』の字《じ》を改《あらた》めて魚《うを》に占《うらな》ふの二字《じ》を合《あは》たて『鮎《あゆ》』の字《じ》とせり、蒙古《もうこ》十萬《まん》の軍《ぐん》が押寄《おしよ》せ來《きた》り其勢《そのいきほ》ひ甚《はなは》だ猖《しやう》獗《けつ》にして日本《にほん》六十餘州《よしう》の運命《うんめい》も危機《きき》一髪《いつぱつ》の間《あひだ》に迫《せま》りたれば後《ご》龜山《かめやま》天皇《てんのう》『身《み》を以《もつ》て國《こく》難《なん》に代《かは》らんことを日本《にほん》の八百萬《やをよろづ》の神々《かみがみ》に祈願《きぐわん》を籠《こ》めたれば』神威《しんゐ》忽《たちま》ち現《あら》はれて蒙古《もうこ》の軍勢《ぐんぜい》を殘《のこ》らず西海《さいかい》の藻屑《もくづ》と化《くわ》し去《さ》りたり、バルチック艦隊《くわんたい》が舳艫《ぢくろ》相《あひ》啣《ふく》んで對《つ》馬《しま》海《かい》峽《けう》の關門《くわんもん》を突破《とつぱ》せんとするや皇國《わうこく》の運命《うんめい》九牛《きうぎう》の一毛《いちもう》を牽《ひ》くが如《ごと》く危《あやう》かりければ皇《くわう》太后《たいこう》陛下《へいか》、御《ご》軫念《しんねん》に禁《た》へず日本《にほん》の神々《かみがみ》に祈願《きぐわん》を籠《こ》めさせければ東郷《とうごう》大將《たいしやう》の信神《しんじん》と一《いつ》致《ち》して前《せん》申《まを》す通《とほ》りの大勝大利《だいしようたいり》を得《う》るに至《いた》れり神《かみ》に信心《しんじん》し神《かみ》に祈願《きぐわん》を籠《こ》め、佛《ぶつ》に祈禱《きとう》し、佛《ぶつ》に懺悔《さんげ》し、加持《かぢ》呪《まじな》ひして或《あるひ》は國難《こくなん》を救《すく》ひ或《あるひ》は戰爭《せんさう》に打勝《うちか》ち或《あるひ》は一家《いつか》の運《うん》を開《ひら》き或《あるひ》は一身《しん》の開運《かいうん》成功《せいこう》を成遂《なしと》げ十五夜《や》お月樣《つきさん》の如《ごと》く圓《まる》く圓滿《ゑんまん》に福々《ふくぶく》しく何《な》に不自由《ふじゆう》不足《ふそく》なく金殿玉樓《きんでんぎよくろう》の裡《うち》に今日《けふ》は櫻《さくら》の花《はな》を翳《かざ》して遊《あそ》び明日《あす》は月見《つきみ》の宴《えん》に三絃《さんげん》を弄《ろう》し、清歌妙舞《せいかめうぶ》、此世《このよ》の中《うち》のあらん限《かぎ》りの幸福《かうふく》を受《う》けし御堂關白《みだうくわんぱく》道長公《みちながこう》の如《ごと》き人《ひと》もあり或《あるひ》は一ツ目《め》を貰《もら》ひて檢校界《けんげうかい》の大統領《だいとうれう》と威張《ゐばつ》て居《を》る杉山檢校《すぎやまけんげう》の如《ごと》き人《ひと》あり、或《あるひ》は物覺《ものおぼ》えがよくなりて今《いま》も昔《むかし》も多數《たすう》社會人《しやくわいじん》より尊敬《そんけい》を受《う》けつゝある祐天上人《ゆうてんしやうにん》の如《ごと》き者《もの》あり或《あるひ》は馬《うま》の小便《せうべん》、鼠《ねずみ》の腸《はらはた》も盡《つ》き果《は》てゝ飲《の》むものもなく食《く》ふものもなきにも拘《かゝは》らず意氣《いき》ます〳〵壯《さか》んに『南無妙法蓮華經《なむみやうほうれんげきやう》』のお題目《だいもく》を唱《とな》へて眼《め》に滿《み》つ明軍《みんぐん》を蔚山城外《うるさんじやうぐわい》に鏖殺《みなごろし》にしたる當年《たうねん》の鬼將軍《おにしやうぐん》、加藤清正《かとうきよまさ》の如《ごと》きあり、飛雪《ひせつ》紛々く《ふん》、鵞毛《がもう》飛《と》び鶴氅《かくせい》舞《ま》ひ滿眼《まんがん》一白《ぱく》、其《その》中《なか》、切込《きりこ》み來《きた》れる貞任《さだたふ》、宗任《むねたふ》の鋭鋒《えいほう》に、憐《あは》れむべし南風《なんぷう》競《きそ》はず流石《さすが》源賴義《みなもとのよりよし》も九死《きうし》の境《けう》に押詰《おしつ》められ將《ま》さに賊《ぞく》の刃《やいば》の露《つゆ》と消《き》えんとするや、賴義《よりよし》、無念《むねん》餘《あま》つて西天《せいてん》を仰《あふ》ぎ遙《はる》か京《きやう》都《と》、岩淸水《いはしみづ》八幡樣《はちまんさま》に祈願《きぐわん》を掛《か》けゝるや効驗《かうけん》忽《たちま》ち現《あら》はれて之《こ》れより貞任《さだたふ》、宗任《むねたふ》の軍勢《ぐんぜい》、連《れん》戰連敗《せんれんぱい》、衣川《ころもがは》の楯《たて》も守《まも》るを得《え》ず廚川《くりやがは》の城下《じやうか》に追詰《おひつ》められて討死《うちじに》し此《こゝ》に於《おい》て多年《たねん》妖雲《ようん》に閉籠《とぢこ》められし蝦夷《えぞ》の邊陲《へんすい》も再《ふたゝ》び天日《てんじつ》を拜《はい》するの太平《たいへい》の御世《みよ》となれり、之《これ》より源家《げんけ》の白旗《しらはた》は六十餘州《よしう》に威勢《ゐせい》よく堂々く《だう》、亦《また》、正々く《せい》たれば平氏《へいし》は有《あつ》ても無《な》きが如《ごと》く今《いま》の國民黨《こくみんとう》の如《ごと》き光景《こうけい》なれば其《そ》の無念《むねん》やる方《かた》なく淸盛《きよもり》、何卒《なにとぞ》、我家《わがいへ》を興《おこ》し我《わ》が運《うん》を開《ひら》き源氏《げんじ》の下《した》に付《つ》くを飜《ひるが》へして源氏《げんじ》の上《うへ》に出《いで》んとせしも、悲哉《かなしひかな》、勢微《せいび》に力弱《ちからじやく》に鯱鉾立《しやちほこたち》と成《なつ》ても其勢《そのいきほひ》に抗《かう》することを得ず依《よつ》て嚴島《いつくしま》の神社《じんじや》に『願《ねが》くは平氏《へいし》の運《うん》を開《ひら》かせ給《たま》へ若《も》し神《かみ》の力《ちから》に藉《よ》りて源氏《げんじ》を挫《ひし》いて平氏《へいし》の赤旗《あかはた》を滿天下《まんてんか》に翩々く《へん》たらしめたらんには大《だい》なる鳥居《とりゐ》を奉納《ほうなふ》せん』と熱心《ねつしん》籠《こ》めて祈願《きぐわん》しければ不思議《ふしぎ》や白旗《しらはた》は次第《しだい》〳〵寢へ行《ゆき》て赤旗《あかはた》は拙る旭日《あさひ》の勢《いきほ》ひにて遂《つひ》に六十餘州《よしう》の山川《さんせん》に飜《ひるが》へり『平氏《へいし》にあらざれば人《ひと》にして人《ひと》にあらず』とて他人《たにん》の間《あひだ》を横行《わうかう》濶歩《くわつぽ》、威張《ゐば》り散《ち》らすこと恰《あたか》も今《いま》の米國《べいこく》排日《はいにち》案《あん》の勢力《せいりよく》にも彌增《いやま》すに至《いた》れり、太閤《たいかう》の母《はゝ》は日輪《にちりん》に願掛《ぐわんか》けて日吉丸《ひよしまる》を生《う》み正成《まさしげ》の親《おや》は志貴山《しきさん》の神《かみ》に祈《いの》りて正成《まさしげ》を生《う》み孔子《こうし》の両親《れうしん》は尼山《ぢさん》に祈《いの》りて孔子《こうし》を生《う》み、橘姫《たちばなひめ》は相摸灘《さがみなだ》にて難船《なんせん》の際《さい》、良《をつ》人《と》、日本武尊《やまとだけのみこと》を救《すく》はんとて『願《ねがは》くは妾《せう》の身《み》を以《もつ》て此《こ》の難船《なんせん》を救《すく》ひ給《たま》へ良人《をつと》の生命《いのち》を助《たす》け給《たま》へ』と言《い》ふ聲《こゑ》、もろともに狂瀾《きやうらん》怒濤《どとう》の中《うち》に身《み》を沈《しづ》めければ不思議《ふしぎ》や今《いま》まで荒《あ》れに荒《あ》れたる大風《たいふう》も大波《おほなみ》も忽《たちま》ち、千里《せんり》一碧《いつぺき》、鏡面《きやうめん》の如《ごと》くなりて海上《かいじやう》難《なん》なく日本武尊《やまとだけのみこと》は上總《かづさ》に上陸《じやうりく》することを得《え》たり義貞《よしさだ》は寶劍《ほうけん》を海《うみ》に投《とう》じて龍神《りうじん》に祈《いの》りて海《うみ》の水《みづ》を退《しりぞ》かしめ、橘《たちばな》姫《ひめ》も龍神《りうじん》に祈《いの》りて日本武尊《やまとだけのみこと》の難《なん》を救《すく》ひ、此《こ》れと言《い》ひ彼《か》れと言《い》ひ世《よ》を隔《へだ》つる千有餘年《せんいうよねん》と雖《いへど》も其揆一《いつ》なり神《かみ》の御利益《ごりやく》や著《いちじ》るしと謂《い》はざるを得《え》ず且《か》つ夫《そ》れ呪《まじな》ひの傳《つた》はるや久《ひさ》し『神代《じんだい》の卷《まき》』に曰《いは》く大《おほ》巳貴《なむちの》命《みこと》(素盞嗚尊の子にして世俗之を大國様と云ふ)少彦命《すくなひこなのみこと》と國土《こくど》を經營《けいえい》し人物《じんぶつ》を愛惜《あいせき》し災《わざはひ》を禳《はら》ひ病《やまひ》を療《れう》し醫藥《いやく》禁厭《きんよう》の法《はふ》を定《さだ》め百姓《せい》聊賴《れうらい》すとあり禁厭《きんよう》とは呪《まじな》ひのことにて聊賴《れうらい》とは其《そ》れに賴《よ》て百姓《せう》が慰藉《いせき》を與《あた》へられて心《こころ》を安《やす》んじ煩悶《はんもん》苦痛《くつう》の患《うれ》ひなく寔《まこと》に安泰《あんたい》に安穩《あんをん》に此世《このよ》を送《おく》ることが出來《でき》たと云《い》ふてとなり果《はた》して然《しか》らば加持《かぢ》、祈禱《きとう》、呪《まじな》ひ、祈願《きぐわん》、信神《しんじん》などは一顧《いつこ》の價値《かち》なしとして大善智識《だいぜんちしき》の爲《な》さざるものなるか將《は》た英雄豪傑《えいゆうがうけつ》の行《おこな》はざる所《ところ》のものなるか之《こ》れを行《おこな》ふものは單《たん》に御幣擔《ごへいかつ》ぎに過《す》ぎざる者《もの》なるかヽは辨《べん》ずる必要もなく古今《ここん》の歴史《れきし》に徴《てう》し諸君《しよくん》の胸《むね》に手《て》を當《あ》てて考《かう》一考《いつかう》したらんには疑《ぎ》團忽《たちま》ち解《と》けて明瞭《めいれう》に判然《はんぜん》に了解《れうかい》せらるゝならん

義家《よしいへ》、忠明《たゞあきら》、觀修《くわんじゆ》の妙術《みやうじゆつ》

御《み》堂關白《だうくわんぱく》(藤原道長)御齋《おんさい》みにて引籠《ひきこも》り居《を》りけるとき八幡《まん》太《た》郎《らう》義家《よしいへ》が參《まゐ》れり、其時《そのとき》既《すで》に安部晴明《あべのせいめい》、解脱寺《げだつじ》僧正《そうじやう》の觀修《くわんしう》、醫學博士《ゐがくはかせ》忠明《たゞあきら》等《ら》、居合《ゐあ》はせて關白殿《くわんぱくどの》と種々《しゆ〴〵》の物語《ものがた》りをして居《を》りける折《をり》しも奈良《なら》より早瓜《わせうり》を献《けん》じたれど關白殿《くわんぱくどの》の御齋《おんさい》みの中《うち》なればソを受《う》けたが可《よ》いか受《う》けぬが可《よ》いかと思《おも》ひけるに幸《さいは》ひ、安《あ》部晴明《べのせいめい》其席《そのせき》に居《を》れば一《ひと》つ占《うらな》つて見《み》よと仰《おほ》せけり晴明《せいめい》占《うらな》つて後《の》ち多《おほ》くの瓜《うり》の中《なか》より其一《そのひと》つを取出《とりいだ》し此瓜《このうり》の中《なか》には毒《どく》な物《もの》あり加持《かぢ》せらるれば現《あら》はれ出《い》づべしと此《こゝ》に於《おい》て觀修《くわんしゆ》に仰《おふ》せて加持《かぢ》せよと命《めい》ず觀修《くわんしゆ》、命《めい》に應《おう》じて加持《かぢ》しければ不思議《ふしぎ》や其瓜《そのうり》は坐上《ざじやう》へ動《うご》き出《だ》して轉《ころが》り廻《まは》れば關白殿《くわんぱくどの》其《そ》れを鎭《しづ》めよと忠明《たゞあきら》に命《めい》じたりければ忠明《たゞあきら》、鍼《はり》を懷中《ふところ》より把出《とりいだ》して其《そ》れに刺《さ》せば動《うご》くこと止《や》て元《もと》の如《ごと》くとなれり、率《い》ざ、其瓜《そのうり》を割《わつ》て見《み》よと其事《そのこと》を義家《よしいへ》に命《めい》じたりければ義家刀《よしいへかたな》を拔《ぬい》て其瓜《そのうり》を割《わ》れば中《なか》に小《ちい》さな蛇《へび》あり其蛇《そのへび》は忠明《たゞあきら》が刺《さ》したる鍼《はり》に二つの目《め》を貫《つらぬ》か

れて義《よし》家《いへ》は其《そ》處《こ》ともなく斬《き》りたれど彼《か》の蛇《へび》の首《くび》をぞ暗《あん》に打《うち》切《き》りたり但《たゞ》し義《よし》家《いへ》は武《ぶ》道《だう》に長《た》け忠《たゞ》明《あき》は醫《い》術《じゆつ》に長《た》け觀《くわん》修《じゆ》は加《か》持《ぢ》祈《き》禱《とう》に長《た》け安《あ》部《べ》晴《せい》明《めい》は陰《おん》陽《やう》道《のみち》に長《た》けて其《そ》の實《じつ》驗《けん》の効《こう》を積《つ》みたればこそ斯《か》くの如《ごと》し實《じつ》に其《その》技《ぎ》の精《せい》通《つう》に至《いた》りては鬼《き》神《しん》も感《かん》動《う》せしこととならんと當《たう》時《じ》の人《ひと》々此《こ》の四《よ》人《にん》の技《ぎ》を稱《しよう》贊《さん》し合《あ》へり『離《り》婁《ろう》の聰《そう》明《めい》なるも睫《まつ》毛《げ》の幾《いく》本《ほん》あるかは知《し》り難《がた》く孔《こう》子《し》の才《さい》も器《き》中《ちう》の物《もの》は知《し》り難《がた》し』と支《し》那《な》の本《ほん》にも載《の》せてあるが安《あ》部《べの》晴《せい》明《めい》の如《ごと》きは瓜《うり》の中《なか》に毒《どく》物《ぶつ》ありと看《かん》破《ぱ》し的《てき》中《ちう》したれば其《その》才《さい》は孔《こう》子《し》よりも上《うへ》なる者《もの》か是《こ》れ皆《みな》熱《ねつ》心《しん》

○安部晴明《アベンセイメイ》ハ陰陽《オンヤウ》ノ道《ミチ》ニ精《クハ》シク専《モツパ》ラ神《シン》符《フ》ヲ以《モツ》テ衆人《シウジン》ノ禍《ワザハ》ヒヲ救《スク》ヒテ其名《ソノナ》、兒《ジ》童《ドウ》走卒《サウソツ》モ能《ヨ》ク知《シ》ル所《トコロ》、彼《カ》ノ九尾《キウビ》の狐《キツネ》玉藻前）ヲ退治《タイヂ》セシモ此人《コノヒト》ナリ

○役行者《エンノギヤウジヤ》ハ和泉《イヅミ》ノ葛城《カツラキ》山《ヤマ》ニ入《イ》リテ孔雀《クジヤク》明王《メウオウ》ノ呪《マジナ》ヒヲ修《オサ》メテ雲《クモ》ニ乗《ノ》リ仙窟《センクツ》ニ遊《アソ》ビ秘《ヒ》符《フ》ヲ以《モツ》テ諸病《シヨビヤウ》、災難《サイナン》ヲ祓《ハラ》ヒテ萬人《マンニン》ノ苦《クル》シミヲ救《スク》ヒ而《シカ》シテ富士《フジ》山《サン》、葛城《カツラキ》山《ヤマ》ヲ開《ヒラ》キシ人《ヒト》

○弘法大師《コウボフダイシ》ハ寳龜《ハウキ》五年《ネン》ニ生《ウマ》レテ支那《シナ》ニ行《ユイ》テ學《マナ》ビ學問《ガクモン》、徳行《トクカウ》、今古《コンコ》ニ高《タカ》ク眞言《シンゴン》秘密《ヒミツ》ノ法《ハウ》ヲ以《モツ》テ諸人《シヨニン》ノ苦《ク》ヲ救《スク》ヒテ大《オホヒ》ニ佛教《ブツケウ》ヲ我國《ワガクニ》ニ盛大《セイダイ》ニナセシ人《ヒト》、世間《セケン》ノ人《ヒト》カ大師《ダイシ》〳〵ト言《イ》ヒ崇《アガ》メルハ皆《ミナ》此《コ》ノ弘法大師《コウボフダイシ》ノコトニテ此人《コノヒト》ハ口《クチ》デモ右《ミギ》ノ手《テ》デモ左《ヒダリ》ノ手《テ》デモ左《ヒダリ》ノ足《アシ》デモ右《ミギ》ノ足《アシ》デモ字《ジ》ヲ書《カ》キシニ依《ヨツ》テ世人《セジン》之《コ》レヲ亦《マタ》「五筆《ヒツ》上人《シヤウニン》」トモ言《イツ》テ崇《アガ》メ尊《タツト》メリ

安部晴明　役行者　弘法大師

研究《けんきう》の効《かう》なり此事《このこと》は世《よ》にも名高《なだか》き林道春《はやしだうしゆん》の著《あら》はせし『日本百將傳《にほんひやくしやうでん》』の中《うち》に載《の》せてあれば諸君《しよくん》、御閑暇《ごかんか》の折《をり》に見《み》て余《よ》の決《けつ》して嘘《うそ》を言《い》はざることを立證《りつしやう》し給《たま》へ、又《また》文武天皇《もんむてんのう》

○安部晴明《あべのせいめい》と役行者《えんのぎやうじや》と弘法大師《こうぼふだいし》

の御世《みよ》に葛城《かつらぎ》に役小角《えんのをづの》(行者)と云《い》ふ人《ひと》あり姓《せい》は賀茂《かも》にして大和《やまと》の國《くに》、葛城上郡《かつらぎのかみのこほり》の人《ひと》なり三十餘《よ》歳《さい》にして葛城山《かつらぎやま》の岩窟《いはや》の内《うち》に居《を》つて藤《ふぢ》の皮《かは》を衣《ころも》とし松《まつ》の葉《は》を食《しよく》して業《げふ》を行《おこな》ひしが孔雀明王《くじやくみやうわう》の呪《まじな》ひを悟《さと》りてより不思議《ふしぎ》な術《じゆつ》を現《あら》はして雲《くも》に乘《の》りて仙人《せんにん》の居處《きよしよ》にも通《かよ》ひ鬼神《きしん》をも隨《したが》へて水《みづ》を汲《く》ませ薪《たきゞ》を拾《ひろ》はせ抔《など》せり或《あ》る時《とき》、葛城《かつらぎ》の峯《みね》より吉野《よしの》の金峯山《きんぷせん》の間《あひだ》に橋《はし》を架《か》けて通《かよ》ひ路《ぢ》とせんと思《おも》ひて葛城《かつらぎ》の神《かみ》の一言主《ひとことぬし》に之《こ》れを架《か》けよと言《い》ひしに一言主神《ひとことぬしのかみ》はソを憂《うれ》ひ嘆《なげ》けど而《しか》も遁《のが》れん術《すべ》なく仍《よつ》て嘆《なげ》きながら大《だい》なる石《いし》を運《はこ》びて橋《はし》を作《つく》りけるに晝《ひる》は容貌《かほかたち》見ぐるしとて夜《よる》のみ作《つく》りけるに兎角《とかく》して其事《そのこと》を果《はた》さゞりければ之《これ》を見《み》るや役小角《えんのをづの》は怒《いかり》て呪《まじな》ひを以《もつ》て神《かみ》を縛《しば》りて谷《たに》の底《そこ》に捕《とら》へ置《お》けり文武天皇《もんむてんのう》が藤原宮《ふぢはらのみや》に御在《おはし》ますとき葛城《かつらぎ》の神《かみ》が宮人《みやひと》にとりつきて役小角《えんのをづの》は國《くに》を傾《かたむ》けんとすれば早《はや》く召捕《めしと》らるべしと讒《ざん》して申上《まうしあ》げければ天皇《てんのう》驚《おどろ》き給《たま》ひて使《つかひ》を遣《つか》はして、捕縛《ほばく》せんとしければ空《そら》を飛《と》び歩《ある》きて捕縛《ほばく》することを得《え》ず依《よつ》て其母《そのはゝ》を縛《しば》り

て連《つ》れ來《き》りければ小《を》角《づの》其《その》事《こと》を聞《きい》て悲《かな》みに堪《た》へず母《はゝ》に代《かは》らんとて出《い》で來《きた》りて縛《ばく》に就《つ》きたり、依《よつ》て之《こ》れを伊《い》豆《づ》の大《おほ》島《しま》に流《なが》しけり、而《しか》して小《を》角《づの》は流《りう》人《じん》の身《み》なれども或《あるひ》は海《うみ》の上《うへ》を歩《ある》き又《また》は富《ふ》士《じ》山《さん》に通《かよ》ひ杯《など》しけるとなん、後《のち》には唐《もろ》土《こし》へも渡《わた》りけるにや道《だう》照《せう》和《を》尚《しやう》が天《てん》皇《のう》の勅《みことのり》を受《う》けて法《はふ》を求《もと》めん爲《た》めに唐《もろ》土《こし》に行《ゆ》きしとき彼國《かつくに》にて小《を》角《づの》に逢《あ》ひたりと云《い》へり扨《さ》て一《ひと》言主神《ことぬしのかみ》は小《を》角《づの》に縛《しば》られてより其《そ》の繩《なは》遂《つ》ひに解《と》けずとあり其《そ》の理《り》由《いう》に依《よつ》て久《く》米《め》路《ぢ》の橋《はし》は「中《なか》絶《た》えて」とも「渡《わた》しも果《は》てず」とも夜《よ》とは契《ち》ぎれ」とも詠《よ》めり

△岩《いは》橋《はし》の夜《よる》の契《ちぎ》りも絶《た》えぬべし　明《あ》くる佗《わ》びしき葛城《かつらぎ》の神《かみ》(右近)

△葛城《かつらぎ》や我《われ》も粂《くめ》路《ち》の橋《はし》造《つく》り　明《あ》け行《ゆ》く程《ほど》は物《もの》をこそ思《おも》へ

△中《なか》絶《た》えて來《く》る人《ひと》もなき葛城《かつらぎ》や　粂《くめ》路《じ》の橋《はし》は今《いま》もあやふし

△葛城《かつらぎ》や久《く》粂《め》路《ち》に渡《わた》す岸《きし》橋《さし》の　なか〳〵にても歸《かへ》りぬるかな

△葛城《かつらぎ》や渡《わた》す粂《くめ》路《ち》の繼《つぎ》橋《はし》の　心《こゝろ》も知《し》らず今《いま》歸《かへ》りなん

修《しゆ》驗《げん》道《だう》は佛《ぶつ》敎《けう》の一《いつ》派《ぱ》なり醍《だい》醐《ご》の僧《そう》聖《しやう》寶《ぼう》と云《い》へるもの之《これ》を起《おこ》す而《しか》して役《えん》小《の》角《をづの》を祖《そ》とし胎《たい》藏《ざう》界《かい》、金《こん》剛《がう》界《かい》の兩《りやう》部《ぶ》を旨《むね》として本《ほん》地《ち》垂《すゐ》跡《じやく》の說《せつ》を以《もつ》て神《かみ》にも事《つか》へ奉《たてまつ》りて是《これ》を兩《りやう》部《ぶ》神《しん》道《だう》とも稱《しやう》す、以《い》上《じやう》の事《こと》情《がら》は世《よ》にも名《な》高《だか》き『和《わ》歌《か》呉《くれ》竹《たけ》集《しふ》』に精《くは》しく載《の》せてあり

○魔《ま》物《もの》を切《き》り従《したが》へる呪《まじな》ひの秘《ひ》法《はふ》

魔《ま》物《もの》（バケモノ、ナドノ總ベテノ怪物ヲ云フ）の所《ところ》などへ行《ゆ》きて魔《ま》物《もの》變《へん》化《げ》を切《き》ることは如《い》何《か》なる高《かう》名《みやう》、善《ぜん》智《ち》識《しき》の者《もの》と雖《いへど》も此《こ》の秘《ひ》法《はふ》を知《し》らざれば叶《かな》ふまじきものなり之《こ》れを切《き》ることは先《ま》づ刀《かたな》の目《め》貫《ぬき》を銀《ぎん》にて摺《すり》通《とう》し其《そ》れを左《ひだり》に提《ひつさ》げて而《しか》して魔《ま》物《もの》の出《で》る所《ところ》を左《ひだり》の方《はう》より右《みぎ》の方《かた》へ「臨《りん》、兵《ぴやう》、闘《とう》、者《しや》、皆《かい》、陳《ちん》」と口《くち》て唱《とな》へながら横《よこ》に引《ひ》き又《また》「烈《れつ》、在《さい》、前《ぜん》」と言《い》ひながら縦《たて》に引《ひい》て其《そ》れを七返《へん》唱《とな》へて七遍《へん》其《それ》を行《や》りて

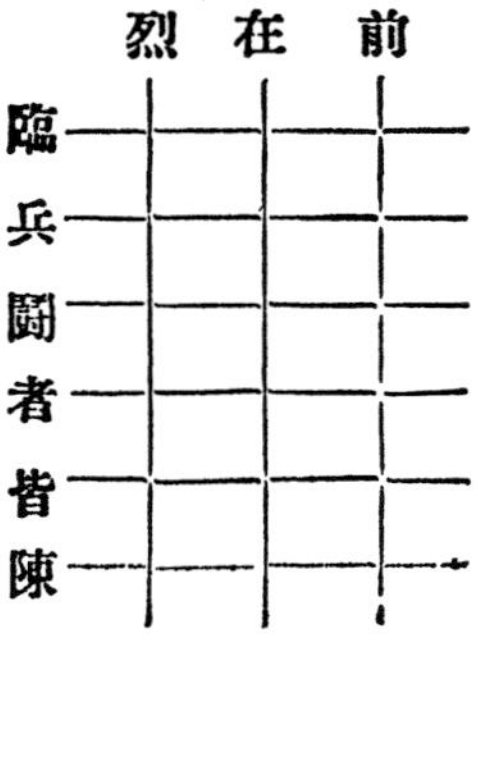

ナウチシ、ヤアル、ハカラ、イナヘイ、ソワカ

と唱《とな》へれば假《た》令《と》ひ其《そ》の魔《ま》物《もの》が手《て》に障《さは》らざるとも再《ふたゝ》び出《い》づことなし之《こ》れ魔《ま》物《もの》を切《き》り従《したが》へる秘《ひ》法《はふ》なり

○九《く》字《じ》を切《き》る秘《ひ》法《はふ》

一 臨《リン》

獨《とつ》古《こ》の印《いん》（多聞天王）

二 兵《ベウ》

大《だい》金《こん》剛《がう》輪《りん》の印《いん》（降三世明王）

三 闘《トウ》

外《げ》獅《し》子《し》の印《いん》（持國天王）

五 皆《カイ》

外《げ》縛《ばく》の印《いん》（中央不動明王）

七 烈《レツ》

智《ち》拳《けん》の印《いん》（廣目天王）

九 前《ゼン》

寶《にょ》瓶《へい》の印《いん》（増長天王）

四 者《シャ》

内《ない》獅《じ》子《し》の印《いん》（金剛夜叉明王）

六 陣《ジン》

内《ない》縛《ばく》の印《いん》（軍荼利明王）

八 在《ザイ》

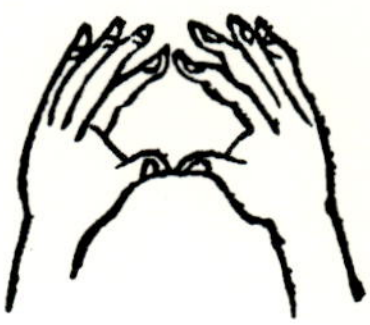

日輪《にちりん》放光《ほうくわう》の印《いん》（大威德明王）

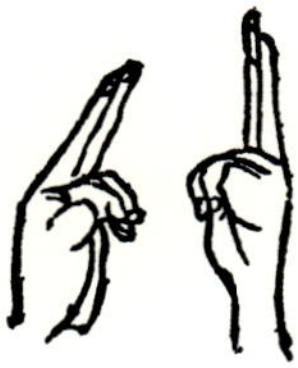

○足止《あしど》めの咒《まじな》ひの秘法《ひはふ》

たち行《ゆ》かば大蛇《をろち》の池《いけ》の淵《ふち》なるに、あかしころろん、むそうころろん

オン、アビラウケン（之レヲ三タビ唱ヘテ又）オン、マリシエイ、ソワカ（之モ三タビ唱ヘルヿ）

注意 但《たゞ》し男《をとこ》でも女《をんな》でも其走人《そのはしりびと》の名《な》を書《か》いて之れを草履《ざうり》の鼻緒《はなを》に入《い》れること

○不動《ふどう》の劝羅《から》縛《しばり》の咒《まじな》ひと及《およ》び其《そ》の解方《とろかた》の秘法《ひはふ》

「天地《てんち》中央《ちうわう》四《し》夜《や》叉《しや》明王《みやうわう》」と西《にし》に向《むか》ひながら唱《とな》へて後《の》ち「願《ねがは》くは不動尊《ふどうそん》、縛《はく》、　給《たま》へ南無《なむ》菩薩《ぼさつ》南無《なむ》佛《ぶつ》」（之レヲ三タビ唱ヘルヿ）

然《しか》るときは如何《いか》なる悪漢《わるもの》も泥棒《どろばう》も手出《てだ》しむることを得《え》ずして身動《みうご》きの出來《でき》ぬやうになるものとす但《たゞ》之《これ》をするにはつね〲熱心《ねつしん》に行《ぎやう》をするを専一《せんいつ》とす

○同《おなじ》く解《と》く秘《ひ》法《はふ》

「願《ねがは》くは不動尊《ふどうそん》、発《ゆる》し給《たま》へ」シヤタウシ、ハンマク（之レヲ三タビ唱ヘルト同時ニ）拳印《けんいん》すべし（前圖ニアル拇指ノ印ノヿ）

注意 此法《このはふ》必《かなら》ず疎《おろそ》かにすべからず深秘《しんぴ》中《ちう》の深秘《しんぴ》なれば恐《おそ》るべし敬《うやま》ふべし

○生靈《いきりやう》、死靈《しりやう》、神祟《かみたゝ》り、普請方災《ふしんはうさい》、悪靈《あくりやう》怨敵狐狸《をんてきこり》を放《はな》ち清《きよ》め病災平癒《びやうさいへいゆ》を神《かみ》に祈《いの》るときの唱《とな》へ詞《こと》

謹《つゝし》み敬《うやま》ひて行《おこな》ひ奉《たてまつ》る、夫《そ》れ天地《てんち》開闢《かいびやく》、國常立尊《くにとこたちのみこと》の分身《ぶんしん》にて伊邪那岐命《いざなぎのみこと》、伊邪那美命《いざなみのみこと》の血《ち》脉《すじ》にて天照皇大神《あまてらすおほみかみ》の生《う》み靈《みたま》となし給《たま》ふ、然《しか》れば天津御末《あまつみすへ》にて夫《そ》れ人《ひと》となるが故《ゆゑ》に目《め》に觸《ふ》れ口《くち》に觸《ふ》れ身《み》に觸《ふ》れ愚《をろか》なる心《こゝろ》にして其身《そのみ》の神光《しんくわう》を失《うしな》ひ給《たま》ふが故《ゆゑ》に个《いま》一心《いつしん》の源《みなもと》を清《きよ》く清《きよ》らかに改《あらた》めて神代《かみよ》の古實《こじつ》を崇《あが》めて此身《このみ》に神光《しんくわう》を返《かへ》し鎮《しづ》め祭《まつ》り奉《たてまつ》る所《ところ》の八《や》百萬《ほよろづ》の大神《おほかみ》の大前《おほまへ》に愼《つゝし》み敬《うやま》ひ畏《かしこ》み畏《かしこ》み白《まう》さく此身《このみ》、病《やま》ひ平癒《へいゆ》なさしめ給《たま》ふ爲《た》めに神《しん》光《くわう》を返《かへ》し鎮祭《しづめまつ》るが故《ゆゑ》に澳津鏡《をきつかゞみ》、邊津鏡《へつかゞみ》、八握劍《やつかのつるぎ》、生玉《いくたま》、死玉《まかるたま》、足玉《たるたま》、道返玉《みちかへしのたま》、蛇比禮《おろちのひれ》、蜂《はち》の比《ひ》禮《れ》、品々物《くさぐさ》の比禮《ひれ》、捧《さゝ》げ奉《まつ》る一《ひ》二《ふ》三《み》四《よ》五《い》六《む》七《な》八《や》九《こ》十《と》と加持《かぢ》奉《たてまつ》る布留部《ふるべ》、由良由良《ゆらゆら》、死《まかる》とも生返《いきかへ》して命《みこと》の御名《みな》を申《まを》して稱詞《たゝへごと》を竟《を》へ奉《まつ》りて萬民《おふみたから》の病《や》み患《なや》める者《もの》は毛穴《もうけつ》九竅《きうけふ》に座《ましま》す八萬四千の神《かみ》なり、然《さ》れば則《すなは》ち五行《ごぎやう》を以《もつ》て其體《そのたい》とす五行《ごぎやう》は則《すなは》ち木火土金水《もくくわどこんすい》を以《もつ》て五行《ぎやう》とす五臟《ござう》は則《すなは》ち青黄赤白黒《せいわうしやくびやくこく》なるが故《ゆゑ》に五臟《ござう》とす五臟《ざう》は心肝腎脾肺《しんかんじんひはい》なり然《さ》れ

ば心臓《じんのざう》は赤《あか》き色《いろ》なるが故《ゆゑ》に天《あめ》の五《い》十《そ》合魂命《あひむすびのみこと》を鎮《しづ》め祭《まつ》り給《たま》ふ肝臓《かんのざう》は青《あを》き色《いろ》なるが故《ゆゑ》に天《あめ》の八《や》十《そ》萬日魂命《よろづひむすびのみこと》を鎮《しづ》め祭《まつ》り給《たま》ふ腎臓《じんのざう》は黒《くろ》き色《いろ》なるが故《ゆゑ》に天《あめ》の三降魂命《みくだりむすびのみこと》を鎮《しづ》め祭《まつ》り給《たま》ふ脾臓《ひのざう》は黄《き》色《いろ》なるが故《ゆゑ》に天《あめ》の八《や》百日魂命《ほかむすびのみこと》を鎮《しづ》め祭《まつ》り給《たま》ふ肺臓《はいのざう》は白《しろ》き色《いろ》なるが故《ゆゑ》に天《あめ》の合魂命《あひむすびのみこと》を鎮《しづ》め祭《まつ》り給《たま》ふ、斯《か》くの如《ごと》く五臓《ざう》に神光《しんくわう》を返《かへ》し給《たま》ふが故《ゆゑ》に五《ご》體《たい》不《ふ》具《ぐ》にならざる時《とき》は如何《いか》なる難病《なんびやう》たりとも速《すみやか》に身體《しんたい》を放《はな》れ給《たまふ》が故《ゆゑ》に無上《むじやう》、靈寶《れいはう》、神道《しんだう》加持《かぢ》、三元《さんげん》、三行《さんぎやう》、三妙《さんみやう》、加持《かぢ》、以《い》加《が》行《ぎやう》神《しん》、神力《しんりき》、神道《しんだう》加持《かぢ》の神秘《しんぴ》の秘《ひ》文《もん》を唱《とな》へ、然《しかれ》ば此身《このみ》に如何《いか》なる難病《なんびやう》たりとも速《すみや》かに却《しりぞ》け増《ま》さんが故《ゆゑ》に由《ゆ》良《ら》湯《ゆ》津《つ》、美《み》須《す》眞《ま》留《る》を延《の》べ續《つゞ》き千《ち》秋萬《あきよろづ》代《よ》までにふり續《つゞ》き長《なが》く久《ひさ》しく皇御孫《すめみま》の命《みこと》の公民《をほみたから》を守《まも》らせ給《たま》ふて加持《かぢ》奉《たてまつ》る、身《み》の内《うち》より起《おこ》る病《やま》ひなく外《ほか》より病《やま》ひ來《く》ることなく常病《とうびやう》、立所《たちどころ》に速《すみやか》に平癒《へいゆ》なさしめ給《たま》へと常《とこ》磐《は》に堅磐《かきは》に夜《よ》の守《まも》り日《ひ》の守《まも》りに護《まも》り給《たま》ふて神佛《かみほとけ》の咎《とが》め生《いき》靈《れふ》、死《し》靈《れふ》の祟《たゝ》り、埋《うづも》れ家《いへ》の古《ふる》井《ゐ》の障《さわ》りを除《よ》け、狐《やこ》狸《り》の災禍《わざはひ》なく祓《はら》ひ給《たま》ひて稱言《たゝへごと》竟《を》へ奉《まつ》る、事《こと》別《わけ》に申《ま》ふさく神《かん》直日《なほび》大直日《おほなほび》に濁《に》れなすことのあらんをば深《ふか》く正《まさ》しく祭《まつ》りなし疾病《しつぺい》、災難《さいなん》は少名彦那命《すくなひこなのみこと》、大《おほ》己貴命《なむちのみこと》是《こ》れを守《まも》り給《たま》ふ故《ゆゑ》に病《やま》災《さい》は木《き》を以《もつ》て土《つち》を尅《こく》するが如《ごと》く水《みづ》を以《もつ》て火《ひ》を消《け》すが如《ごと》く祈念《きねん》の當病《たうびやう》、立所《たちどころ》に平癒《へいゆ》なさしめ給《たま》ふ故《ゆゑ》に何年《なんねん》、何月《なんぐわつ》、何日《なんにち》何時《なんどき》、今日《けふ》の生日《いくひ》の足日《たるひ》に定《さだ》めて宇豆《うづ》の御幣帛《みてぐら》、捧《さゝ》げ奉《まつ》れば萬上萬天《まんじやうまんてん》、明《あきら》かにして鏡《かゞみ》に影《かげ》の移《うつ》せるが如《ごと》く家内《かない》

安全《あんぜん》、息災《そくさい》、命《えんめい》、常病平癒《じやうびやうへいゆ》に守《まも》り幸《さいは》ひ給《たま》へと畏《かしこ》みく申《まを》す、悪鬼《あくき》、悪霊《あくれい》、生霊、死霊《しりやう》、怨敵《をんてき》、霊神《れいじん》、高天原《たかまがはら》へ帰《かへ》らせ給《たま》へ

○物《もの》の化《け》を引《ひ》て放《はな》すは梓弓《あづさゆみ》　受取《うけと》り給《たま》へ今日《けふ》の聞《き》き神《がみ》

○悪《あく》は去《さ》る神《がう》は此座《このざ》へ御坐して願望成就《ぐわんまうじやうじゆ》、疑《うたが》ひはなし（之ヲ三遍唱ヘルコト）

○同《おな》じく安宅神咒《あんたくしんじゆ》の經《けう》（此經を唱ふれば災、悪鬼、悪霊、祟り、障り悉く除却す）

是《か》くの如《ごと》く我《わ》れ聞《き》く佛《ぶつ》、舎衛國《しやゑこく》の祇樹給孤獨園《ぎじゆきうこどくをん》に住《ぢう》して千二百五十の比丘《びく》と倶《とも》なりき皆《みな》、阿羅漢《あらかん》なり、諸漏《しよろ》己《すで》に盡《つ》き身心《しんく》澄靜《ちやうせい》にして六通無礙《ろくつうむげ》なり、其名《そのな》を大智舎利弗《たいちしやりほつ》、摩訶目犍連《まかもくけんれん》、摩訶迦葉《まかかしやう》、摩訶迦旃延《まかかせんえん》、須菩提《しゆぼだい》等《とう》と曰《い》ふ、復《ま》た菩薩《ぼさつ》、摩訶薩《まかさつ》八千人《にん》有《あり》て倶《とも》也《なり》き文殊師利菩薩《もんじゆしりぼさつ》、導師菩薩《だうしぼさつ》、虚空藏菩薩《こくうざうぼさつ》、観世音菩薩《くわんぜおんぼさつ》、救脱菩薩《くだつぼさつ》光《かく》の如《ごと》き等《とう》の菩薩《ぼさつ》、摩訶薩《まかさつ》、威徳自在《ゐとくじざい》也《なり》、復《ま》た比丘《びく》、比丘尼《びくに》、優婆塞《うばそく》、優婆夷《うばい》、天龍夜叉《てんりうやしや》、人非鬼神《にんひきしん》有《あり》て共《とも》に相圍繞《あひゐねう》せり微妙《びめう》の法《ほふ》を說《と》き給《たま》ふときに離車長者《りしやちやうじや》の子《こ》五十人《にん》ありて倶《とも》に身《み》、塵土《じんど》に坌《ふん》して憂《うれ》ひを懐《いだい》て愁憊《しうき》すること猶《な》ほ人生《じんせい》、父母《ふぼ》愛《あい》する所《ところ》の妻子《さいし》を失《うしな》ふことあるが如《ごと》く佛《ほとけ》の所《ところ》に來《きた》り至《いた》て頭面《とうめん》に禮《れい》を作《な》し却《かへつ》て一面《いちめん》に住《とどま》る

爾《そ》の時《とき》、世尊《せそん》は知《し》れども而《しか》も故《こと》らに、諸《もろ/\》の長者《ちやうじや》の子《こ》に問《と》ひ給《たま》はく何《なん》の因縁《いんえん》を以《もつ》て而《しか》も

悩色《なうしよく》ありて憂《うへ》へ愁《うれ》へて樂《たのし》まずして常容《じやうよう》を失《うしの》ふやと、時《とき》に諸《もろ〳〵》の長者《てうじや》の子《こ》、同聲《どうせい》に倶《とも》に佛《ほとけ》に白《ま》うして言《まう》さく世尊《せそん》、未審《いぶか》し、人《ひと》、世間《せけん》に居《を》るに家宅《かたく》の吉凶《きつけふ》あるべからざるや否《いよ》や、佛《ほとけ》、即《すなは》ち答《こたへ》て曰《いは》く是《か》くの如《ごと》きの諸《もろ〳〵》の事《こと》、皆《みな》衆生《しうじやう》の心行《しんぎやう》夢《む》想《さう》の造《つく》る所《ところ》に由《よ》て都《すべ》て無《な》きことを得《え》ずと、諸《もろ〳〵》の離《り》車《しや》等《ら》佛《ほとけ》に白《まう》して言《まう》さく、世《せ》尊《そん》、弟子《ていし》等《ら》、宿縁《しゆくえん》一毫《いちがう》の福《ふく》を蒙《かうむ》りて如來《によらい》を見《み》上《あ》げることを得《え》、慈《じ》化《げ》遺《のこ》すことなく甘露《かんろ》の門《もん》を開《ひらい》て潤《うるふ》すに法雨《はうう》を以《もつ》てし給《たま》ふ、復《ま》た何《なん》の罪《つみ》あつてか此《こ》の五《ご》濁《ぢよく》極《ごく》悪《あく》の世《よ》に生《うま》れて憂《うれ》ひを懷《いだ》き苦《くるし》みを抱《いだい》て怖《ふ》懼《く》萬《ばん》端《こん》して須臾《しゆゆ》も捨《す》てざる、言《い》ふ所《ゆ》以《えん》のもの自《みづか》ら惟《おも》ふに弟子《ていし》徳《とく》淺《あさ》く福《ふく》薄《うす》くして居《を》る所《ところ》の舍《しや》宅《たく》、災《さい》怪《くわい》頻《しき》りに疊《かさな》り悪《あく》魔《ま》日《にち》夜《や》に競《きそ》ひて共《とも》に侵凌《しんりやう》し坐《ざ》臥《ぐわ》安《やす》からざること湯《と》火《くわ》を懐《いだ》くが如《ごと》し、此頃《このごろ》より己來《このかた》、善《ぜん》心《しん》を失《うしな》ひ去《さつ》て恃《こ》怙《ち》する所《ところ》なし、唯《た》だ願《ねがは》くは世《せ》尊《そん》、弟子《ていし》の請《こ》ひを受《う》けて居《を》る所《ところ》に臨《りん》降《かう》し給《たま》ひて安《あん》宅《たく》の爲《た》めの勅語《ちよくご》を賜《たま》へ、宅《たく》を守《まも》るの諸《しよ》神《じん》及《およ》び四《し》時《じ》の禁《きん》忌《き》常《つね》に來《きた》りて營《えい》衞《ゑい》し日《にち》夜《や》安《あん》吉《きち》にして災《さい》禍《くわ》消《せう》滅《めつ》せしめ給《たま》へと佛《ほとけ》の言《いは》く、善《よい》哉《かな》〳〵、當《ま》さに汝《なんぢ》の説《せつ》の如《ごと》くすべし、吾《わ》れ自《みづか》ら時《とき》なることを知《し》れり、爾《そ》の時《とき》、世《せ》尊《そん》明《めい》旦《たん》、諸《しよ》弟《てい》子《し》に勅《ちよく》し給《たま》はく各《おの〳〵》の衣《い》服《ふく》を整《ととの》ふべし、當《ま》さに聚《じゆ》落《らく》に入《い》るべし各《おの〳〵》の應《おう》器《き》を持《ぢ》して長《てう》者《じや》の子《こ》の舍《しや》に往《ゆ》き至《いた》て飯食《ぼんしよく》已《すで》に畢《をはつ》て轉《てん》輪《りん》座《ざ》を敷《しい》て諸《もろ〳〵》の長《てう》者《じや》の爲《た》めに微《び》妙《みやう》の法《はふ》を説《とい》て怖《ふ》畏《い》を離《はな》れ身《しん》心《しん》を悦《えつ》樂《らく》せしむ、時《とき》に諸《もろ〳〵》の離《り》車衆《しやしゆ》の歡《くわん》喜《ぎ》を生《しやう》ずること猶《な》ほ比《び》丘《く》の身三禪に入《い》るが如《ごと》し爾《そ》の時《とき》、世《せ》尊《そん》即《すなは》ち宅《たく》を守《まも》る諸神《しよしん》を呼《よ》んで佛《ほとけ》の所《ところ》に來《きた》り到《いた》らしめて之《こ》れに告《つげ》て曰《いは》く今《いま》より己《い》後《ご》、是《こ》の諸《もろ/\》の神《しん》鬼《き》、妄《みだ》りに恐動《けうどう》を作《な》すことを得《え》ざれ、某甲《なにがし》等《ら》をして安《やす》からず恒《つね》に憂《うれ》ひ怖《おそ》れを懷《いだ》かしめば吾《わ》れ當《ま》さに大力《だいりき》の鬼《き》神《しん》をして汝《なんぢ》が身《み》を碎《くだ》き滅《ほろぼ》さすること微《み》塵《じん》の如《ごと》くせしむべし

爾《そ》の時《とき》、世《せ》尊《そん》復《ま》た大衆《たいしゆ》に告《つ》げ給《たま》はく、諸《もろ/\》の善男子《ぜんなんし》、善女子《ぜんによし》等《ら》、吾《わ》れ涅槃《ねはん》の後《の》ち五百歳《さい》の中《うち》衆生《しゆじやう》垢《けが》れ重《おも》く邪見《じやけん》轉《うた》た熾《さか》んにして魔《ま》道《だう》競《きそ》ひ興《おこ》り妖魅《やうみ》妄《みだ》りに作《おこ》りて人《ひと》の門戸《もんこ》を窺《うかゞ》ひ各《おの/\》の人《ひと》の便《たよ》りを伺《うかゞ》ひ人《ひと》の長短《ちやうたん》を覓《もと》めて不祥《ふしやう》種々《しゆ/″\》の留難《るなん》をなさん、爾《そ》の時《とき》に當《あたつ》て是《こ》の諸《もろ/\》の弟子《でいし》應《ま》さに一心《いつしん》に佛《ほとけ》を念《ねん》じ法《ほふ》を念《ねん》じ比丘《びく》、僧《そう》を念《ねん》じて齋戒《さいかい》清淨《しやう/″\》にして三歸《さんき》、五戒《ごかい》十善《じうぜん》八關《はつくわん》、齋戒《さいかい》を奉持《よぢ》し日夕《にツせき》六時《ろくじ》に禮拜《らいはい》懺悔《さんげ》し勤心《きんしん》精進《しやうじん》して清淨《しやう/″\》僧《そう》を請《しやう》じ安宅《あんたく》齋《さい》を設《まう》け、衆《もろ/\》の名香《めいかう》を燒《た》き燈《とう》を燃《ねん》じ明《めい》を續《つ》ぎ露《つゆ》に中庭《ちうてい》に出《いで》て是《こ》の經典《けふてん》を讀《よむ》べし某甲《なにがし》等《ら》安《あん》居《きよ》立《りつ》宅《たく》より己來《このかた》、南廂《なんけ》北堂《ほくどう》、東西《とうざい》の廂《ひさし》、碓磨《すいま》、倉庫《さうこ》、非竈《せいさう》門牆《もんしやう》、園林《ゑんりん》池沼《ちしやう》、六畜《りくちく》の欄《らん》を建立《こんりう》し或《あるひ》は復《ま》た房《ばう》を移《うつ》し土《つち》を動《うごか》し時《とき》ならずに穿鑿《せんさく》し或《あるひ》は伏龍《ふくりう》、騰蛇《とうじや》、青龍《せいりう》、白虎《びやくこ》、朱雀《しゆじやく》、玄武《げんぶ》、六《ろく》甲《かう》、禁忌《きんき》、十二時《じ》神《しん》、門庭《もんてい》、戸《こ》陌《はく》、井竈《せいさう》の精靈《しやうれい》、堂上《どうじやう》、戸《こ》中《ちう》、溷邊《こんへん》の神《しん》を犯觸《はんしよく》すとも我《わ》れ今《いま》、諸佛《しよぶつ》の神力《じんりき》菩薩《さつ》の威光《みくわう》、般若《はんにや》波羅《はら》密多《みつた》の力《ちから》を持《もつ》て敕《ちよく》すらく宅前《たくぜん》、宅後《たくご》、宅左《たくさ》、宅右《たくう》、宅中《たくちう》、守宅《しゆたく》神《じん》、神《しん》子《し》神《しん》母《ぼ》、伏龍《ふくりう》、騰蛇《とうじや》、六甲《ろくかう》、禁忌《きんき》、十二時《じ》神《しん》、飛屍《ひし》邪忤《じやご》、魍魎《まうりやう》鬼《き》神《しん》、形聲《けいせい》に因託《いんたく》し名《な》に寄《よつ》て附《ふ》

着《ちやく》する者《もの》今《いま》より已《い》後《ご》安《みだり》に我《わ》が弟《てい》子《し》等《ら》を繞《まと》ふことを得《え》ざれ、神《しん》子《し》、神《しん》母《ぼ》、宅《たく》中《ちう》の諸《しよ》神《じん》、邪《じや》魅《み》、蠱《こ》道各《だうかのを》の所《しよ》在《ざい》に安《やす》んじて安《みだ》りに和《あ》ひ侵《しん》凌《りやう》し衰《すい》惱《のう》をなして某《なに》甲《かし》等《ら》をして驚《けう》動《どう》怖《ふ》畏《い》せしむることを得《え》ざれ、當《ま》さに我《わ》が敎《をし》への如《ごと》くすべし、若《も》し我《わ》が語《ご》に順《したが》はずんば汝《なんぢ》等《ら》が頭《かうべ》をして破《やぶつ》て七分《ぶ》となすこと多《た》羅《ら》樹《じゆ》枝《し》の如《ごと》くせしめんと、爾《そ》の時《とき》、世《せ》尊《そん》、呪《じゆ》を說《とい》て曰《いは》く

南《な》無《む》、佛《ぶつ》陀《だ》四《し》野《や》　南《な》無《む》、達《だる》摩《ま》四《し》野《や》　南《な》無《む》、僧《そう》伽《か》四《し》野《や》

今《いま》弟《てい》子《し》某《なに》甲《がし》の爲《た》めに佛《ほとけ》の威《ゐ》力《りよく》を承《うけ》て神《しん》呪《じゆ》を說《と》かしむ

一《いつ》足衆生、莫惱我《そくのしゆじやうわれをなやますなかれ》　二《に》足衆生莫惱我《そくのし、じやうわれをなやますなかれ》

三足衆生、莫惱我《さんぞくのしゆじやうわれをなやますなかれ》　四《し》足衆生、莫惱我《そくのしゆじやうわれをなやますなかれ》

我《われ》れ一《いつ》切《さい》の大《だい》慈《じ》大《だい》悲《ひ》を有《いう》して一《いつ》切《さい》衆《しゆ》生《じやう》を愍《びん》念《ねん》すれば汝《なんぢ》等《ら》、惡《あく》魔《ま》、各《かのを》の所《しよ》屬《ぞく》に還《かへ》りて我《わ》が弟《てい》子《し》等《ら》を橫《わう》忤《ご》擾《じやう》亂《らん》することを得《え》ざれと、復《ま》た呪《じゆ》を說《とい》て曰《いは》く

白《びやく》黑《こく》龍《りう》王《わう》　善《ぜん》子《し》龍《りう》王《わう》　漚《をう》鉢《はつ》羅《ら》龍《りう》王《わう》　阿《あ》耨《のく》大《たい》龍《りう》王《わう》

と尙《な》ほ終《をは》りに唱《とな》ふ呪《まじな》ひの文《ぶん》

伽《か》婆《ば》致《ち》、伽《か》婆《ば》致《ち》、悉《し》波《ロ》呵《か》

東《とう》方《ばう》、大《たい》神《しん》龍《りう》王《わう》　七里《り》結《けつ》界《かい》　金《こん》剛《がう》宅《たく》

南《なん》方《ばう》、大《たい》神《しん》龍《りう》王《わう》　七里《り》結《けつ》界《かい》　金《こん》剛《がう》宅《たく》

西《さい》方《はう》、大《だい》神《じん》龍《りう》王《わう》　七里《り》結《けつ》界《かい》　金《こん》剛《がう》宅《たく》

北《ほく》方《はう》、大《たい》神《しん》龍《りう》王《わう》　七里《り》結《けつ》界《かい》　金《こん》剛《がう》宅《たく》

是《か》くの如《ごと》く三《さん》遍《へん》唱《との》ふべし又《また》

東《とう》方《はう》、婆《ば》鳩《りき》深《しん》山《さん》　娑《さ》羅《ら》伽《か》　收汝《なんぢの》百鬼頸著《ひやくきけいちやくの》枷《かせをみるめよ》

南《なん》方《はう》、婆《ば》鳩《りき》深《しん》山《さん》　娑《さ》羅《ら》伽《か》　收汝《なんぢの》百鬼頸著《ひやくきけいちやくの》枷《かせをみるめよ》

西《さい》方《はう》、婆《ば》鳩《りき》深《しん》山《さん》　娑《さ》羅《る》伽《か》　收汝《なんぢの》百鬼頸著《ひやくきけいちやくの》枷《かせをみるめよ》

北《ほく》方《はう》、婆《ば》鳩《りき》深《しん》山《さん》　娑《さ》羅《る》伽《か》　收汝《なんぢの》百鬼頸著《ひやくきけいちっくの》枷《かせをみるめよ》

是《か》くの如《ごと》く三遍唱《へんとの》ふべし

疾《しつ》病《ぺう》を主《つかさど》る者《もの》、頭《とう》病《ぺう》を主《つかさど》るもの、主《しゆ》人《じん》の舍《しや》宅《たく》門《もん》戸《こ》のもの、當《ま》さに諸《もろもろ》の毒《どく》を歛《をさ》めて我《わ》が諸《もろ》くの弟《でい》子《し》を擾《みだ》すを得《え》ざるべし、若《も》し我《わ》が咒《まじな》ひに順《したが》はざれば頭《かしら》を破《やぶつ》て七分《ぶ》となさんと稱《そ》の時《とき》、世《せ》尊《そん》偈《げ》を說《とい》て曰《いは》く

宅《たく》を造《つく》り堂《どう》宇《う》を立《た》て　諸《もろもろ》の群生《ぐんじやう》を安育《あんいく》し

園《をん》林《りん》幷《ならび》に池《ち》沼《しやう》門《もん》牆《せう》及《およ》び圍《かこひ》　心《こころ》を起《おこ》して舍《しや》室《しつ》を興《おこ》し

動《どう》靜《せう》聖《しやう》靈《れう》に應《おう》じ　稽《けい》首《しゆ》して佛《ぶつ》に歸《き》命《めう》すれば

衆《しう》魔《ま》能《よ》く傾《かたむ》くることなかれ　明《めい》燈《とう》照《て》らすこと極《きはま》りなく

法王《ほふわう》大《だい》咒《じゆ》の力《ちから》
如來《によらい》の慈《じ》、普《あまね》く潤《うるは》ふて
我等《われら》咸《ことごと》く歸《き》命《めう》す

五眼《ごがん》之《こ》れに因《よつ》て生《しやう》ず
魔《ま》、億千《おくせん》を動破《どうは》す
威《ゐ》光徹《こうてつ》して邊《かぎ》りなし
衆邪《しゆじや》各《おのおの》の自《おのづか》ら遷《うつ》れ

佛《ほとけ》、告《つ》げ給《たま》はく日月五星《ごせい》、二十八宿《しゆく》、天神《てんじん》、龍鬼《りうき》、皆《みな》、來《きたつ》て教《をし》へを受《う》けて明《あきら》かに聴《き》け

佛《ふつ》、告《つ》げて言《のたま》はく某甲《なにがし》の家《いへ》を前却《ぜんきやく》することを得《え》よ、東廂《とうしやう》、西廂《さいしやう》、南庌《なんけ》、北堂《ほくどう》を作《つく》ることとあらん勅《ちよく》すらく日遊《にちゆう》、月殺《げつさつ》、土府《どふ》將軍《しやうぐん》、青龍《せいりよう》、白虎《びやくこ》、朱雀《しゆじやく》、玄武《げんぶ》、歳月《さいげつ》劫殺《こふさつ》、六甲《りくこう》禁忌《きんき》、土府《どふ》伏龍《ふくりよう》、妄《みだ》りに東西《とうざい》することなかれ、若《も》し動靜《どうせい》することあらば焼香《しやうこう》啓《けい》聞《もん》せよ、某甲《なにがし》の宅舎《たくしや》は是《こ》れ佛《ふつ》金剛《こんごう》の地《ち》なり面《めん》二百歩《ほ》、佛《ふつ》約《やく》言《げん》あり、諸《しよ》疫鬼《やくき》神《しん》、妄《みだ》りに忤《たご》ふを得《え》ば頭《かしら》を破《やぶ》て七分《ぶん》となし、身《み》、全《まつた》きことを得《え》ず水漿《すいしやう》を得《え》ず本宮《ほんぐう》を去離《きより》すべし、宅舎《たくしや》已《すで》にならば富貴《ふうき》吉《きち》に遷《うつ》り田作《でんさく》大に得《え》て願《ねが》ふ所《ところ》光《ひか》り榮《さか》え、行來《こうらい》在軍《ざいぐん》、仕官《しくわん》に宜《よろ》しく門戸《もんこ》昌《さか》え盛《さか》んに百子《し》千孫《そん》、父慈に子孝《こかう》に男女《なんによ》忠貞《ちうてい》、兄良《あにりやう》に弟順《ていじゆん》に崇義仁賢《じんけん》にして所願《しよぐわん》意《い》の如《ごと》く十方《じつぱふ》證明《しやうめい》して行《おこな》ひ菩薩《ぼさつ》の如《ごと》く道《みち》を得《う》ること佛《ほとけ》の如《ごと》くならん

○女難《ぢよなん》、色情《しきじやう》、剛慾《がうよく》、慢心《まんしん》、我慢《がまん》、亂暴《らんばう》を

矯《な》正《せ》す呪《まじな》ひ（陀羅尼《だらに》）

勾《ク》利《リ》々々《〱》帝那《ティナー》、嫑《ウ》杜《ド》々々《〱》帝那《ティナー》、度《ド》呼《コ》々々《〱》帝那《ティナー》、究《ク》吒《ダ》々々《〱》帝那《ティナー》、若《シャ》密《ヒ》都《ト》々々《〱》帝那《ティナー》、究《ク》吒《ダ》呼《コ》究《ク》吒《ダ》呼《コ》帝那《ティナー》、嫑《ウ》守《シュー》々々《〱》帝那《ティナー》、耶《ヤ》密《ヒ》若《シャ》那《ナー》密若《〱》帝那《ティナー》、度《ド》呼《コ》吒《ダ》究《ク》吒《ダ》究《ク》、薩《ソ》囀《ロ》訶《カ》

○泥棒《どろぼふ》の入《はい》らぬ呪《まじな》ひ

ロー　ロー、ナウ〱、シユロ　カー、カサ　シヤー　ソワカ

○夫婦和合《ふうふわがふ》の靈符《ふだ》

之《コ》レハ陀羅尼《ダラニ》本《ホン》ヲ百遍《ペン》唱《トナ》ヘテ授《サヅ》クルヿ然《シカ》ルトキハ夫婦《フウフ》必《カナラ》ズ仲《ナカ》能《ヨ》クナルノ靈符《レイフ》トス

○舅《しうと》が嫁《よめ》を嫌《きら》ふ時《とき》に與《あた》ふる靈符《みふだ》

（之《コ》レハ陀羅尼品《ダラニホン》ヲ百遍唱ヘテ與《アタ》フルヿ然ル時ハ忽チ仲能クナルトス）

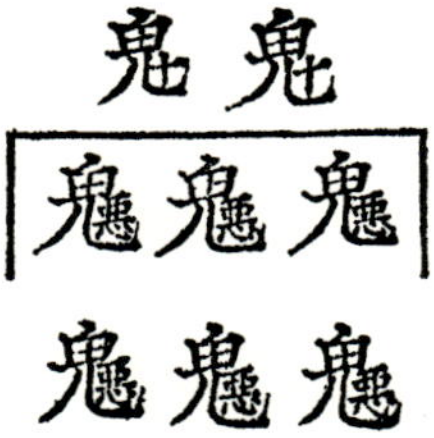

○嫁《よめ》が良人《をつと》を嫌《きら》ふ時《とき》に與《あた》ふる靈符《みふだ》

（之レハ普門品《ふもんぼん》ヲ百返唱ヘテ良人《をつと》ニ與《あた》フルコト
然ルトキハ仲能《なかよ》クナルモノトス

普門品トハ觀音經ノコトヲ云フモノナレバ觀音經ト云ノモ普門品ト云フモ同ジコト

○男女《なんによ》思《おも》ひ合《あ》ふの靈符《みふだ》

大日天王念写有相之女宿値
大日天王
守護　大日天王
大日天王念写德本衆人愛敬
此守愛敬有益

解ニ曰ク　有相《うさう》の女宿《ぢよやど》り値《ち》ふ、徳《とく》は衆人《しゆじん》の愛敬《あいけう》を本《もと》とす

汁意　此の符は「愛敬」する
に益《えき》あり◎「觀音經」ヲ唱ハルヿ

日蓮上人《ニチレンシヤウニン》ハ安房國《アハノクニ》ニ生レテ後《ノ》チ日蓮宗《ニチレンシウ》ヲ開《ヒラ》キ甲州《コウシウ》、身延《ミノブ》ノ開山《カイサン》ナリ、鎌倉龍《タツ》ノ口《クチ》デ斬《キ》ラレントセシトキ斬《キ》ル人《ヒト》ノ刀《カタナ》ガ折《オ》レ佐渡島《サドガシマ》ニ流《ナガサ》レルトキ暴風猛雨《モウウ》、怒濤《ドトウ》、船《フネ》ヲ碎《クダ》カントセシモ日蓮上人「南無妙法蓮華經」ノ七字ヲ波上《ナミノウヘ》ニ書《カイ》テ其波《ソノナミ》ヲ鎭《シヅ》メ元寇《ゲンコウ》ノ亂《ラン》ヲ未前《ミゼン》ニ看破《カンパ》シテ「安國論《アンコクロン》」ヲ著《アラ》ハシタルハ皆《ミナ》人《ヒト》ノ知《シ》ル所《トコロ》ナリ

○加藤清正《カトウキヨマサ》、朝鮮征伐《テウセンセイバツ》ノトキ蔚山《ウルサン》デ明兵《ミンペイ》ニ取圍《トリカコ》マレ兵粮《ヘウラウ》盡《ツ》キテ非常《ヒジヤウ》ニ難儀《ナンギ》苦《クル》シミシモ朝夕《テウセキ》南無妙法蓮華經」ノお題目《ダイモク》ヲ唱《トナ》ヘテ信心《シンジン》シケレバ後《ノ》チ明軍《ミングン》ヲ大ヒニ碧蹄館《ヘキテイカン》ニ擊破《ゲキハ》シテ其血《ソノチ》ハ流《ナガ》レテ數十里ニ及《オヨ》ベリトハ之《コ》レ亦《マタ》諸人《シヨニン》ノ記憶《キオク》ニ新《アラタ》ナル所《トコロ》

○日本デ咒《マジナ》ヒノ秘法《ヒハウ》ハ役小角《エンノオヅン》、弘法大師《コウボウダイシ》、日蓮上人《ニチレンシヤウニン》ノ多ク始《ハジ》ムル所《トコロ》、故《ユヱ》ニ本書ニハ此ノ三人ノ秘法《ヒハウ》ヲ多ク採《トツ》テ揭載《ケイサイ》シタル所以《ユエン》ナリ

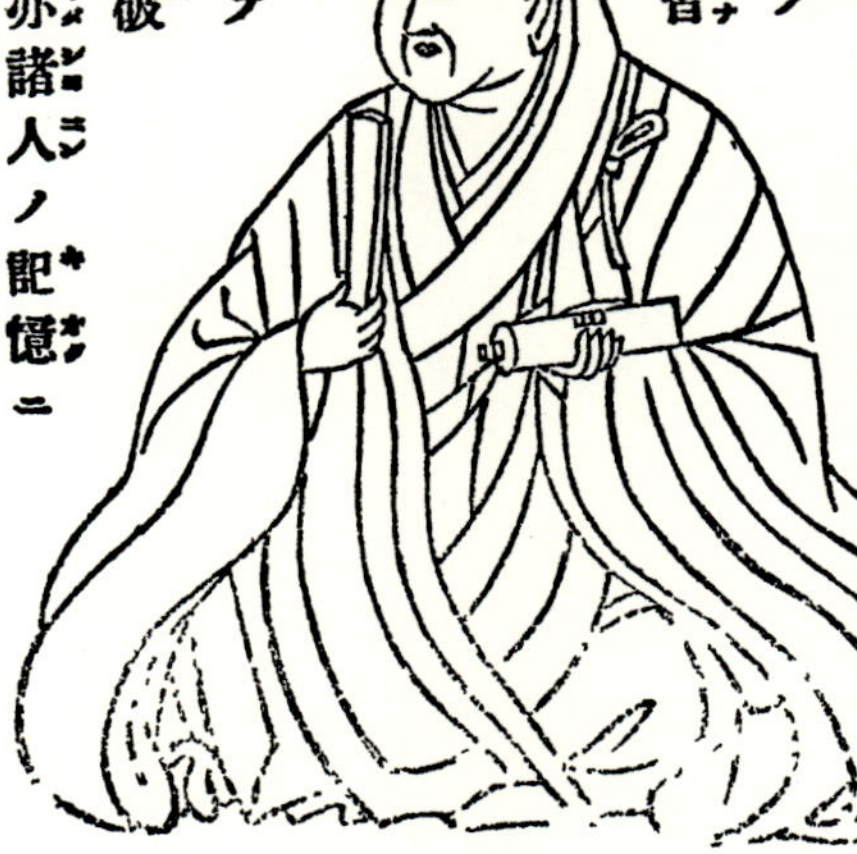

日蓮上人

○女《をんな》に思《おも》はるゝ靈符《れいふ》

之《コレ》ハ觀音經《クワンノンキヤウ》ヲ七回《クワイ》唱《トナ》ヘヲ其人《ソノヒト》ニ授《サヅ》クルコト○又當人モ觀音經《クワンノンキヤウ》ヲ朝夕《テウセキ》唱《トナ》ヘレバ一層《ソウ》早《ハヤ》ク効驗《キヽメ》アル靈符《レイフ》トス

○子《こ》に縁《えん》なき男《をとこ》に掛《か》けさする靈符《れい》

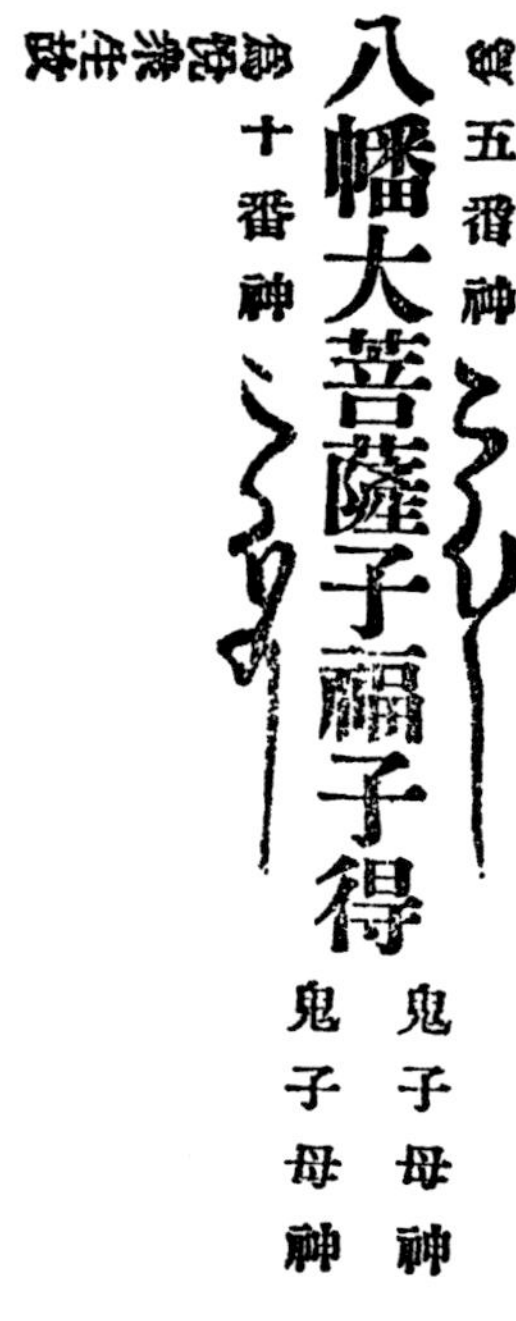

八幡大菩薩

八幡《はちまん》を用《もち》ゐることは神功皇后《じんぐうくわうごう》が新羅《しらぎ》を征伐《せいばつ》せんとするとき腹《はら》の内《うち》に子《こ》を持《い》ち給《たま》ふ皇后《くわうごう》の曰《いは》く、朕《ちん》、新羅《しらぎ》を征伐《せいばつ》して歸《かへ》り來《きた》らん日《ひ》に此《こ》の日本國《にほんこく》に産《うま》れるやうにと信心《しんじん》して征伐《せいばつ》に向《むか》ひ征伐《せいばつ》して新羅《しんら》を降參《かうさん》させて歸《かへ》り來《きた》れば子《こ》産《うま》れたり、之《これ》を應神天皇《おうじんてんのう》と言《い》ひ後《のち》ちに八幡宮《はちまんぐわう》と崇《あが》め祭《まつ》れり釋迦《しやか》は利《り》生《せい》を益《えき》するものなるが故《ゆえ》に産符には之《これ》を用《もち》ふ「慈眼」等《など》の意義《いぎ》は別《べつ》に之《これ》を用《もち》ゐるなり

○子《に》に縁《えん》なき女《をんな》に掛《か》けさする靈符《れいふ》

南無多寶如來
妙法蓮華經
南無釋迦牟尼佛

十羅刹女
大日天王
悉是吾子中鬼子母神
大天王
十羅刹女

知其初懷妊
十羅刹女
十羅刹女
悉是吾子是眞佛子

○養蠶《やうさん》の豐《よ》く出來《でき》る守札《まもりふだ》

蜣蜋諸虫一集其上慈眼視衆生
昔來衆佛教不失於大乘獅子衆虎猥

南無大黑天神
天照太神
鬼子母神
十羅刹女
八幡大菩薩

佛音甚希者能除衆生惱野牛水牛等
唯我一人能爲救護福聚海無量

解釋ニ曰ク 蜣蜋諸虫《しよちう》にして其上《そのうへ》に集《あつま》る、慈《じ》眼《げん》、衆生《しゆじやう》を視《み》る○昔《せき》來《らい》衆《しう》佛《ぶつ》教《けう》、大乘《たいじやう》を失《うしな》はず獅子《しし》と衆《しゆ》虎《こ》猥《ろう》と○佛音《ぶつおん》甚《はなは》だ希《ま》れなる者《もの》能《よ》く衆生《しゆじやう》の惱《なや》みを除《のぞ》く野《や》牛《ぎう》と水《すい》牛《ぎう》等《とう》の○唯《ただ》我《わ》れ一人《いちにん》能《よ》く救護《きうご》を爲《な》す福《ふく》の聚《あつま》ること海《うみ》の如《ごと》く無量《むりやう》なり

○男《だん》女《ぢよ》相着《つ》くの靈《れい》符（普門品ヲ唱ヘルコト）

天黒進天一切依後　充滿其願　宿値德本
南中含那阿敎亭利妙法蓮華經　嗢々
天黒進天一切依後　如清凉池　衆人愛敬

男ノ年名
女ノ年名

○男《をとこ》に思はるゝ靈符

日日日
山火火鬼
日日日

（之レハ觀音經ヲ七遍唱ヘテ當人ニ授クルコト）

○人《ひと》の仲《なか》能《よ》くなる靈符

山世
山手
幽世
嗢

（之ハ觀音經ヲ七遍唱ヘヲ授クルコト）

（註　解）

○自身偈《ジガゲ》トハ『壽量品《ジユリヤウホン》』ノ終リニアル經文ノヿ
○十羅刹女トハ鬼子母神ノ乾兒ノ女ノコト
○三十番神トハ日々ヲ守ル神様ノコト、一ケ月ハ三十日アルモノ故ニ其レヲ毎日々々守ル神々ヲ云フヿ

○田《た》に虫《むし》の附《つ》きたる時《とき》の御札《おふだ》

蚖蛇蝮蝎 乃 乃虫守所 兜醯鬼醯 妙法蓮華經

○怪物《くわいぶつ》に逢《あ》ひたる時《とき》の咒《まじなひ》

神 山本明 遊行無畏 如獅子王 神

解釋ニ曰ク 山《やま》本《もと》と明《あきら》かにして遊《か》行《げふ》畏《おそ》るゝことなき獅《し》子《ゝ》王《わう》の如《ごと》し

注意 此《こ》の文字《もんじ》を右《みぎ》の手《て》の内《うち》に書《か》くこと

○狐《きつね》附《つ》きを眠《ねむ》らする咒《まじなひ》

是人不爲三毒所惱亦不爲嫉妬我慢邪慢增上慢所惱是人少欲知是能修普賢之行（清キ水デ之ヲ呑マスコト）

解ニ曰ク 是《こ》れ人《ひと》、三毒《どく》の悶《なや》ます所《ところ》とならず亦《また》嫉妬《しつと》、我《が》慢《まん》、邪《じや》慢《まん》、増上慢《ぞうじやうまん》の惱《なや》ます所《ところ》とならず是《こ》れ人《ひと》、少欲《せうよく》なれば、知《し》る是《こ》れ能《よ》く普賢《ふげん》の行《おこな》ひを修《しゆう》することを

○生《いき》靈《れふ》を放《はな》つ神《しん》符《ふ》

妙法蓮華經鬼無鬼頭鬼死鬼鬼

注意

此《こ》ノ符《ふ》ヲ燒《やい》テ水《みづ》ニテ呑《の》マスコト

○陀《ダ》羅《ラ》尼《ニ》品《ホン》ヲ一七日唱ヘルコト

○佛《ほとけ》の祟《たゝ》りを除《と》る靈《れい》符《ふ》

南無諸佛獅子奮迅之力

解ニ曰ク

南《な》無《む》諸《しよ》佛《ぶつ》、獅《し》子《し》奮《ふん》迅《じん》の力《ちから》○陀《ダ》羅《ラ》尼《ニ》品《ホン》ヲ一七日唱ヘルコト

○狐《きつね》付《つ》きを看《かん》破《ぱ》する靈《れい》符《ふ》

鬼

之《こ》レハ男《をとこ》ハ左《ひだり》ニ女《をんな》ハ右《みぎ》ノ手《て》ヲ執《と》リテ臂《ひぢ》ノ方《はう》ヘ逆《ぎやく》ニ撫《な》デ、而《しか》シテ臂《ひぢ》ノ方《はう》ヘ逆《ぎやく》に「鬼」ノ字《じ》ヲ書《か》クコト○陀羅尼ヲ唱フベシ

○狐《きつね》附《つ》きを放《はな》つ靈符《みふだ》

鬼子母神　十羅刹女

如獅子王

（併セテ陀羅尼品ヲ唱ヘルコト）

○疫《やく》病《びやう》を祓《はら》ふ靈符《ごふだ》

鬼子母神病即消滅華實經

南無妙法蓮華經諸妙法

十羅刹女不老不死遊和法

（併セテ陀羅尼品ヲ唱ヘルコト）

○旅行者《りよかうしや》の靈符《れいふ》

護天天照皆令歡喜

善利八幡快得善利

解ニ曰ク　深《ふか》く自《みづか》ら慶《けい》幸《こう》す○護《ご》天《てん》の天《てん》照《せう》皆《みな》歡喜《くわんき》せしめ善利《ぜんり》の八幡《まん》快《こゝろよ》く善利《ぜんり》を得《え》せしむ

○神《かみ》の祟《たゝ》りの靈符

南無力通神如是

（陀羅尼ヲ一周間カ三周間、唱ヘルコト）

○問答《もんどふ》に勝《か》つ秘法《ひはふ》の呪《まじなひ》

之《こ》レヲ左《ひだり》ノ大指《おほゆび》ヘ右《みぎ》ノ手《て》ノ指《ゆび》ニテ唾《つば》ニテ書《か》クヿ

○火傷《やけど》の呪《まじなひ》

火不能燒

此上《このうへ》ニ南無妙法蓮華經《なむめうほふれんげきやう》ト何返《なんべん》モ書《か》クベシ

○腰《こし》の痛《いた》みを治《なほ》す呪《まじなひ》

〓

注六

腰《こし》ノ痛《いた》ムトキニハ「〓」ノ字《じ》ヲ呑《のま》シテ「身下出水《しんかしゆつすゐ》」ト三タビ唱《とな》ヘ又《また》、女《をんな》ノ月水《げつすゐ》ガ黄《き》色《いろ》ニ出《で》ルトキハ「〓」ノ字《じ》ヲ書《かい》テ「身上出水《しんじやうしゆつずゐ》」ト三タビ唱《とな》ヘテ水《みづ》ニテ呑《のま》スナリ

○死《し》霊《れい》の霊《れい》符（死シタル人ガ祟ルトキ其レヲ祓ヒヨケル咒ヒノ御札ノコト）

退散

退散大日天王退散（陀羅尼品ヲ唱ヘルコト）

退散

○同《おなじく》 其二

以佛敎門出三界苦毎自作是念

以佛衆生得入無上道速成就佛身

解釋ニ曰ク 佛《ぶ》敎《けう》門《もん》を以《もつ》て三界《さんがい》の苦《くる》しみを出《い》て毎《つね》に自《みづか》ら是念《このねん》を作《な》す○佛衆《ぶつしゆ》生《じやう》を以《もつ》て無上道《むじやうどう》に入《い》ることを得《う》れば速《すみや》かに佛身《ぶつしん》を成就《じやうじゆ》せよ

○同《おなじく》 其三

南無妙法蓮華經

如從飢國來忽遇天王膳
是人於佛道決是無有疑

死靈放放放

飢國《きこく》より來《きた》りて忽《たちま》ち天王《てんわう》の膳《ぜん》に遇《あ》ふたるが如し、是《この》人《ひと》佛道《ぶつだう》に於《おい》て

解釋ニ曰ク

決《けっ》して是《こ》れ疑《うたが》ひあることなし

坐寶蓮華成等正覺放
放放

解釋ニ曰ク

寶《ほう》蓮《れん》華《け》成《じやう》等《とう》正《せう》覺《かく》に坐《ざ》して放《はな》つ

○生《い》靈《れう》の靈《れい》符《ふ》
（生キテル人ヨリ怨ミヲ受ケ祟リヲ受ケタルヲ祓ヒヨケル咒ヒノ御札ノヿ）

南無妙法蓮華經

咒咀諸毒藥所欲害身者衆怨悉退散
念彼觀音力者還於本人疾走無邊方

○易《えき》の六十四卦《か》の占病《せんびやう》、と祟《たゝ》りの秘説《ひせつ》

乾《けん》為《ゐ》天《てん》 ䷀

病《やまひ》は頭痛《づつう》、眩暈《めまひ》、痰咳《たんせき》、氣《き》の疲《つか》れより來《きた》る、熱高《ねつたか》し、熱《ねつ》の差引《さしひ》き、動氣《どうき》、肺臓《はいざう》より來《きた》る、虫《むし》、腹痛《はらいた》み、筋攣《しつ》る、腫物、痞毒《きうぞく》、血《ち》の道《みち》、熱病《ねつびやう》、◎祟《たゝり》は阿彌陀様《あみださま》、明神《みやうじん》、父方《ちゝかた》に付《つい》ての女《をんな》の死靈《しりやう》もあり

坤《こん》為《ゐ》地《ち》 ䷁

病《やまひ》は喉《のど》か、皮肉《ひにく》の煩《わづら》ひ、腹《はら》より起《おこ》る、胃腸病《いちやうびやう》、食傷《しよくしやう》、風邪《ふうじや》、熱病《ねつびやう》、手足《てあし》、血《ち》の道《みち》、女《をんな》は脛水不順《けいすゐふじゆん》とし、懐姙《くわいにん》とし、又産後《またさんご》にて血下《ちくだ》るとあり、虫《むし》、腹《はら》、耳鳴《みゝな》り、夏《なつ》は瘧《をこり》◎祟《たゝ》りは荒神《くわうしん》、稲荷《いなり》、弓箭《ゆみや》の靈《れい》、女《をんな》の死靈母方《しりやうはゝかた》に有《あ》るべし、又地處《またちしよ》に付《つい》ての慾心《よくしん》の祟《たゝ》りもあり

水《すゐ》雷《らい》屯《ちゆん》 ䷂

病《やまひ》は腎臓《じんざう》より來《きた》る、膀胱《はうくわう》、耳《みゝ》、歯《は》、胸《むね》、虫《むし》、氣病《きやま》ひ、腰《こし》より下《しも》の病《やま》ひ、眩暈《めまひ》、産《さん》、血《ち》、神經《しんけい》◎祟《たゝ》りは水神《すゐしん》、薬師《やくし》、出家《しゆつけ》、目《め》下の者《もの》の祟《たゝ》りとす

山《さん》水《すゐ》蒙《もう》 ䷃

病《やま》ひは肝臓《かんざう》より來《きた》る、胸《むね》、頭痛《づつう》、腹張《はらは》り、内熱《ないねつ》、眩暈《めまひ》、虫《むし》、腫物《もの》、瘧《をこり》、手足《てあし》がだるく、女《をんな》は脛水不順《けいすゐふじゆん》とし、懐姙《くわいにん》とす◎祟《たゝ》りは山神《やまかみ》、薬師《やくし》、明神《みやうじん》、女《をんな》の死靈母方《しりやうはゝかた》の家《いへ》に付《つい》て祟《たゝ》る、四足《よつあし》の祟《たゝ》り

水《すゐ》天《てん》需《じゆ》 ䷄ 病《やま》ひは腎臓《じんぞう》より來《きた》る、頭痛《づつう》、胸《むね》、胃《ゐ》、腹痛《はらいた》む、手足《てあし》、熱高《ねつたか》し、肝《かん》の虫《むし》、腰《こし》◎祟《たゝ》りは彌陀《みだ》、父方《ちゝかた》に付《つい》て男《をとこ》の死靈《しりやう》、佛《ほとけ》に祈《いのつ》て吉《よ》し、腹《はら》の熱《ねつ》にていろ〳〵の事《こと》を言《い》ふか、皮肉《ひにく》の煩《わづら》ひとす、水神《すゐじん》、妙見《めつけん》牛馬《ぎうば》の祟《たゝ》りとす

天《てん》水《すゐ》訟《しやう》 ䷅ 病《やま》ひは腎臓《じんぞう》より來《きた》る、耳鳴《みゝな》り、虫歯《むしは》、虫腹《むしはら》、◎祟《たゝ》りは觀音《くわんのん》目上《めうへ》の障《さは》り、井《ゐど》を埋《う》めたることあるか又《また》は水神《すゐじん》の障《さは》り、母《はゝ》方《かた》に付《つい》ての女《をんな》の靈《れい》とす

地《ち》水《すゐ》師《し》 ䷆ 病《やま》ひは脾臓《ひぞう》より來《きた》る、胸《むね》、肩《かた》、食傷《しよくしやう》、風邪《ふうじや》、腫物《できもの》、瘡毒《さうどく》、癪《しやく》熱《ねつ》の差引《さしひ》き、下痢《げり》、血《ち》の道《みち》、眼《め》、女《をんな》は經水不順《けいすいふじゆん》とし、懐姙《くわいにん》とす◎祟《たゝ》りは地處《ちしよ》に付《つい》ての祟《たゝ》り、神佛《しんぶつ》の障《さは》り、荒神《くわうじん》、八幡《はちまん》、稲荷《いなり》、

水《すゐ》地《ち》比《ひ》 ䷇ 病《やま》ひは腎臓《じんぞう》より來《きた》る、膀胱《ばうくわう》、歯《は》、氣病《きやま》ひ、女《をんな》は産後《さんご》の血《ち》、冷《ひへ》、虫《むし》、手足《てあし》の痛《いた》み、子宮病《しきうびやう》、痳病《りんびやう》、口中《こうちう》、耳煩《みゝわづら》ひとす◎祟《たゝ》りは觀音《くわんのん》、水神《すゐじん》、女《をんな》の祟《たゝ》りとす

風《ふう》天《てん》小《せう》畜《ちく》 ䷈ 病《やま》は肝臓《かんぞう》より來《きた》る、腹《はら》、手足《てあし》、筋骨《すじほね》、女《をんな》は産《さん》、血《ち》、腫物《できもの》、瘡毒《さうどく》、胎毒《たいどく》、脊髄病《せきずゐびやう》、腰痛《こしいた》み、脚氣《かつけ》、雁瘡《がんがさ》◎祟《たゝ》りは荒神《くわうじん》、

山神《やまのかみ》、慾心《よくしん》に付《つい》ての女《をんな》の生靈《いきりやう》、目下《めした》の障《さは》り、弓矢《ゆみや》の靈《れい》、蛇《へび》、四足《よつあし》の祟《たゝ》りとす、埋井《うめゐど》、廢井《はいせい》の障《さは》りもあり

天澤履《てんたくり》

病《やま》ひは肺《はい》と腎《じん》の二臟《ざう》より來《きた》る、鼻《はな》、手足《てあし》、腫物《できもの》、逆上、頭《づ》痛《つう》、腦《のう》、皮膚病《ひふびやう》、齒《は》◎祟《たゝ》りは荒神《くわうしん》、先祖《せんぞ》か祖父《をぢ》のとき慾心《よくしん》よりの祟《た》りとす

地天泰《ちてんたい》

病《やま》ひは胃病《ゐびやう》、口中《こうちう》、乳熱《にうねつ》、流行病《りうこうびやう》、皮《かは》の内外《うちそと》の煩《わづら》ひ、夏《なつ》は瘧《をこ》り、寢覺《ねざ》めのときの癇《かん》、夜啼《よな》き、頭重《かしらおも》く女《をんな》は脛水《けいすい》不順とし、懐妊《くわいにん》とし、古血《ふるち》、癪《しやく》、痞《つかへ》、虫等《むしとう》とす◎祟《たゝ》りは八幡《はちまん》、稲荷《いなり》、氏神《うじがみ》、先祖の弓矢《ゆみや》の靈《れい》、女《なな》の死靈《しりやう》、慾心《よくしん》よりの生靈《いきりやう》もありとす

天地否《てんちひ》

病《やま》ひは肺臟《はいざう》より來《きた》る、頭痛《づつう》、腹《はら》、股、腦《のう》、胃病《ゐびやう》、神經《しんけい》、氣弱ひ、古血《ふるち》、手足《てあし》の煩《わづら》ひ、女《をんな》は産後《さんご》の煩《わづら》ひ◎祟《たゝ》りは先祖《せんぞ》の祟《たゝ》り、女《をな》の生靈《いきりやう》、四足《あし》の祟《たゝ》り、大事《だいじ》なる病《やま》ひ、長病《ながびやう》とす

天火同人《てんかどうじん》

病《やま》ひは熱《ねつ》の差引《さしひ》き、動氣《どうき》、眼病《がんびやう》、心臟病《しんざうびやう》、虫《むし》、癪《しやく》、女は血夏《なつ》は瘧《をこ》り、下《くだ》り腹《はら》、腫物《できもの》、頭痛《づつう》、腦《のう》、手足《てあし》にトゲを踏む、古血《ふるち》、打撲《うちみ》◎祟《たゝ》りは荒神《くわうじん》、父方《ちゝかた》に付《つい》て目上《めうへ》の障《さは》り、先祖《せんぞ》の靈《れい》、

火《か》天《てん》大《たい》有《いう》 ䷍

病《やまひ》は心藏《しんざう》より來《きた》る、胸《むね》、腦《のう》、逆上《ぎやくじやう》、眩暈《めまひ》、虫《むし》、熱《ねつ》、寒氣立《さむけだ》ち、心熱《しんねつ》、眼病《がんびやう》、夏《なつ》は瘧《をこ》り、熱病《ねつべう》、古血《ふるち》の煩《ねづら》ひ◎祟《たゝ》りは女《をんな》の死霊、父方《ちゝがた》に付《つい》ての祟《たゝ》り、荒神《くわうじん》とす

地《ち》山《さん》謙《けん》 ䷎

病《やまひ》は腹《はら》の痛《いた》み、唇乾《くちびるかは》き、耳鳴《みゝな》る、虫《むし》、女《をんな》は脛水《けいすゐ》の不順《ふじゆん》、懐妊《くわいにん》、産後《さんご》の病《やまひ》、熱《ねつ》の差引《さしひ》き、瘡毒《さうどく》、腫物《できもの》、中風《ちうふう》、脚氣《かつけ》◎祟《たゝ》りは薬師《やくし》、稲荷《いなり》、明神《みやうじん》、女《をんな》の霊《りやう》、田地《でんち》賣買《ばいばい》の障《さは》り、太神宮様《だいじんぐうさま》のお札《ふだ》を粗末《そまつ》にしたか但《たゞし》は能《よ》く祭《まつ》り崇《あがめ》ざるより來《きた》る

雷《らい》地《ち》豫《よ》 ䷏

病《やまひ》は肝《かん》より來《きた》る、動氣《どうき》、風邪《ふうじや》、目《め》の煩《わづら》ひ、虫《むし》、中風《ちうふう》、脚氣《かつけ》女《をんな》は古血《ふるち》、瘧《をこり》、熱高《ねつたか》し、手足《てあし》の病《やまひ》◎祟《たゝ》りは藥師《やくし》、氏神《うぢがみ》、母《はゝ》方《がた》に付《つい》て死霊《しりやう》もありとす

澤《たく》雷《らい》隨《ずい》 ䷐

病《やまひ》は動氣《どうき》、肺《はい》、手足《てあし》の痛《いた》み、鼻《はな》、筋痛《すじいた》み、息切《いきざ》れ、風邪《ふうじや》頭痛《づつう》、胸痛《むねいた》み、食傷《しよくしやう》、虫《むし》、古《ふる》き煩《わずら》ひの起《おこ》り◎祟《たゝ》りは鎮守様《ちんじゆさん》不動《ふどう》、藥師《やくし》又《また》は出家《しゆけ》か門下《めした》の者《もの》に付《つ》きて慾心《よくしん》より來《きた》れる祟《たゝ》りとす

山《さん》風《ふう》蠱《こ》 ䷑

病《やまひ》は脾臓《ひぞう》より起《おこ》る、頭痛《づつう》、胸塞《むねふさがり》て食進《しよくすゝ》まず、胸、虫《むし》、腹、瘡毒《さつどく》、血《ち》の病《やまひ》、長病《ながびやう》、食當《しよくあた》り、手足《てあし》の煩《わずら》ひ、◎祟《たゝ》りは埋井、

癈井《はいせい》、四足《よつあし》、佛《ほとけ》の祟《たた》り、荒神様《くわうじんさま》の祟《たた》り、或《あるひ》は人《ひと》に依《よ》りては刀劍《たうけん》の祟《たた》り

地《ち》澤《たく》臨《りん》

病《やま》ひは胸《むね》、逆上《ぎやくじやう》、虫《むし》、食當《しよくあた》り、女《をんな》は懷姙《くわいにん》、經水不順《けいすいふじゆん》、血《ち》、熱高《ねつたか》し、筋骨痛《すじほねいた》む、古血《ふるち》◎祟《たた》りは不動《ふどう》、觀音《くわんのん》、荒神《くわうじん》、咎《とが》め弓矢《ゆみや》の靈《れい》、慾心《よくしん》より來《きた》る。目下《めした》の祟《たた》り、牛馬《ぎうば》の障《さは》り、埋井《うめゐど》、古井《ふるゐど》

風《ふう》地《ち》觀《くわん》

病《やま》ひは肝臟《かんぞう》より起《おこ》る、頭痛《づつう》、風邪《ふうじや》、虫《むし》、腹痛《はらいた》み、瘧《をこり》、女《をんな》は血《ち》の道《みち》、筋骨《すじほね》、動氣《どうき》、肺《はい》、慾《よく》より來《きた》る、神經病《しんけいびやう》、手足《てあし》の痛《いた》み

◎祟《たた》りは觀音《くわんおん》、稻荷《いなり》、女《をんな》の怨《うら》みとす

火《くわ》雷《らい》噬《ぜい》嗑《かう》

病《やま》ひは心臟《しんぞう》より來《きた》る、胸《むね》、虫《むし》、引付《ひきつ》け、眩暈《めまひ》、腰《こし》の痛《いた》み、中風《ちうふう》、頭痛《づつう》、虫氣《むしけ》、落馬《らくば》か酒毒《しゆどく》の熱《ねつ》、傷寒《しやうかん》、腹《はら》の痛《いた》み◎祟《たた》りは觀音《くわんおん》、不動《ふどう》、死靈《しりやう》、藥師《やくし》、女《をんな》の生靈《いきりやう》、辛酉《かのととり》の日《ひ》を大事《だいじ》とす

山《さん》火《くわ》賁《ひ》

病《やまひ》は脾臟《ひぞう》より來《きた》る、熱《ねつ》の差引《さしひき》、頭痛《づつう》、胸《むね》、疵《きず》、濃血《うみち》、腫物《はれもの》、腰痛《こしいた》み、疝氣《せんき》、脊髓病《せきずゐびやう》、脚氣《かつけ》、女《をんな》は懷姙《くわいにん》とし、經水《けいすゐ》不順《ふじゆん》とす

◎祟《たた》りは觀音《くわんおん》、山神《やまのかみ》、欲心《よくしん》に付《つ》きての祟《たた》り、牛馬《ぎうば》の祟《たた》りとす

山《さん》地《ち》剝《はく》

病《やま》ひは脾胃《ひゐ》より來《きた》る、食當《しよくあた》り、腹痛《はらいた》み、上熱《うはねつ》、下冷《したひへ》、手足《てあし》だるし、瘡毒《さうどく》、手足《てあし》の怪我《けが》、女《をんな》は血《ち》の道《みち》、懷姙《くわいにん》とし、經水不順《ふじゆん》

とす◉祟《たゝ》りは山神《やまのかみ》、荒神《くわうじん》、死霊《しりやう》、埋井《うめゐど》とす

地雷復《ちらいふく》 ䷗

病《やま》ひは脾胃《ひゐ》より來《きた》る、胃腸病《ゐちやうびやう》、氣《き》重《をも》し、食滯《しよくとゞこほり》、筋骨《すぢほね》の痛《いた》み、眩暈《めまひ》、耳鳴《みゝな》り、動氣《どうき》、身《からだ》の痲痺《しび》れ、腫物《できもの》、手足《てあし》の煩《わづら》ひ、懷妊《くわいにん》、脛水不順《けいすゐふじゆん》とす◉祟《たゝ》りは八幡《はちまん》、藥師《やくし》、地所《ちしよ》に付《つい》て慾心《よくしん》よりの祟《たゝ》り、

天雷无妄《てんらいむばう》 ䷘

病《やま》ひは動氣《どうき》、肩張《かたは》り、食傷《しよくしやう》、虫《むし》、頭痛《づつう》、胸痞《むねつかへ》、手足《てあし》、眼病《がんびやう》、逆上《ぎやくじやう》、熱高《ねつたか》し、女《をんな》は懷妊《くわいにん》◉八幡樣《はちまんさま》、藥師《やくし》、慾心《よくしん》よりの祟《たゝ》り、目下《めした》の人《ひと》の祟《たゝ》りとす

山天大畜《さんてんたいちく》 ䷙

病《やま》ひは腰痛《こしいた》み、瘡毒《さうどく》、頭痛《づつう》、手足《てあし》の煩《わづら》ひ、腫物《できもの》、血《ち》の道《みち》、胸《むね》、中風《ちうふう》、脚氣《かつけ》、女《をんな》は脛水不順《けいすゐふじゆん》とし、懷妊《くわいにん》とす◉祟《たゝ》りは明《みや》神、氏神《うぢがみ》、荒神《くわうじん》、埋井《うめゐ》とす

山雷頤《さんらいい》 ䷚

病《やま》ひは食當《しよくあた》り、腹《はら》、胸《むね》の痞《つか》へ、頭痛《づつう》、眼《め》、手足《てあし》、筋骨《すぢほね》、腰《こし》、咽《のど》、女《をんな》は脛水不順《けいすゐふじゆん》、懷妊《くわいにん》とし、又《また》は血《ち》の道《みち》◉祟《たゝ》りは目下《めした》の人《ひと》の祟《たゝ》り、山神《やまがみ》、荒神《くわうじん》の祟《たゝ》りとす

澤風大過《たくふうたいくわ》 ䷛

病《やま》ひは肺臓《はいざう》より來《きた》る、動氣《どうき》、咽喉《のど》、痰咳《たんせき》、腦《のう》、食當《しよくあた》り、胸痞《むねつか》へ、頭痛《づつう》、虫《むし》、眼病、瘧《をこり》、熱高《ねつたか》し、筋骨《すぢほね》の痛《いた》み◉祟《たゝ》りは不《ふ》

動《ご》、女《をんな》の生霊《いきりやう》、稲荷《いなり》、出家《しゆつけ》の祟《たゝ》りとす

坎《かん》爲《ゐ》水《すゐ》 ䷜

病《やまひ》ひは腎臓《じんざう》より來《きた》る 溜飲《りういん》、麻病《りんびやう》、子宮病《しきうびやう》、虫《むし》、女《をんな》は懐妊《くわいにん》又《また》は産後《さんご》の病《やまひ》、耳鳴《みゝな》る、長煩《ながわづら》ひ、眩暈《めまひ》、熱《ねつ》の差引《さしひき》、血《ち》、疝氣《せんき》腰痛《こしいたみ》◉祟《たゝ》りは水神《すいじん》、觀音《くわんのん》、女《をんな》の生霊《いきりやう》とす

離《り》爲《ゐ》火《か》 ䷝

病《やまひ》ひは心臓《しんざう》より來《きた》る、胸《むね》、脳《のう》、熱高《ねつたか》し、眩暈《めまひ》、頭痛《づつう》、逆上《ぎやくじやう》、腫物《できもの》、熱《ねつ》の差《さし》引き、下《くだ》り腹《はら》、氣病《きやまひ》ひ、女《をんな》は産後《さんご》の血《ち》◉祟《たゝ》りは父《ちゝ》の方《かた》に付《つい》て男《をとこ》の死霊《しりやう》、馬《うま》の祟《たゝ》り、佛《ほとけ》、稲荷《いなり》の祟《たゝ》りとす

澤《たく》山《さん》咸《かん》 ䷞

病《やまひ》ひは肺臓《はいざう》より來《きた》る、頭痛《づつう》、逆上《ぎやくじやう》、口中《こうちう》の煩《わづら》ひ、咳嗽《たんせき》、虫《むし》歯《は》、胸《むね》、女《をんな》は血《ち》、産後《さんご》の病《やまひ》、筋詰《すぢつま》る、瘧《おこり》◉祟《たゝ》りは不動《ふどう》、女《をんな》の生霊《いきりやう》、目下《めした》の女《をんな》の祟《たゝ》り、死霊《しりやう》

雷《らい》風《ふう》恒《こう》 ䷟

病《やまひ》ひは肝臓《かんざう》より來《きた》る、頭痛《づつう》、動氣《どうき》、風邪《ふうじや》、虫《むし》、神經病《しんけいびやう》、中風《ちうふう》脚氣《かつけ》、腫物《できもの》、胸痞《むねつか》へ◉祟《たゝ》りは薬師《やくし》、氏神《うぢがみ》、女《をんな》の生霊《いきりやう》とす

天《てん》山《さん》遯《とん》 ䷠

病《やまひ》ひは肺臓《はいざう》より來《きた》る、逆上《ぎやくじやう》、眩暈《めまひ》、頭痛《づつう》、女《をんな》は産後《さんご》の血《ち》、神《しん》經《けい》、筋骨《すぢほね》、中風《ちうふう》、脚氣《かつけ》◉祟《たゝ》りは薬師《やくし》、願《ぐわん》を無沙汰《ぶさた》にせしか或《あるひ》は女《をんな》は神佛《しんぶつ》の前《まへ》を血《ち》で穢《けが》したるより來《きた》るとす

雷《らい》天《てん》大《たい》壯《さう》

病《やま》ひは胸《むね》、腹《はら》、手《て》足《あし》、眩暈《めまひ》、逆上《ぎやくじやう》、腦《のう》、動氣《どうき》、虫《むし》、引付《ひきつ》け肺《はい》、女《をんな》は懐妊《くわいにん》の初《はじ》め◎祟《たゝ》りは藥師《やくし》、佛《ほとけ》の祟《たゝ》り、亥日《いのひ》十二時《じ》を注意《ちうい》すべし

火《くわ》地《ち》晋《しん》

病《やま》ひは心臓《しんざう》より來《きた》る、胸《むね》、頭痛《づつう》、熱《ねつ》の差引《さしひ》き、瘧《をこ》り、筋骨《すぢほね》の痛《いた》み、熱高《ねつたか》し、心臓病《しんざうびやう》、腦《のう》、眼病《がんびやう》、眩暈《めまひ》、中氣《ちうき》、神經病《しんけいびやう》、氣《き》病《やま》ひとす◎祟《たゝ》りは觀音《くわんのん》、水神《すゐじん》、又《また》は女《をんな》の祟《たゝ》りとす

地《ち》火《くわ》明《めい》夷《い》

病《やま》ひは脾《ひ》胃《い》より來《きた》る、腹痛《ふくつう》、胃病《いびやう》、食當《しよくあた》り、霍亂《かくらん》、瘡《さう》疾《く》、子《し》宮病《きうびやう》、腫物《できもの》、女《をんな》は産前《さんぜん》産後《さんご》の血《ち》、眼《め》の煩《わづら》ひ、打撲《うちみ》◎祟《たゝ》りは八幡《はちまん》、明神《みやうじん》、田畑《たはた》山林《さんりん》に付《つ》き慾心《よくしん》よりの祟《たゝ》り、牛馬《ぎうば》の祟《たゝ》りとす

風《ふう》火《か》家《か》人《じん》

病《やま》ひは肝臓《かんざう》より來《きた》る、動氣《どうき》、風邪《ふうじや》、眼《め》、中風《ちうふう》、脚氣《かつけ》、腦《のう》、頭《づ》痛《つう》、女《をんな》は産《さん》の煩《わづら》ひ、虫《むし》、熱高《ねつたか》し、下《くだ》り腹《はら》、氣《き》病《やま》ひとす◎祟《たゝ》りは觀《くわん》音、慾《よく》心《しん》に付《つい》ての祟《たゝ》り、稲荷《いなり》、水神《すゐじん》とす

火澤《たく》睽《けい》

病《やま》ひは心臓《しんざう》より來《きた》る、胸《むね》、肺《はい》、眼病《がんびやう》、虫《むし》、頭痛《づつう》、神經《しんけい》、熱高《ねつたか》し、動氣《どうき》◎祟《たゝ》りは觀音《くわんおん》、馬《うま》の祟《たゝ》り、犬《いぬ》の祟《たゝ》り、荒神《くわうじん》の祟《たゝ》りとす

水《すゐ》山《さん》蹇《けん》

病《やま》ひは腎臓《じんざう》より來《きた》る、女《をんな》は血《ち》、神經病《しんけいびやう》、氣《き》病《やま》ひ、淋病《りんびやう》、子宮《しきう》病《びやう》、腰《こし》痛《いた》み、腹《はら》痛《いた》み、胃病《ゐびやう》、胸《むね》、疝氣《せんき》とす◎祟《たゝ》りは水神《すゐじん》、觀音《くわんのん》、女《をんな》の生靈《いきりやう》、又《また》は願《ぐわん》を無《ぶ》沙《さ》汰《た》にしたる障《さは》りとす

雷《らい》水《すゐ》解《かい》

病《やま》ひは肝臓《かんざう》より來《きた》る、眼《め》、頭《あたま》、氣《き》病《やま》ひ、脚氣《かつけ》、腰《こし》、淡結り、風邪《ふうじや》、胃病《ゐびやう》、熱《ねつ》の差引《さしひ》き◎祟《たゝ》りは藥師《やくし》、觀音《くわんのん》、願《ぐわん》を無《ぶ》沙《さ》汰《た》にせしより來《き》る、年忌《ねんき》や供養《くやう》を疎畧《そりやく》にせしこともあり

山《さん》澤《たく》損《そん》

病《やま》ひは脾胃《ひゐ》より來《きた》る、頭熱《あたまねつ》して胸苦《むねぐる》し、腫物《できもの》、手足《てあし》、腰《こし》、脊《せな》髓《ずゐ》、疝氣《せんき》、梅毒《ばいどく》、腫物《できもの》、脚氣《かつけ》、女《をんな》は經水不順《けいすゐふじゆん》、懷妊《くわいにん》とす◎祟《たゝ》りは親《おや》の代《だい》の慾心《よくしん》の祟《たゝ》り、死靈《しりやう》、山神《やまのかみ》の祟《たゝ》りとす

風《ふう》雷《らい》益《えき》

病《やま》ひは肝《かん》より來《きた》る、陽氣《ようき》、腹《はら》、眩暈《めまひ》、腦《のう》、熱高《ねつたか》し、肺《はい》、胸《むね》、食當《しよくあた》り、寒氣《さむけ》立《た》つ、酒毒《しゆどく》、初《はじ》めの病付《やみつ》きしより中頃《なかごろ》吉くなりて又起《またおこ》るとす◎祟《たゝ》りは不動《ふどう》、女《をんな》の祟《たゝ》り、慾心《よくしん》の祟《たゝ》り、目下《めした》の人《ひと》の生靈《いきりやう》

澤《たく》天《てん》夬《くわい》

病《やま》ひは肺臓《はいざう》より來《きた》る、胸腹《むねはら》の痞《つか》へ、動氣《どうき》、腦《のう》、熱《ねつ》、筋骨《すぢほね》の痛《いた》み、眩暈《めまひ》、中風《ちうぶう》、風邪《ふうじや》、口中《こうちう》の煩《わづら》ひ、皮膚病《ひふびやう》、虫歯《むしは》とす◎祟《たゝ》りは荒神《くわうじん》、先祖《せんぞ》に付《つい》ての祟《たゝ》り、犬《いぬ》の祟《たゝ》りとす

天《てん》風《ふう》姤《かう》

病《やま》ひは熱《ねつ》の差引《さしひ》き、胸《むね》、肝《かん》の虫《むし》、目《め》、筋《すぢ》骨《ぼね》の痛《いた》み、動氣《どうき》、風《ふ》邪《じや》、頭《づ》痛《つう》、女《をんな》は産《さん》の氣《き》、風《ふう》邪《じや》、食傷《しよくしやう》◉祟《たゝ》りは佛《ほとけ》、氏神《うぢがみ》、先《せん》祖《ぞ》の祟《たゝ》り、女《をんな》の死霊《しりやう》、四《よつ》足《あし》の祟《たゝ》りとす

澤《たく》地《ち》萃《すゐ》

病《やま》ひは動《どう》氣《き》、腹《はら》、熱《ねつ》、口《こう》中《ちう》の煩《わずら》ひ、瘡毒《さうどく》、腫物《できもの》、啖咳《たんせき》、頭《づ》痛《つう》、齒《は》の痛《いた》み、目《め》、鼻《はな》、胸《むね》、頭《づ》痛《つう》、打撲《うちみ》、血《ち》、虫《むし》◉祟《たゝ》りは不《ふ》動《どう》、荒《くわう》神《じん》、稲荷《いなり》の祟《たゝ》り、又《また》は日《め》下《した》の祟《たゝ》りとす

地《ち》風《ふう》升《しよう》

病《やまひ》ひは腹《はら》、胃《ゐ》病《びやう》、風《ふう》邪《じや》、食當《しよくあた》り、胸《むね》痞《つか》へ、胸《むね》、虫《むし》、頭《づ》痛《つう》、熱《ねつ》の差引《さしひ》き、熱《ねつ》高《たか》し、筋《すぢ》骨《ほね》、懷妊《くわいにん》とし、脛《けい》水《すゐ》不《ふ》順《じゆん》とす◉祟《たゝ》りは不《ふ》動《どう》、女《をな》の生霊《いきりやう》、慾《よく》心《しん》の祟《たゝ》り、又《また》目《め》下《した》の人《ひと》の怨《うら》みもあり

澤《たく》水《すゐ》困《こん》

病《やま》ひは肺《はい》臓《ざう》より來《きた》る、胸《むね》、頭《づ》痛《つう》、目《め》鼻《はな》、冷《ひ》へ、逆上《ぎやくじやう》、麻《りん》病《びやう》、子《し》宮《きう》病《びやう》、血《ち》の道《みち》、女《をんな》は息《いき》苦《ぐる》しき煩《わずら》ひ◉祟《たゝ》りは不《ふ》動《どう》、荒《くわう》神《しん》、父《ち》方《かた》に付《つき》ての死《し》霊《りやう》とす

水《すゐ》風《ふう》井《せい》

病《やま》ひは腎《じん》臓《ざう》より來《きた》る、胃《ゐ》病《びやう》、癪《しやく》、下《か》部《ぶ》の病《やまひ》、疝《せん》氣《き》、寢《ね》冷《び》へ、熱《ねつ》の差引《さしひ》き、子《こ》供《ども》は腹《はら》、流《りう》行《かう》病《びやう》、風《ふう》邪《じや》◉祟《たゝ》りは水《すゐ》神《じん》、女《をんな》の生《いき》霊《りやう》、蛇《へび》の祟《たゝ》り、稲荷《いなり》とす

澤《たく》火《くわ》革《かく》 ䷰

病ひは肺臓《はいざう》より來《きた》る、胸《むね》、頭痛《づつう》、熱《ねつ》、口中《こうちう》の煩《わづら》ひ、流行病《りうかうびやう》、女《をんな》は産後《さんご》の煩《わづら》ひ、古血《ふるち》、淋瘡《りんさう》、逆上《ぎやくじやう》、眼病、腦、動氣《どうき》、皮膚《ひふ》病◎祟りは不動《ふどう》、観音《くわんおん》、荒神《くわうじん》、慾心《よくしん》の祟《たゝ》り、目下《めした》の人《ひと》の祟《たゝ》りとす

火《くわ》風《ふう》鼎《てい》 ䷱

病《やまひ》は心臓《しんざう》より來《きた》る、胸《むね》、頭痛《づつう》、肝《かん》の虫《むし》、流行病《りうかうびやう》、熱《ねつ》の差引《さしひ》き、中風《ちうふう》、脚氣《かつけ》、瘧《をこり》、長病《ながわづらひ》◎祟《たゝ》りは観音《くわんのん》、荒神《くわうじん》、父方《ちゝかた》に付《つい》ての祟《たゝ》り、蛇の祟りとす

震《しん》爲《ゐ》雷《らい》 ䷲

病ひは肝臓《かんざう》より來《きた》る、痰咳《たんせき》、動氣《どうき》、熱高《ねつたか》し、筋骨《すじほね》の痛《いた》み、頭《づ》痛、逆上《ぎやくじやう》、肝《かん》の虫《むし》、耳鳴《みゝな》る、中風《ちうふう》、脚氣《かつけ》、風邪《ふうじや》、肩張《かたは》る、女は血の道、食滞《しよくとゞこほ》り◎祟《たゝ》りは薬師《やくし》、不動《ふどう》又《また》は地處《ちしよ》に付《つい》ての祟《たゝ》りとす

艮《こん》爲《ゐ》山《さん》 ䷳

病《やま》ひは脾胃《ひゐ》より來《きた》る、腹《はら》、女《をんな》は血の道《みち》、脛水《けいすい》不順《ふじゆん》、懐妊《くわに》とす、子《し》宮病、脚氣《かつけ》、腰《こし》痛み、腫物《できもの》、疝氣《せんき》、胸痞《むねつか》へ、手足《てあし》、虫《むし》、筋骨《すぢほね》の痛《いた》み◎祟《たゝ》りは山神《やまのかみ》、薬師《やくし》、男女共《なんによとも》に別《わか》れをしての苦《くるし》みの煩《わづら》ひ、女《をんな》の祟《たゝ》り、寺《てら》との物言《ものい》ひ

風《ふう》山《さん》漸《せん》 ䷴

病《やよ》ひは肝臓《かんざう》より來《きた》る、眩暈《めまひ》、筋詰《すぢつま》り、腹《はら》、虫《むし》、女《をんな》は懐妊《くわいにん》産《さん》後《ご》の血《ち》、風邪《ふうじや》、熱《ねつ》の差引《さしひ》き◎祟《たゝ》りは水神《すゐじん》、稲荷《いなり》、女《をんな》の祟《たゝ》り

雷澤歸妹《らいたくきまい》 ䷵ 病《やま》ひは肝臓《かんざう》より來《きた》る、動氣《どうき》、胸《むね》、頭痛《づつう》、口中《こうちう》乾《かは》く、中風《ちうぶう》、脚氣《かつけ》、癪《しやく》、筋詰《すぢつま》る、耳鳴《みゝな》り、腰痛《こしいた》み◎祟《たゝ》りは藥師《やくし》、屋敷《やしき》に付《つい》ての祟《たゝ》り、神佛《しんぶつ》、地處《ちしよ》に付《つき》ての祟《たゝ》り、願《ぐわん》を無沙汰《ぶさた》にせし障《さは》りとす

雷火豐《らいくわほう》 ䷶ 病《やま》ひは肝臓《かんざう》より來《きた》る、頭痛《づつう》、腦《のう》、逆上《ぎやくじやう》、眼《め》、中風《ちうぶう》、脚氣《かつけ》、腰《し》の煩《わづら》ひ、女《をんな》は產後《さんご》の古血《ふるち》、男《をとこ》は打撲《うちみ》、心臓《しんざう》、熱《ねつ》の差引《さしひき》き◎祟《たゝ》りは藥師《やくし》、神木《しんぼく》を伐《き》りたる咎《とが》め、立願《りうぐわん》を果《はた》さゞるの障《さは》り、慾心《よくしん》よりの祟《たゝ》り、馬《うま》或《あるひ》は牛《うし》の祟《たゝ》りとす

火山旅《くわざんりよ》 ䷷ 病《やまひ》は心臓《しんざう》より來《きた》る、頭痛《づつう》、眩暈《めまひ》、眼病《がんびやう》、動氣《どうき》、肺《はい》、腎病《やま》ひ胸《むね》、頭《あたま》の大熱《だいねつ》、熱《ねつ》の差引《さしひ》き、流行病《りうかうびやう》◎祟《たゝ》りは荒神《くわうじん》、觀音《くわんのん》父方《ちゝかた》に付《つき》ての死靈《しりやう》、藥師《やくし》の祟《たゝ》りとす

巽爲風《そんゐふう》 ䷸ 病《やまひ》は肝臓《かんざう》より來《きた》る、動氣《どうき》、肺《はい》、熱高《ねつたか》し、長煩《ながわづら》ひ、肝《かん》の虫《むし》、心經病《しんけいびやう》、眼病《がんびやう》、虫腹《むしばら》、流行病《りうかうびやう》、筋骨《すぢほね》の痛《いた》み、夏《なつ》は瘧《おこ》り、女《をんな》は懷妊《くわいにん》◎祟《たゝ》りは女《をんな》の生靈《いきりやう》、稲荷《いなり》、出家《しゆつけ》、水神《すゐじん》の祟《たゝ》りとす

兌爲澤《だゐたく》 ䷹ 病《やま》ひは肺臓《はいざう》より來《きた》る、頭痛《づつう》、胸《むね》、口中《こうちう》、熱《ねつ》の差引《さしひき》、疝氣《せんき》、肋膜炎《ろくまくえん》、逆上《ぎやくじやう》、頭痛《づつう》、眼病《がんびやう》◎祟《たゝ》りは不動《ふどう》、女《をんな》の生靈《いきりやう》とす

風《ふう》水《すゐ》渙《くわん》

䷺

病《やま》ひは肺《は》臓《ざう》より來《きた》る、風《ふう》邪《じや》、動《どう》氣《き》、下《げ》痢《り》、子《し》宮《きう》病《びやう》、胃《ゐ》病《びやう》、疝《せん》氣《き》、下《くだ》り腹《はら》、痳《りん》病《びやう》、食《しよく》痞《つかへ》、筋《すぢ》骨《ほね》の痛《いた》み◎祟《た》りは稲《いな》荷《り》、出《しゆつ》家《け》、女の祟《た》り

水《すゐ》澤《たく》節《せつ》

䷻

病《やま》ひは腎《じん》臓《ざう》より來《きた》る、腰《こし》の痛《いた》み、冷《ひ》へ、氣《き》病《やま》ひ、動《どう》氣《き》、水《すゐ》氣《き》、寸《す》白《ばく》、子《し》宮《きう》病《びやう》、眩《め》暈《まひ》、女《をんな》は長《なが》血《ち》◎祟《た》りは女《をんな》の死《し》靈《りやう》、水《すゐ》神《じん》、觀《くわん》音《おん》、又《また》は水《みづ》に入《はい》て死《し》したる者《もの》の祟《た》りもあり

風《ふう》澤《たく》中《ちう》孚《ふ》

䷼

病《やま》ひは風《ふう》邪《じや》、動《どう》氣《き》、逆《ぎやく》上《じやう》、虫《むし》、神《しん》經《けい》病《びやう》、氣《き》病《やま》ひ、口《こう》中《ちう》の煩《わづら》ひ、逆《ぎやく》上《じやう》、腦《のう》、痰《たん》咳《せき》、腫《は》物《れもの》とす◎祟《た》りは佛《ほとけ》、慾《よく》心《しん》に付《つ》きての祟り、出家の祟《た》りとす

雷《らい》山《さん》小《せう》過《くわ》

䷽

病《やま》ひは肝《かん》臓《ざう》より來《きた》る、熱《ねつ》高《たか》し、腰《こし》痛《いた》み、疝《せん》氣《き》、瘡《さう》毒《どく》、筋《すぢ》骨《ほね》、虫《むし》、風《ふう》邪《じや》、食《しよく》傷《しやう》、手《て》足《あし》の煩《わづら》ひ、脚《かつ》氣《け》、女《をんな》は半《はん》產《さん》、血《ち》の道《みち》、子《こ》供は疳《かん》、夜《よ》啼《なき》、又《また》男《をとこ》は疝《せん》氣《き》、流《りう》行《こう》病《びやう》◎祟《た》りは藥《やく》師《し》、願《ぐわん》を掛《か》けて果《はた》さゞるより來《きた》る、女《をんな》の生《いき》靈《りやう》、目《め》下《した》の人《ひと》の祟《た》りとす

水《すゐ》火《くわ》既《き》濟《せい》

䷾

病《やま》ひは腎《じん》臓《ざう》より來《きた》る、腹《はら》、胃《ゐ》腸《ちやう》病《びやう》、疝《せん》氣《き》、頭《づ》痛《つう》、腰《こし》より下《した》の煩《わづら》ひ、女《をんな》は長《なが》血《ち》、子《し》宮《きう》病《びやう》、產《さん》の煩《わづら》ひ、痳《りん》病《びやう》、冷《ひ》へ、水《すゐ》氣《き》、

●祟《たゝ》りは水神《すゐじん》、観音《くわんのん》、産後《さんご》にて死《し》したる人《ひと》の霊《れい》とす

病《やま》ひは心臓《しんざう》より来《きた》る、熱《ねつ》の差引《さしひき》、逆上《ぎやくじやう》、頭痛《づつう》、神経病《しんけいびやう》、血《ち》の道《みち》、眼病《がんびやう》、熱《ねつ》、流行病《りうかうびやう》、下痢《げり》◎祟《たゝ》りは観音《くわんのん》、荒神《くわうじん》、女《をんな》の生霊《いきりやう》とす

火水未濟《くわすゐびせい》

○一白《いつぱく》の祟《たゝ》りを看破《かんぱ》する秘術《ひじゆつ》

○一白《ぱく》が坤宮《こんきう》に入《はい》り居《をつ》て其《そ》れへ七赤《せきあるひ》或は五黄《わう》が掛《かゝ》るときは之《こ》れは神《かみ》の祟《たゝ》りありとす其《それ》を治《なを》すには能《よ》く神《かみ》を崇《あが》め祭《まつ》れば其《た》れで治《なほ》るものとす

○一白《ぱく》が乾宮《けんきう》に入《はい》り居《をつ》て其《そ》れへ五黄《わうどあるひ》或は九紫《し》が掛《かゝ》るときは佛《ほとけ》の祟《たゝ》りありとす其《そ》れを治《なほ》すには能《よ》く佛《ほとけ》を崇《あが》め祭《まつ》れば其《そ》れで治《なほ》るものとす

神《かみ》の祟《たゝ》りや佛《ほとけ》の祟《たゝ》りとは神佛の御札《おふだ》を矢鱈《やたら》に箪笥《たんす》や箱《はこ》の間《あひだ》へ押込《おしこ》んで置《おい》たり或《あるひ》は佛壇《ぶつだん》、神棚《かみだな》を不潔《ふけつ》にして置《おい》て香花《かうはな》などもたび〳〵換《か》へず、枯葉《かれは》、萎葉《しほれは》など出来《でき》て居《ゐ》て先祖《せんぞ》祭《まつ》りや佛《ほとけ》の供養《くやう》などを粗略《そりやく》にせしより起《おこ》るものとす、故《ゆゑ》に心《こゝろ》を改《あらた》めて是《こ》れから能《よ》く丁寧に神佛《かみほとけ》を崇《あが》め祭《まつ》り先祖《せんぞ》の忌日《きにち》、親《おや》の忌日《きにち》〳〵には蛇度《きつと》、供物をして神棚《かみだな》、佛壇《ぶつだん》を奇麗《きれい》に掃除《さうぢ》して香花《かうはな》なども萎《しほ》れず

何時《いつ》も生《い》き〱して居《をつ》て御札《おふだ》なども簞笥《たんす》の隅《すみ》や箱《はこ》の間《あひだ》へ押込《おしこ》んで置《お》かず其《それ》を出《だ》して祭《まつ》るやうにすれば其《そ》れで祟《たゝ》りは治《なほ》るものとす○尚《な》ほ毎朝《まいあさ》「陀羅《だら》尼《に》」か「祝詞《のりと》」かを讀《よ》めば一層《そう》早《はや》く効驗《きゝめ》あるものとす其時《そのとき》に讀《よ》む陀羅《だら》尼《に》、祝詞《のりと》は以後《ご》の章《しやう》に出《で》て居《を》れば其《そ》れを見《み》て知《し》るべし

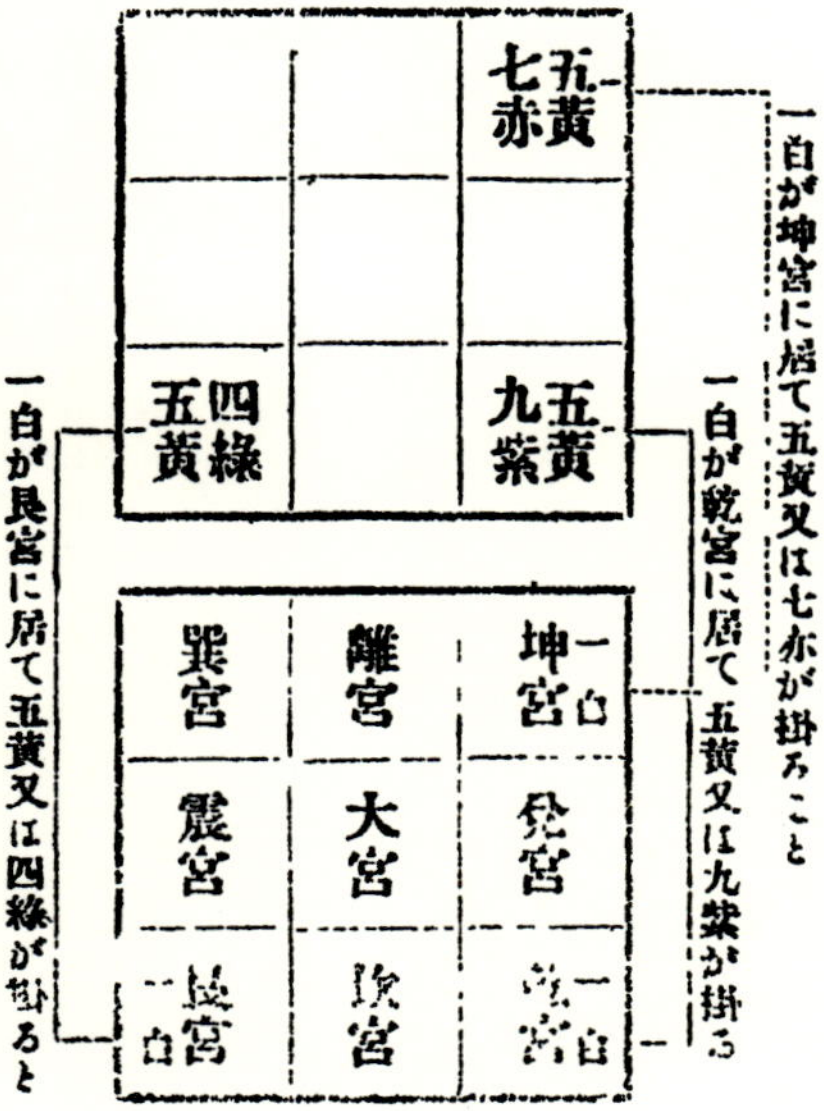

【注】

之れは日と時の掛りでも又月と刻の掛りでも或は年と日の掛りでも皆同じこと之を要するに何でも掛りでさへあれば以上の如く断定するものとす

一白《ぱく》が艮宮《ごんきう》に入《はい》り居《をつ》て五黄《わうわう》或《ある》ひは四緑《ろく》が掛《かゝ》るときは生靈《いきりやう》の祟《たゝ》りありとす◉支命《しめい》に掛《かゝ》るも之《これ》と同《おな》じとす[支命]とは子年《ねどし》とか丑年《うしどし》とか申年《さるどし》とかと云《いつ》て其人《そのひと》の干支《えと》を云《い》ふなり但《たゞ》し其《そ》の祟《たゝ》りを治《なほ》すには能《よ》く神佛《かみほとけ》に向《むか》つて今《いま》までの心得違《こゝろえちが》ひを御詫《おわ》びし、懺悔《ざんげ》して、是《これ》から心《こゝろ》を入《い》れ變《か》へて成《な》る丈《だけ》人《ひと》に情《なさけ》を掛《か》け慈善《じぜん》も施《ほどこ》して助《たす》けてやるやうにすれば其《そ》れで治《なほ》るものとす

○二《じ》黒《こく》の祟《たゝ》りを看《かん》破《ぱ》する秘《ぴ》術《じゆつ》

二黒《こく》が巽《そん》宮《きう》に入《はい》り居《をつ》て五黄《わうある》或ひは七赤《せき》が掛《か》るときは神《かみ》の祟《たゝ》りありとす○二黒《こく》が艮《こん》宮《きう》に入《はい》り居《をつ》て五黄或《わうあるひ》は九紫《し》が掛《か》れば佛《ほとけ》の祟《たゝ》りありとす○二黒《こく》が坎《かん》宮《きう》に入《はい》り居《をつ》て五黄或《わうあるひ》は四緑《ろく》が掛《か》れば生靈《いきりやう》の祟《たゝり》ありとす○二黒《こく》が坤《こん》宮《きう》に入《はい》り居《をつ》て五黄或《わうあるひ》は四緑《ろく》が掛《か》るときも生靈《いきりやう》とす◎支命《めい》に掛《か》るも以《い》上《じやう》の事《こと》と同《おな》じとす

二黒が本宮(坤宮)に居て四緑が掛り或は五黄が掛ること

七赤 五黄		四緑 五黄

巽宮 二黒	離宮	本宮 二黒
震宮	大宮	兌宮
艮宮	坎宮	乾宮

二黒が巽宮に居て五黄が掛ること
七赤が掛るも之と同じす

○三《さん》碧《ぺき》の祟《たゝ》りを看《かん》破《は》する秘《ひ》術《じゆん》

三碧《べき》が乾《けん》宮《きう》に入《はい》り居《をつ》て五黄《わうある》或ひは七赤《せき》が掛《か》るときは神《かみ》の祟《たゝ》りありとす○三碧《べき》が坎《かん》宮《きう》に入《はい》り居《をつ》て五黄或《わうあるひ》は九紫《し》が掛《か》るときは佛《ほとけ》の祟《たゝ》りありとす○三碧《べき》が震《しん》宮《きう》に入《はい》り居て五黄或《わうあるひ》は四緑《ろく》が掛《か》るときは生靈《いきりやう》とす◎支《し》命《めい》(其人の干支)に掛《か》るも之《これ》と同《おな》じこと

●四緑《ろく》の祟《たゝ》りを看《かん》破《ぱ》する秘《ひ》術《じゆつ》

四緑《ろく》が艮宮《こんきう》に入《は》り居《をつ》て七赤或《せきあるひ》は五黄《わう》が掛《か》るときは神《かみ》の祟《た》りとす○四緑《ろく》が震宮《しんきう》に入《はい》り居《をつ》て五黄或《わうあるひ》は九紫《し》が掛《か》るときは佛《ほとけ》の祟《た》りとす○四緑《ろく》が巽宮《そんきう》に入《はい》り居《をつ》て五黄或《わうあるひ》は四緑《ろく》が掛《か》るときは生靈《いきりやう》とす○支《し》命《めい》に掛《か》るも之《これ》と同《おな》じとす

六	二	四
五黄	七	九
一	三	八

四緑が震宮に居、五黄が掛ること

巽宮	離宮	坤宮
四緑 震宮	大宮	兌宮
艮宮	坎宮	乾宮

○五黄《わう》の祟《たゝ》りを看《かん》破《ぱ》する秘《ひ》術《じゆつ》

五黄《わう》が坎宮《かんきう》に入《はい》り居《をつ》て七赤或《せきあるひ》は五黄《わう》が掛《か》るときは神《かみ》の祟《た》りとす○五黄《わう》が兌宮《だきう》に入《はい》り居《をつ》て五黄或《わうあるひ》は九紫《し》が掛《か》るときは佛《ほとけ》の祟《た》りとす○五黄《わう》が大宮《だいきう》に入《はい》り居《をつ》て五黄或《わうあるひ》は四緑《ろく》が掛《か》るときは生靈《いきりやう》とす○支《し》命《めい》に掛《か》るも之《これ》と同《おな》じとす

○六白《はく》の祟《たゝ》りを看《かん》破《ぱ》する秘《ひ》術《じゆつ》

六白《はく》が震宮《しんきう》に入《はい》り居《をつ》て五黄《わう》或《あるひ》は七赤《せき》が掛《かゝ》るときは神《かみ》の祟《たゝ》りとす○六白《はく》が兌宮《だきう》に入《はい》り居《をつ》て九紫《し》或《あるひ》は五黄《わう》が掛《かゝ》るときは佛《ほとけ》　祟《たゝ》りとす○六白《はく》が離宮《りきう》に入《はい》り居《をつ》て五黄《わう》或《あるひ》は四緑《ろく》が掛《かゝ》るときは生靈《いきりやう》とす○支命《しめい》に掛《かゝ》るも之《これ》と同《おな》じとす

六	二	四
五	七	九
一	三	八

巽宮	離宮	坤宮
震宮	大宮	兌宮　六白
艮宮	坎宮	乾宮

六白が兌宮に居、九紫が掛ること

○七赤《せき》の祟《たゝ》りを看《かん》破《ぱ》する秘《ひ》術《じゆつ》

七赤《せき》が兌宮《だきう》に入《はい》り居《をつ》て五黄或《わうあるひ》はじ赤《せき》が掛《かゝ》るときは神《かみ》の祟《たゝ》りとす○七赤《せき》が離宮《りきう》に入《はい》り居《をつ》て五黄或《わうあるひ》は九紫《し》が掛《かゝ》るときは佛の祟りとす○七赤《せき》が坤宮《こんきう》に入《はい》り居《を》つて五黄或《わうあるひ》は四緑《ろく》が掛《かゝ》るときは生靈《いき》とす○支命に掛るも之《これ》と同《おな》じこと

○八白《はく》の祟《たゝ》りを看《かん》破《ぱ》する秘術《じゆつ》

八白《はく》が兌宮《だきう》に入《はい》り居《を》つて七赤或《せきあるひ》は五黄が掛《かゝ》るときは神《かみ》の祟《たゝ》りとす○七赤《せき》が坤宮《こんきう》に入《はい》り居《をつ》て五黄或《あるひ》は九紫《し》が掛るときは佛　祟りとす○七赤《せき》が巽宮《そんきう》に●入《はい》り居《をつ》て五黄或

は四緑《ろく》が掛《かゝ》るときは生靈《いきりやう》とす〇支命《しめい》に掛《かゝ》るも之《これ》と同《おな》じこと

〇九紫《し》の祟《たゝ》りを看破《かんぱ》する秘《ひ》術《じゆつ》

九紫《し》が離宮《りきう》に入《はい》り居《をつ》て七赤《せき》或《あるひ》は五黄《わう》が掛《かゝ》るときは神《かみ》の祟《たゝ》りとす〇九紫《し》が巽宮《そんきう》に入《はい》り居《をつ》て五黄或《わうあるひ》は九紫が掛るときは佛の祟りとす〇九紫《し》が乾宮《けんきう》に入《はい》り居《をつ》て四緑或《ろくあるひ》は五黄《わう》が掛《かゝ》るときは生靈《いきりやう》とす〇支命《しめい》に掛《かゝ》るも之《これ》と同《おな》じとす

と其《そ》れを讀《よ》み終《をは》るや終《をは》らざるに客《きやく》は難有《ありがた》ふ〱之《こ》れさへあれば至極重寶《しごくちようはう》ですと頭《あたま》を低《さげ》てると郵便《いうびん》と一聲高《せいたか》く呼《よん》で來《きた》るあり封押《をし》切《きつ》て讀《よ》む其文體《そのぶんたい》には

拜啓御丁寧《はいけいごていねい》なる法術御教授《はふじゆつごけうじゆ》に依《よ》り隣村《りんそん》の人《ひと》の依賴《いらい》で病人《びやうにん》を鑑定《かんてい》し候處《さふらふところ》、潰井《つぶれゐど》一ヶ所《ところ》ならず有《あつ》て其《そ》れが障《さは》(祟《たゝ》)ると云《い》へば客、二ヶ所《しよ》ありますと云《い》ふ　余「行衛《ゆくゑ》知《し》れずの者《もの》や死靈《しりやう》も有《あつ》と云《い》へば　客「出家《しゆつけ》して老《お》ひて何處《どこ》へ行《いつ》たか行方《ゆくへ》知《し》れずの者《もの》ありと云《い》ふ

余「三寶荒神《ばうくわうじん》の咎《とがめ》(祟《たゝ》)めも有《あつ》と云《い》へば　客「近頃竈《ちかごろかまど》の土《つち》を西《にし》の竹藪《たけやぶ》に棄《す》てたることがありますと應《こた》へました〇又或人《またあるひと》に賴《たの》まれて鑑定《かんてい》せし其折《そのを》りに貴君《あなた》の屋敷內《やしきうち》に人骨《じんこつ》が埋《うづ》めて有《あり》ますと云《い》へば　客「屋《や》敷《しき》附近《ふきん》は昔《むか》し寺《てら》の跡《あと》だとの噂《うはさ》を聞《きい》て居《を》りますが然《しか》ら

(六白年)

七	三	五
六	(八)	一
二	四	九

(二黒月)

一	六	八
九	(二)	四
五	七	三

(六白日)

五	一	三
四	(六)	八
九	二	七

(六白刻)

五	一	三
四	(六)	八
九	二	七

{八白年、二黒月、六白日、六白の刻限で四緑の人の鑑定}

土剋水の相剋には堀井アリトス井神様の祟りありとす又荒神の祟りもありとす○客は四緑の人にて四緑の本宮で一白と五黄と土剋水と相剋して居ればなり○何でも其人の本宮に五黄が入り居るときは行衛知れずの者ありとす佛の祟りありとす

ば其《そ》れだかも知《し》れませんとて客《きやく》は驚《おどろい》た體《てい》にて語られたり實《じつ》に先生《せんせい》の秘《ひ》法術《はふじゆつ》には敬《けい》服《ふく》致《いた》し候《さふらふ》此《こ》の上《うへ》とも不相變《あひかはらず》御傳授下されたく奉祈候《いのりたてまつりさふらふ》敬具《けいぐ》(宮城縣加美郡廣原村
川熊新助)

(七赤年)

六	二	四
五	七	九
一	三△	八

(八白月)

七	三	五
六	㊇	一
二	四	九

(九紫日)

八	四	六
七	㊈	二
三	五△	一

(一白刻)

九	五	七
八	㊀	三
四	六	二

{鑑定を願ひたるは三碧の人}

○三碧の本宮に五黄が入り居るときは佛の祟りありとす又死盤もありとす
△年盤の三碧と日盤の五黄と木剋土と相剋してあり木剋土の相剋には四ツ足の祟りや蛇の祟りもありとす

客「先生《せんせ》亦《また》手紙《がみ》が來《き》ました私《わたし》が一つ見《み》ませうと聲高《こゑた》かに讀《よ》む其《そ》の文言《もんごん》には

拜啓《はいけい》曩《さき》に天部《てんぶ》の神佛《しんぶつ》の祟《たゝ》りを見《み》る秘法《ひほう》を御敎授下《ごけうじゆくだ》され小生《せうせい》、過日《くわじつ》、鑑定《かんてい》を乞《こ》はれし者《もの》の爲《た》めに其《そ》の事件《じけん》を斷定致《だんていいた》し候處《さふらふところ》、大的中《だいてきちう》、木像《もくざう》や及《およ》び御札《おふだ》が澤山《たくさん》に發見致《はつけんいた》され候《さふらふ》就《つい》ては尙進《なほすゝ》んで神佛《しんぶつ》、生靈《いきれう》、地神《ちじん》、水神等《すいじんとう》の祟《たゝ》りをも見《み》る秘法《ひほう》を御傳授下《ごでんじゆくだ》され度候《たくさふらふ》（大阪府下南河内郡志紀村　高内敬次）

其《それ》を讀《よ》み終《をは》るや亦《また》一通《つう》の書面《しよめん》來《きた》れりとて一客聲高《きやくこゑた》かに讀《よ》む其文《そのぶん》には

拜啓《はいけい》、過日《くわじつ》は御丁寧《ごていねい》なる御示敎《けう》に依《よ》り木尅土の相尅《あひこく》にて貴君《あなた》の家《いへ》では四足即《よつあしすなは》ち猫《ねこ》か犬《いぬ》を苛酷《いぢ》めた事《こと》がありませうと問《と》へば客《きやく》は大《おほい》に驚《おどろ》きて、過日《くわじつ》、猫《ねこ》を踏殺《ふみころ》したが其《そ》れが祟《たゝ》りて此病《このやまひ》をするのですかと其《それ》を治《なほ》す法《はふ》を敎《をしへ》てやりけるに一周間《しうかん》にて治《なほ》りしと喜《よろこ》びて禮《れい》に來《きた》れば一寸《ちよつと》御一報《ごいつぱう》を（海島日信）

と客「成程《なるほど》先生《せんせい》何《なん》でも解《わか》りますネ感心《かんしん》〳〵一體此等《いつたいこれら》の事《こと》は如何《いか》なる書物《しよもつ》に載《の》せてあるのですか金「其《そ》れは「九星陶宮術秘密口傳書上卷《きうせいとうきうじゆつひみつくでんしよじやうくわん》」の三十六頁と十二頁とに精《くは》しく載《の》せてありますれば其《そ》れを御覽《ごらん》になれば能《よ》く解《わか》るのですと

八	四	六
七	九	二
三	五	一

七	三	五
六	八	一
二	四	九

なくれの六〇リャ天見とのはて六宮人何
リ言居て自今あな　樟十学天兒行、の人
び、宮がもりど兒　即り甑るか七盤で
たば、三ホとの剤帝らあのと入赤ッも
る新ん碧とす崇支瑶妙り罰きりと糸其

○虫歯《むしば》の痛《いた》みを治《なを》す咒《まじな》ひ

虫是《むしはこれ》江《こう》南虫《なんのむし》　郤來《かへりきたつて》喰二吾歯一《わがはをくらふ》
釘《くぎは》在二椽頭上一《てんとうのうへにあり》　永《えい》世《せい》不レ還レ家《いへにかへらず》

指《ゆび》の大《おほい》さ程《ほど》に紙《かみ》を切《き》りて以上《いじやう》の文句《もんく》を上《うへ》の通《とほ》り二行《ぎやう》に書《かい》て幾《いく》にも小《ちいさ》く疊《たゝ》んて七重《なゝへ》にし而《しか》して釘《くぎ》で虫と云《い》ふ字《じ》の頭《かしら》を柱《はしら》の高《たか》き所《ところ》へ打附《うちつ》け置《お》き猶《な》ほ又此《またこ》の文句《もんく》を七遍唱《しちへんとな》ふべし○又《また》、古茄子《ひねなす》を灰《はい》に燒《やい》て痛《いた》む歯元《はもと》へ塗《ぬ》れば妙《めう》に吉《よ》し○燒酎《しやうちう》て口《くち》を嗽《すゝ》ぎ含《ふく》んて居《ゐ》ても吉《よ》し○胡椒《こしやう》、一粒《ひとつぶ》を湯《ゆ》に漬《つ》けて其《そ》の上皮《うはかわ》を除《と》り布《きん》に包《つゝ》みて含《ふく》んて居《ゐ》ても吉《よ》し

◎子安《こやす》の神符《しんぷ》

皇ユ嗚急如律令

一を神符《しんぷ》とす

◎酒《さけ》のあらきを直《なを》す神符《しんぷ》

觀世音菩薩

嗚急如律令

之れを酒《さけ》の中《なか》へ入《い》るゝときは酒《さけ》の味《あぢ》、ほどよくなのとす

ニちろろコイヨ
そちろろコイヨ
こちろろコイヨ

◎走人《はしりびと》を呼戻《よびもど》す咒《まじな》ひ

此《こ》の神符《しんぷ》を走人《はしりびと》のふたん行《ゆ》きたる雪《せつ》隱《ちん》の艮《うしとら》（東北間）の屋根《やね》に挾《はさ》み置《お》くべし然《しか》るときは遠《とほ》からず歸《かへ》り來《きた》るも

◎盗人《ぬすびと》の後《あと》に立《たて》て現《あら》はる御符《ごふう》

隠急如律令

◎一切の病《やま》ひを除《のぞ》く秘《ひ》法《はふ》

舊正月の一日　二月の二日　三月の三日と毎月《まいげつ》、月日《つきひ》の重《かさな》る日《ひ》に枇杷《びは》の葉《は》を煎《せん》じて沐浴《ゆあみ》すべし然《しか》るときは邪氣《じやき》を拂《はら》ひて流行病も感《う》染《つ》らず顔《かん》色麗《しよくうる》はしくして身体壮健《しんたいさうけん》となるものとす

◎陰嚢《きんたま》の腫《は》れ痛《いた》むを治《なほ》す妙薬《めうやく》

蕪菜《かぶらな》の根《ね》を搗《つ》き酢《ず》にて解《とい》て付《つ》けるべし然《しか》るときは治《ち》す

◎歯《は》を病《やま》ぬ（痛《いた》む）療法《れうはふ》

平生《つね》に甘《あま》きものを好《す》く人《ひと》は歯《は》早《はや》く悪《わる》くなるもの甘《あま》きのみに限《かぎ》らず肉食《にくしよく》を好《この》む人《ひと》も同《おな》じく鳥獣《ちやうじう》を食《しよく》せば必《かなら》ず野菜《やさい》を食《しよく》すべし又常《またつね》に食後《しよくご》に微温湯《ぬるまゆ》にて口中《こうちう》を嗽《すゝ》ぐべし之《こ》れ歯《は》の堅固《けんご》となるの養法《やうはふ》なり

◎尤《もっと》も歯《は》の痛《いた》み堪《こら》へ切《き》れぬときは右の歯が痛《いた》むならば、右《みぎ》の手《て》の曲《きよく》池《ち》に灸《きう》すゑるべし左の歯が痛《いた》むときは左《ひだり》の手《て》の曲池《きよくち》へ灸《きう》すゑるべし然《しか》るときは痛《いた》み去《さ》るものとす

◎蜂《はち》に螫《さ》れたる時《とき》の咒《まじな》ひ

蜂《はっ》に螫《さ》れたれば有合《ありあひ》の竹等《たけなど》にて地《ち》の上《うへ》へ丙丁火と三字《じ》書《かい》て口《くち》の中《なか》にてヘイテイカ〳〵と七遍《しちへん》念じて其《その》土《つち》を螫《さ》れた所《ところ》へ付《つ》くべし然《しか》るときは痛《いた》み即時《そくじ》に治《なを》る〇又《また》、蓼《たで》の汁《しる》を附《つけ》ても吉《よ》し

◎約束違《やくそくたが》はざる靈符

何事《なにごと》にても人《ひと》と約束《やくそく》せし時《とき》に此《こ》の靈符《れいふ》を懐中《くわいちう》へ入《いれ》て信心《しんじん》すれば先方《せんぽう》で其約束《そのやくそく》を變《へん》ぜぬものとす

◎疫病除《やくびやうよ》けの神符《しんぷ》

此《こ》の神符《しんぷ》を懐《ふところ》にして居《ゐ》るときは疫病《やくびやう》は其人《そのひと》に感染《うつ》らぬものとす

◎同《おな》ぐ門戸《もんこ》に貼《は》る神符《しんぷ》

尸鬼

喼急如律令

之《こ》れを門戸《もんこ》に張《は》る時《とき》は疫病《やくびやう》は其家《そのいへ》に入《い》らずとす

◎夜《や》中出行《ちういでゆ》くときの神符《おまもり》

喼急如律令

右《みぎ》の神符《おまもり》を懐《ふところ》にして行《ゆ》くときは怪物に決《けつ》して逢《あ》はず安然《あんぜん》なるものとす

◎蝮蛇《まむし》を避《さ》くる咒《まじな》ひ

蝮蛇《まむし》に食附《くひつか》れないやうにするには

鹿《か》の子斑《こまだら》の虫《むし》あらば
山《やま》たつ姫《ひめ》に斯《か》くと語《かた》らん

此歌《このうた》を書《か》て懐《ふところ》へ入《い》れて居《を》るときは蝮蛇《まむし》には決《けつ》して食附《くひつか》れぬとす○又《また》、秋《あき》の頃《ころ》に原《はら》の草葉《くさば》の中《なか》や山《やま》の間《あひだ》を行《ゆ》くには「山椒《さんしやう》、胡椒《こしやう》、かつてらこぶり」と唱《とな》へて行《ゆ》くべし然《しか》るときは足元に蝮蛇《まむし》が居《を》るとも恐《おそ》れて逃《に》げ去《さ》るものとす

◉金神《こんじん》、方違《はうちがひ》ひの神符《しんぷ》

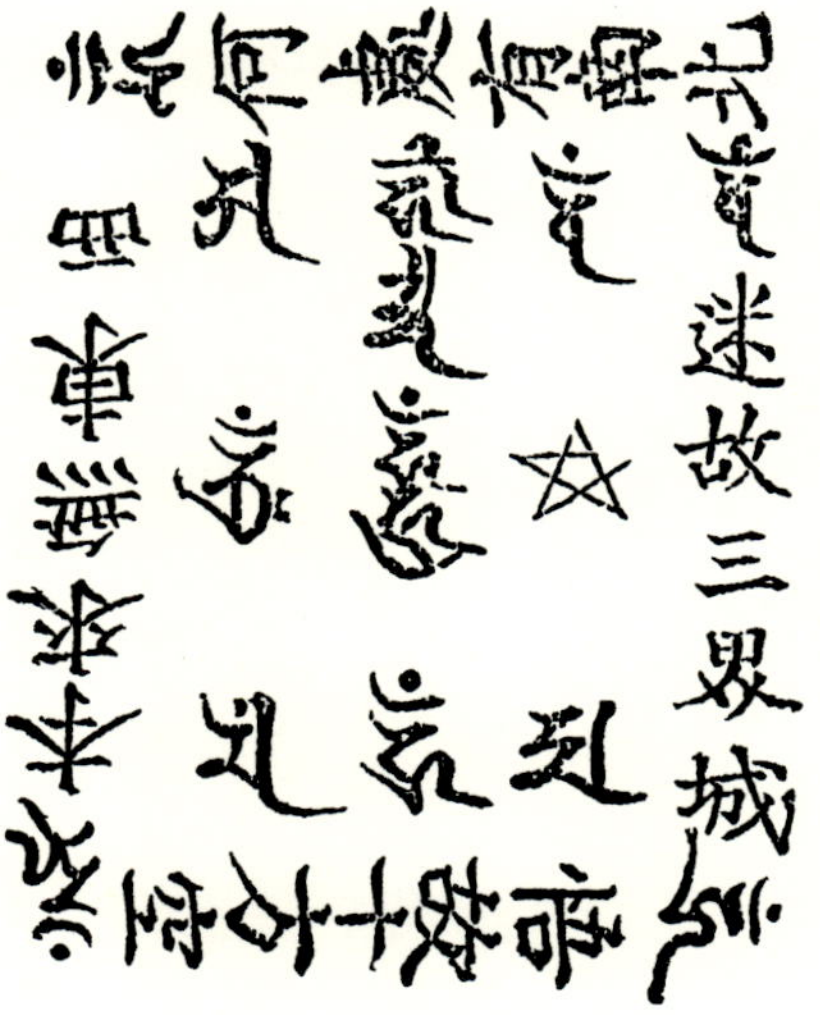

右《みぎ》の神符《しんぷ》を認《したゝ》めて其《そ》れを封《ふう》じたる包紙《つゝみがみ》の上《うへ》に

「臨 兵 〇 前 家」

斯《か》くの如《ごと》く書《か》いて又《また》其《そ》の包紙《つゝみがみ》の裏《うら》へは

南無三寶荒神守護

と認《したゝ》めて其《そ》の方位《はうゐ》に向《む》けて此《こ》れを貼《は》るべし

◉狐附《きつね》きをおとす咒《まじな》ひ

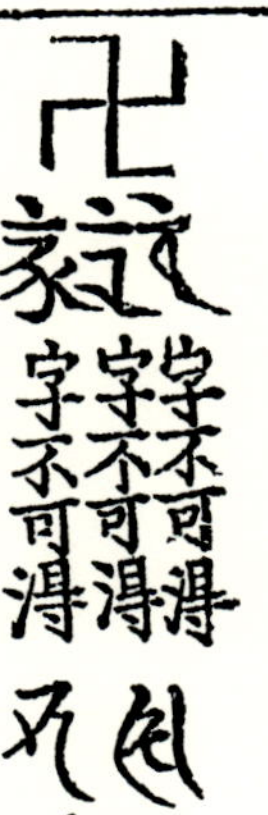

右《みぎ》の靈符《れいふ》を狐附《きつねつき》の頸《くび》へ掛《か》けさすべし然《しか》るときは必《かなら》ず治《なを》る又狐附《またきつねつき》か其《そ》れを掛《か》くることを嫌《いや》がるときは其《そ》の居室《ゐま》の上《うへ》へ吊《つる》し置《お》くべし

◉縁《えん》を切《き》る靈符《れいふ》

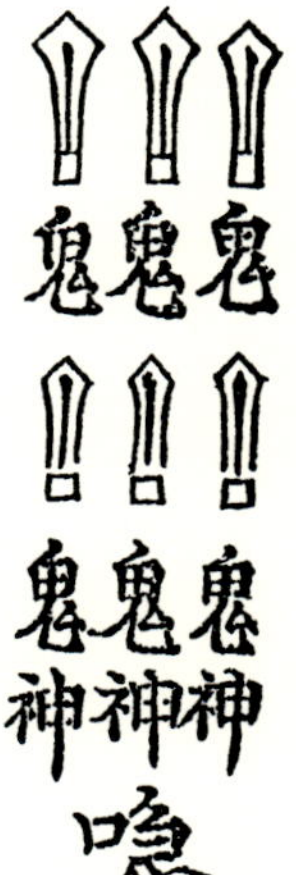

離縁《りえん》したくて〳〵堪《たま》らんけれど先方《せんぱう》で離縁《りえん》させせぬときは此《こ》の靈符《れいふ》を肌《はだ》に付《つ》けて居《を》るべし然《しか》るときは先方《せんぱう》でだん〳〵と心動《こゝろうご》きて樂《らく》に離縁《りえん》が出來《でき》る[illegible]す

○麻疹《はしか》を免《のが》るゝ咒《まじな》ひ

麻疹《はしか》の流行《りうかう》するとき其《それ》が感染《うつ》ぬやうにするのには左《さ》の「御符《ごふう》」と「歌《うた》」とを書《かい》て門戸《かどぐち》へ貼《はり》附《つ》け置《お》けば其家《そのいへ》には麻疹《はしか》は入《はい》らぬものとす其咒《そのまじな》ひは。

昔《むかし》より約束《やくそく》なれば、もはしかも
病《や》むとは知《し》らず神垣《かみがき》の内《うち》

最上川《もがみがは》、流《なが》れて清《きよ》き水《みづ》なれば
芥《あくた》は沈《しず》む主《ぬし》は栄《さか》える

○同《おなじ》く御符《ごふう》

此《こ》の御符《ごふう》を清《きよ》き水《みづ》で呑むべし然《しか》るときは麻疹《はしか》は、うつらぬものとす。

○虫歯《むしば》の咒《まじな》ひ

此《こ》の御符《ごふう》を清《きよ》き水《みづ》で呑《の》んで「アビラ、ウンケン、ソワカ〱」と三たび唱《とな》ふべし。

○吐《はい》たり逆上《ぎやくじやう》のときの咒《まじな》ひ

「心経《しんぎやう》」を一息《ひといき》に誦《よん》で此御符《このごふう》を清《きよ》き水《みづ》で呑《の》むべし然《しか》るときは忽《たちま》ち治《なほ》す。

○乳《ち》の腫物《できもの》の咒《まじな》ひ

○血《ち》の止《と》らざる女《をんな》に用《もち》ゐる咒《まじな》ひ

日日日日
日日日日 隠急如律令

○縁《えん》の遠《とほ》き女《をんな》に持《もた》す靈符《れいふう》

隠急如律令

此《こ》の靈符《れいふう》を女《をんな》に持《も》たすときは如何《いか》に縁遠《えんどう》き女《をんな》と雖《いへど》も早《はや》く縁《えん》に有附《ありつ》くものとす。

○男女《なんによ》仲《なか》能《よ》くなる咒《まじな》ひ

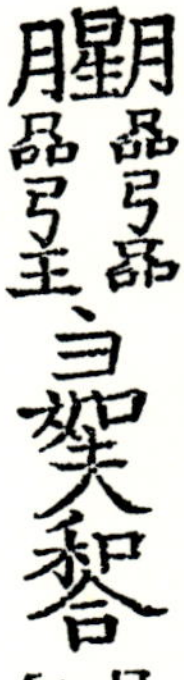
且八月同
隠急如律令

此《こ》の靈符《れいふう》を持《も》たずときは何《いつ》れも仲能《なかよ》くなりて口舌《くぜつ》起《おこ》らずお互《たが》ひに嫌《きら》はぬやうになること奇妙《きめう》なり（能ク觀音經ヲ唱ヘルヿ）

○男女《なんによ》の中《なか》を邪魔《じやま》するを除《のぞ》く咒《まじな》ひ

隠急如律令

此《こ》の靈符《れいふう》を兩人《りやうにん》持《もつ》て居《を》るときは如何《いか》に二《ふた》人《り》の中《なか》を裂《さか》んとするも割《さ》くことを得《え》ず末《すゑ》は必《かなら》ず本望成就《ほんもうじやうじゆ》して夫婦《ふうふ》となれるものとす。（能ク觀音經ヲ唱ヘルヿ）

○男《をとこ》に離《はな》れんと思《おも》ふ時《とき》の咒《まじな》ひ

隠急如律令

此《こ》の靈符《れいふう》を堅《かた》く身《み》に附《つ》けて居《を》るときは必《かなら》ず嫌《いや》な男《をとこ》は其《そ》れとなしにいつか離《はな》れるものとす。

○瘧《おこり》をおとす咒《まじな》ひ

○蠶《かひこ》に鼠《ねづみ》の附《つ》きたるを除《のぞ》く咒《まじな》ひ

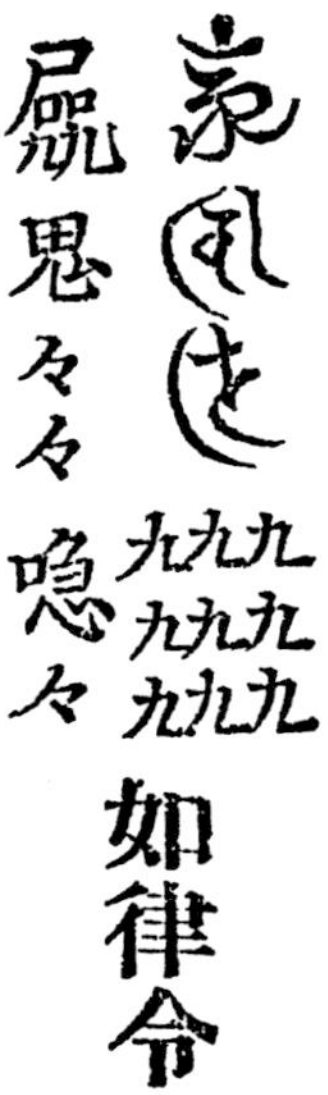

此《こ》の靈符《おまもり》を蠶《かひこ》を飼《か》ふ所《ところ》の柱《はしら》へ貼附《はりつ》け置《お》て能《よ》く「陀羅《だら》尼《に》品《ほん》」を唱《とな》へれば一層《いつそう》、効驗《かうけん》あり

○顔《かほ》の腫物《でもの》を治《なを》す咒《まじな》ひ

此《こ》の靈符《おまもり》を淸《きよ》き水《みづ》で呑《の》んで信心《しんじん》すべし。

○裁判《さいばん》事件《じけん》に勝《か》つ咒《まじな》ひ

此《こ》の靈符《おまもり》を持《もつ》てるときは裁判事《さいばんごと》や勝負事《しやうぶごと》に勝利《しやうり》を得《う》るものとす。（能ク觀音經ヲ唱ヘベシ）

○痛風《つうふう》を治《なほ》す咒《まじな》ひ

此《こ》の靈符《おまもり》を淸《きよ》き水《みづ》で呑《の》めば治《なほ》す尙《なほ》ほ「陀羅《たら》尼《に》」を能《よ》く唱《とな》へれば一層《いつそう》、効驗《きゝめ》ありとす。

○鼠《ねづみ》の荒《あ》れぬ咒《まじな》ひ

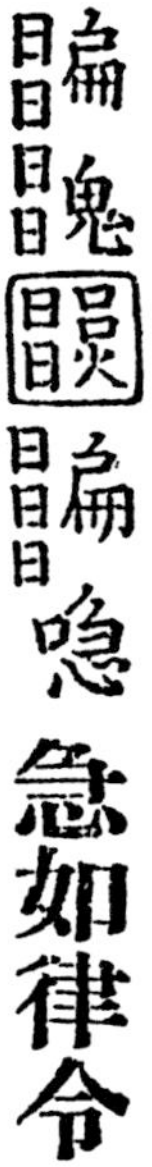

此《こ》の靈符《おまもり》を家《いへ》の四方《しはう》へ貼附《はりつ》ければ鼠《ねずみ》あばれずとす能《よ》く「陀羅《だら》尼《に》品《ほん》」を唱《とな》へること

○鼠《ねずみ》を追出《おひだ》す咒《まじな》ひ

鬼嗚急如律令

○生《うま》れ子《こ》の驚《おどろ》くを止《と》める咒《まじな》ひ

嗚急如律令

此《こ》の靈符《おまもり》を紙《かみ》に書《かい》て生《うま》れ子《こ》の左《ひだり》の手《て》に結《むす》び附《つ》くべし然《しか》るときは治《なを》るものとす

○難《なん》産《ざん》の咒《まじな》ひ

尸開嗚急如律令

此《こ》の靈符《おまもり》を淸《きよ》き水《みづ》で呑《のま》すべし又子《またこ》の生《うま》れかねるときには。

此《こ》の靈符《おまもり》を呑《のま》すべし然《しか》るときは必《かなら》ず生《うま》るとす。

○馬《うま》の病《やま》ひを治《なを》す咒《まじな》ひ

嗚急如律令

此《こ》の靈符《おまもり》を抹草《まぐさ》と共《とも》に食《くは》すべし然《しか》るときは治《なを》る。

○夫《ふう》婦《ふ》仲《なか》能《よ》くなるの咒《まじな》ひ

且八月同

急如律令

此《こ》の靈符《おまもり》を堅《かた》く身《み》に附《つ》けて置《お》けば如何《いか》に仲惡《なかわる》き夫婦《ふうふ》も仲能《なかよ》く睦《むつま》じくなること疑《うたが》ひなしとす。能《よ》く「觀音經《くわんおんきやう》」を唱《とな》へること

○方《はう》角《がく》の凶《わる》き方《はう》に出行《いでゆ》く時《とき》の咒《まじな》ひ

嗚急如律令

此《こ》の霊符《おまもり》を持《もつ》て立出《たちで》るときは決《けつ》して災難《さいなん》、祟《たた》りなどはなく、身《み》、安全《あんぜん》なるものとす

北鬼罒巴日喼急如律令

〇不《ふ》食《しよく》のときに呑《の》む神符《しんぷ》

此《こ》の神符《しんぷ》を呑《の》めば腹《はら》空《すい》て食進《しよくすゝ》むものとす。

〇子《こ》の逆《さかさ》まに産《うま》るゝ時《とき》の神符《しんぷ》

一廿五品喼急如律令

此《こ》の神符《しんぷ》を清《きよ》き水《みづ》にて呑《の》むべし倘《な》ほ『陀《だ》羅《ら》尼《に》品《ほん》』を念《ねん》を籠《こ》めて唱《とな》ふれば必《かなら》ず楽《らく》に産《うま》るとす。

〇子《こ》が腹中《はらのなか》で死《し》したる時《とき》に用《もち》るる神符《しんぷ》

〔生〕喼急如律令

此《こ》の神符《しんぷ》を清《きよ》き水《みづ》にて呑《のま》すべし然《しか》して『陀《だ》羅《ら》尼《に》品《ほん》』を念《ねん》を籠《こ》めて唱《とな》ふれば一厨《いつちう》よし。

〇安産《あんざん》の神符《しんぷ》

出宂白時岩鬼昌喼急如律令

此《こ》の神符《しんぷ》を清《きよ》き水《みづ》にて呑《の》むべし必《かなら》ず安産《あんざん》するものとす〇又常《またつね》にお守《まもり》として肌《はだ》に着《つ》け居《ゐ》てもよし。(能ク観音経ヲ唱ヘルヿ)

〇舌《した》の病《やま》ひの神符《しんぷ》

品日日鬼尸小鬼喼急如律令

此《こ》の神符《しんぷ》を清《きよ》き水《みづ》で呑《の》むべし然《しか》して『陀《だ》羅《ら》尼《に》』を能《よ》く唱《とな》へること

○腫物《はれもの》の上《うへ》に書《か》く神符《しんふ》

此《こ》の神符《しんふ》を腫物《はれもの》の上《う》に書《かい》て薬《やく》師《し》の陀羅尼《だらに》

オンコロ〳〵、センダリー、マトウギー、ソワカ

と三遍《べん》唱《とな》ふべし然《しか》るときは治《なを》る。

○衆人愛敬《しうじんあいけう》の神符《しんふ》

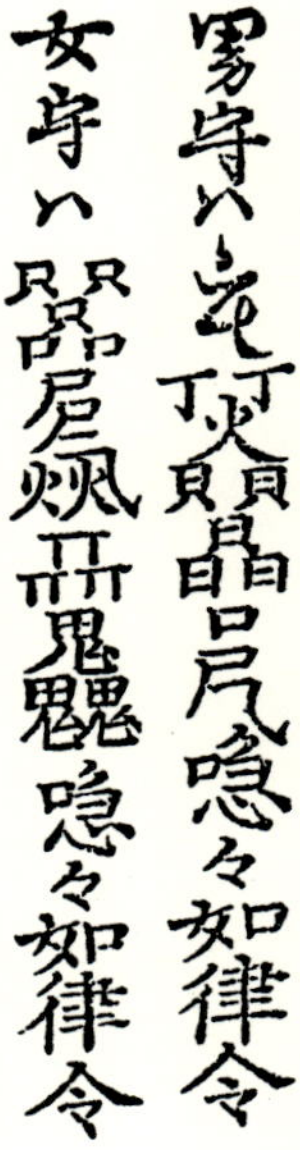

此《こ》の神符《しんふ》を常《つね》に肌《はだ》を離《はな》さず堅《かた》く身《み》に着《つ》けて朝夕《てうせき》、信仰《しんこう》すれば多《おほ》くの人《ひと》より愛《あい》せられて贔負《ひいき》引立《ひきた》てられるものとす(尚ほ朝夕、観音経を唱へるよし)

△愛嬌《あいけう》は仕入《しい》れの升《ます》の資本《もとで》かな

△色《いろ》が黒《くろ》くても愛嬌《あいけう》よけりや

愛敬《あいけう》よき人《ひと》、々が好《す》く

○胞衣《えな》下《くだ》らざる時《とき》の咒《まじなひ》

日日日
日日日
魏喼急如律令

此《こ》の神符《しんふ》は井《いど》の清《きよ》き水《みづ》で呑《の》むべし然《しか》るときは胞衣《えな》下《くだ》るものとす。

○腹《はら》の痛《いた》みを治《なを》す神符《しんふ》

山山山山
山山山山

喼急如律令

此《こ》の神符《しんふ》を清《きよ》き水《みづ》で呑《の》んで

オン、アロリキャー、ソワカ

と観音《くわんのん》の真言《しんごん》を三たび唱《とな》ふべし然《しか》るときは治《なを》る。

○人《ひと》の仲《なか》悪《わる》しきを改《なを》す咒《まじなひ》

之《こ》れは「観音経《くわんのんけふ》」三十回《くわい》と「心経《しんけふ》」七回《くわい》とを讀《よ》んで

オン、マカラギャー、ハゾロシュ
ニーシャー、バザラ〳〵シャク、
ウン、バンコク

と愛染明王《あいせんみやうわう》の眞言《しんごん》を三たび唱《とな》へて其《そ》の當《たう》人《にん》に授《さづ》くべし又《また》其《そ》の當人《たうにん》は常《つね》に此《こ》の神符《しんふ》を堅《かた》く身《み》に付《つ》け置《お》けば必《かなら》ず仲直《なかなほ》るものとす。

○火《ひ》ぶせの神符《しんふ》

此《こ》の神符《しんふ》に對《たい》して能《よ》く信心《しんじん》すれば火事《くわじ》は起《おこ》らず又近火《またきんくわ》がありても其家《そのいへ》は焼《や》けずとす。

○化物《ばけもの》を除《のぞ》く神符《しんふ》

死靈《しりやう》、怨靈《をんれう》その外《ほか》の怪《あや》しき化物《ばけもの》が來《く》ることあらば此《こ》の神符《しんふ》を札《ふだ》に書《かい》て其《そ》の入《い》り來《く》る所《ところ》へ立《たて》て置《お》けば必《かなら》ず再《ふたゝ》びと來《く》ることなしとす。尚《な》ほ「陀羅尼品《だらにぼん》」を唱《とな》へること

○商法《しやうほふ》の懸引《かけひき》に利益《りえき》ある神符《しんふ》

此《こ》の神符《しんふ》に能《よ》く心《こゝろ》を籠《こ》めて信心《しんじん》すれば必《かなら》ず利益《りえき》あり尚《な》ほ「観音経《くわんおんきやう》」を能《よ》く唱《とな》へること

○同《おなじ》く御守《おまもり》

人天尸姫㮈 喼急如律令

此《こ》の御守《おまもり》を肌《はだ》へ堅《かた》く附《つ》けて放《はな》さず信仰《しんこう》するときは商買《しやうばい》に儲《もう》けあるや疑《うたが》ひなし。

○消渇《しやうかち》(子宮病)を治《なを》す咒《まじなひ》

山日日日 明月月 喼急如律令

○鼻血《はなぢ》を止《と》める咒《まじなひ》

額《ひたひ》に此字《このじ》を書《かい》て上《うへ》の點《てん》を人差指《ひとさしゆび》

元

で抑《を》して

ギャーテイ〳〵、ハラギャーテイ、ハラソウギャーテイ、ボダイ、ソワカ

と『心經《しんぎやう》』三遍《さんべん》、唱《とな》ふべし然《しか》るときは必《かなら》ず止《と》ゞるものとす

○咽喉《のど》へものゝ立《たち》たる時《とき》の咒《まじなひ》

九龍化骨神侵身

此《こ》の文字《もんじ》を杯《さかづき》の中《なか》に書《かい》て左《ひだり》の手《て》で解《とい》て呑《のま》すべし又《また》

ルリ矜

之《こ》れを左《ひだり》の手《て》の中《うち》に書《かい》て口《くち》の中《なか》へ絞《しぼ》り入《い》るやうにして呑《の》ますこと三度《みたび》すれば抜《ぬ》けること奇妙《きめう》なり。

○月水《げつすい》をよぶ咒《まじなひ》

口口口 曰日昂生鬼喼急如律令

○人病《ひとや》みて物《もの》の言《い》はれぬ時《とき》の咒《まじなひ》

口口 屭鬼 喼急如律令

此《こ》の神符《しんふ》を呑《の》まして『陀羅尼品《だらにほん》』を唱《とな》ふべし。

○大漁《だいれふ》あるを祈《いの》る唱《とな》へ詞《ごと》

掛《かけ》まくも畏《かしこ》き吾《わ》が大神《をゝがみ》の大前《おほまへ》に恐《かしこ》み恐《かしこ》みも白《まう》さく何國《なにくに》何村《なにむら》の海人《あま》(漁人のヿ)何某《なにがし》が網子《あご》調《とゝの》へて引《ひ》く網《あみ》に綿積《わだつみ》(海神)の鰭《はた》の廣物《ひろもの》、鰭《はた》の狹物《さもの》の有《あ》りの盡《ことごと》く漏《も》るゝことなく落《おち》つることなく取《と》り得《え》しめ給《たま》ひ、雨零《あめふ》り風吹《かぜふ》くとも海幸《うみさち》違《たが》ひ過《あやま》つことなく守《まも》り給《たま》ひ幸《さきは》ひ給《たま》へと禮代《いやしろ》の幣帛《みてぐら》を捧《さゝ》げ持《も》ちて恐《かしこ》み恐《かしこ》みも稱辭《たゝへごと》竟《を》へ奉《まつ》くと白《まう》す。

○出船《でふね》の無事《ぶじ》を祈《いの》る唱《とな》へ詞《ごと》

掛《かけま》くも恐《かしこ》き吾《わ》が皇神《すめかみ》の大前《おほまへ》に恐《かしこ》み恐《かしこ》みも白《まう》さく何某《なにがし》が今船出《いまふなで》して何國《なにくに》何港《なにみなと》に行《ゆか》んとするを吾《わ》が皇神《すめがみ》の高《たか》き貴《とうと》き靈賴《みたまのふゆ》に依《よ》りて行《ゆ》くさ來《く》さの海路《うみつち》に風波《かぜなみ》の愁《うれ》ひなく守《まも》り給《たま》ひ、幸《さきは》ひ給《たま》ひて平《たひら》けく加《か》多《た》良《ら》加《か》に歸《かへ》し給《たま》へと禮代《ゐやしろ》の幣《みてぐら》を捧《さゝ》げ持《も》ちて恐々《かしこみ〱》も稱辭《たゝへごと》、竟《を》へ奉《まつ》くと白《まう》す。

○同《おなじ》く御禮《をれい》の唱《とな》へ詞《こと》

掛《かけま》くも畏《かしこ》き吾《わ》が大神《をゝがみ》の大前《をゝまへ》に恐《かしこ》み恐《かしこ》みも白《まう》さく何某《なにがし》が先《さき》に何海《なにうみ》を渉《わた》るとき暴風《あからしまかせ》に

逢《あ》ひて命危《いのちあやう》かりしかば吾《わ》が大神《おほかみ》に助《たす》け給《たま》ひ救《すく》ひ給《たま》へと祈《の》り白《もう》しき。然《さ》るを祝詞《のりと》しゝも験《しる》く助《たす》け給《たま》ひ救《すく》ひ給《たま》へることを貴《とうと》み喜《うれ》しみ禮代《いやじろ》の幣《みてぐら》を捧《さゝ》げ持《も》ちて歡《よろこ》びつゝ奉《まつ》らくを、平《たひら》けく安《やす》けく聞食《きこしめ》せと、恐《かしこ》み恐《かしこ》みも白《もう》す。

○船《ふね》の御守《おまもり》

大日天子二聖こゝろ

南無上行无邊行菩薩

南無多寶如來

南無妙法蓮華經

南無釋迦牟尼佛

南無淨行安立行菩薩

天月天子二天こゝろ

加渡得船寶貝能入彧漂流巨海龍魚鬼難

大梵天王　天照太神　鬼子母神　八大龍王

船中安穩順風自在

大帝釋天王　十羅刹女　八幡大菩薩　八將神

現世安穩不老得寶念彼觀音波浪不能殺

解ニ曰ク　加渡《かと》、船を得《え》て寶貝《ばいばい》能く入り巨海《きょかい》に漂流《ひょうりゅう》して龍魚《りゅうぎょ》鬼難《きなん》あるも現世《げんせ》、安穩《あんのん》にして寶《たから》を得《え》、彼《か》の觀音《かんのん》を念《ねん》ずれば波浪《はろう》殺すこと能《あた》はず

○船下《ふなお》しの唱《とな》へ詞《ごと》

船玉神《ふなだまのかみ》と御名《みな》は白《もう》して稱辭《たゝへごと》竟《を》へ奉《まつ》らくは神隨《かんながら》も吾《わ》が皇神《すめがみ》の御靈《みたま》、賜《たまは》りて船上《ふねのうへ》は蛸《たこ》に居《を》ふ如《ごと》く水上《みなのうへ》は土《つち》を行《ゆ》く如《ごと》く、撫《な》で給《たま》ひ恵《めぐ》み給《たま》ひ、海積《わたつみ》（大海ノコト）の潮《しほ》にも逆《さか》へ

(端ノ一)にも恐(オソロシキ)き風波《かざなみ》に逢《あ》はせ給《たま》はず、吾《わ》が大神《おほかみ》守《まも》り給《たま》ひ幸《さきは》へ給《たま》へと禮代《ゐやじろ》の幣帛《へでぐら》を捧《さゝ》げ持《も》ちて恐《かしこ》み恐《かしこ》みも稱辭《たゝへごと》竟《を》へ奉《まつ》らくと白《まう》す。

○旅立《たびだち》の無事《ぶじ》を祈《いの》る唱《とな》へ詞《ごと》

掛《かけま》くも畏《かしこ》き吾《わ》が皇神《すめがみ》の大前《おほまへ》に恐《かしこ》み恐《かしこ》みも白《まを》さく何某《なにがし》が今旅立《いまたびだち》して、何國《なにくに》何村《なにむら》に行《ゆか》んとするを、吾《わ》が大神《おほかみ》の高《たか》き尊《たふと》き恩頼《みたまのふゆ》に依《よつ》て、行《ゆ》くさ來《く》さの路《みち》の間《ほど》都《つ》ゝ卑《み》ことなく守《まも》り給《たま》ひ幸《さきは》ひ給《たま》ひて平《たひら》けく安《やす》けく歸《かへ》し給《たま》へと禮代《ゐやじろ》の幣《みてぐら》を捧《さゝ》げ持《も》ちて恐々《かしこみ/\》も稱《たゝへ》辭竟《ことを》へ奉《まつ》らくと白《まう》す。

○酒造《さけつくり》の豐《よ》く出《で》來るやうにとの唱《とな》へ詞《ごと》

掛《かけま》くも畏《かしこ》き吾《わ》が大神《おほがみ》の大前《おほまへ》に恐《かしこ》み恐《かしこ》みも白《まう》さく何某《なにがし》が酒《さけ》醸《か》む業《わざ》に吾《わ》が大神《おほかみ》、神《かん》長《な》柄《がら》高《たか》き貴《たふと》き恩頼《みたまのふゆ》を幸《さきは》へまして朝夕《あさゆふ》に緩《たゆ》むこともなく怠《おこた》ることもなく彌《や》勤《つと》めに勤《つと》め彌結《いやしま》りに結《しま》りて法《のり》のまに〳〵違《たが》ふこともなく過《あやま》つこともなく好酒《よきさけ》の美酒《うまさけ》を醸《か》み成《な》りしめ給《たま》ひ日《ひ》々に續《つ》ぎ足《た》ひ月々《つき/\》に富《と》み榮《さか》えて子孫《うみのこ》の彌繼々《いやつぎ/\》に家門《いへかど》を起《おこ》さしめ給《たま》ひ廣《ひろ》めしめ給《たま》ひ妻子《めこ》奴《やつこ》を始《はじ》めて手人《てびと》丁等《よぼろ》に至《いた》るまでゝが身《みの》邪々《かゝ》くあらしめす邪心《あしきこゝろ》穢《きたな》き行《しわざ》なく日《ひ》に業に勤《いそ》しみ務《つと》めしめ給《たま》へと歴代《みやしろ》の御祖《みくら》を捧《さゝ》げ持《も》ちて恐《かし》み恐《かし》みも稱辭竟《たゝへことを》へ奉《まつ》らくと白《まう》す。

○井《みと》祭《まつり》の唱《とな》へ詞《こと》（之れは井死や庖刀など落し或は水神の祟りなどあるときに）

掛《かけま》くも畏《かし》こき彌《み》都《つ》波《は》能《の》賣《め》神《のかみ》、御《み》井《ゐの》神《かみ》、鳴雷神《なるいかづちのかみ》の大前《おほまへ》に畏《かし》み畏《かし》みも白《まう》さく此《こ》の御井を廣《ひろ》く厚《あつ》く守《まも》り給《たま》ひ幸《さきは》ひ給《たま》ひて千《ち》代《よ》萬代《よろづよ》も奴《ぬ》流《る》むこともなく濁《にご》ることなく涸《か》るゝことなく没《あす》ることなく和《にこ》き水《みづ》の甘《あま》き水《みづ》の清《きよ》き水《みづ》の佐《さ》夜《や》けき水《みづ》を彌多《いやまは》に彌廣《いやひろ》に授《さづ》け給《たま》ひ與《あた》へ給《たま》ひ諸《もろ〳〵》の穢《けがれ》を祓《はら》ひ給《たま》ひ淸《きよ》め給《たま》ひ過《あやま》ち犯《おか》すことのあらんをば見《み》直《なほ》し聞《きゝ》直《なほ》して夜《よ》の守《まも》り日《ひ》の守《まも》りに守《まも》り幸《さきは》ひ給《たま》へと歴代《しろ》の幣帛《みてぐら》を捧《さゝ》げ持《も》ちて恐《かし》み〳〵も稱辭竟《たゝへことを》へ奉《まつる》くと白《まう》す。

○竈神《かまどのかみ》に唱《とな》へる詞《ことは》（荒神様等《コウジンサントウ》ヨリ罪咎《ツミトガ》、或《アル》ハ障《サハ》リ祟リ等《トウ》ヲ受《ウ》ケシトキ）

掛《かけま》くも畏《かし》き齋《いむ》火《ほ》武《む》主《す》比《びの》神《かみ》、奥《おき》都《つ》比《ひ》古《この》神《かみ》、奥《おき》都《つ》比《ひ》賣《めの》神《かみ》の大前《おほまへ》に恐《かし》み恐《かし》みも白《まう》さく一《ひと》日《ひ》も落《お》ちず我《わ》が大《おほ》神《かみ》等《たち》の高《たか》き貴《たふと》き靈類《みたまのふゆ》を被ることを尊《たふと》み喜《うれ》しみ今日《けふ》の生《いく》日《ひ》の足《たる》日に禮代《いやしろ》の幣帛《みてぐら》を捧《さゝ》げ持《も》ちて稱辭竟《たゝへごとを》へ奉《まつ》らくを平《たひら》けく安《やす》けく聞食《きこしめ》せと白《まう》す、此《か》く仕《つか》へ奉《ま》るに依《よ》りて今《いま》も〳〵家内《いへうち》の人諸《ひともろ〳〵》が手《て》の蹟《まが》ひ足《あし》の蹟《まが》ひに、過《あやま》ち犯《をか》すことのあらんをば神直日《かんなをび》、大直日《おゝなほび》に見直《みなを》し聞直《きゝなほ》しまして畏《かしこ》き火《ひ》の禍《わざは》ひあらせず夜《よの》守《まも》り日《ひの》守《まも》りに守《まも》り給《たま》ひ幸《さきは》ひ給《たま》へと恐《かしこ》み恐《かしこ》みも白《まう》す。

（熟語）恐《かしこ》み恐《かしこ》み ツヽシンデ申スト云フヿ　靈賴《みたまのふゆ》 神魂ノ幸ヒ○タマシヒノナサケ、御恩德ト云フヿ　白《まう》さく 申スト云フヿ○さくはツメレバすトナレリ故ニ申スト云フ事ナリ　掛《かけ》まくも畏《かしこ》き 口ニ言ヒ出スノモ恐レ多イト云フヿ○まくはツメレバむトナレリむハんトナル故に口に掛けんモ恐レ多イト云フヿ

○病氣《びやうき》の平癒《へいゆ》を祈《いの》る唱《とな》へ詞《ことば》

掛《かけま》くも畏《かしこ》き吾《わ》が皇神《すめがみ》の大前《おほまへ》に畏《かしこ》み〳〵も白《まう》さく何國《なにくに》、何郡《なにぐん》、何村《なにむら》、何誰何《なんのたれなん》の病《やまひ》に月《つき》日《ひ》さまねく病臥《やみこや》せり故是《かれこゝ》を以《もち》て余《よ》に事讓《ことはか》りて畏《かこ》けれども吾《わ》が皇神《すめがみ》の大前《おほまへ》を齋《いは》ひ奉《まつ》りて蒼生《あをひとぐさ》を慈み給《たま》ふ恩頼《みたまのふゆ》を乞祈《こひのみ》奉《まつ》らんとして今日《けふ》の吉日《よきひ》の吉時《よきとき》に余《よ》に禮代《ゐやじろ》の幣《みてぐら》を捧《さゝ》げ持《も》ちて恐《かしこ》み〳〵も稱辭竟《たゝへごとを》へ奉《まつ》らしむ、掛《かけま》くも畏《かしこ》き皇神《すめがみ》、此狀《このありさま》を平《たひら》けく安《やす》けく聞召《きこしめ》して何誰《なにたれ》が惱《なや》む病《やま》ひを速《すみや》かに直《なを》し給《たま》ひ癒《いや》し給《たま》ひ堅磐《かきは》に常磐《ときは》に命長《いのちなが》く夜《よ》の守《まも》り日《ひ》の守《まも》りに守《まも》り給《たま》ひ幸《さきは》ひ給《たま》へと畏《かしこ》み〳〵も白《まう》す。

○神《か》の祟《た》りを祓《はら》ふ唱《とな》へ詞《ごと》

高天原《たかまのはら》に神留《かんづまり》まして事始《ことはじ》め給《たま》ひし神漏伎《かむろぎ》　神漏美命《かむろみのみこと》もちて天高市《あめのたけち》に八百萬神等《やほよろづがんたち》を神集《かんつど》へ集《つど》へ給《たま》ひ神議《かんはか》り議《はか》り給《たま》ひて我《わ》が皇御孫《すめみま》の尊《みこと》は豊葦原《とよあしはら》の瑞穂國《みづほのくに》を安國《やすくに》と平《たひら》けく知食《しろしめ》せと天《あめ》の磐座《いはくら》放《はな》ちて天《あめ》の八重雲《やへくも》を伊風《いづ》の千別《ちわ》きに千別《ちわ》きて天降《あまくだ》し寄《よ》さし奉《まつら》しゝときに誰神《いづれのかみ》を先《ま》づ遣《つか》はして瑞穂國《みづほのくに》の荒振神《あらぶるかみ》どもを神攘《かんはら》ひ攘《はら》ひ平《む》けんと神議《かんはか》り議《はか》り給《たま》ふときに諸《もろ〳〵》の神《かん》たち皆《みな》量《はか》り申《まう》さく、天穂日命《あまのほひのみこと》を遣《つか》はして平《む》けんと申《もう》しき是《こゝ》を以《も》て天降《あまくだ》し遣《つか》はすときに此神《このかみ》は返言申《かへりごとまを》さずて次《つぎ》に遣《つか》はしゝ健三熊命《たけみくまのみこと》も父《ちゝ》の言《こと》に隨《したが》ひて返言申《かへりことまを》さず又《また》遣《つか》はしゝ天若彦《あめわかひこ》も返言《かへりこと》申さずて高津鳥《たかつとり》の殃《わざわ》ひに依《よ》りて立所《たちどころ》に身《み》亡《う》せにき是《こゝ》を以《い》て天神《あまつかみ》の御言《みこと》もちて更《さら》に量《はか》りて經津主命《ふつぬしのみこと》、健雷命《たけみかづちのみこと》　二柱《ふたはしら》の神等《かんたち》を天降《あまくだ》し給《たま》ひて荒振神《あらぶるかみ》どもを神攘《かんはら》ひ攘《はら》ひ給《たま》ひ神和《かんやは》し和《やは》し給《たま》ひて語問《こと》ひし磐根《いはね》樹《きは》立《た》ち草《くさ》の片葉《かたは》をも語止《ことやめ》て皇御孫《すめみま》の尊《みこと》を天降《あまくだ》し寄《よ》さし奉《まつ》りき、斯《か》く天降《あまくだ》し寄《よ》さし奉《まつ》りし四方《よも》の國中《くになか》と、大倭《おほやまと》、日高見《ひたかみ》の國《くに》を安國《やすくに》と定《さだ》め奉《まつ》りて下《した》つ磐根《いはね》に宮柱《みやはしら》太《ふと》しき立《た》て高天原《たかまのはら》に千《ち》木高知《たかし》りて天《あめ》の御陰《みかげ》、日の御陰《みかげ》と仕《つか》へ奉《まつ》りて安國《やすくに》と平《たいら》けく知食《しろしめ》さん皇《すめ》御孫《みま》の尊《みこと》の天御舎《あめのみあらか》の内《うち》に坐《ま》す皇神等《すめかみたち》は荒《あら》び給《たま》ひ健《たけ》び給《たま》ひ祟《たゝ》り給《たま》ふことなくして高《たか》天原《あまのはら》に始《はじ》めし事《こと》を神《かん》ながらも知食《しろしめ》して神直日《かんなほひ》、大直日《おほなほひ》に直《なほ》し給《たま》ひて此所《このところ》よりは四《よ》方《も》を見《み》霽《はる》かす山川《やまかは》の清所《きよきところ》に遷《うつ》り出《い》でまして吾《わ》が地《ところ》と宇《う》須《す》波《は》伎《き》坐《いま》せと進《たてまつ》る幣帛《みてくら》は明《あかる》妙《たへ》、照《てる》妙《たへ》、和《にぎ》妙《たへ》、荒《あら》妙《たへ》に備《そな》へ奉《まつ》りて見《み》し明《あき》らむものと鏡《かゞみ》、翫《もてあそ》びものと玉《たま》、射《い》放《はな》つものと弓矢《ゆみや》、打断《うちた》つものと太刀《たち》、馳出《はせい》づる者《もの》と御馬《みま》、御酒《みき》は甕戸《みかのへ》高知《たかし》り甕腹《みかのはらみ》満て雙《なら》べて米《よね》にも穎《かひ》にも山《やま》にも住《す》む物《もの》は毛《け》の和物《にこもの》、毛《け》の荒物《あらもの》、大野原《おほぬはら》に生《おふ》るものは甘《あま》菜《な》、辛菜《からな》、青海原《あをうなはら》に住《す》むものは鰭《はた》の広物《ひろもの》、鰭《はた》の狭物《さもの》、奥津海菜《おきつもは》、邊津海菜《へつもは》に至《いた》るまでに横山《よこやま》の如《ごと》く几物《つくゑしろ》に置《お》き足《たら》はして奉《たてまつ》る宇豆《うづ》の幣帛《みてくら》を皇神等《すめがみたち》の御心《みこゝろ》も明《あき》らかに安《やす》幣帛《みてくら》の足幣帛《たりみてくら》と平《たひら》けく聞食《きこしめ》して祟《たゝ》り給《たま》ひ健《たけ》び給《たま》ふことなくして山川《やまかは》の広《ひろ》く清地《きよきところ》に遷《うつ》り出《い》でまして神奈我良《かんながら》も鎮《しづま》り坐《いま》せと称辞竟《たゝへごとを》へ奉《まつる》くと申《まを》す。

○障《さは》りを祓《はら》ふ唱《こゑ》へ詞《こと》

大《おほ》八《やち》衢《また》に湯《ゆ》津《つ》磐《いは》村《むら》の如《ごと》く塞《さや》ります皇神等《すめがみたち》の大前《おほまへ》に恐《かしこ》み恐《かしこ》みも白《まう》さく八衢比古神《やちまたのこのかみ》、八《やち》衢《また》比《ひ》賣《めの》神《かみ》、久那斗神《くなどのかみ》と御名《みな》は白《まう》して称辞竟《たゝへことを》へ奉《まつら》くは根国《ねのくに》、底国《そこのくに》より麁《あら》び疎《うと》び来《こ》んものに相率《あひまじは》り相口会《あひくちあ》へ給《たま》ふことなくて下《した》行《ゆ》かば下《した》を守《まも》り上《うへ》行《ゆ》かば上《うへ》を守《まも》り夜《よ》の守《まも》り日の守《まも》りに守《まも》り給《たま》ひ幸《さきは》ひ給《たま》へと鎮代《いやしろ》の幣《みてぐら》を八取《やとり》の几《つくゑ》に置《お》き足《た》らはして進《たてまつ》る宇《う》豆《づ》の幣《みてぐら》を平《たひら》けく聞食《きこしめ》して大八衢《おほやちまた》に湯津《ゆつ》磐村《いはむら》の如《ごと》く塞りまして此村《このむら》には諸《もろく》の禍《まが》ひ及《およ》び種々《くさぐさ》の枉事《まがこと》なく神随《かんながら》守《まも》り幸《さきは》ひ給《たま》へと恐《かしこ》み恐《かしこ》みも稱辭竟《たゝへごとを》へ奉《まつ》らくと白《まう》す。

○安産《あんざん》の唱《とな》へ詞《ごと》

掛《かけま》くも畏《かしこ》き吾《わが》大神《おほかみ》の大前《おほまへ》に恐《かしこ》み恐《かしこ》みも白《まう》さく何國《なにくに》何郡《なにごほり》何村《なにむら》の人《ひと》、何某《なにがし》の妻《つま》何某《なにがし》、姙《はら》みて今《いま》胎月《つきづき》に當《あた》れるを吾《わ》が大神《おほかみ》の御《み》靈《たま》給《たま》ひて平《たひら》けく安《やす》けく子《こ》産《うま》しめ給《たま》はんことを祈《のり》白《まう》さんとして祭主《さいしゆ》某《なにがし》に禮代《ゐやしろ》の幣《みてぐら》を捧《さゝ》げ持《もち》て恐《かしこ》み恐《かしこ》みも稱辭竟《たゝへごとを》へ奉《まつら》しむ、掛《かけま》くも畏《かしこ》き大神《おほかみ》此狀《このありさま》を平《たひら》けく安《やす》けく聞召《きこしめ》して何某《なにがし》を廣《ひろ》く厚《あつ》く撫《な》で給《たま》ひ惠《めぐ》み給《たま》ひて、毛なく事《こと》なく産《うま》しめ給《たま》ひ、産《うみ》ての後《のち》も平《たひら》けく安《やす》けく在《あ》らせ給《たま》へと恐《かしこ》み恐《かしこ》みも白《まう》す。

（熟語）

掛《かけま》くも畏《かしこ》きとは口ニ出スノモ恐レ多イト云フヿ　恐《かしこ》み／＼とは謹ミ／＼テト云フヿ　幣《みてぐら》とは神ヘソナヘ上ケルモノ

稱辭《たゝへごと》唱ヘゴトト云フヿ　聞召《きこしめ》しとは聞テクダサイト云フヿ

○棟《むね》上《あ》げの唱《とな》へ詞《ごと》

掛《かけま》くも畏《かしこ》き手《た》置帆負命《おきほおひのみこと》、彦狹知命《ひこさしりのみこと》の大前《おほまへ》に恐《かしこ》み恐《かしこ》みも白《まう》さく先《さき》に木工《こだくみ》何某《なにがし》が此家《このいへ》を造《つく》り始《はじ》むる時《とき》に祈《のり》申《まう》しゝく此《か》く容易《たやす》からぬ事《こと》をば吾《わ》が皇神等《すめがみたち》守《まも》り給《たま》ひ助《たす》け給《たま》ひて法のまに〳〵平《たひら》けく安《やすら》けく事《こと》なし竟《をえ》しめ給《たま》へと祈白《のりもう》しき、然《さ》るを祈白《のりもう》しも験《しる》く違《たご》ふことなく過《あやま》つことなく造《つく》り竟《を》へしめ給《たま》へることを貴《たふさ》み喜《うれ》しみ今日《けう》の生日《いくひ》の足《たる》日《ひ》に謝《よろこび》の禮代《ゐやじろ》と大御酒《おほみき》、大御饌《おほみけ》を几物《つくゑもの》に置《を》き足《たら》はして恐《かしこ》み〳〵も稱辭《たゝへごと》竟《を》へ奉《まつ》る狀《ありさま》を、神隨《かんながら》も聞召《きこしめし》て今《いま》も〳〵此家《このいへ》を安家《やすいへ》と吾《わ》が皇神《すめがみ》の御《み》靈《たまたま》給ひて築《つ》き立《たて》たる柱《はしら》、取《とり》擧たる棟《おほむね》桁《けた》、梁《うつばり》の錯《まか》ひ動《どよ》み鳴《な》ることなく打堅《うちかた》めたる釘《くぎ》の緩《たゆる》び、取葺《とりふけ》る甍《いらか》の噪《そゝぎ》なく千代《ちよ》、常登婆《とこときは》に守《まも》り給《たま》ひ幸《さきは》へ給《たま》へと恐《かしこ》み恐《かしこ》みも白《まふ》す。

○釿始《ておのはじめ》の唱《とな》へ詞《ごと》

掛《かけまく》も畏《かしこ》き手《た》置《おき》帆《ほ》負《をひ》命《のみこと》、彦狭知命《ひこさしりのみこと》の大前《おほまへ》に畏《かしこ》み畏《かしこ》みも白《もうさ》く此度《このたび》木工《こだくみ》(大工《ダイク》)何某《なにがし》が我家《わがいへ》を今日《けふ》の生日《いくひ》の足日《たるひ》に造《つく》り初《はじめ》んとす、此《か》く容易《たやす》からぬことは我《わ》が皇神等《すめがみたち》の廣《ひろ》き厚《あつ》き御《み》恵《めぐ》みに依《よ》りてし、平《たいら》けく安《やすら》けく功成《こさな》し竟《を》へんと思《おも》ひ議《はか》りて禮代《いやしろ》の幣《みてぐら》を捧《さゝ》げ持《もち》て恐《かしこ》み恐《かしこ》みも稱辭《たゝへごと》竟《を》へ奉《まつら》くと白《もよ》す、故《かれ》、此《か》く此の狀《さま》を皇神《すめがみ》の御《み》心《こゝろ》に、神隨《かんながり》、聞召《きこしめ》して今日《けう》より日々《ひゞ》に勞《いたつ》き務《つと》むる木工《こだくみ》の道《みち》に恩頼《みたまのふゆ》を幸《さちは》ひ坐《まし》て思慮《おもひはか》りの悟《さと》り深《ふか》く緩《たゆ》み怠《をこた》ることなく勤《いそ》しまり務《つと》めしめ給《たま》ひ、打《う》つ墨繩《すみなは》の法《のり》のまに〳〵違《たが》ひ過《あやま》つことなくして遂けく功《こさ》を卒《を》へしめ給《たま》へと恐《かしこ》み恐《かしこ》みも白《まふ》す。

○柱立《はしらだて》の唱《とな》へ詞《ことば》

掛《かけま》くも恐《かしこ》き手置帆負命《たおきほおひのみこと》、彦狭知命《ひこさしりのみこと》の大前《おほまへ》に恐《かしこ》み恐《かしこ》みも白《まう》さく木工《こだくみ》何某《なにがし》が此家《このいへ》作《つく》る業《わざ》を大神等《おほかみたち》の廣《ひろ》き厚《あつ》き御恵《みめぐみ》に依《よ》りて打《う》つ墨縄《すみなは》も執《と》る手斧《てをの》も違《たが》ふことなく過《あやま》つことなく柱《はしら》、桁《けた》、梁《うつばり》を始《はじ》め其外《そのほか》の物《もの》どもを有《あ》るべき狀《さま》に作《つく》り訖《を》へぬ、故《かれ》、是《こゝ》を以《い》て今《け》日《ふ》の生日《いくひ》の足日《たるひ》に齋柱《いみばしら》を建《た》て始《はじ》めんとして大前《おほまへ》に大御酒《おほみき》据《す》ゑ並《なら》べ稱辭竟《たゝへごとを》へ奉《まつ》る狀《ありさま》を平《たひら》けく安《やす》けく聞食《きこしめ》(聞テクレテ)して今《いま》も往前《ゆくさき》も彌《いや》ます〳〵に恩頼《みたまのふゆ》を幸《さきは》へまして事過《ことあやまち》たず建《た》て訖《を》へしめ給《た》へと恐《かしこ》み恐《かしこ》みも白《まう》す。

○地祭《ぢまつり》の唱《とな》へ詞《ことば》（普請《フシン》の始《ハジ》めのときに）

掛《かけま》くも畏《かしこ》き生井神《いくゐのかみ》、榮井神《さくゐのかみ》、綱長井神《つながゐのかみ》、阿須波神《あすはのかみ》、波比岐神《はひきのかみ》の大前《おほまへ》に恐《かしこ》み〳〵も白《まう》さく、皇神等《すめかみたち》の敷《し》ます此《こ》の家所《いえどころ》を今《いま》も往前《ゆくさき》も彌《いや》ます〳〵に守《まも》り幸《さきは》ひ給《たまひ》て千《ち》代《よ》萬《よろづ》代《よ》も平《たひら》けく安《やす》けく下動《したよ》み寄來《よりこ》ん地震《なゐ》の災《わざはひ》なく大雨《ひさめ》零《ふ》り水溢《みづあふ》るとも大地《おほつち》の岩崩傷《いはくえそこな》ふことなく堅石《かきは》に常石《ときは》に守《まも》り給《たま》ひ幸《さきは》ひ給《たま》へと禮代《いやじろ》の幣帛《みてぐら》を捧《さゝ》げ持《も》ちて恐《かしこ》み恐《かしこ》みも白《まう》す。

○同《おなじく》　其《その》二

敬《つゝし》で十方《じつぱう》世界《せかい》、應正等覺《おうせうとうかく》、總《そう》じては微塵刹土中《みじんせつどちう》、一切三寶《いつさいさんぼう》、天龍八部《てんりうはちぶ》、大小神祇《だいせうしんぎ》等《とう》に白《まう》して言《もふ》さく方《まさ》に今《いま》、何某《なにがし》、此《こ》の金剛地《こんごうち》に就《つい》て新宅《しんたく》を營《いとなま》んと欲《ほつ》して謹《つゝし》んで良辰《りやうしん》を卜《ぼく》し安宅結界《あんたくけつかい》の齋會《さいゑ》を修《しゆ》す、夫此《それこ》の處《ところ》は元《もと》と是《こ》れ金剛《こんごう》の寶地《ほうち》なり然《しか》らば即《すなわ》ち日月《じつげつ》、五星《ごせい》、二十八宿《しゆく》、天神《てんじん》、龍鬼《りうき》、常《つね》に來《きたつ》て營衞《えいく》し給《たま》へ日遊《にちいう》、月殺《げつさつ》、土府《どふ》、將軍《しやうぐん》、靑龍《せいりう》、白虎《びやつこ》、朱雀《しゆじやく》、玄武《げんぶ》、歲月《さいげつ》、劫殺《こうさつ》、六甲《ろつこう》、禁忌《きんき》、十二神將《しんしやう》、伏龍《ふくりう》、螣蛇《とうじや》、總《そう》じて宅前《たくぜん》、宅後《たくご》、宅左《たくさ》、宅右《たくいう》、宅中《たくちう》の諸神《しよじん》、魍魎《もうりやう》、諸鬼《しよき》、樹神《じゆしん》、土公等《どこうとう》、敬《つゝし》んで神勅《しんちよく》を奉《ほう》じて安《みだ》りに相侵凌《あひしんりよう》し衰惱《すゐのう》を作爲《さくゐ》して橫忤擾亂《わうごじやうらん》すると勿《なか》れ、仰《あう》ぎ願《ねがは》くば十方《じつぱう》、一切《いつさい》の諸神《しよしん》、哀愍證明《あいみんしようめい》し給《たま》ひて諸《もろ〳〵》の障礙《しやうげ》なく輪奐成就《りんくわんじやうじゆ》せしめ給《たま》ひて諸願意《しよぐわんい》の如《ごと》く日《ひ》に繁榮《はんえい》に赴《おもむ》き子《し》孫久長《そんちやうきう》、富貴《ふつき》萬福《はんふく》ならんことを謹《つゝし》んで祈願《きぐわん》し奉《たてまつ》る。

○鎭火祭《ちんくわさい》の唱《とな》へ詞《こと》

高天原《たかまのはら》に神留《かんつま》り坐《ま》す皇親神漏義《すめらがむつかむろぎ》、神漏美《かむろみ》の命《みこと》持《も》ちて皇御《すめみ》孫命《まのみこと》は豐葦原《とよあしはら》の瑞穗國《みずほのくに》を安國《やすくに》と平《たひら》けく知《しろ》しめせと天《あめ》の下《した》寄《よ》さし奉《まつ》りしときに事寄《ことよ》さし奉《まつ》りし天都詞《あまつのりと》の太詞事《ふとのりとごと》を以《も》て申《もう》さく神《かん》伊《い》佐《ざ》奈《な》伎《ぎ》、伊《い》佐《ざ》奈《な》美命《みのみこと》、妹背《いもせ》二柱《ふたばしら》、嫁《さ》繼《つ》ぎ給《たま》ひて國《くに》の八十國《やそくに》、島《しま》の八十島《やそしま》を生《う》み給《たま》ひ八百萬神等《やほよろづのかみたち》を生《う》み給《たま》ひて麻《ま》奈《な》弟子《をこ》に火結神《ほむすびのかみ》を生《う》み給《たま》ひて美保《みほ》斗《と》被燒《やかへ》て石隱《いはがくれ》まして夜《よ》は七夜《なゝよ》、晝《ひる》は七日《なぬか》、吾《あ》をな見《み》たまひそ吾奈《あがな》妹命《せのみこと》と申《まう》し給《たま》ひき此《こ》の七日《なぬか》には足《た》らずで隱《かく》りますことを奇《あや》しとて見《み》そなはすとき、火《ひ》を生《う》み給《たま》ひて御《み》保《ほ》斗《と》を燒《やか》へましき、是《か》る時《とき》に吾名《あがな》妹命《すがのみこと》の吾《あ》を見《み》給《たま》ふなと申《まう》すを吾《あ》を見《み》阿波多志《あはたし》、たまひつと申《もう》し給《たま》ひて吾名《あがな》妹命《せのみこと》は上津國《うはつくに》を知食《しろしめ》すべし吾《あ》は下津國《したつくに》を知食《しろしめさ》んと白《もう》して石隱《いはがく》り給《たま》ひて與美津《よみつ》枚坂《ひらさか》に至《いた》りまして思《おもほ》しめさく吾名《あがな》妹命《せのみこと》の知食《しろしめ》す上津國《うはつくに》に心《こゝろ》惡《あし》き子《こ》を生《う》み置《を》きて來《き》ぬと宣《のたま》ひて返《かへ》りまして更《さら》に子《みこ》を生《う》み給《たま》ふ水神《みづのかみ》、匏《ひさご》、川奈《かはな》、埴山姫《はにやまひめ》、四種物《よくさのもの》を生《う》み給《たま》ひて此《こ》の心惡《こゝろあし》き子《みこ》の心荒《こゝろあら》びなば水神《みづのかみ》、匏《ひさご》、埴山姫《はにやまひめ》、川菜《かはな》を持《も》ちて鎭奉《しづめまつ》れと事教《ことをし》へ悟《さと》し給《たま》ひき、此《こ》れに依《よ》りて稱辭竟《たゝへごとを》へ奉《まつ》らくは此里《このさと》に御心《みこゝろ》一速《いちはや》び給《たま》はじとして種々《くさぐさ》の幣《みてぐら》を机代《つくゑしろ》に置《を》き足《た》らはれて天津祝詞《あまつのりと》の太祝詞事《ふとのりとごと》もて稱《たゝへ》辭竟《ことを》へ奉《まつ》くと申《まう》す。

（語熟）

白《もう》さく　申スト云フヿ○さくた ツメレバすトナレリ　給《たま》はく　給ノト云フヿ○はくチ、ツメレバふトナレリ故ニたまふトナレリ

知《しろ》食《しめ》す　ツカサドルヿ○知リ給フヿ

掛《かけ》まく　掛んト云フヿ○まくチ、ツメレバむトナレリむハんナリ故ニ掛んト云フヿナリ

釋ニ曰ク　呪咀《しゆそ》、諸毒薬《しよどくやく》、身《み》を害《がい》せんと欲《ほつ》する所《ところ》の者《もの》の衆怨悉《しゆをんい》は退散《たいさん》せよ

彼《か》の観音力《くわんのんりき》を念《ねん》ずる者《もの》は本人《ほんにん》に還《かへつ》て無辺方《むへんはう》へ疾走《しつそう》せよ

○感《かん》謝《しや》状《じやう》

拝啓《はいけい》先生《せんせい》より秘法《ひほう》の御傳授《ごでんじゆ》を蒙《かうむ》り難有奉感謝《ありがたくかんしやたてまつり》候小生《せうせい》如《ごと》き青年《せいねん》の宅《たく》へ十日前《かせん》の事《こと》なるが眼《め》の見《み》えざるもの來《きた》りて鑑定《かんてい》を請《こ》ひけるにや　余其《そ》れは水神《すいじん》の祟《たゝ》りにて見《み》えざるなりと申《まを》し候所《そろところ》　余井《ゐど》を埋《うづ》めたることありと申《まを》されたり　余其《そ》の祓《はら》ひをすれば平癒《なを》ると申《まを》し候所《そろところ》、病人《びやうにん》よりの依頼《いらい》に付《つ》きソを祓《はら》ひ致《いた》し候しに七日《か》目《め》頃《ごろ》には八九分まで全快《ぜんくわい》の方《はう》に趣《おもむき》たりと申《まを》され前年《ぜんねん》醫師《ゐし》の匙《さぢ》を投《な》げたる病人《びやうにん》あり來《きた》りて小生《せうせい》に鑑定《かんてい》を請《こ》ひければ　余ソは病《やまひ》にてなし姙娠《にんしん》なりと申《まをしそろところ》候所、果《はた》して其《それ》は姙娠《にんしん》にて當年《たうねん》、日《め》出《で》度出産《たくしゆつさん》して其子《そのこ》を連《つ》れて彼岸《ひがん》參《まゐ》りに來《きた》りしとて小生《せうせい》の宅《たく》へも立寄《たちよ》られたり又《また》、今年《こんねん》三歳《さい》になる小兒《せうに》の足《あし》の起《た》たざる病人《びやうにん》あり其《そ》れを先生《せんせい》の秘法《ひほう》を以《もつ》て占《うらな》ひ候所《そろところ》、四足《よつあし》と水神《すいじん》の祟《たゝ》りと鑑定《かんてい》盤面《ばんめん》に現《あら》はれ依《よつ》て祓《はら》ひを致《いた》し

△心《こゝろ》まことに商《あきな》ひすれば
　飛騨《ひだ》の金山《かなやま》、手《て》の中《うち》に
△誠心《せいしん》、聚《あつま》る所《ところ》
　鬼《き》神《しん》感《かん》ず

候處《そうところ》五六日間《にちかん》の中《うち》に足《あし》の起《た》つやうに相成《あいな》り候《そうろう》又《また》夜啼《よな》きする小兒《せうに》あり其《そ》れば水神《すゐじん》の祟《たゝ》りなりとて之《これ》も祓《はらひ》を致《いた》し候處《ところ》其夜《そのよ》の中《うち》に夜啼《よな》きすることは止《や》んで兩親《りやうしん》の喜《よろこ》び山《やま》の如《ごと》くに候實《そうじつ》に先生《せんせい》の秘法《ひほう》の顯著明確《けんちよめいかく》なるには今更《いまさら》ながら驚《おどろき》入り申候《まうしそうろう》又《また》

大正元年十二月廿三日午後四時の鑑定（當年二才、八白の人の病氣）

（年）

六	二	四
五	七	九
一	三	八

（月）

六	二	四
五	七	九
一	三	八

（月）

九	五	七
八	一	三
四	六	二

（刻）

九	五	七
八	一	三
四	六	二

（一）（二）（三）（四）

右《みぎ》年月日刻の四つの盤《ばん》の掛合《かけあ》はせに因《よ》て此《こ》の病氣《びやうき》は胸《むね》より腹《はら》へ掛《か》けての病《やまひ》にして脾胃《ひゐ》惡《わる》しく（八白へ五黃ノ掛リ）心臟《しんざう》に動氣《どうき》を起《おこ》し（八白が震宮て相對し居り其《そ》れより後《の》ち風邪《かぜ》を引《ひ》き氣管支《かんし》を起《おこ》し而《しか》して肺病《はいびやう》と變《へん》じて死《し》すると云《い》ふことを申《まう》しやりたり死《し》する期日《きじつ》は二ヶ月目《げつめ》なりと言《い》ひしに果《はた》して其《そ》の翌年《よくねん》即《すなは》ち大正《たいしやう》二年《ねん》一月《ぐわつ》一日《たち》に死《し》亡《ばう》せりと申《まう》し越《こ》されたり其《そ》れに向《むか》て病原《びやうげん》を尋《たづ》ねけるに矢張《やは》り風邪《かぜ》を引《ひい》て氣《き》管支《かんし》

を起《おこ》し肺病《はいびやう》となりて死《し》せりと申されたり
先生《せんせい》の秘法《ひほふ》にはます／＼驚入《おどろきい》り申候《まをしそろ》小生《せうせい》喜《よろこ》びの餘《あま》り一寸《ちよつと》御禮《おれい》を左右《さいう》まで申上候《まをしあげそろ》扨《さて》
小生《せうせい》祟《たゝ》り障《さは》りの祓《はらひ》の順序《じゆんじよ》を申上《まをしあぐ》れば左《さ》の如《ごと》くにて

○神《かみ》、佛《ほとけ》の祟《たゝ》りを祓《はら》ふ實例《じつれい》（其二）

第一に懺悔《ざんげ》の文《もん》を唱《とな》へ第二に十善戒《じふぜんかい》を唱《とな》へ第三に光明眞言《くわうみやうしんごん》を唱《とな》へ第四に般《はん》若波羅蜜多心經《にやはらみつたしんぎやう》を唱《とな》へ其《そ》れを誠意誠實《せいいせいじつ》を籠《こ》めて専念《せんねん》一心《しん》に唱《とな》へ出《いだ》し又《また》荒神《くわうじん》の祟《たゝ》りならば荒神《くわうじん》の眞言《しんごん》卽《すなは》ち左《さ》の

○荒神《くわうじん》の祟《たゝ》りを祓《はら》ふ實例《じつれい》（其三）

オン、ケンバヤ／＼

と荒神《くわうじん》の眞言《しんごん》を唱《とな》へて荒神《くわうじん》に降臨《かうりん》を願《ねが》ひ其《それ》より祟《たゝ》りある病人《びやうにん》の姓名《せいめい》と年齢《ねんれい》を讀《よ》み上《あ》げ而《しか》して「業障除《ごうしやうよけ》の眞言《しんごん》」卽《すなは》ち

オンバザラ、キヤラマー、ビシユダヤー、サラバー、バラダニー、ホダサチエイ、ナウサンマヤー、ソワカ

と唱《とな》へ又《また》四足《よつあし》、蛇《へび》、生靈《いきれう》、死靈《しれう》の祟《たゝ》りの祓《はら》ひには

○四足《よつあし》、蛇《へび》、生靈《いきれふ》、死靈《しれふ》の祟《たゝ》りを祓《はら》ふ實例《じつれい》（其三）

第一に懺悔《さんげ》の文《もん》第二に十善戒《じうぜんかい》第三に不動明王《ふどうみやうわう》、地藏尊《ちぞうそん》の眞言《しんごん》を唱《とな》へて後《の》ち『何《なん》の何某《なにがし》が何々《なに〳〵》の祟《たゝ》りが之《こ》れ有《あ》り候《そろ》が其祟《そのたゝ》りを解除《げぢよ》し下《くだ》され候樣《そろやう》に』との願《ねが》ひを掛《か》け其《それ》よりして「地藏經《ちざうけふ》」を唱《とな》へ、唱《とな》へ終《をは》るや『願《ねがは》くは此《こ》の功德《くどく》を以《もつ》て三寶《さんぽう》伏《ふ》して照鑒《しやうかん》を垂《た》れ賜《たま》ひて速《すみや》かに何某《なにがし》が犯《をか》せし諸《もろ〳〵》の罪咎《つみとが》御赦《おんゆる》し、解除《げぢよ》し、病氣平癒《びやうきへいゆ》あらんことを謹《つゝし》んで祈願《きぐわん》す』と申《まを》し此例《このれい》を以《もつ》て小生《せうせい》、今《いま》まで何《なん》十人《にん》となく多《おほ》くの病人《びやうにん》を全快致《ぜんくわいいた》させ申《まを》し候尙《なほ》ほ左《さ》に以上《いじやう》の文《もん》を掲《かゝ》ぐれば

○懺《さん》悔《げ》の文《もん》

之は今までなしたる惡事惡業はすッかり改めなをすから何卒、我々に幸福を授け開運させて下さいと神佛の前へいかしこまりて手を合せて祈る唱へ文

我《が》昔《しやく》所《しよ》造《ぞう》、諸《しよ》惡《あく》業《ごう》　皆《かい》由《いう》無《む》始《し》貪《とん》瞋《じん》痴《ち》
從《じう》身《しん》口《く》之《し》所《しよ》生《じやう》
一《いつ》切《さい》我《が》今《こん》皆《かい》懺《さん》悔《げ》

解に曰く　我が昔し造る所の諸惡業は、皆、無始の貪欲（貪）と瞋（瞋）りと愚癡（痴）が身や口から生じ出たのである、今其等一切の惡業惡事を懺悔して善心に立返るから何卒我身に一道の光明を與へ開悟の途に導き給へと云ふこと

○十《じう》善《ぜん》戒《かい》（之レハ三ビ唱ヘルヿ）

弟子《でし》某甲《なにがし》、盡《じん》未《み》來《らい》際《さい》、不《ふ》殺生《せつしやう》、不《ふ》偸《ちゆ》盜《とう》、不《ふ》邪《じや》婬《いん》、不《ふ》妄《まう》語《ご》、不《ふ》綺《き》語《ご》、不《ふ》惡《あく》口《こう》、不《ふ》兩舌《りやうぜつ》、不《ふ》慳《けん》貪《どん》、不《ふ》瞋《しん》恚《い》、不《ふ》邪《じや》見《けん》

○不《ふ》動《どう》明《みやう》王《わう》の眞《しん》言《ごん》（之レハ二十一遍唱ヘルヿ）

ノウマク、サンマンダー、バサラダセンダー、マカロシヤダー、ソワカタヤー、ウンダラダー、カンマン

○地《ち》藏《ざう》尊《そん》の眞《しん》言《ごん》

カカカビー、サンマエイ、ソワカ

○光《くわう》明《みやう》眞《しん》言《ごん》（之レハ三遍ナリ、七遍ナリ、十四遍ナリ二十一遍ナリ數ナシ信心次第ノコト）

オン、アボキヤー、ベイロシヤナー、マカボダラー、マニハンドマー、ジンバラハラ、バリタヤー、ウン

○般《はん》若《にゃ》波《は》羅《ら》蜜《みっ》多《た》心《しん》經《ぎゃう》

觀《かん》自《じ》在《ざい》菩《ぼー》薩《さー》、行《ぎゃう》深《じん》般《はん》若《にゃ》波《は》羅《ら》蜜《みっ》多《た》、時《じ》照《せう》見《けん》五《ご》、蘊《をん》皆《かい》空《くう》度《ど》、一《いっ》切《さい》苦《く》厄《やく》、舍《しゃ》利《り》子、色《しき》、不《ふ》
異《い》空《くう》空《くう》、不《ふ》異《ゐ》色《しき》色《しき》、即《そく》是《ぜ》空《くう》空《くう》、即《そく》是《ぜ》色《しき》受《じゅ》想《そう》行《ぎゃう》識《しき》、亦《やく》復《ぶ》如《にょ》是《ぜ》、舍《しゃ》利《り》子《し》是《ぜ》、諸《しょ》法《ほふ》空《くう》相《さう》、
不《ふ》生《しゃう》不《ふ》滅《めつ》、不《ふ》垢《く》不《ふ》淨《じゃう》、不《ふ》增《ぞう》不《ふ》減《げん》、是《ぜ》故《こ》空《くう》中《ちう》、无《む》色《しき》无《む》受《じゅ》想《そう》行《ぎゃう》識《しき》、无《む》眼《げん》耳《に》鼻《び》、舌《ぜつ》身《しん》意《い》、
无《む》色《しき》聲《しゃう》香《かう》味《み》觸《そく》法《ほふ》、无《む》眼《げん》界《かい》乃《ない》至《し》、无《む》意《い》識《しき》界《かい》、无《む》无《む》明《みゃう》亦《やく》、无《む》々《む》明《みゃう》盡《じん》、乃《ない》至《し》无《む》老《らう》死《し》、亦《やく》
无《む》老《らう》死《し》盡《じん》、无《む》苦《く》集《しう》滅《めつ》道《だう》、无《む》智《ち》亦《やく》、无《む》得《とく》已《い》无《む》、所《しょ》得《とく》故《こ》、菩《ぼ》提《だい》薩《さっ》埵《た》、依《え》般《はん》若《にゃ》波《は》羅《ら》蜜《みっ》多《た》ヵ
故《こ》心《しん》无《む》罣《けい》礙《げ》、无《む》罣《けい》礙《げ》、故《こ》无《む》有《う》恐《く》怖《ふ》、遠《をん》離《り》一《いっ》切《さい》、顚《てん》倒《たう》夢《む》想《さう》、究《く》竟《きゃう》涅《ね》槃《はん》、三《さん》世《ぜ》諸《しょ》佛《ぶっ》、依《え》
般《はん》若《にゃ》波《は》羅《ら》蜜《みっ》多《た》、故《こ》得《とく》阿《あ》耨《のく》多《た》羅《ら》、三《さん》藐《みゃく》三《さん》菩《ぼ》提《だい》、故《こ》知《ち》般《はん》若《にゃ》波《は》羅《ら》蜜《みっ》多《た》、是《ぜ》大《だい》神《しん》呪《じゅ》、是《ぜ》
大《だい》明《めう》呪《じゅ》、是《ぜ》无《む》上《じゃう》呪《じゅ》、是《ぜ》无《む》等《とう》等《とう》呪《じゅ》、能《のう》除《ちょ》、一《いっ》切《さい》苦《く》眞《しん》實《じつ》、不《ふ》虛《こ》故《こ》說《せつ》、般《はん》若《にゃ》波《は》羅《ら》蜜《みっ》多《た》、呪《しゅ》
即《そく》說《せつ》呪《しゅ》、曰《わつ》
羯《ぎゃ》諦《てい》、々〱々〱、波《は》羅《ら》羯《ぎゃ》諦《てい》、波《は》羅《ら》僧《そう》羯《ぎゃ》諦《てい》、菩《ぼ》提《じ》、莎《そ》婆《わ》訶《か》

注意

一字《じ》ノ音《おん》ハ皆引《みなひい》テ讀《よ》ムコト即《すなは》チ
自《じ》ヲジーヤ明《め》ヲ波羅《ヘラ》ノヘーラート
引《ひ》クガ如《ごと》シ以下《いか》皆《みな》同ジコト

○地《ぢ》藏《ざう》經《けう》

注意

一字《じ》ノ音《おん》ハ引《ひ》ノ讀《よ》ムコト　即《すなは》チ是《ぜ》ヲゼ━ト引《ひ》キ我《が》ヲガ━ト引《ひ》キ時《じ》ヲジ━ト引《ひ》キ倶《ぐ》ヲグ━ト引《ひ》キ不《ふ》ヲフ━ト引《ひ》キ無《む》ヲム━ト引《ひ》キ又《また》○四字《よに》々々デ切《きつ》チ讀《よ》ムヲ大抵《たいてい》ノ法則《はふそく》トス、以下《いか》皆《みな》經文《けいもん》ノ讀《よ》ミ方《かた》ハ同ジコト

如《にょ》是《ぜ》我《が》聞《もん》、一《いち》時《じ》佛《ぶつ》在《ざい》、佉《か》羅《ら》陀《だ》山《せん》與《よ》大《だい》比《び》丘《く》衆《しゅう》萬《まん》二《に》千《せん》人《にん》倶《ぐ》菩《ぼ》薩《さつ》三《さん》萬《まん》六《ろく》千《せん》人《にん》、倶《く》一《いっ》切《さい》諸《しょ》天《てん》、及《ぎう》龍《りう》夜《や》叉《しゃ》、人《にん》非《ぴ》人《にん》等《とう》、金《こん》輪《りん》銀《ごん》輪《りん》、諸《しょ》輪《りん》王《のう》等《とう》、從《じう》十《じっ》方《はう》來《らい》、爾《に》時《じ》世《せ》尊《そん》、説《せっ》是《ぜ》大《だい》乘《じょう》、無《む》依《え》行《げう》已《い》、時《じ》有《う》帝《たい》釋《しゃく》、名《めう》無《む》垢《く》生《せう》、白《びゃく》佛《ぶつ》言《ごん》、世《せ》尊《そん》我《が》欲《よく》護《ご》世《せい》、若《にゃく》佛《ぶつ》滅《めつ》後《ご》、法《はう》末《まつ》衆《しゅ》生《ぜう》、當《とう》何《が》拔《ばッ》濟《さい》、佛《ぶつ》告《ごう》、帝《たい》釋《しゃく》、有《う》一《いち》菩《ぼ》薩《さつ》、名《めう》曰《わつ》延《えん》命《めい》地《ぢ》藏《ざう》菩《ぼ》薩《さつ》、每《まい》日《にち》晨《じん》朝《てう》、入《にう》於《を》諸《しょ》定《ぜう》、遊《ゆう》化《げ》六《ろく》道《どう》拔《ばツ》苦《く》與《よ》樂《らく》、若《にゃく》在《ざい》三《さん》途《つ》、於《を》此《し》菩《ぼ》薩《さつ》、見《けん》體《たい》聞《もん》名《めう》、生《ぜう》於《を》人《にん》天《てん》、或《わく》生《ぜう》淨土《ど》、在《ざい》三《さん》善《ぜん》道《どう》、聞《もん》其《ご》名《めう》者《じゃ》、得《とく》現《げん》果《くわ》報《はう》後《ご》生《ぜう》佛《ぶつ》土《ど》、何《が》況《けう》憶《をく》念《ねん》、心《しん》眼《げん》得《とく》開《かい》、決《けつ》定《ぜう》成《じゃう》就《じゅ》、亦《やく》是《ぜ》菩《ぼ》薩《さつ》、得《とく》十《じッ》種《しゅ》福《ふく》、一《いっ》者《しゃ》、女《にょ》人《にん》泰《たい》產《さん》、二《に》者《しゃ》、身《しん》根《こん》具《ぐ》足《そく》、三《さん》者《しゃ》、衆《しゅ》病《べう》悉《しつ》除《ぢょ》、四《し》者《しゃ》、壽《じゅ》命《めう》長《てう》遠《をん》、五《ご》者《しゃ》、聽《ちょう》明《めい》智《ち》慧《ゑ》、六《ろく》者《しゃ》、財《ざい》寶《ほう》盈《やう》溢《いつ》、七《しち》者《しゃ》、主《しゅ》人《にん》愛《あい》敬《けう》、八《はつ》者《しゃ》、穀《こく》米《まい》成《ぜう》熟《じゅく》、九《く》者《しゃ》、神《しん》明《めう》加《か》護《ご》、十《じっ》者《しゃ》、證《しょう》大《だい》菩《ぼ》提《だい》、亦《やく》除《ぢょ》八《はち》大《だい》怖《ふ》、一《いっ》者《しゃ》、風《ふう》雨《う》隨《ずい》時《じ》、二《に》者《しゃ》、他《た》國《こく》不《ふ》起《き》、三《さん》者《しゃ》、自《じ》界《かい》不《ふ》叛《ほん》、四《し》者《しゃ》、日《にち》月《げつ》不《ふ》蝕《しょく》、五《ご》者《しゃ》、星《せう》宿《しゅく》不《ふ》變《へん》、六《ろく》者《しゃ》、鬼《き》神《じん》不《ふ》來《らい》、七《しち》者《しゃ》、飢《け》渴《かつ》不《ふ》發《はつ》、八《はつ》者《しゃ》、人《にん》民《みん》無《む》病《べう》、佛《ぶつ》告《ごう》帝《たい》釋《しゃく》、

於未《み》來《らい》世《せ》、若《にやく》有《う》衆《しゆう》生《ぜう》、受《じゆ》持《ぢ》此《し》經《けう》、恭《く》敬《けう》供《く》養《やう》、是《ぜ》菩《ぼ》薩《さつ》者《しや》、百《ひやく》由《ゆ》旬《じゆん》內《ない》、無《む》諸《しよ》災《さい》患《げん》、惡《あく》夢惡《あく》相《さう》、諸《しよ》不《ふ》吉《きつ》祥《しやう》、魍《もう》魎《りやう》鬼神《じん》、鳩《く》槃《はん》茶《ぞう》等《とう》、永《えう》不《ふ》得《とく》便《べん》、天《てん》狗《ぐ》土《ど》公《く》、大《たい》歳《さい》神《じん》宮《ぐう》、山《さん》神《じん》、木《もく》神《じん》、江《こう》海《かい》神《じん》、水《すゐ》神《じん》、火《くわ》神《じん》、饉餓《が》神《じん》、塚《てう》神《じん》、蛇《じや》神《じん》、呪《しう》詛《そ》神《じん》、靈《れう》神《じん》、路《ろ》神《じん》、竈《こう》宅《たく》神《じん》等《とう》、若《にやく》聞《もん》此《し》經《けう》、是《ぜ》菩《ぼ》薩《さつ》名《めう》、吐《と》諸《しよ》邪《じや》氣《き》、自《じ》悟《ご》本《ほん》空《くう》、速《そく》證《しよう》菩《ぼ》提《だい》、爾《に》時《じ》帝《たい》釋《しやく》白《びやく》佛《ぶつ》言《ごん》、世《せ》尊《そん》延《えん》命《めう》菩《ぼ》薩《さつ》、何《か》化《げ》六《ろく》道《どう》、得《とく》度《ど》衆《しゆ》生《ぜう》、佛《ぶつ》告《ごう》帝《たい》釋《しやく》、善《ぜん》男《なん》子《し》、諸《しよ》法《ほう》空《くう》寂《じやく》、不《ふ》住《じう》生《せう》滅《めつ》隨《ずい》緣《えん》生《せう》故《こ》、色《しき》身《しん》不《ふ》同《どう》、性《せ》欲《よく》無量《れう》、普《ふ》爲《い》得《とく》度《ど》、延《えん》命《めい》菩《ぼ》薩《さつ》、或《わく》現《げん》佛《ぶつ》身《しん》、或《わく》現《げん》菩《ぼ》薩《さつ》身《しん》、或《わく》現《げん》辟《ひやく》支《し》佛《ぶつ》身《しん》、或《わく》現《げん》聲《せう》聞《もん》身《しん》、或《わく》現《げん》梵《ぼん》王《のう》身《しん》、或《わく》現《げん》帝《たい》釋《しやく》身《しん》、或《わく》現《げん》琰《えん》魔《ま》王《わう》身《しん》、或《わく》現《げん》毘《び》沙《しや》門《もん》身《しん》、或《わく》現《げん》日《じつ》月《げつ》身《しん》、或《わく》現《げん》五《ご》星《せう》身《しん》、或《わく》現《げん》七《しち》星《せう》身《しん》、或《わく》現《げん》九《く》星《せう》身《しん》、或《わく》現《げん》轉《てん》輪《りん》聖《せう》王《わう》身《しん》、或《わく》現《げん》諸《しよ》小《せう》王《わう》身《しん》、或《わく》現《げん》長《てう》者《じや》身《しん》、或《わく》現《げん》居《こ》士《じ》身《しん》、或《わく》現《げん》宰《さい》官《くわん》身《しん》、或《わく》現《げん》婦《ふ》女《によ》身《しん》、或《わく》現《げん》比《び》丘《く》比《び》丘《く》尼《に》、優《う》婆《ば》塞《そく》、優《う》婆《ば》夷《い》身《しん》、或《わく》現《げん》天《てん》龍《りう》夜《や》叉《しや》、人《にん》非《ひ》人《にん》等《とう》身《しん》、或《わく》現《げん》醫《い》王《わう》身《しん》、或《わく》現《げん》藥《やく》草《さう》身《しん》、或《わく》現《げん》商《しやう》人《にん》身《しん》、或《わく》現《げん》農《のう》人《にん》身《しん》、或《わく》現《げん》象《ざう》王《わう》身《しん》、或《わく》現《げん》師《し》子《し》王《わう》身《しん》、或《わく》現《げん》牛《ご》王《わう》身《しん》、或《わく》現《げん》馬《め》形《げう》身《しん》、或《わく》現《げん》大《だい》地《ち》形《げう》、或《わく》現《げん》山《せん》王《のう》形《げう》、或《わく》現《げん》大《だい》海《かい》形《げう》、三《さん》界《かい》所《しよ》有《う》、四《し》生《せう》五《ご》形《げう》、無《む》所《しよ》不《ふ》變《へん》、延《えん》命《めい》菩《ぼ》薩《さつ》、如《によ》是《ぜ》法《ほつ》身《しん》、自《じ》体《たい》遍

故《こ》、現《げん》種《しゆ》々《〳〵》身《しん》、遊《ゆ》化《げ》六《ろく》道《どう》、度《ど》脱《だつ》衆《しゆ》生《せう》、能《のう》以《い》一《いち》善《ぜん》、破《は》三《さん》界《かい》有《う》、悉《しつ》以《い》心《しん》善《ぜん》、未《み》來《らい》衆《しゆ》生《せう》、不《ふ》
能《のう》發《ほつ》心《しん》、但《たん》當《とう》一《いつ》身《しん》、禮《らい》拜《はい》供《く》養《やう》、延《えん》命《めい》菩《ぼ》薩《さつ》、刀《とう》杖《じやう》不《ふ》加《か》、毒《どく》不《ふ》能《のう》害《がい》、厭《えん》魅《み》呪《しゆ》詛《そ》、起《き》屍《し》鬼《き》
等《とう》、還《げん》著《ちやく》本《ほん》人《にん》、如《によ》天《てん》吐《と》唾《だ》向《こう》風《ふう》、投《とう》灰《け》還《げん》紛《ふん》其《ご》身《しん》、爾《に》時《じ》帝《たい》釋《しやく》白《びやく》佛《ぶつ》言《ごん》、世《せ》尊《そん》何《か》故《こ》、名《めう》日《にち》
延《えん》命《めい》菩《ぼ》薩《さつ》、其《ご》相《さう》云《うん》何《か》、佛《ぶつ》告《ごう》天《てん》帝《たい》、善《ぜん》男《なん》子《し》、眞《しん》善《ぜん》菩《ぼ》薩《さつ》心《しん》、明《めう》圓《えん》故《こ》、名《めう》如《によ》意《い》輪《りん》、心《しん》無《む》罣《け》
礙《げ》、故《こ》名《めう》觀《くわん》自《じ》在《ざい》、心《しん》無《む》生《せう》滅《めつ》、故《こ》名《めう》延《えん》命《めう》、心《しん》無《む》摧《ざい》破《は》、故《こ》名《めう》地《ち》藏《ざう》心《しん》、無《む》邊《へん》際《せう》、故《こ》名《めう》大《だい》菩《ぼ》
薩《さつ》、心《しん》無《む》色《しき》相《さう》、故《こ》名《めう》摩《ま》訶《か》薩《さつ》、汝《によ》等《とう》信《しん》受《じゆ》、心《しん》無《む》所《しよ》別《べつ》、莫《ばく》令《れう》忘《まう》失《しつ》、爾《に》時《じ》大《だい》地《ち》、六《ろく》種《しゆ》震《しん》動《どう》、
延《えん》命《めい》菩《ぼ》薩《さつ》、從《じう》地《ち》出《しゆつ》現《げん》、右《う》膝《しつ》曲《きよく》立《りう》、臂《ひ》掌《しやう》承《しよう》耳《に》、左《さ》膝《しつ》申《しん》下《げ》、手《しゆ》持《ぢ》錫《しやく》杖《じやう》、白《びやく》佛《ぶつ》言《ごん》、我《が》毎《まい》日《にち》
晨《じん》朝《てう》、入《にう》諸《しよ》定《ぢやう》入《にう》、諸《しよ》地《ち》獄《ごく》、令《れう》離《り》苦《く》無、佛《ぶつ》世《せ》界《かい》、度《ど》衆《しゆう》生《ぜう》、今《こん》世《ぜ》後《ご》世《ぜう》、能《のう》因《いん》引導《どう》、若《にやく》佛《ぶつ》滅《めつ》
後《ご》、一《いつ》切《さい》男《なん》女《によ》、欲《よく》得《とく》我《が》福《ふく》、不《ふ》問《もん》日《にち》凶《く》、不《ふ》論《ろん》不《ふ》淨《ぜう》、孝《こう》養《やう》父《ふ》母《も》、奉《ほう》事《じ》師《し》長《てう》、言《ごん》色《しき》常《じやう》和《わ》、不《ふ》
枉《わう》人《にん》民《みん》、不《ふ》斷《だん》生《せう》命《めう》、不《ふ》犯《ぼん》邪《じや》婬《いん》、若《にやく》十《じう》齋《さい》日《にち》、若《にやく》六《ろく》齋《さい》日《にち》、若《にやく》十《じう》八《はち》日《にち》、若《にやく》二《に》十《じう》四《し》日《にち》、但《たん》自《じ》
心《しん》正《せう》、轉《てん》讀《どく》此《し》經《けう》、稱《せう》我《が》名《めう》者《しや》、我《が》以《い》法《ほう》眼《げん》、威《ゐ》神《じん》力《りき》、故《こ》即《そく》轉《てん》業《ごう》報《ほう》、令《れう》得《とく》現《げん》果《くわ》、除《ぢよ》無《む》間《げん》罪《ざい》、
當《とう》得《とく》菩《ぼ》提《だい》、外《が》從《じう》過《くわ》去《こ》、無《む》量《れう》劫《ごう》來《らい》、見《けん》諸《しよ》六《ろく》道《どう》、一《いつ》切《さい》衆《しゆ》生《ぜう》、法《ほつ》性《せう》同《どう》體《たい》、無《む》始《し》無《む》終《しゆ》、無《む》異《い》

無《む》別《べつ》、無《む》明《みやう》異《い》相《さう》、生《ぜう》住《ぢう》異《い》滅《めつ》、是《ぜ》得《とく》是《ぜ》失《しつ》、起《き》不《ふ》善《ぜん》念《ねん》、造《ざう》諸《しよ》惡《あく》業《ごう》、輪《りん》回《ゑ》六《ろく》趣《しゆ》、生《ぜう》生《〲》父《ふ》母《も》、

世《せ》世《せ》兄《けう》弟《だい》、悉《しつ》成《ぜう》佛《ぶつ》道《どう》、後《ご》我《が》成《ぜう》佛《ぶつ》、若《にやく》殘《ざん》一《いち》人《にん》、我《が》不《ふ》成《ぜう》佛《ぶつ》、若《にやく》知《ち》此《し》願《ぐわん》、二《に》世《せ》所《しよ》求《ぐ》、悉《しつ》不《ふ》

成《ぜう》者《しや》、不《ふ》取《しゆ》正《しやう》覺《かく》

爾《に》時《じ》佛《ぶつ》讃《さん》、延《えん》命《めい》菩《ぼ》薩《さつ》、善《ぜん》哉《さい》善《ぜん》哉《さい》、眞《しん》善《ぜん》男《なん》子《し》、我《が》滅《めつ》度《ど》後《ご》、未《み》來《らい》惡《あく》生《ぜう》、罪《ざい》苦《く》衆《しう》生《ぜう》付《ふ》囑《ぞく》

於《を》汝《によ》、今《こん》世《ぜう》後《ご》世《ぜう》、善《ぜん》能《のう》引《いん》導《どう》、彈《だん》指《し》之《し》頃《けう》、不《ふ》墮《だ》惡《あく》趣《しゆ》、況《けう》墮《だ》無《む》間《けん》、阿《あ》鼻《び》地《ち》獄《ごく》、延《えん》命《めい》菩《ぼ》薩《さつ》、

而《に》白《びやく》佛《ぶつ》言《ごん》、世《せ》尊《そん》不《ふ》慮《りよ》、我《が》當《とう》拔《ばつ》濟《さい》、六《ろく》道《どう》衆《しゆ》生《ぜう》、若《にやく》有《う》重《ぢう》苦《く》、我《が》代《たい》受《じゆ》苦《く》、若《にやく》不《ふ》爾《に》者《しや》、不《ふ》取《しゆ》

正《ぜう》覺《かく》

時《じ》世《せ》尊《そん》、重《じう》以《い》偈《げ》讃《さん》、曰《わつ》

善《ぜん》哉《さい》善《ぜん》哉《さい》、延《えん》命《めう》菩《ぼ》薩《さつ》、有《う》情《じやう》親《しん》友《ゆう》、衆《しゆ》生《じやう》生《しやう》時《じ》、為《い》其《ご》身《しん》命《めう》、滅《めつ》為《ゐ》導《どう》師《し》、衆生《しゆじやう》不《ふ》知《ち》、短《たん》命《めい》

無《ひ》福《ふく》、我《が》滅《めつ》度《ど》後《ご》、於《を》末《まつ》法《ぼつ》中《ちう》、國《こく》土《ど》災《さい》起《き》、人《にん》王《のう》政《せい》亂《らん》、他《た》方《ぼう》賊《ぞく》來《らい》、刀《とう》兵《びやう》劫《ごう》起《き》、但《たん》當《とう》憶《をく》想《そう》、

延《えん》命《めい》菩《ぼ》薩《さつ》、今《こん》世《ぜう》後《ご》世《せう》、所《しよ》求《ぐ》不《ふ》滿《まん》、我《が》所《しよ》說《せつ》法《ぼふ》、無《む》有《う》是《ぜ》處《しよ》、爾《に》時《じ》三《さん》千《ぜん》大《だい》千《せん》世《せ》界《かい》、六《ろく》變《へん》

震《しん》動《どう》、文《もん》殊《じゆ》師《し》利《り》菩《ぼ》薩《さつ》、普《ふ》賢《げん》菩《ぼ》薩《さつ》、金《こん》剛《ごう》藏《ぞう》菩《ぼ》薩《さつ》、虛《こ》空《く》藏《ぞう》菩《ぼ》薩《さつ》、聖觀自《しやうくわんじ》在《ざい》菩《ぼ》薩《さつ》、摩《ま》訶《か》

薩《さつ》等《とう》、異《い》口《く》同《どう》音《おん》、而《に》白《びゃく》佛《ぶつ》言《ごん》、世《せ》尊《そん》、未《み》來《らい》衆《しゅ》生《じゃう》、若《にゃく》聞《もん》此《し》經《きゃう》、是《ぜ》菩《ぼ》薩《さつ》名《みゃう》、我《が》當《とう》皆《かい》當《とう》、隨《ずい》順《じゅん》是《ぜ》人《にん》、作《さく》心《しん》眼《げん》明《みゃう》、現《げん》其《ご》人《にん》前《ぜん》、所《しょ》求《ぐ》圓《えん》滿《まん》、若《にゃく》不《ふ》爾《に》者《しゃ》、不《ふ》取《しゅ》正《しゃう》覺《がく》、爾《に》時《じ》梵《ぼん》王《のう》帝《たい》釋《しゃく》、四《し》大《だい》天《てん》王《のう》、雨《う》諸《しょ》天《てん》華《げ》、供《く》養《やう》如《にょ》來《らい》、白《びゃく》佛《ぶつ》言《ごん》、世《せ》尊《そん》未《み》來《らい》衆《しゅ》生《じゃう》、若《にゃく》自《じ》心《しん》正《しゃう》、不《ふ》枉《わう》是《ぜ》非《ひ》、不《ふ》捨《しゅ》賞《しゃう》罰《ばつ》、持《じ》是《ぜ》經《きゃう》者《しゃ》、念《ねん》此《し》菩《ぼ》薩《さつ》、我《が》等《とう》眷《けん》屬《ぞく》、擁《おう》護《ご》是《ぜ》人《にん》、不《ふ》離《り》日《にち》夜《や》、令《りゃう》其《ご》國《こく》土《ど》、百《ひゃく》由《ゆ》旬《じゅん》內《ない》、無《む》諸《しょ》災《さい》難《なん》、其《ご》國《こく》人《にん》民《みん》、令《りゃう》得《とく》安《あん》穩《のん》、穀《こく》稼《げ》成《じゃう》熟《じゅく》、所《しょ》求《ぐ》滿《まん》足《ぞく》、若《にゃく》不《ふ》爾《に》者《しゃ》、不《ふ》名《みゃう》護《ご》世《せ》、不《ふ》還《げん》本《ほん》覺《がく》

時《じ》二《に》童《どう》子《し》、侍《じ》立《りつ》左《さ》右《う》、一《いち》名《みゃう》掌《しゃう》善《ぜん》、在《ざい》左《さ》白《びゃく》色《しき》、持《じ》白《びゃく》蓮《れん》華《げ》、調《てう》御《ご》法《ほっ》性《しゃう》、一《いち》名《みゃう》掌《しゃう》惡《あく》、在《ざい》右《う》赤《しゃく》色《じき》、持《ぢ》金《こん》剛《がう》杵《しょ》、降《がう》伏《ぶく》無《む》明《みゃう》、佛《ぶつ》告《がう》大《だい》衆《しゅ》、汝《にょ》等《とう》當《とう》知《ち》、是《ぜ》二《に》童《どう》子《し》、法《ほっ》性《しゃう》無《む》明《みゃう》、兩《りゃう》手《しゅ》兩《りゃう》足《そく》、延《えん》命《めい》菩《ぼ》薩《さつ》、中《ちう》心《しん》不《ふ》動《どう》、阿《あ》字《じ》本《ほん》體《たい》、若《にゃく》有《う》衆《しう》者《しゃ》、知《ち》是《ぜ》心《しん》者《しゃ》、決《けつ》定《じゃう》成《じゃう》就《じゅ》、卽《そく》滅《めつ》三《さん》毒《どく》、得《とく》自《じ》在《ざい》力《りき》、願《がん》生《しゃう》佛《ぶつ》土《ど》、隨《ずい》願《がん》得《とく》生、若《にゃく》未《み》來《らい》世《せ》、一《いっ》切《さい》衆《しゅ》生《じゃう》、恭《く》敬《けう》供《く》養《やう》、延《えん》命《めい》菩《ぼ》薩《さつ》、不《ふ》生《しゃう》疑《ぎ》惑《わく》現《げん》世《ぜ》所《しょ》求《ぐ》、皆《かい》令《りゃう》滿《まん》足《ぞく》、後《ご》世《しゃう》淨《じゃう》土《ど》、得《とく》無《む》生《しゃう》忍《にん》、佛《ぶつ》說《せつ》此《し》經《きゃう》已《い》、一《いっ》切《さい》大《だい》會《ゑ》、心《しん》大《だい》歡喜《き》、信《しん》受《じゅ》奉《ぶ》行《ぎゃう》

解釋 是《かく》の如《ごと》きを我《が》れ聞《き》き、一時《いちじ》、佛《ほとけ》、佉羅陀山《からだせん》に住まして大比丘衆《だいびくしゅう》、萬《まん》二千人《にん》と倶《とも》なりき、菩薩《ぼさつ》は三万《まん》六千人《にん》と倶《とも》なりき、一切《いっさい》の諸天《してん》及《およ》び龍夜叉《りうやしゃ》、人非人《にんぴにん》等《ら》、金輪《こんりん》、銀輪《ごんりん》、諸輪王《しょりんわう》等《ら》、十方《じっぽう》より來《きた》れり爾時《そのとき》、世尊《せそん》(釋迦)此《こ》の大乘無依《だいじょうむえ》の行《ぎゃう》を説《と》き已《をは》り給《たま》ふ時《とき》に帝釋《たいしゃく》あり無垢生《むくじゃう》と名《なづ》く佛《ほとけ》に白《まう》して言《まう》さく世尊《せそん》我《わ》れ世《よ》を護《まも》らんと欲《ほっ》す若《も》し佛《ほとけ》の滅後《めつご》、法末《ほふまつ》の衆生《しゅじゃう》を當《まさ》に何《いかん》が拔濟《ばっさい》すべきと佛《ほとけ》、帝釋《たいしゃく》に告《つ》げたまはく一の菩薩《ぼさつ》あり名《なづ》けて延命地藏菩薩《えんめいちざうぼさつ》と云《い》ふ每日晨朝《まいにちしんでう》に、諸《もろもろ》の定《ぢゃう》に入《い》り六道《ろくだう》に遊化《ゆうげ》し苦《く》を拔《ぬ》き樂《らく》を與《あた》ふ若《も》し三途《さんづ》にあらんも、此《こ》の地藏菩薩《ちざうぼさつ》の躰《たい》を見《み》、名《な》を聞《き》くものは人天《にんてん》に生《しゃう》じ或《あるひ》は淨土《じゃうど》に生《しゃう》ぜん三善道《さんぜんだう》に在《あっ》て其名《そのな》を聞《き》くものは現《げん》の果報《くわほう》を得《え》、後《の》ちには佛土《ぶつど》に生《うま》れん、況《いは》んや憶念《おくねん》せば心眼《しんげん》、開《ひら》くことを得《え》て決定成就《けつぢゃうじゃうじゅ》せん又此《またこ》の菩薩《ぼさつ》は十種《じっしゅ》の福《ふく》を得《え》せしむ一《ひと》つには女人《にょにん》の産安《さんやす》し二には身根具足《しんこんぐそく》し三には衆病悉《しうべうことごと》く除《のぞ》き四には壽命長《じゅみゃうなが》くし五には聰明《そうめい》にして智慧《ちゑ》あり六には財寳《さいほう》盈ち溢《み》つ七には衆人《しゅうにん》に愛敬《あいけう》せられ八には穀米成熟《こくまいじゃうじゅく》し九には神明《しんめい》の加護《かご》あり十には大菩提《だいぼだい》を證《しょう》す又《また》八の大《だい》なる怖《おそれ》を除《のぞ》く一には風雨《ふうう》時《とき》に隨《したが》ひ二には他國《たこく》より侵《おか》し來《きた》らず三には自界《じかい》叛《そむ》かず四には日月蝕《じつげつしょく》せず五には星宿變《せいしゅくへん》ぜず六には鬼神《きしん》來《きた》らず七には飢渇《きかつ》起《おこ》らず八には人民無病《じんみんむびゃう》なりと、佛《ほとけ》、帝釋《たいしゃく》に告《つげ》たまはく未來世《みらいせ》に於《おい》て若《も》し衆生《しゅじゃう》ありて此經《このけう》を受《じゅ》持《じ》し是《こ》の菩薩《ぼさつ》を恭敬《くぎやう》し供養《くやう》するものは百由旬《ゆじゆん》の内《うち》には諸《もろ／＼》の災患《さいげん》、惡夢《あくむ》、惡相《あくさう》、諸《もろ／＼》の不吉祥《ふきつしやう》なし魍魎鬼神《まうりやうきじん》 鳩槃茶《くはんだ》等《とう》も永《なが》く便《べん》を得《え》ず天狗土公《どこう》、太歳神宮《たいさいしんぐう》、山神木神《さんじんもくじん》、江海神《こうかいじん》、水神火神《すいじんくわじん》、鍵馱神《けんだじん》、塚神《てうじん》蛇神《じやじん》、呪詛神《じゆそじん》、靈神《れいじん》、路神《ろじん》、竈宅神《さうたくじん》の等《たぐひ》も若《も》し此經《きやう》、此《こ》の菩薩《ぼさつ》の名《な》を聞《き》き奉《たてまつ》らば諸《もろ／＼》の邪氣《じやき》を吐《は》き自《おのづか》ら本空《ほんくう》を悟《さと》りて速《すみやか》に菩提《ぼだい》を證《しよう》せんと爾時帝釋《そのときたいしやく》、佛《ほとけ》に白《まう》して言《まう》さく延命菩薩《えんめいぼさつ》は何《いか》んが六道《ろくだう》を化《け》し衆生《しゆじやう》を得度《とくど》し給《たま》ふや佛《ほとけ》、帝釋《たいしやく》に告《つ》げたまはく善男子《ぜんなんし》よ、諸法《しよほふ》は空寂《くうじやく》にして生滅《しやうめつ》に任《まか》せざれども縁《えん》に隨《したが》つて生《しやう》ずるが故《ゆゑ》に色身《しきしん》同《おなじ》からず性欲《しやうよく》無量《むりやう》なるを普《あまね》く得度《とくど》せんが爲《ため》に延命菩薩《えんめいぼさつ》は或《あるひ》は佛身《ぶつしん》を現《げん》じ或《あるひ》は菩薩《ぼさつ》の身《み》を現《げん》じ或《あるひ》は辟支佛《びやくしぶつ》の身《み》を現《げん》し或《あるひ》は聲聞《しやうもん》の身《み》を現《げん》じ或《あるひ》は梵王《ぼんのう》の身《み》を現《げん》じ或《あるひ》は帝釋《たいしやく》の身《み》を現《げん》じ或《あるひ》は琰魔王《えんまわう》の身《み》を現《げん》じ或《あるひ》は毘沙門《びしやもん》の身《み》を現《げん》じ或《あるひ》は日月《じつげつ》の身《み》を現《げん》じ或《あるひ》は五星《ごせい》の身《み》を現《げん》じ或《あるひ》は七星《せい》の身《み》を現《げん》じ或《あるひ》は九星《せい》の身《み》を現《げん》じ或《あるひ》は天輪聖王《てんりんせうわう》の身《み》を現《げん》じ或《あるひ》は諸《もろ／＼》の小王《せうわう》の身《み》を現《げん》じ或《あるひ》は長者《ちやうじや》の身《み》を現《げん》じ或《あるひ》は居士《こじ》の身《み》を現《げん》じ或《あるひ》は宰官《さいくわん》の身《み》を現《げん》じ或《あるひ》は婦女《ふぢよ》の身《み》を現《げん》じ或《あるひ》は比丘《びく》、比丘尼《びくに》、優婆塞《うばそく》、優婆夷《うばい》の身《み》を現《げん》じ或《あるひ》は天龍夜叉《てんりうやしや》、人非人《にんぴにん》等《とう》の身《み》を現《げん》じ或《あるひ》は醫王《いわう》の身《み》を現《げん》じ或《あるひ》は藥草《やくさう》の身《み》を現《げん》じ或《あるひ》は商人《しやうにん》の身《み》を現《げん》じ或《あるひ》は農人《のうにん》の身《み》を現《げん》じ或《あるひ》は象王《ざうわう》の身《み》を現《げん》じ或《あるひ》は獅子王《しゝわう》の身《み》を現《げん》じ或《あるひ》は牛王《ごわう》の身《み》を現《げん》じ或《あるひ》は馬形《めぎやう》の身《み》を現《げん》じ或《あるひ》は大地《だいち》の形《かたち》を現《げん》じ或《あるひ》は山王《さんのう》の形《かたち》を現《げん》じ或《あるひ》は大海《だいかい》の形《かたち》を現《げん》じて三界《がい》にあらゆる四生《しやう》五形《げう》に編《へん》ぜざるはなし延命菩薩《えんめいぼさつ》は是《かく》の如《ごと》く法身《ほつしん》の自體遍《じたいへんまん》きが故《ゆゑ》に種々《しゆじゆ》の身《み》を現《げん》じ六道《どう》に遊化《ゆけ》して衆生《しゆじやう》を度脱《どだつ》し給《たま》ひ能《よ》く一善《いちぜん》を以《もつ》て三界《がい》の有《う》を破《やぶ》るとは　悉《ことごと》く心善《こゝろぜん》なるを以《もつ》てなり未來《みらい》の衆生發心《しゆじやうほつしん》すると能《あた》はずんば但《たゞ》一心《しん》に延命《えんめい》菩薩《ぼさつ》を禮拜供養《らいはいくやう》すべし刀杖《とうぢやう》も加《くは》へず毒《どく》も害《がい》すること能《あた》はず魘魅《えんみ》、呪詛《じゆそ》、起《き》屍《し》鬼《き》等《とう》も還《かへつ》て本人《ほんにん》に著《つ》かん(咀《ノロッ》ダ其人ニ惡魔ガ却テ着《ツク》)天《てん》に唾《つば》を吐《は》き風《かぜ》に向《むかつ》て灰《はい》を投《なぐ》れば還《かへつ》て其身《そのみ》を汚《けがす》が如《ごと》しと爾時帝釋《そのときたいしやく》、佛《ほとけ》に白《まう》して言《もう》さく何《なに》んが故《ゆゑ》に名《なづ》けて延命菩薩《えんめいぼさつ》と云《い》ふや其相《そのさう》は云何《いかん》、佛《ほとけ》、帝釋《たいしやく》に告《つげ》たまはく善男子《ぜんなんし》よ之《これ》は眞善《しんぜん》の菩薩《ぼさつ》なり心明《こゝろあきらか》に圓《まどか》なるが故《ゆゑ》に如意輪《によいりん》と名《なづ》け心《こゝろ》、礙《さはり》なきが故《ゆゑ》に觀自在《かんじざい》と名《なづ》け心《こゝろ》、生滅《せうめつ》なきが故《ゆゑ》に延《えん》命《めい》と名《なづ》け心《こゝろ》、摧破《さいは》なきが故《ゆゑ》に地藏《ぢざう》と名《なづ》け心《こゝろ》、邊際《へんさい》なきが故《ゆゑ》に大菩薩《だいぼさつ》と名《なづ》け心《こゝろ》、色相《しきさう》なきが故《ゆゑ》に摩訶薩《まかさつ》と名《なづ》く汝等信受《なんぢらしんじゆ》して心《こゝろ》に別《べつ》の所《ところ》なく忘失《まうしつ》せしむることなかれと爾時《そのとき》、大地《だいぢ》六種《しゆ》に震動《しんどう》して延命菩薩《えんめいぼさつ》、地《ち》より出現《しゆつげん》し右《みぎ》の膝《ひざ》を曲《ま》げ臂《ひぢ》を立《たて》て掌《てのひら》に耳《みゝ》を受《う》けて左《ひだり》の膝《ひざ》を伸下《のべおろ》し手《て》に錫杖《しやくじやう》を持《も》ち佛《ほとけ》に白《まう》して言《まう》さく我《われ》毎日晨朝《まいにちしんてう》に諸《もろもろ》の定《ぢやう》に入《い》り諸《もろもろ》の地獄《ちごく》に入《い》り苦《くるし》みを離《はな》れしめ無佛《むぶつ》の世界《せかい》にて衆生《しゆじやう》を度《ど》し今世後《こんせご》世《せう》に能《よ》く引導《いんどう》せん若《も》し佛《ほとけ》の滅後《めつご》一切《いつさい》の男女《なんによ》我《わ》が福《ふく》を得《え》んと欲《ほつ》せば日《ひ》の凶《あしき》をも問《と》はず不淨《ふじやう》をも嫌《けん》せず父《ふ》母《ぼ》に孝養《かうやう》し師長《してう》に奉事《ぶじ》し、言色《ことばいろ》、常《つね》に和《やは》らかにして人民《にんみん》を狂《たぶら》かさず生命《いのち》を絶《た》たず邪婬《じやいん》を犯《をか》さず若《も》しくは十齋日《じつさいにち》、若《も》しくは十八日若《も》しくは二十四日、但《た》だ自心《じしん》を正《ただ》しくして此經《このけう》を轉讀《てんどく》し我名《わがな》を稱《とな》ふる者《もの》には我《わ》れ法眼《ほふげん》、威神力《ゐじんりき》を有《いう》する故《ゆゑ》に即《すなは》ち業報《ごうほう》(罪業)を轉《てん》じて現果《げんくわ》を得《え》せしめ無間《むけん》の罪《つみ》を除《のぞ》きて當《まさ》に菩提《ぼだい》を得《え》せしむべし我《わ》れ過去無量劫《くわこむりやうごう》より以來《このかた》、諸《もろ》〳〵の六道《だう》、一切衆生《さいしゆじやう》を見《み》るに法性《ほつしやう》は體同《たいをなじ》くして始《はじめ》もなく終《をは》りもなく無異無別《むいむべつ》なれども無明《むみやう》は異相《いさう》にして生住異滅《しやうぢうゐめつ》あり是《こ》れ得《とく》、是《こ》れ失《しつ》、不善《ふぜん》の念《ねん》を起《おこ》し諸《もろ》〳〵の惡業《あくごふ》を造《つく》り六趣《ろくしゆ》に輪廻《りんゑ》す生々《しやう〳〵》の父母《ふぼ》、世々《よゝ》の兄弟《けうだい》、悉《ことごと》く佛道《ぶつだう》を成《じやう》せしめて後《の》ちに我《わ》れ成佛《じやうぶつ》せん若《も》し一人《にん》も殘《のこ》さば我《わ》れ成佛《じやうぶつ》せじ若《も》し此願《このねがひ》を知《しつ》て二世《にせ》の求《もと》むるところ悉《ことごと》く成《じやう》ぜずんば正覺《しやうがく》を取《と》らじと爾時《そのとき》、佛《ほとけ》、延命菩薩《えんめいぼさつ》を讃《さん》じ給《たま》はく善哉《よいかな》〳〵眞《しん》の善男子《ぜんなんし》なり我《わ》れ滅度《めつど》の後《の》ち未來惡世《みらいあくせ》の罪苦《ざいく》の衆生《しゆじやう》を汝《なんぢ》に付《ふ》囑《ぞく》す、今世後世《こんぜごせ》、善《よ》く能《よ》く引導《いんだう》(敎へ導く)すべし彈指《だんし》の頃《あひだ》も惡趣《あくしゆ》に墮《を》ちざれ況《いはん》や無間《むけん》、阿鼻地獄《あびぢごく》に墮《を》るをやと延命菩薩《えめいぼさつ》、佛《ほとけ》に白《まう》して言《まう》さく世尊《せそん》よ慮《みこゝろはか》り給《たま》ふことなかれ我《わ》れ當《まさ》に六道《だう》の衆生《しゆじやう》を拔濟《ばつさい》すべし若《も》し重《おも》き苦《くるし》みあらば我《わ》れ代《かはり》て其苦《そのくるし》みを受《う》けん若《も》し然《しか》らずんば正覺《しやうがく》を取《と》らじと時《とき》に世尊《せそん》、重《かさ》ねて偈《げ》を以《もつ》て讃《さん》して曰《のたまは》く善哉《よいかな》〳〵、延命菩薩《えんめいぼさつ》は有情《うじやう》の親友《しんいう》なり、衆生《しゆじやう》、生《しやう》ずるときは其《そ》の身命《しんめい》となり滅《めつ》するときは導師《どうし》となる、衆生《しゆじやう》は知《し》らず短命無福《たんめいむふく》なることを、我《わ》れ滅度《めつど》の後《の》ち末法《まつぽふ》の中《うち》に於《おい》て國土《こくど》に災《わざはひ》起《おこ》り人王《にんのう》、政《まつりごと》、亂《みだ》れて他方《たはう》より賊來《ぞくきた》り刀兵劫起《とうびやうこふき》らんとき但當《たゞま》さに延命菩薩《えんめいぼさつ》を憶想《おもひ》ふべし、今世後世《こんぜごせ》、求《もと》むる所《ところ》滿《みた》ずんば我《わ》が説《と》く所《ところ》の法《はう》、是《こ》の理《り》有《ある》ことなけんと、爾時《そのとき》に三千大《だい》千世界《せかい》、六變震動《へんしんどう》して文殊《もんじゆ》師利菩薩《しりぼさつ》、普賢菩薩《ふげんぼさつ》、金剛藏菩薩《こんごうぞうぼさつ》、虚空藏菩薩《こくぞうぼさつ》、聖觀自在菩薩《しやうくわんじざいぼさつ》、摩訶薩等《まかさつとう》、異口同音《いくどうおん》に佛《ほとけ》に白《まう》して言《もう》さく、世尊《せそん》、未々《みらい》の衆生《しゆじやう》、若《も》し此經《このけう》、此菩薩《このぼさつ》の名《な》を聞《き》かば我等《われら》皆當《みなま》さに是人《このひと》に隨順《ずいじゆん》して心眼明《しんげんあき》らかならしめ其人《そのひと》の前《まへ》に現《げん》じ求《もと》むる所《ところ》、圓滿《えんまん》せしむべし若《も》し然《しか》らずんば正覺《しやうがく》を取《と》らじと爾時《そのとき》、梵王帝釋《ぼんのうたいしやく》、四大《しだい》天王《てんわう》、諸《もろ》くの天華《てんげ》を雨《ふ》らし如來《によらい》を供養《くやう》して佛《ほとけ》に白《まふ》して言《まう》さく世尊未來《せそんみらい》の衆生《しゆじやう》、若《も》し自心《じしん》を正《たゞし》ふして是非《ぜひ》を枉《まげ》ず賞罰《しやうばつ》を捨《す》てず此經《このけう》を持《ぢ》する者《もの》是《こ》の菩薩《ぼさつ》を念《ねん》せば我等《われら》眷屬《けんぞく》、此人《このひと》を擁護《ようご》して日夜《にちや》離《はな》れず其《そ》の國土《こくど》をして百由旬《ゆうじゆん》の内《うち》諸《もろ》くの災難《さいなん》なからしめ其國《そのくに》の人民《じんみん》、安穩《あんのん》を得《え》て穀稼成熟《こくけじやうじゆく》し、求《もと》むる所《ところ》、滿足《まんぞく》ならしめん若《も》し然《しか》らずんば護世《ごせ》と名《な》のらず本覺《ほんがく》に還《かへ》らじと時《とき》に二人《にん》の童子《どうし》あり左右《さいう》に侍立《しりつ》す一人《にん》を掌善《しやうぜん》と名《なづ》けて左《ひだり》にあり白色《はくしき》にして白蓮華《はくれんげ》を持《ぢ》し法性《はつしやう》を調御《てうご》す一人《にん》を掌惡《しやうあく》と名《なづ》けて右《みぎ》に在《あ》り赤色《しやくしき》にして金剛杵《こんがうしよ》を持《ぢ》し無明《むみやう》を降伏《がうふく》す佛《ほとけ》、大衆《だいしゆう》に告《つ》げ給《たま》はく汝等《なんぢたち》當《まさ》に知《し》るべし是《こ》の二童子《にどうし》は法性無明《はつしやうむみやう》、兩手兩足《りやうしゆりやうそく》なり延《えん》命《めい》菩薩《ぼさつ》は中心《ちうしん》の不動《ふどう》、阿字《あじ》の本体《ほんたい》なり若《も》し衆生《しゆじやう》ありて是《こ》の心《こころ》を知《し》らば決定《けつぢやう》成就《じやうじゆ》し即《すなは》ち三毒《さんどく》を滅《めつ》して自在力《じざいりき》を得《え》て佛土《ぶつど》に生《しやう》ぜんと願《ねが》はゞ願《ねが》ひに隨《したがつ》て生《しやう》ずることを得《う》べし若《も》し未來世《みらいせい》の一切衆生《いつさいしゆじやう》が延命菩《えんめいぼ》薩《さつ》を恭敬《くぎやう》し供養《くやう》して疑惑《ぎわく》を生《しやう》ぜずんば現世《げんせ》の求《もと》むるところ皆滿足《みなまんぞく》して後《のち》には淨土《じやうど》に生《しやう》じて無生忍《むしやうにん》を得《え》せしむべしとて佛《ほとけ》、此經《このけう》を說《と》き已《をは》り給《たま》へば一切大會《さいだいゑ》、心大《こころおほ》いに歡喜《くわんき》し信受《しんじゆ》して奉行《ぶぎやう》す

○祟り、障《さは》り、病氣《びやうき》の祓《はら》ひの實例《じつれい》（其四）

△第《だい》一に懺悔《さんげ》の文《もん》

我《が》昔《しやく》所《しよ》造《ぞう》、諸《しよ》惡《あく》業《ごふ》、皆《かい》由《ゆ》無《む》始《し》、貪《とん》瞋《じん》癡《ち》、從《じう》身《しん》語《ご》意《い》、之《し》所《しよ》生《しやう》、一《いつ》切《さい》我《が》今《こん》、皆《かい》懺《さん》悔《げ》（之《こ》レハ一遍《べん》、唱《とな》ヘルコ）

△次《つぎ》に三歸《き》

弟《てい》子《し》某《なに》甲《がし》、盡《じん》未《み》來《らい》際《さい》、歸《き》依《え》佛《ぶつ》、歸《き》依《え》法《ほふ》、歸《き》依《え》僧《そう》（之《こ》レハ三遍《べん》、唱《とな》ヘルコ）

△次《つぎ》に三竟《けう》

弟《てい》子《し》某《なに》甲《がし》、盡《じん》未《み》來《らい》際《さい》、歸《き》依《え》佛《ぶつ》竟《けう》、歸《き》依《え》法《ほふ》竟《けう》、歸《き》依《え》僧《そう》竟《けう》（之《こ》レモ三遍《べん》、唱《とな》ヘルコ）

△次《つぎ》に十善戒《じふぜんかい》

弟《で》子《し》某甲《なにがし》、盡《じん》未《み》來《らい》際《さい》、不《ふ》殺《せっ》生《しょう》、不《ふ》偸《ちゅう》盗《とう》、不《ふ》邪《じゃ》婬《いん》、不《ふ》妄《もう》語《ご》、不《ふ》綺《き》語《ご》、不《ふ》惡《あく》口《こう》、不《ふ》兩《りょう》舌《ぜつ》、不《ふ》慳《けん》貪《どん》、不《ふ》瞋《じん》恚《い》、不《ふ》邪《じゃ》見《けん》（之《こ》レモ三遍《べん》、唱《とな》ヘルコ）

△次《つぎ》に發《ほつ》菩《ぼ》提《だい》心《しん》の眞《しん》言《ごん》

オン、ボウジー、シッタボー、ダヤミー（之《こ》レモ三遍《べん》、唱《とな》ヘルコ）

△次《つぎ》に三《さん》摩《ま》耶《や》戒《かい》の眞《しん》言《ごん》

オン、サンマヤー、サトバン（之《こ》レハ三遍《べん》、唱《とな》ヘルコ）

△次《つぎ》に光《くわう》明《みやう》眞《しん》言《ごん》

オン、アボキャー、ベイロシャナー、マカボダラー、マニハンドマー、ジンバラハラ、バリタヤー、ウン（之《こ》レハ三遍《べん》デモ、七遍《へん》デモ、十四遍《へん》デモ、二十一遍《べん》デモ、ゾは信《しん》心次第《だい》デ數《かず》ナキコ）

△次《つぎ》に延《えん》命《めい》地《ち》藏《ぞう》經《きやう》

△次《つぎ》に不《ふ》動《どう》明《みやう》王《わう》の眞《しん》言《ごん》

ノウマクサンマンダー、バサラダセンター、マカロシャダー、ソワカムー、ウンタラター、カンマン（之《こ》レハ二十一遍《べん》、唱《とな》ヘルコ）

之《これ》を略《りゃく》言《げん》すれば第《だい》一始《はじ》めに香《かう》花《はな》、燈《とう》明《みやう》、神《み》酒《き》、洗米、鹽《しほ》等《とう》を献《けん》じ、懺《さん》悔《げ》の文《もん》、三《さん》歸《き》、三《さん》竟《けう》、十《じふ》

懺悔《せんかい》、發菩提心《ほつぼだいしん》の眞言《しんごん》、及《およ》び三摩耶戒《さまやかい》の眞言《しんごん》、光明眞言《くわうみやうしんごん》、次《つぎ》に延命地藏經《えんめいぢざうきやう》、不動明王《ふどうみやうわう》の眞言《しんごん》を轉讀《てんどく》して後《の》ち

願《ねがは》くは此《こ》の功德《くどく》を以《もつ》て三寳《さんぽう》に於《おい》て照鑒《せうかん》を垂《た》れ賜《たま》ひ

何《な》ほ希《こひねが》ふ所《ところ》は、何國《なにくに》、何郡《なにこほり》、何村《なにむら》の當年《たうねん》何才《なんさい》なる何某《なにがし》が犯《をか》せる諸《もろもろ》の罪咎《つみとが》、御《おん》赦《ゆる》し、解除《げぢよ》し給《たま》ひて速《すみや》かに病氣《びやうき》全快《ぜんくわい》のあらんことを謹《つゝし》んて祈願《きぐわん》す

と然《しか》して後《の》ちに

オンアボキヤー、ベイロシヤナー、マカボダラー、マニハンドマー、ジンバラハラ、バリタヤー、ウン

と三遍《さんべん》、唱《とな》へて終《をは》りを告《つ》ぐ之《こ》れ小生《せうせい》の今《いま》まで實踐《じつせん》せし所《ところ》の實例《じつれい》なり(飛騨國高山町、赤羽角太郎)

○天狗《てんぐ》、土公《どこう》、太歳神宮《たいさいじんぐう》、山神《やまのかみ》、木神《もくじん》、江海神《こうかいかみ》、水神《すゐじん》、火神、饑餓神、塚神《つかかみ》、蛇神《へびかみ》、咒詛神《のろひかみ》、生靈《いきれう》死靈《しれう》の神、路神、竈宅神等《とう》の祟りを祓《はら》ふときには

初《はじ》めに……懺悔《さんげ》の文《ぶん》（一遍、唱フルコ）
次《つぎ》に……地《ち》藏《ざう》經《きやう》（三遍、唱フルコ）
終《をは》りに……オン、カカカビー、サンマエー、ソワカ（之レハ三遍、唱フルコ）

○御符《ごふう》、御守《おまもり》を製《つく》る吉日《きちにち》の擇《えら》び方《かた》

御符《ごふう》、御守《おまもり》を製《つく》るには如何《いか》なる日《ひ》が吉《よ》きかと云《い》ふにソは毎月《まいつき》の

庚寅日　壬子日　壬寅日　癸酉日　癸卯日　丙午日
丙辰日　丁酉日　戊子日　戊辰日　戊申日　戊午日

右の日《ひ》に製《つく》るを最《もつと》も吉《よ》き日《ひ》、最《もつと》も効驗《きゝめ》のある日《ひ》とすれば諸君《しよくん》も此日《このひ》を擇《えら》びて製造《せいぞう》せらるべし製造《せいぞう》したる後《の》ちは奇麗《きれい》に正《たゞ》しき所《ところ》に其《そ》れを据置《すゑお》きて身《み》を清《きよ》め心《こゝろ》をも清淨《せうじやう》にして先《ま》づ合掌《がつしやう》（手ヲ合セテ）して

天上自在《てんじやうじざい》、諸天歡喜《しよてんくわんき》、符神呪《ふしんじゆ》、娑婆阿大《そばあた》

と右《みぎ》の秘文《ひぶん》を唱《とな》へて而《しか》して後《の》ち夫《そ》れ〳〵の陀羅尼《だらに》を唱《となへ》て其《そ》の當人《たうにん》に授《さづ》くべし陀羅尼《だらに》、眞言秘密《しんごんひみつ》の咒《まじな》ひの文《ぶん》は次章《じしやう》に載《の》せてあればソを讀《よ》み得《え》て知《し》らるべし

○加持《かぢ》祈禱《きとう》の時《とき》の要件《えうけん》と御幣《ごへい》の製《つく》り方《かた》

一切《いつさい》の祈禱《きとう》には先《ま》づ其《そ》の本尊《ほんぞん》を安置《あんち》すべし本尊《ほんぞん》とは病人《びやうにん》なれば不動明王《ふどうみやうわう》又《また》は藥師如來《やくしにょらい》などを本尊《ほんぞん》とす

るの類《るい》なりその祈禱《きとう》に唱《とな》へる眞言《しんごん》、陀羅尼《だらに》もそれ〳〵ありソは其事《そのこと》〳〵に附《つい》て唱《とな》へることなれど又其《またそ》の行《おこな》ふ人《ひと》も齋戒沐浴《さいかいもくよく》して身《み》を清《きよ》めて本尊《ほんぞん》の前《まへ》に向《むかつ》て丹誠《たんせい》を籠《こ》めて祈禱《きとう》すべきこと◉其《そ》の御幣《ごへい》の串《くし》の切《きり》方《かた》は荒神様《くわうじんさま》のは一尺《しやく》八寸《すん》、地神《ちじん》を祭《まつ》るのは二尺《しやく》八寸《すん》、諸神《しよじん》を勧請《くわんせう》するのには一尺《しやく》六寸《すん》とす又神道《またしんとう》では小《せう》なる御幣串《ごへいくし》は二尺《しやく》一寸《すん》とし大《たい》なる御幣《ごへい》は五尺《しやく》二寸《すん》とす之《こ》れが世間《せけん》一般《ぱん》の通例法式《つうれいはふしき》なれど又其家《またそのいへ》〳〵の流儀《りうぎ》に依《よつ》て多《た》少《せう》異《ことな》る點《てん》もあり扨《さ》て板《いた》の上《うへ》へ串《くし》（御幣《ごへい》ノ竹《たけ》）と刀《かたな》とを据置《すゑおい》て

△此《こ》の竹《たけ》は高《たか》ヶ原《はら》に生《お》ふる草《くさ》　神《かみ》のみゆきに生《お》ひにけるかな

△此《こ》の刀《かたな》いかなる人《ひと》や作《つく》りけん　文殊《もんじゆ》のうちし不動《ふどう》くりから

△此《こ》の板《いた》はつげの板《いた》とは誰《たれ》が云《い》ふ　悪魔《あくま》を拂《はら》ふあくだらの木《き》ぞ

右《みぎ》の三ハの歌《うた》を唱《とな》へて後《のち》而《しか》して御幣《ごへい》を切《き》るを法則《はふそく》とす

○家内《かない》で物《もの》の失《なく》なりたるとき出《いだ》す呪《まじな》ひ

此《こ》の御符《ごふう》を竈《かま》の奥《おく》に立《た》てソシテ光明眞言《くわうみやうしんごん》の

オンアボギヤー、ベイロシヤナー、マカボダラー
マニハンドマー、ジンバラハラ、バリタヤー、ウン

と七遍《しつぺん》、唱《とな》ふべし然《しか》るときは失《なく》なりたるものゝ出《で》るて

と奇妙《きめう》なり

○井《ゐど》の水《みづ》の悪《わる》くなるを清す御符《ごふ》

山山冬口
山山冬口
山山冬冬
鬼隠急如律令

【解釋】隠急如律令トハ……先ヅ、アラマシヲ云ヘバ、五體不具ノ神モ佛モ之レヲ得テ六根具足スト知ルベシト云フコ

○家《うち》に病ひ、悪鬼《つきもの》、瘧《おこり》、祟《たゝ》りを除《のぞ》く秘法《ひほふ》

鬼蟹《おにがに》の殻《から》を家《いへ》の四方《しはう》へ懸《か》け置《お》くべし然《しか》るときは種々《しゆ／＼》の邪氣《じやき》、悪鬼《つきもの》、瘧《おこり》、祟《たゝり》、流行病《りうかうべう》等《とう》も入《い》らず其家《そのいへ》、安全《あんぜん》なるものとす

【鬼蟹】ハ毒アレバ食スベカラズ形ハ大ニシテ甲ニ人面ノ憤怒ノ形アリ故ニ古ヘヨリ勇士討死シタル處ニハ其ノ死骸ガ化シタルモノナリト云ヘリ讃岐ノ八島ノ浦ニテハ平家蟹ト言ヒ加賀越中ノ海デハ長田蟹ト言フ皆國々デ勇士戰死ノ名ヲ附ケシナリ其形ノ怪シキヲ見テ瘧モ落チテ種々ノ疫病ノ咒ヒトモス

○疣贅《いぼ》を取《と》る咒《まじな》ひ

疣贅《いぼ》の大《おほき》さ位《くらゐ》に筆《ふで》の管《くだ》に紙《かみ》を巻《ま》き長《なが》さ一寸《すん》ほどにして其紙《そのかみ》の小口《こぐち》に火《ひ》を付《つ》ければ疣贅《いぼ》の根《ね》に皺《しわ》が寄《よ》りて夜《よる》の間《あひだ》に落《お》つること妙《めう》なり○又《また》、疣贅《いぼ》が二つ三つも出《で》るときは唐芋《とうのいも》の蔓《つる》を引切《ひきゝ》りて白《しろ》き汁《しる》の出《で》るをたび／＼付《つ》くべし○又《また》、身體《からだ》に多《おほ》く出《で》るときは手《て》の五本《ほん》の指《ゆび》の股《また》に小豆《こまめ》の程《ほど》の灸《きう》を七日《なのか》すゆべし

○觀《くわん》音《のん》經《きやう》

〔○觀音經ヲ普門品ト云フ
此レハ運勢デモ金デモ富デモ美人デモ美男子デモ授ケテ與レ給ヘ或ハ無實ノ災難種々ノ災ヒヲ被ツテ安樂社會ヘ出シテ與レ給ヘト祈願掛ルトキニ唱ヘル經文〕

爾《に》時《じ》、無《む》盡《じん》意《い》菩《ぼ》薩《さつ》即《そく》從《じう》坐《ざ》起《き》、偏《へん》袒《たん》有《う》肩《けん》、合《がつ》掌《しやう》向《こう》佛《ぶつ》、而《に》作《さ》是《ぜ》言《ごん》、世《せ》尊《そん》觀《くわん》世《ぜ》音《おん》菩《ぼ》薩《さつ》以《い》何《か》因《いん》緣《ねん》、名《みやう》觀《かん》世《ぜ》音《おん》佛《ぶつ》告《ごう》、無《む》盡《じん》意《い》菩《ぼ》薩《さつ》、善《ぜん》男《なん》子《し》、若《にやく》有《う》無《む》量《りやう》百千萬《まん》億《のく》、衆《しゆ》生《じやう》受《じゆ》諸《しよ》苦《く》惱《のう》聞《もん》是《ぜ》、觀《くわん》世《ぜ》音《おん》菩《ぼ》薩《さつ》、一《いつ》心《しん》稱《しよう》名《めう》、觀《くわん》世《ぜ》音《おん》菩《ぼ》薩《さつ》、即《そく》時《じ》觀《くわん》其《ご》、音《おん》聲《じやう》皆《かい》得《とく》解《げ》脫《だつ》

若《にやく》有《う》持《じ》是《ぜ》、觀《くわん》世《ぜ》音《おん》菩《ぼ》薩《さつ》、名《みやう》者《しや》設《せつ》入《にふ》、大《だい》火《くわ》々《〱》不《ふ》、能《のう》燒《せう》由《ゆ》是《ぜ》菩《ぼ》薩《さつ》、威《ゐ》神《じん》力《りき》故《こ》、若《にやく》爲《ゐ》大《だい》水《すゐ》、所《しよ》漂《ひよう》稱《しやう》其《ご》、名《めう》號《ごう》即《そく》得《とく》、淺《せん》處《しよ》若《にやく》有《う》、百《ひやく》千《せん》萬《まん》億《わく》、衆《しゆ》生《じやう》爲《ゐ》求《ぐ》、金《こん》銀《ごん》、瑠《る》璃《り》、硨《しや》磲《こ》、碼《め》碯《のう》、珊《さん》瑚《ご》、琥《こ》珀《はく》、眞《しん》珠《じゆ》等《とう》寶《ほう》、入《にふ》於《お》大《だい》海《かい》、假《け》使《し》黑《こく》風《ふう》、吹《すい》其《ご》船《せん》舫《ほう》、飄《へう》墮《だ》羅《ら》刹《せつ》、鬼《き》國《こく》其《ご》中《ちう》、若《にやく》有《う》乃《ない》至《し》、一《いち》人《にん》稱《しやう》觀《かん》世《ぜ》音《おん》菩《ぼ》薩《さつ》、名《みやう》者《しや》是《ぜ》諸《しよ》、人《にん》等《とう》皆《かい》得《とく》解《げ》脫《だつ》羅《ら》刹《せつ》、之《し》難《なん》以《い》是《ぜ》因《いん》緣《ねん》名《みやう》、觀《かん》世《ぜ》音《おん》

若《にやく》復《ぶ》有《う》人《にん》、臨《りん》當《とう》被《ひ》害《がい》、稱《しやう》觀《かん》世《ぜ》音《おん》菩《ぼ》薩《さつ》、名《みやう》者《しや》彼《ひ》所《しよ》、執《しゆ》刀《とう》杖《ぢやう》、尋《じん》段《だん》々《〱》壞《ゑ》、而《に》得《とく》解《げ》脫《だつ》、若《にやく》三《さん》千《ぜん》大《だい》千《せん》國《こく》土《ど》、滿《まん》中《ちう》夜《や》叉《しや》、羅《ら》刹《せつ》欲《よ》來《らい》、惱《のう》人《にん》聞《もん》其《ご》、稱《せう》觀《かん》世《ぜ》音《おん》菩《ぼ》薩《さつ》、名《めう》者《しや》是《ぜ》諸《しよ》、惡《あく》鬼《き》、

尚《しやう》不《ふ》、能《のう》以《い》惡《あく》眼《げん》、視《じ》之《し》況《きやう》復《ぶく》加《か》害《がい》

設《せつ》復《ぶ》有《う》人《にん》、若《にやく》有《う》罪《ざい》、若《にやく》無《む》罪《ざい》、杻《ちう》械《かい》枷《か》鎖《さ》、檢《けん》繫《げ》其《ご》身《しん》、稱《しやう》觀《かん》世《ぜ》音《おん》菩《ぼ》薩《さつ》、名《めう》者《しや》皆《かい》悉《しつ》斷《だん》壞《ゑ》即《そく》得《とく》解《げ》脫《だつ》、若《にやく》三《さん》千《ぜん》大《だい》千《せん》國《こく》土《ど》、滿《まん》中《ちう》怨《をん》賊《ぞく》、有《う》一《いち》商《しやう》主《しゆ》、將《しやう》諸《しよ》商《しやう》人《にん》、齎《さい》持《じ》重《ぢう》寶《ほう》、經《けう》過《くわ》險《けん》路《ろ》、其《ご》中《ちう》一《いち》人《にん》、作《さ》是《ぜ》唱《しやう》言《ごん》、諸《しよ》善《ぜん》男《なん》子《し》、勿《もつ》得《とく》恐《く》怖《ふ》、汝《によ》等《とう》應《おう》當《たう》、一《いつ》心《しん》稱《しやう》觀《かん》世《ぜ》音《おん》菩《ぼ》薩《さつ》、名《みやう》號《ごう》是《ぜ》菩《ぼ》薩《さつ》、能《のう》以《い》無《む》畏《ゐ》、施《せ》於《お》衆《しゆ》生《じやう》、汝《によ》等《とう》若《にやく》稱《しやう》名《めう》者《しや》、於《お》此《し》怨《をん》賊《ぞく》、當《とう》得《とく》解《げ》脫《だつ》、衆《しゆ》商《しやう》人《にん》聞《もん》、倶《ぐ》發《ほつ》聲《しやう》言《ごん》、南《な》無《む》觀《かん》世《ぜ》音《おん》菩《ぼ》薩《さつ》、稱《せう》其《ご》名《めう》故《こ》、即《そく》得《とく》解《げ》脫《だつ》、無《む》盡《じん》意《い》、觀《かん》世《ぜ》音《おん》菩《ぼ》薩《さつ》、摩《ま》訶《か》薩《さつ》、威《ゐ》神《じん》之《し》力《りき》、巍《ぎ》々《ぎ》如《によ》是《ぜ》

若《にやく》有《う》衆《しゆ》生《じやう》、多《た》於《お》婬《いん》欲《よく》、常《じやう》念《ねん》恭《く》敬《げう》、觀《かん》世《ぜ》音《おん》菩《ぼ》薩《さつ》、便《べん》得《とく》離《り》欲《よく》、若《にやく》多《た》瞋《しん》恚《い》、常《じやう》念《ねん》恭《く》敬《げふ》、觀《かん》世《ぜ》音《おん》菩《ぼ》薩《さつ》、便《べん》得《とく》離《り》瞋《しん》、若《にやく》多《た》愚《ぐ》癡《ち》、常《じやう》念《ねん》恭《く》敬《げう》、觀《かん》世《ぜ》音《おん》菩《ぼ》薩《さつ》、便《べん》得《とく》離《り》癡《ち》、無《む》盡《じん》意《い》觀《かん》世《ぜ》音《おん》菩《ぼ》薩《さつ》、有《う》如《によ》是《ぜ》等《とう》、大《だい》威《ゐ》神《じん》力《りき》、多《た》所《しよ》饒《ねう》益《やく》、是《ぜ》故《こ》衆《しゆ》生《じやう》、常《じやう》應《をう》心《しん》念《ねん》

若《にやく》有《う》女《によ》人《にん》、設《せつ》欲《よく》求《ぐ》男《なん》、禮《らい》拜《はい》供《く》養《やう》、觀《かん》世《ぜ》音《おん》菩《ぼ》薩《さつ》、便《べん》生《しやう》福《ふく》德《とく》、智《ち》慧《ゑ》之《し》男《なん》、設《せつ》欲《よく》求《ぐ》女《によ》、便《べん》生《しやう》端《たん》正《じやう》、有《う》相《さう》之《し》女《によ》、宿《しゆく》植《じき》德《とく》本《ぽん》、衆《しゆ》人《にん》愛《あい》敬《けう》、無《む》盡《じん》意《い》、觀《かん》世《ぜ》音《おん》菩《ぼ》薩《さつ》、有《う》如《によ》是《ぜ》力《りき》、若《にやく》有《う》衆《しゆ》

生《にゃく》、恭《く》敬《げう》禮《らい》拜《はい》、觀《かん》世《ぜ》音《をん》菩《ぼ》薩《さつ》、福《ふく》不《ふ》唐《たう》捐《えん》、是《ぜ》故《こ》衆《しゅ》生《じゃう》、皆《かい》應《おう》受《じゅ》持《じ》、觀《かん》世《ぜ》音《をん》菩《ぼ》薩《さつ》、名《みょう》號《がう》無《む》盡《じん》意《い》、若《にゃく》有《う》人《にん》受《じゅ》持《じ》、六十二億《をく》、恆《ごう》河《が》沙《しゃ》、菩《ぼ》薩《さつ》名《みょう》字《じ》、復《ぶ》盡《じん》形《ぎゃう》供《く》養《やう》、飮《おん》食《じき》衣《え》服《ぶく》、臥《ぐわ》具《ぐ》醫《い》藥《やく》、於《お》女《にょ》意《い》云《うん》何《が》是《ぜ》、善《ぜん》男《なん》子《し》善《ぜん》女《にょ》人《にん》、功《く》德《どく》多《た》不《ふ》、無《む》盡《じん》意《い》言《ごん》、甚《じん》多《た》世《せ》尊《そん》佛《ぶつ》言《ごん》、若《にゃく》復《ぶ》有《う》人《にん》、受《じゅ》持《じ》觀《かん》世《ぜ》音《をん》菩《ぼ》薩《さつ》名《みょう》號《がう》、乃《ない》至《し》一《いち》時《じ》、禮《らい》拜《はい》供養《やう》、是《ぜ》二《に》人《にん》福《ふく》、正《しゃう》等《とう》無《む》異《い》、於《お》百《ひゃく》千《せん》萬《まん》億《をく》劫《こう》、不《ふ》可《か》窮《ぐう》盡《じん》、無《む》盡《じん》意《い》、受《じゅ》持《じ》觀《かん》世《ぜ》音《をん》菩《ぼ》薩《さつ》、名《みょう》號《がう》得《とく》如《にょ》是《ぜ》、無《む》量《りょう》無《む》邊《へん》、福《ふく》德《とく》之《し》利《り》

無《む》盡《じん》意《い》菩《ぼ》薩《さつ》、白《びゃく》佛《ぶつ》言《ごん》世《せ》尊《そん》、觀《かん》世《ぜ》音《をん》菩《ぼ》薩《さつ》、云《うん》何《が》遊《ゆ》此《し》、娑《しゃ》婆《ば》世《せ》界《かい》、云《うん》何《が》而《に》爲《い》、衆《しゅ》生《じゃう》說《せつ》法《ぽう》、方《ほう》便《べん》之《し》力《りき》、其《ご》事《じ》云《うん》何《が》、佛《ぶつ》告《ごう》無《む》盡《じん》意《い》菩《ぼ》薩《さつ》、善《ぜん》男《なん》子《し》、若《にゃく》有《う》國《こく》土《ど》、衆《しゅ》生《じゃう》應《おう》以《い》、佛《ぶつ》身《しん》得《と》度《ど》者《しゃ》、觀《かん》世《ぜ》音《をん》菩《ぼ》薩《さつ》、卽《そく》現《げん》佛《ぶつ》身《しん》、而《に》爲《い》說《せつ》法《ぽふ》、應《おう》以《い》辟《ひゃ》支《し》佛《ぶつ》身《しん》、得《とく》度《ど》者《しゃ》、卽《そく》現《げん》辟《びゃく》支《し》佛《ぶつ》身《しん》而《に》爲《い》說《せつ》法《ぽふ》、應《おう》以《い》聲《しゃう》聞《もん》、身《しん》得《とく》度《ど》者《しゃ》、卽《そく》現《げん》聲《しゃう》聞《もん》身《しん》、而《に》爲《い》說《せつ》法《ぽふ》、應《おう》以《い》梵《ぼん》王《のう》身《しん》、得《とく》度《ど》者《しゃ》、卽《そく》現《げん》梵《ぼん》王《のう》身《しん》、而《に》爲《ゐ》說《せつ》法《ぽふ》、應《おう》以《い》帝《たい》釋《しゃく》身《しん》、得《とく》度《ど》者《しゃ》、卽《そく》現《げん》帝《たい》釋《しゃく》身《しん》、而《に》爲《い》說《せつ》法《ぽふ》、應《おう》以《い》自《じ》在《ざい》天《てん》身《しん》、得《とく》度《ど》者《しゃ》、卽《そく》現《げん》自《じ》在《ざい》、天《てん》身《しん》而《に》爲《い》說《せつ》法《ぽふ》、應《おう》以《い》大《だい》自《じ》在《ざい》天《てん》身《しん》、得《とく》度《ど》者《しゃ》、卽《そく》現《げん》大《だい》自《じ》在《ざい》天《てん》身《しん》、而《に》爲《い》說《せつ》法《ぽふ》、應《おう》以《い》天《てん》大《だい》將《しゃう》軍《ぐん》身《しん》、得《とく》度《ど》者《しゃ》、卽《そく》現《げん》天《てん》大《たい》將《しゃう》軍《ぐん》身《しん》、而《に》爲《い》說《せつ》法《ぽふ》、應《おう》以《い》毘《び》沙《しゃ》

門《もん》身《しん》、得《とく》度《ど》者《しや》、即《そく》現《げん》毘《び》沙《しや》門《もん》身《しん》、而《に》爲《い》說《せつ》法《ほふ》、應《おう》以《い》小《せう》王《わう》身《しん》、得《とく》度《ど》者《しや》、即《そく》現《げん》小《せう》王《わう》身《しん》、而《に》爲《い》說《せつ》法《ほふ》、應《おう》以《い》長《てう》者《しや》身《しん》、得《とく》度《ど》者《しや》、即《そく》現《げん》長《てう》者《じや》身《しん》、而《に》爲《い》說《せつ》法《ほふ》、應《おう》以《い》居《こ》士《じ》身《しん》、得《とく》度《ど》者《しや》、即《そく》現《げん》居《こ》士《じ》身《しん》、而《に》爲《い》說《せつ》法《ほふ》、應《おう》以《い》宰《さい》官《かん》身《しん》、得《とく》度《ど》者《しや》、即《そく》現《げん》宰《さい》官《かん》身《しん》、而《に》爲《い》說《せつ》法《はう》、應《おう》以《い》婆《ば》羅《ら》門《もん》身《しん》、得《とく》度《ど》者《しや》、即《そく》現《げん》婆《ば》羅《ら》門《もん》身《しん》、而《に》爲《い》說《せつ》法《ほふ》、應《おう》以《い》、比《び》丘《く》比《び》丘《く》尼《に》、優《う》婆《ば》塞《そく》、優《う》婆《ば》夷《い》身《しん》、得《とく》度《ど》者《しや》、即《そく》現《げん》比《び》丘《く》比《び》丘《く》尼《に》、優《う》婆《ば》塞《そく》優《う》婆《ば》夷《い》身《しん》、而《に》爲《い》說《せつ》法《はう》、應《おう》以《い》長《てう》者《じや》、居《こ》士《じ》宰《さい》官《かん》、婆《ば》羅《ら》門《もん》婦《ふ》女《によ》身《しん》、得《とく》度《ど》者《しや》、即《そく》現《げん》婦《ふ》女《によ》身《しん》、而《に》爲《い》說《せつ》法《はう》、應《おう》以《い》童《どう》男《なん》童《どう》女《によ》身《しん》、得《とく》度《ど》者《しや》、即《そく》現《げん》童《どう》男《なん》童《どう》女《によ》身《しん》而《に》爲《い》說《せつ》法《ほふ》、應《おう》以《い》天《てん》龍《りう》、夜《や》叉《しや》、乾《けん》闥《たつ》婆《ば》、阿《あ》修《しゆ》羅《ら》、迦《か》樓《る》羅《ら》、緊《きん》那《な》羅《ら》、摩《ま》睺《ご》羅《ら》伽《が》、人《にん》非《ひ》人《にん》等《とう》身《しん》、得《とく》度《ど》者《しや》、即《そく》皆《かい》現《げん》之《し》、而《に》爲《い》說《せつ》法《はう》、應《おう》以《い》執《しゆ》金《こん》剛《ごう》神《じん》、得《とく》度《ど》者《しや》、即《そく》現《げん》執《しゆ》金《こん》剛《ごう》神《じん》、而《に》爲《い》說《せつ》法《はう》、無《む》盡《じん》意《い》是《ぜ》、觀《かん》世《ぜ》音《おん》菩《ぼ》薩《さつ》、成《じやう》就《じゆ》如《によ》是《ぜ》、功《く》德《どく》以《い》、種《しゆ》々《く》形《ぎやう》、遊《ゆう》諸《しよ》國《こく》土《ど》、度《ど》脫《だつ》衆《しゆ》生《じやう》、是《ぜ》故《こ》汝《によ》等《とう》、應《おう》當《たう》一《いつ》心《しん》、供《く》養《やう》觀《かん》世《ぜ》音《おん》菩《ぼ》薩《さつ》、是《ぜ》觀《かん》世《ぜ》音《おん》菩《ぼ》薩《さつ》、摩《ま》訶《か》薩《さつ》、於《お》怖《ふ》畏《い》急《きう》、難《なん》之《し》中《ちう》、能《のう》施《せ》無《む》畏《い》、是《ぜ》故《こ》此《し》、娑《しや》婆《ば》世《せ》界《かい》、皆《かい》號《がう》之《し》爲《い》、施《せ》無《む》畏《い》者《しや》、無《む》盡《じん》意《い》菩《ぼ》薩《さつ》、白《びやく》佛《ぶつ》言《ごん》、世《せ》尊《そん》我《が》今《こん》、當《たう》供《く》養《やう》、觀《くわん》世《ぜ》音《おん》菩《ぼ》薩《さつ》、即《そく》解《げ》頸《けう》衆《しゆ》、寶《ほう》珠《じゆ》瓔《やう》珞《らく》、價《け》直《じき》百《ひやく》千《せん》、兩《りやう》金《こん》而《に》以《い》、與《よ》之《し》作《さ》是《ぜ》、言《ごん》仁《に》者《しや》、受《じゆ》此《し》法《ほふ》施《せ》、珍《ちん》寶《ぽう》瓔《やう》珞《らく》、時《じ》觀《くわん》世《ぜ》音《おん》菩《ぼ》薩《さつ》、不《ふ》肯《かう》受《じゆ》之《し》、無《む》盡《じん》意《い》復《ぶ》、白《びやく》觀《くわん》世《ぜ》音《おん》菩《ぼ》薩《さつ》、言《ごん》仁《にん》者《しや》、愍《みん》我《が》等《とう》故《こ》、受《じゆ》此《し》瓔《やう》珞《らく》、爾《に》時《じ》佛《ぶつ》告《ごう》、觀《くわん》世《ぜ》音《おん》菩《ぼ》薩《さつ》、當《とう》愍《みん》此《し》、無《む》盡《じん》意《い》菩《ぼ》薩《さつ》及《ぎふ》、四《し》衆《しゆ》、天《てん》龍《りう》夜《や》叉《しや》、乾《けん》闥《だつ》婆《ば》、阿《あ》修《しゆ》羅《ら》、迦《か》樓《る》羅《ら》、緊《きん》那《な》羅《ら》、摩《ま》睺《ご》羅《ら》伽、人《にん》非《ぴ》人《にん》等《とう》、故《こ》受《じゆ》是《ぜ》、珞《やう》瓔《らく》、卽《そく》時《じ》觀《くわん》世《ぜ》音《おん》菩《ぼ》薩《さつ》、愍《みん》諸《しよ》四《し》衆《しゆ》、及《ぎふ》於《を》天《てん》龍《りう》、人《にん》非《ぴ》人《にん》等《とう》、受《じゆ》其《ご》珞《やう》瓔《らく》、分《ぶん》作《さ》二《に》分《ぶん》、一《いち》分《ぶん》奉《ぶ》、釋《しや》迦《か》牟《む》尼《に》佛《ぶつ》、一《いち》分《ぶん》奉《ぶ》、多《た》寶《ほう》佛《ぶつ》塔《とう》、無《む》盡《じん》意《い》、觀《くわん》世《ぜ》音《おん》菩《ぼ》薩《さつ》、有《う》如《によ》是《ぜ》、自《じ》在《ざい》神《じん》力《りき》、遊《ゆう》於《お》娑《しや》婆《ば》世《せ》界《かい》、爾《に》時《じ》無《む》盡《じん》意《い》菩《ぼ》薩《さつ》、以《い》偈《げ》問《もん》曰《わつ》

世《せ》尊《そん》妙《めう》相《さう》具《ぐ》、我《が》今《こん》重《ぢう》問《もん》彼《ぴ》、佛《ぶつ》子《し》何《が》因《いん》緣《ねん》、名《みやう》爲《い》觀《くわん》世《ぜ》音《おん》、具《ぐ》足《そく》妙《めう》相《さう》尊《ぞん》、
偈《げ》答《たう》無《む》盡《じん》意《い》、汝《によ》聽《てう》觀《くわん》音《おん》行《げう》、善《ぜん》應《おう》諸《しよ》方《はう》所《しよ》、弘《ぐ》誓《ぜい》深《じん》如《によ》海《かい》、歷《りやく》劫《ごう》不《ふ》思《し》議《ぎ》、
侍《じ》多《た》千《せん》億《のく》佛《ぶつ》、發《ほつ》大《だい》清《せう》淨《ぜう》願《ぐわん》、我《が》爲《い》汝《によ》略《りやく》說《せつ》、聞《もん》名《みやう》及《ぎふ》見《けん》身《しん》、心《しん》念《ねん》不《ふ》空《くう》過《くわ》、
能《のう》滅《めつ》諸《しよ》有《う》苦《く》、假《け》使《し》興《こう》害《がい》意《い》、推《すい》落《らく》大《だい》火《くわ》坑《けう》、念《ねん》彼《ぴ》觀《くわん》音《おん》力《りき》、火《くわ》坑《けう》變《へん》成《じやう》池《ち》、
或《わく》漂《へう》流《る》巨《こ》海《かい》、龍《りう》魚《ご》諸《しよ》鬼《き》難《なん》、念《ねん》彼《ぴ》觀《くわん》音《おん》力《りき》、波《は》浪《らう》不《ふ》能《のう》沒《もつ》、或《わく》在《ざい》須《しゆ》彌《み》峰《ぶ》、
爲《い》人《にん》所《しよ》推《すい》墮《だ》、念《ねん》彼《ぴ》觀《くわん》音《おん》力《りき》、如《によ》日《にち》虛《こ》空《くう》住《じう》、或《わく》被《ぴ》惡《あく》人《にん》逐《ちく》、墮《だ》落《らく》金《こん》剛《がう》山《せん》、

念《ねん》彼《ぴ》觀《かん》音《のん》力《りき》、不《ふ》能《のう》損《そん》一《いち》毛《もう》、或《わく》値《ち》怨《をん》賊《ぞく》繞《ねう》、各《かく》執《しう》刀《とう》加《か》害《がい》、念《ねん》彼《ぴ》觀《かん》音《のん》力《りき》、
咸《げん》即《そく》起《き》慈《じ》心《しん》、或《わく》遭《そう》王《わう》難《なん》苦《く》、臨《りん》刑《げう》欲《よく》壽《じゅ》終《しう》、念《ねん》彼《ぴ》觀《かん》音《のん》力《りき》、刀《とう》尋《じん》段《だん》々壞《ゑ》、
或《わく》囚《しう》禁《きん》枷《か》鎖《さ》、手《しゅ》足《そく》被《ひ》杻《ちう》械《かい》、念《ねん》彼《ぴ》觀《かん》音《のん》力《りき》、釋《しゃく》然《ねん》得《とく》解《げ》脫《だつ》、呪《じゅ》詛《そ》諸《しょ》毒《どく》藥《やく》、
所《しょ》欲《よく》害《がい》身《しん》者《じゃ》、念《ねん》彼《ぴ》觀《かん》音《のん》力《りき》、還《げん》著《ぢゃく》於《お》本《ほん》人《にん》、或《わく》遇《ぐ》惡《あく》羅《ら》刹《せつ》、毒《どく》龍《りう》諸《しょ》惡《あく》等《とう》、
念《ねん》彼《ぴ》觀《かん》音《のん》力《りき》、時《じ》悉《しつ》不《ふ》敢《かん》害《がい》、若《にゃく》惡《あく》獸《じう》圍《ゐ》繞《ねう》、利《り》牙《げ》爪《さう》可《か》怖《ふ》、念《ねん》彼《ぴ》觀《かん》音《のん》力《りき》、
疾《しっ》走《そう》無《む》邊《へん》方《はう》、蚖《ぐわん》蛇《じゃ》及《ぎふ》蝮《ふく》蝎《かつ》、氣《け》毒《どく》煙《えん》火《か》然《ねん》、念《ねん》彼《ぴ》觀《かん》音《のん》力《りき》、尋《じん》聲《しゃう》自《じ》回《ゑ》去《こ》、
雲《うん》雷《らい》鼓《く》掣《せい》電《でん》、降《がう》雹《ばく》澍《じゅ》大《だい》雨《う》、念《ねん》彼《ぴ》觀《かん》音《のん》力《りき》、應《おう》時《じ》得《とく》消《せう》散《さん》、衆《しゅ》生《じゃう》被《ひ》困《こん》厄《やく》、
無《む》量《りゃう》苦《く》逼《ひつ》身《しん》、觀《かん》音《のん》妙《めう》智《ち》力《りき》、能《のう》救《く》世《せ》間《けん》苦《く》、具《ぐ》足《そく》神《じん》通《づう》力《りき》、廣《くわう》修《しゅ》智《ち》方《はう》便《べん》、
十《じっ》方《はう》諸《しょ》國《こく》土《ど》、無《む》刹《せつ》不《ふ》現《げん》身《しん》、種《しゅ》々諸《しょ》惡《あく》趣《しゅ》、地《ぢ》獄《ごく》鬼《き》畜《ちく》生《しゃう》、生《しゃう》老《らう》病《びゃう》死《し》苦《く》、
以《い》漸《ぜん》悉《しつ》令《りゃう》滅《めつ》、眞《しん》觀《かん》清《しゃう》淨《じゃう》觀《かん》、廣《くわう》大《だい》智《ち》慧《ゑ》觀《かん》、悲《ひ》觀《かん》及《ぎふ》慈《じ》觀《かん》、常《じゃう》願《ぐわん》常《じゃう》瞻《せん》仰《がう》、
無《む》垢《く》清《しゃう》淨《じゃう》光《くわう》、慧《ゑ》日《にち》破《は》諸《しょ》闇《あん》、能《のう》伏《ぶく》災《さい》風《ふう》火《くわ》、普《ふ》明《みゃう》照《せう》世《せ》間《けん》、悲《ひ》體《たい》戒《かい》雷《らい》震《しん》、
慈《じ》意《い》妙《めう》大《だい》雲《うん》、澍《じゅ》甘《かん》露《ろ》法《ほふ》雨《う》、滅《めつ》除《ぢょ》煩《ぼん》惱《なう》燄《えん》、諍《じゃう》訟《しょう》經《きゃう》官《くわん》處《じょ》、怖《ふ》畏《ゐ》軍《ぐん》陣《ぢん》中《ちう》、

念《ねん》彼《ぴ》觀《かん》音《のん》力《りき》、衆《しゆ》怨《をん》悉《しつ》退《たい》散《さん》、妙《めう》音《おん》觀《かん》世《ぜ》音《おん》、梵《ぼん》音《のん》海《かい》潮《てう》音《おん》、勝彼《しやうひ》世《せ》間《けん》音《をん》、
是《ぜ》故《こ》須《しゆ》常念《じやうねん》、念《ねん》々《く》勿《もつ》生疑《しやうぎ》、觀《かん》世《ぜ》音《おん》淨聖《じやうせう》、於《お》苦《く》惱《のう》死《し》厄《やく》、能《のう》爲《い》作《さ》依《え》怙《こ》、
具《ぐ》一《いつ》切《さい》功《く》德《どく》、慈《じ》眼《げん》視《じ》衆《しゆ》生《じやう》、福《ふく》聚《しゆ》海《かい》無《む》量《りやう》、是《ぜ》故《こ》應《おう》頂《てう》禮《らい》、

爾《に》時《じ》、持《じ》地《ぢ》菩《ぼ》薩《さつ》、即《そく》從《じう》坐《ざ》起《き》、前《ぜん》白佛《びやくぶつ》言《ごん》、世《せ》尊《そん》若有《にやくう》衆《しゆ》生《じやう》、聞《もん》是《ぜ》觀《かん》世《ぜ》音《おん》菩《ぼ》薩《さつ》品《ぼん》、自《じ》在《ざい》之《し》業《ごう》、普《ふ》門《もん》示《じ》現《げん》、神《じん》通《づう》力《りき》者《しや》、當《とう》知《ち》是《ぜ》人《にん》功《く》德《どく》不《ふ》少《せう》、佛《ぶつ》說《せつ》、是《ぜ》普《ふ》門《もん》品《ぼん》、時《じ》衆《しゆ》中《ちう》、八《はち》萬《まん》四《し》千《せん》、衆《しゆ》生《じやう》皆《かい》發《ほつ》、無《む》等《とう》等《とう》、阿《あ》耨《のく》多《た》羅《ら》、三《さん》藐三《さん》菩《ぼ》提《だい》心《しん》

【解釋】爾《そ》の時《とき》、無盡意《むじんに》菩《ぼ》薩《さつ》が即《すなは》ち座《ざ》より起《たつ》て右《みぎ》の肩《かた》を偏祖《かたはだぬ》ぎ合掌《がつしやう》して佛《ほとけ》に向《むかつ》て此《こ》の言《ことば》をなすッは世尊《せそん》、觀世音菩薩《くわんぜおんぼ》は何《なん》の因緣《いんねん》を以《もつ》てか觀世音《くわんぜおん》と名《なづく》ると佛《ほとけ》、無盡意《むじんに》菩《ぼ》薩《さつ》に告《つげ》るのに善男子《ぜんなんし》よ、若《も》し無《む》量《りやう》百千萬億《まんおく》の衆生《しゆじやう》が有《あつ》て諸《もろく》の苦《くるし》み惱《なやみ》を受《うけ》ん時《とき》に此《こ》の觀世音菩薩《くわんぜおんぼさつ》と云《い》ふ事《こと》を聞《きい》て一心《いつしん》に其名《そのな》を稱《となふ》れば觀世音菩薩《くわんぜおんぼさつ》は即時《そくじ》に其人《そのひと》の音聲《こゑ》を觀《み》て皆其《みなそ》の苦《くるし》み惱《なや》みを解脫《げだつ》することを得《え》せしむるのである
若《も》し此《こ》の觀世音菩薩《くわんぜおんぼさつ》の名《な》を持《ぢ》することあらんものは設《たと》ひ火《ひ》の中《なか》に入《い》るとも其火《そのひ》が之《これ》を燒《や》くことが出來《でき》ずとはッは觀世音菩薩《くわんぜおんぼさつ》の威《ゐ》神力《しんりよく》に因《よ》るが故《ゆゑ》なり若《も》し又大水《またおうみづ》に漂《たゞよ》はされんに其時《そのとき》此《こ》の觀世音《くわんぜおん》の名號《みやうがう》を稱《とな》

へれば即《すなは》ち海邊《うみべ》や淵川《ふちかは》の淺《あさ》き所《ところ》を得《え》ん若《も》し又《また》百千萬億《おく》の衆生《しゆじやう》が有《あつ》て金銀《きんぎん》、瑠璃《るり》、硨磲《しやこ》、碼碯《めのう》、珊瑚《さんご》、琥珀《こはく》、眞珠等《しんじゆとう》の寶《たから》を求《もと》めんとて大海《たいかい》に入《い》りしに其時《そのとき》、黑風《こくふう》、其《そ》の船舫《ふね》を吹《ふい》て羅刹《らせつ》の鬼《おに》の國《くに》に飄《ひるが》へり墮《を》ちんとせしも其中《そのうち》に若《も》しも一人《にん》あッて此《こ》の觀世音菩薩《くわんぜおんぼさつ》の名《な》を稱《とな》へれば即《すなは》ち此《こ》の諸人等《しよにんら》は皆《みな》、羅刹《らせつ》の恐《おそ》怖《ろ》しき難《なん》を免《まぬ》れ解脱《げだつ》することを得《う》るのである（日蓮上人《にちれんしやうにん》が佐渡《さど》へ島流《しまなが》しにせられしとき難船《なんせん》せしも其《そ》れを免《まぬか》れしは之《これ》と同《おな》じ）是《こ》の因緣《いんねん》を以《もつ》ての故《ゆゑ》に觀世音《くわんぜおん》と名《なづく》るのだ、若《も》し復《ま》た人《ひと》が有《あつ》て當《まさ》に害《がい》し殺《ころ》されんとする場合《ばあひ》に臨《のぞ》んて此《こ》の觀世音菩薩《くわんぜおんぼさつ》の名《な》を稱《とな》へれば彼《か》の執《と》れる所《ところ》の刀《かたな》や杖《つゑ》が寸々《すんすん》に折《を》れて其《そ》の殺《ころ》されんとする難《なん》を免《まぬ》から解脱《げだつ》することを得《う》るのである（日蓮上人《にちれんしやうにん》が鎌倉龍《かまくらたつ》ノ口《くち》で殺《ころ》されんとして助《たす》かりしときも之《こ》れと同《おな》じ）若《も》し又《また》三千大《だい》千國土《こくど》の中《うち》に滿《み》ちてる夜叉羅刹等《やしやらせつとう》の恐怖《をそろ》しきものの來《きたつ》て人《ひと》を惱《なやま》さんと欲《ほつ》せしときに即《すなは》ち此《こ》の觀世音菩薩《くわんぜおんぼさつ》の名《な》を稱《とな》へて居《を》るのを聞《き》くときは其處《そこ》で此《こ》の諸《もろもろ》の惡鬼《あつき》等《たち》が其《そ》の惡眼《あくかん》を以《もつ》て此《こ》の人達《ひとたち》を見《み》ることを得《え》ざるのである況《いは》んや其《そ》れに向《むかつ》て害《がい》を加《くわ》へんや設《たと》ひ又人《またひと》ありて若《も》しも罪《つみ》あり或《あるひ》は罪《つみ》なくして手錠《てぜう》や足錠《あしぜう》で其《そ》の手足《てあし》の自由《じゆう》ならぬやうに縛《しば》られて苦《くる》しむことあらんも其時《そのとき》此《こ》の觀世音菩薩《くわんぜおんぼさつ》の名《な》を稱《とな》へれば皆悉《みなことごと》く其《そ》の繩《なは》や手錠《てぜう》が寸々《すんすん》に切《き》れて其難《そのなん》を免《のが》れて解脱《げだつ》することが出《で》來《き》るのである若《も》し又《また》三千大千國土《こくど》中《ちう》に滿《み》ちて居《ゐ》る怨賊《をんぞく》が有《あつ》て其間《そのあひだ》を一つの商會《しやうくわい》から多《おほ》くの商人《しやうにん》を出《いだ》し重寶を齎《もた》らして險《けは》しき路《みち》を越《こ》えんとする其時《そのとき》に其中《そのうち》の一人《にん》が若《も》しも此《こ》の觀音經《くわんおんぎやう》を唱《とな》へれば諸《もろ〳〵》の善男子《ぜんなんし》よ必《かなら》ず恐怖《おそ》るゝことなかれ此《こ》の觀音《くわんおん》は能《よ》く無畏《むゐ》（畏ル、ナキノ神力）を以《もつ》て衆生《しゆじやう》に施《ほどこ》しつゝあるものなれば汝等《なんぢだち》、若《も》し其名《そのみな》を稱《とな》へば此等《これら》の怨賊《をんぞく》は當《まさ》に手向《てむか》ひせず逃《に》げ去《さつ》て汝等《なんぢら》は其《そ》の危難《きなん》を免《まぬか》るゝことを得《う》べし無盡意《むじんに》よ觀世音菩薩《くわんぜおんぼさつ》、摩訶薩《まかさつ》の威神力《ゐじんちから》の巍々《ぎぎ》たりしこと是《か》くの如《ごと》し若《も》し又衆生《またしゆぜう》ありて色情《しきじやう》、慾心多《よくしんおほ》からんか其時《そのとき》、常《つね》に念《ねん》じて觀世音菩薩《くわんぜおんぼさつ》を恭《つゝし》み敬《うや》まへば即《すなは》ち色情《しきじやう》と慾心《よくしん》を離《はな》ることを得《え》ん若《も》し瞋恚《しんい》（短氣）多《おほ》からん者《もの》も常《つね》に念《ねん》じて觀世音菩薩《くわんぜおんぼさつ》を恭《つゝし》み敬《うや》まへば即《すなは》ち瞋恚《しんい》を離《はな》るゝことを得《え》ん若《も》し愚《ぐ》癡《ち》を云《い》ふことの多《おほ》からん者《もの》も常《つね》に念《ねん》じて觀世音菩薩《くわんぜおんぼさつ》を恭《つゝし》み敬《うや》へば即《すなは》ち其《そ》の愚癡《ぐち》を離《はな》るゝことを得《え》ん無《む》盡意《じんに》よ觀世音菩薩《くわんぜおんぼさつ》は是《か》くの如《ごと》きの大威神力《だいゐしんりよく》が有《あつ》て諸人《しよにん》に益《えき》を與《あた》ふること斯《か》くの如《ごと》し此《こ》の故《ゆゑ》に衆生《しゆじやう》、つね〴〵心に此《こ》の觀音經《くわんおんぎやう》を念《ねん》すべし若《も》し又女人《またにようにん》ありて男子《だんし》を懷妊《くわにん》せんとて觀世音菩薩《くわんぜおんぼさつ》を禮拜《らいはい》し供養《くやう》せんか即《すなは》ち其《そ》の女人《によにん》は必《かなら》ず福分《ふくぶん》もあり智慧《ちゑ》ある男子《だんし》を生《う》まん又女子《またじよし》を懷妊《くわいにん》せんとして此《こ》の觀音《くわんのん》を念《ねん》ずれば即《すなは》ち端正《たんせい》なる有相《うそう》なる女《をんな》の子《こ》を生《う》まん無盡意《むじんい》よ觀世音菩薩《くわんぜおんぼさつ》は畢竟《ひつけふ》斯《か》の如《ごと》きの力《ちから》あるもの若《も》し又衆《またしゆ》生ありて觀世音菩薩《くわんせおんぼさつ》を恭敬禮拜《けうけいらいはい》せば福《ふく》必《かなら》ず唐捐《たうえん》ならず是《こ》の故《ゆゑ》に衆生《しゆじやう》、皆《みな》、觀世音菩薩《くわんせおんぼさつ》の名號《みやうがう》を受持《じゆぢ》して唱《とな》ふべし、若《も》し又人《またひと》ありて六十二億《おく》、恆河沙《ごうがしや》の菩薩《ぼさつ》の名字《みやうじ》を受授《じゆじゆ》して飲食《いんしよく》、衣服《いふく》、臥具《ぐわぐ》、醫藥《いやく》を供養《やう》せんか之《こ》れは多福《たふく》を授《さづか》りて百千萬億劫《おくこう》に於《おい》ても盡《つく》ることなけん、觀世音菩薩《くわんせおんぼさつ》の名號《みやうがう》を受持《じゆぢ》して唱《とな》ふるときは是《か》くの如《ごと》き無量無邊《むりやうむへん》の福徳《ふくとく》の利益《りえき》を得《う》『無盡意菩薩《むじんいぼさつ》、佛《ほとけ》に白《まう》して曰《いは》く世尊《せそん》、觀世音菩薩《くわんせおんぼさつ》は如何《いか》にして此《こ》の娑婆世界《しやばせかい》に遊《あそ》び、如何《いか》に し て衆生《しゆじやう》の爲《た》めに法《はふ》を説《と》き、其《そ》の又方便《またはうべん》の力《ちから》は如何《いか》んと、佛《ぶつ》曰《いは》く善男子《ぜんなんし》よ若《も》し國土《こくど》衆生《しゆじやう》あッて佛身《ぶつしん》を以《もつ》て得度《とくど》(救ひ助く)すべき者《もの》には觀世音菩薩《くわんせおんぼさつ》は即《すなは》ち佛身《ぶつしん》を現《あら》はして其人《そのひと》の爲《た》めに法《はふ》を説《と》き辟支佛《びやくしぶつ》の身《み》を以《もつ》て得度《とくど》すべき者《もの》には即《すなは》ち辟支佛《びやくしぶつ》の身《み》を現《あら》はして其人《そのひと》の爲《た》めに法《はふ》を説《と》き聲聞《しやうもん》の身《み》を以《もつ》て得度《とくど》すべき者《もの》には即《すなは》ち聲聞《しやうもん》の身《み》を現《あら》はして其人《そのひと》の爲《た》めに法《はふ》を説《と》き梵王《ぼんのう》の身《み》を以《もつ》て得度《とくど》すべきものには即《すなは》ち梵王《ぼんのう》の身《み》を現《あら》はして其者《そのもの》の爲《た》めに法《はふ》を説《と》き帝釋《たいしやく》の身《み》を以《もつ》て得度《とくど》すべき者《もの》には即《すなは》ち帝釋《たいしやく》の身《み》を現《あら》はして其者《そのもの》の爲《た》めに法《はふ》を説《と》き自在天《じざいてん》の身《み》を以《もつ》て得度《とくど》すべきものには即《すなは》ち自在天《じざいてん》の身《み》を現《あら》はして其人《そのひと》の爲《た》めに法《はふ》を説《と》き大自在天《だいじざいてん》の身《み》を以《もつ》て得度《とくど》すべきものには即《すなは》ち大自在天《だいじざいてん》の身《み》を現《あら》はして其者《そのもの》の爲《た》めに法《はふ》を説《と》き天大將軍《てんだいしやうぐん》の身《み》を以《もつ》て得度《とくど》すべきものには即《すなは》ち天大將軍《てんだいしやうぐん》の身《み》を現《あら》はして其者《そのもの》の爲《た》めに法《はふ》を説《と》き毗沙門《びしやもん》の身《み》を以《もつ》て得度《とくど》すべきものには卽《すなは》ち毗沙門《びしやもん》の身《み》を現《あら》はして其者《そのもの》の爲《た》めに法《はふ》を説《と》き小王《せうわう》の身《み》を以《もつ》て得度《とくど》すべきものには卽《すなは》ち小王《せうわう》の身《み》を現《あら》はして其者《そのもの》の爲《た》めに法《はふ》を説《と》き長者《てうじや》の身《み》を以《もつ》て得度《とくど》すべきものには卽《すなは》ち長者《てうじや》の身《み》を現《あら》はして其者《そのもの》の爲《た》めに法《はふ》を説《と》き居士《こじ》の身《み》を以《もつ》て得度《とくど》すべきものには卽《すなは》ち居士《こじ》の身《み》を現《あら》はして其者《そのもの》の爲《た》めに法《はふ》を解《と》き宰官《さいくわん》の身《み》を以《もつ》て得度《とくど》すべきものには卽《すなは》ち宰官《さいくわん》の身《み》を現《あら》はして其者《そのもの》の爲《た》めに法《はふ》を説《と》き婆羅門《ばらもん》の身《み》を以《もつ》て得度《とくど》すべき者《もの》には卽《すなは》ち婆羅門《ばらもん》の身《み》を現《あら》はして其者《そのもの》の爲《た》めに法《はふ》を説《と》き比丘《びく》、比丘尼《びくに》、優婆塞《うばそく》、優婆夷《うばゐ》の身《み》を以《もつ》て得度《とくど》すべきものには卽《すなは》ち比丘《びく》、比丘尼《びくに》、優婆塞《うばそく》、優婆夷《うばゐ》の身《み》を現《あら》はして其者《そのもの》の爲《た》めに法《はふ》を説《と》き長者《てうじや》、居士《こじ》、宰官《さいくわん》、婆羅門《ばらもん》の婦女《ふぢよ》の身《み》を以《もつ》て得度《とくど》すべき者《もの》には卽《すなは》ち婦女《ふぢよ》の身《み》を現《あら》はして其者《そのもの》の爲《た》めに法《はふ》を解《と》き童男《どうなん》、童女《どうぢよ》の身《み》を以《もつ》て得度《とくど》すべきものには卽《すなは》ち男童《どうなん》、童女《どうによ》の身《み》を現《あらは》して其者《そのもの》の爲《た》めに法《はふ》を説《と》き天龍《てんりう》、夜叉《やしや》、乾闥婆《けんだつば》、阿修羅《あしゆら》、迦樓羅《かるら》摩睺羅伽《まごらか》　人非人等《にんぴにんとう》の身《み》を以《もつ》て得度《とくど》すべき者《もの》は卽《すなは》ち皆其《みなそ》れを現《あら》はして爲《た》めに其《そ》のものたちに向《むか》つて說法《せつぽふ》し執金剛神《しつこんがうしん》を以《もつ》て得度《とくど》すべき者《もの》には卽《すなは》ち執金剛神《しつこんがうしん》を現《あら》はして其者《そのもの》に向《むか》つて說法《せつぽふ》す此《こ》の觀世音菩薩《くわんぜおんぼさつ》は是《か》くの如《ごと》き功德《くどく》を成就《じやうじゆ》して種々《しゆ〴〵》の形《かたち》を現《あら》はして諸《もろ〳〵》の國土《こくど》に遊《あそ》んで衆生《しゆじやう》を救《すく》ひ助《たす》けて度脫《どだつ》す是《こ》の故《ゆゑ》に汝等《なんぢら》當《ま》さに一心《しん》に觀世音菩薩《くわんせおんぼさつ》に向《むか》つて供養《くやう》すべし此《こ》の觀世音菩薩《くわんせおんぼさつ》、摩訶薩《まかさつ》は怖畏《ふい》、急難《きふなん》の中《うち》に於《おい》て能《よ》く無畏《むゐ》の神力《しんりよく》を施《ほどこ》す是《こ》の故《ゆゑ》に此《こ》の娑婆世界《しやばせかい》に於《おい》て皆《みな》之《こ》れを號《がう》して施無畏者《せむいしや》とすと無盡意菩薩《むじんいぼさつ》、又《また》、佛《ほとけ》に白《まう》して曰《いは》く世尊《せそん》、我《われ》、今《いま》當《ま》さに觀世音菩薩《くわんぜおんぼさつ》に供養《くやう》すべし即《すなは》ち頸《くび》の多くの寶珠《ほうしゆ》の瓔珞《やうらく》の價値《あたひ》百千兩《りやう》なるを解《とい》て以《もつ》て之《これ》を與《あた》ふ時《とき》に觀世音菩薩《くわんせおんぼさつ》、肯《あ》へて之《これ》を受《う》けず無盡意《むじんい》、又《また》、觀世音菩薩《くわんぜおんぼさつ》に言《まう》して曰《いは》く仁者《じんじや》我等《われら》を愍《あはれ》むが故《ゆゑ》に此《こ》の瓔珞《やうらく》を受《う》け給《たま》へと爾時《そのとき》佛《ほとけ》、觀世音菩薩《くわんぜおんぼさつ》に告《つ》げて曰《いは》く當《ま》さに此《こ》の無盡意菩薩《むじんいぼさつ》及《およ》び四《し》衆《しう》、天龍《てんりう》、夜叉《やしや》、乾闥婆《けんだつば》、阿脩羅《あしゆら》、迦樓羅《かるら》、緊那羅《きんなら》、摩睺羅伽《まごらか》、人非人《にんぴにん》等《とう》を愍《あはれ》むが故《ゆゑ》に此《こ》の瓔珞《やうらく》を受《う》くべしと即時《そくじ》に觀世音菩薩《くわんぜおんぼさつ》、諸《もろ/\》の四《し》衆《しう》及《およ》び天龍《てんりう》、人非人《にんぴにん》等《とう》を愍《あはれ》んで其《そ》の瓔珞《やうらく》を受《う》け分《わか》ちて之《こ》れを二つとして一つは釋迦牟尼佛《しやかむにぶつ》に奉《たてまつ》り一つは多寶佛塔《たほうぶつたふ》に奉《たてまつ》る、無盡意《むじんい》よ、觀世音菩薩《くわんぜおんぼさつ》は是《か》くの如《ごと》き自《じ》在《ざい》の神力《じんりき》ありて娑婆世界《しやばせかい》に遊《あそ》ぶと爾時《そのとき》、無盡意菩薩《むじんいぼさつ》、偈《げ》を以《もつ》て問《と》ふて曰《いは》く

世尊《せそん》、妙相具《めうさうそな》はる、我今重《われいまかさ》ねて彼《かれ》を問《と》ふ、佛子《ぶつし》、何《なん》の因縁《いんねん》ありてか名《なづ》けて觀世音《くわんぜおん》とする具足妙相尊《ぐそくめうさうそん》、偈《げ》を以《もつ》て無盡意《むじんい》に答《こた》へて曰《いは》く汝《なんぢ》よ、觀音《くわんおん》の行《ぎやう》を聞《き》け善《よ》く諸《もろ/\》の方所《はうしよ》に應《おう》じて弘誓《ぐせい》の深《ふか》きこと海《うみ》の如《ごと》し劫《ごふ》を歷《へ》とも思議《しぎ》せじ多《おほ》くの千億《のく》の佛《ぶつ》に侍《つか》へて大清淨《だいせうじやう》の願《くわん》を起《おこ》せり我汝《われなんぢ》が爲《た》めに略說《りやくせつ》せん、名《な》を聞《き》き及《およ》び

身を現《げん》じて心《こゝろ》に念《ねん》じて空過《くうか》せざれば能《よ》く諸々《もろ／＼》の苦《くるし》みを滅《めつ》す假《たと》ひ害意《がいい》を起《おこ》して大《だい》なる火坑《くわこう》に落《お》つるとも其時《そのとき》、彼《か》の觀音《くわんおん》の力《ちから》を念《ねん》ずれば火坑《くわこう》は變《へん》じて池《いけ》とならん或《あるい》は巨海《きよかい》に漂流《へうりう》して龍魚《りうぎよ》、諸鬼《しよき》の難《なん》に逢《あは》んか其時《そのとき》彼《か》の觀音《くわんおん》の力《ちから》を念《ねん》せば波浪《はらう》も沒《ぼつ》することを得《え》ず或《あるひ》は須彌山《しゆみせん》の峯《みね》に登《のぼ》つて人《ひと》に推《お》し墮《おと》されんとする其《その》時《とき》に彼《か》の觀音《くわんおん》の力《ちから》を念《ねん》ずれば日《ひ》の如《ごと》き輝《かゞや》きたる奇麗《きれい》な虚空《こくう》に住《ちう》することを得《え》或《あるひ》は惡人《あくにん》に逐《おは》れて金剛山《こんがうせん》より落《お》ちんとする其時《そのとき》に彼《か》の觀音《くわんおん》の力《ちから》を念《ねん》ずれば一《い》毛《もう》だも損《そん》ずることなし或《あるひ》は怨賊《えんぞく》が取圍《とりかこ》んで各《おの／＼》の刀《かたな》を抜《ぬ》いて害《がい》を加《くは》へんとする其時《そのとき》に彼《か》の觀音《くわんおん》 力《ちから》を念《ねん》ずれば却《かへつ》て其《そ》の怨賊等《をんぞくら》が 咸《こと／＼》く其處《そこ》で慈悲心《じひしん》を起《おこ》して害《がい》を加《くわ》へず或《あるひ》は死刑《しけい》の苦《くるし》みに逢《あ》ふて將《まさ》に刑《けい》せられんとする場合《ばあひ》に臨《のぞ》んで其時《そのとき》即《すなは》ち彼《か》の觀音《くわんおん》の誓《ちかい》を念《ねん》ずれば其持《たつもつ》てる人《ひと》の刀《かたな》が寸々《すん／＼》に折《お》れん或《あるひ》は捕《とら》はれて手錠《てぜう》、足錠《あしぜう》を箝《は》められて苦《くる》しき難《なん》に罹《かゝ》らんとする其時《そのとき》に彼《か》の觀音《くわんおん》の力《ちから》を念《ねん》ずれば即《すなは》ちバラ／＼として其《そ》の手錠《てぜう》、足錠《あしぜう》は解《と》けん咒詛《のろ》はれたり或《あるひ》は毒藥《どくやく》にて身《み》を害《がい》せられんとする其時《そのとき》に彼《か》の觀音《くわんおん》の力《ちから》を念《ねん》すれば却《かへつ》て其《そ》れが其《そ》の咒詛《のろは》んとした本人《ほんにん》につかん或《あるひ》は惡羅刹《あくらせつ》、毒龍《どくりう》、諸鬼《しよき》等《とう》に遇《あ》ふて恐怖《おそろ》しきめに逢《あは》んとする其時《そのとき》に彼《か》の觀音《くわんおん》の力《ちから》を念《ねん》ずれば其《そ》れが直《たゞち》に害《がい》を加《くわ》へず若《も》しも惡獸《あくじう》が取卷《とりまい》て鋭《する》どき牙爪《きばつめ》を現《あら》はして向《む》つて來《き》た其時《そのとき》に彼《か》の觀音《くわんおん》の力《ちから》を念《ねん》ずれ其《そ》の惡獸《あくじう》は却《かへつ》て無邊《むへん》の方《はう》に走《はし》り去《さ》らん蚖蛇《へび》及《およ》び蝮蝎《まむし》、或《あるひ》は毒氣《どくき》が燄《ほのほ》の燃《も》ゆるが如《ごと》く恐怖《をそろ》しく見《み》る其時《そのとき》に彼《か》の觀音《くわんのん》の力《ちから》を念《ねん》ずれば其《そ》の念《ねん》ずる聲《こえ》と同時《どうじ》に彼等《かれら》は自《みづか》ら逃《に》げ去《さ》らん雲雷轟《うんいいとゞろ》き鳴《な》り響《ひゞ》きて雹《あつれ》を降《ふ》らし大雨《たいう》を注《そゝ》ぎ空《そら》凄《すご》きときに彼《か》の觀音《くわんおん》の力《ちから》を念《ねん》ずれば時《とき》に應《おう》じて其等《それら》は消散《せうさん》せん、衆生困厄《しゆじやうこんやく》を被《かうむつ》て無量《むりやう》の苦《くるし》み身《み》を責《せめ》ん其時《そのとき》に觀音《くわんおん》の妙智《めうち》能《よ》く世間《せけん》の苦《くるし》みを救《すく》ふ、神通力《しんづうりき》を具足《ぐそく》して廣《ひろ》く智《ち》の方便《はうべん》を修《しゆ》して十方《はう》の諸《もろ〳〵》の國土《こくど》に身《み》を現《あら》はさゞることなし種々《しゆ〴〵》の諸《もろ〳〵》の惡趣《あくしゆ》、地獄《ぢごく》、鬼《をに》、畜生《ちくせう》、生老《せうらう》、病死《びやうし》の苦《くるし》みも次第《しだい》〳〵に悉《ことごと》く滅《めつ》せしむ、眞觀《しんかん》、清淨觀《しやうじやうくわん》、廣大智慧觀《こうだいちゑくわん》、悲觀《ひかん》及《およ》び慈觀《じかん》あれば常《つね》に觀音《くわんおん》に願《ねが》ひ觀音《くわんおん》を瞻仰《せんかう》すべし無垢清淨《むくしやうじやう》の光《ひかり》、慧日《ゑにち》諸《もろ〳〵》の闇黑《やみ》を破《やぶつ》て能《よ》く災《わざわ》ひや風火《ふうくわ》を伏《ふく》して普《あまね》く世間《せけん》を照明《せうめい》す悲體《ひたい》の戒《かい》は雷震《らいしん》の如《ごと》く慈意《じい》の妙《めう》なるは大雨《たいう》の如《ごと》く甘露《かんろ》の法雨《はふう》を注《そゝい》て煩惱《ぼんのふ》の燄《ほのほ》を滅除《めつぢよ》す訴訟《そしやう》して官廷《かんてい》に爭《あらそ》ひ、戰陣《せんぢん》の中《うち》に畏怖《ゐよ》せんも其時《そのとき》、彼《か》の觀音《くわんおん》の力《ちから》を念《ねん》ずれば衆怨《しゆおん》悉《ことごと》く退散《たいさん》せん、妙音觀世音梵音海潮音《めうおんくわんぜおんぼんおんかいてうおん》、勝彼世間音《しようひせけんのん》があり是《こ》の故《ゆゑ》に須《すべか》らく常《つね》に觀音《くわんおん》を念《ねん》ずべし、念念《ねん〳〵》、疑《うたが》ひを生《せう》ずることなかれ、觀世音《くわんぜおん》淨聖《じやうせう》は苦惱死厄《くのうしやく》に於《おい》て能《よ》く爲《た》めに依怙《たより》となれり一切《さい》の功德《くどく》を具《ぐ》し慈眼《じげん》を以《いつ》て衆生《しゆせう》を視《み》れば福《ふく》の聚《あつま》り居《を》ること海《うみ》の如《ごと》く無量《むりやう》なり是《こ》の故《ゆゑ》に頂禮《てうらい》すべし爾時《そのとき》、持地菩薩《ぢちぼさつ》が即《すなは》ち座《ざ》より起《たつ》て前《すゝ》んで白《まう》して曰《いは》く、世尊《せそん》若《も》し衆生《しゆじやう》ありて此《こ》の観世音菩薩品《くわんぜおんぼさつぼん》、自在《じざい》の業《ごう》、普門示現《ふもんじげん》の神通力《じんつうりよく》を聞《きか》ん者《もの》は、當《まさ》に知《し》るべし此人《このひと》の功徳少《くどくすくな》からじと、佛此《ぶつこ》の普門品《ふもんぼん》を説《と》き給《たま》ふとき衆中《しゆちう》、八萬四千の衆生《しゆじやう》、皆無等等《かいむとうとう》の阿耨多羅三藐三菩提《あのくたらさんみやくさんぼだい》の心《こゝろ》を起《おこ》しぬ

實例 二宮尊徳翁《にのみやそんとくおう》、幼少《ようせう》の時《とき》非常《ひじやう》に貧乏《びんばう》で叔父《をぢ》に預《あづ》けられたり他《たゝ》へ奉公《ほうこう》したり不如意勝《ふにょいがち》の事《こと》のみ多《おほ》くある折《をり》しも使《つか》ひに出《で》て或《あ》る堂宮《どうみや》の處《ところ》を過《す》ぎしに僧《そう》の観音經《くわんのんきやう》を讀《よ》むを聞《き》き忽《たちま》ち我《わ》が身上《みのうへ》の事《こと》を思《おも》ひ其《そ》れより熱心《ねつしん》に観音經《くわんのんけう》を讀《よ》み唱《とな》へければ何時《い》とはなしに金《かね》も出來《でき》、身代《しんだい》も豐《よ》くなりて後《のち》には二宮神社《にのみやじんじや》として神《かみ》に祭《まつ》られたり又《また》

○日蓮上人《にちれんしやうにん》は鎌倉龍《かまくらたつ》の口《くち》で將《ま》さに殺《ころ》されんとするとき心《こゝろ》の中《うち》で熱心《ねつしん》に観音經《くわんのんけう》を念《ねん》じ居《を》りければ其《そ》の功徳《くどく》にや北條《ほうでう》の捕手《とりて》も之《こ》れを殺《ころ》すことを得《え》ず終《つひ》に佐渡《さど》が島《しま》へ島流《しまなが》しにせらるゝ事《こと》となれり上人佐渡《しやうにんさど》に島流《しまなが》しにせられて行《ゆ》く途中《とちう》海上波荒《かいじやうなみあ》れし風騒《かぜさは》ぎ將《ま》さに船《ふね》は沈沒《ちんぼつ》せんとする危機《きゝ》一髪《はつ》の際《さい》なるに、上人《しやうにん》は動《どう》ぜず熱心《ねつしん》に心《こゝろ》の中《うち》で観音經《かんくわんけう》を念《ねん》じて居《を》りければ其功徳《そのくどく》にや忽《たちま》ち大風雨《だいふうう》も靜《しづ》まりて難《なん》なく佐渡《さど》が島《しま》へ着《つ》く事《こと》を得《え》たるも之《こ》れ諸君《しよくん》の百《ひやく》も御承知《ごしようち》の所《ところ》、又《また》

○加藤清正《かとうきよまさ》は朝鮮征伐《てうせんせいばつ》のとき明《みん》の百萬の軍勢《ぐんぜい》に取圍《とりかこ》まれ兵粮《へうらう》盡《つ》きて食《く》ふものなく飲《の》む者《もの》なし、已《や》むを得《え》ず馬《うま》の屎袋《くそぶくろ》の水《みづ》を呑《の》み馬《うま》を殺《ころ》して食《く》ひ將《まさ》に一命《いちめい》危《あやう》かりけるときも動《ど》ぜず屈《くつ》せず豊太閤《ほうたいこう》より賜《たま》はりたる『南無妙法蓮華經』のお題目《だいもく》を唱《とな》へ居《を》れば終《つい》に明軍《みんぐん》も之《こ》れを陷《おとしい》ることを得《え》ず却《かへつ》て大敗《たいはい》して走《はし》り去《さ》りたることも之《これ》ぞ諸君《しよくん》の能《よ》く知《し》らるゝ所《ところ》なり

○陀《だ》羅《ら》尼《に》品《ぼん》

（之レハ小兒ノ虫封ジヤ、狐付キヤ、怪物ヤ、生靈死靈ヤ、四足ノ崇リヤ、蛇ノ崇リ抔ノトキ此ノ陀羅尼ヲ精神ヲ込メテ唱ヘ信心スルトキハ萬病忽チ全快シ、惡鬼、惡魔ハ忽チ退散スルモノトス）

爾《に》時《じ》、藥《やく》王《わう》菩《ぼ》薩《さつ》、即《そく》從《じう》坐《ざ》起《き》、偏《へん》袒《せん》右《う》肩《けん》、合《がつ》掌《しやう》向《かう》佛《ぶつ》、而《に》白《びやく》佛《ぶつ》言《ごん》、世《せ》尊《そん》、若《にやく》善《ぜん》男《なん》子《し》、善《ぜん》女《によ》人《にん》、有《う》能《のう》受《じゆ》持《じ》、法《ほ》華《け》經《きやう》者《しや》、若《にやく》讀《どく》誦《じゆ》通《つう》利《り》、若《にやく》書《しよ》寫《しや》經《きやう》卷《かん》、得《とく》幾《き》所《しよ》福《ふく》、佛《ぶつ》告《ごう》藥《やく》王《わう》、若《にやく》有《う》善《ぜん》男《なん》子《し》、善《ぜん》女《によ》人《にん》、供《く》養《やう》八百萬億《おく》、那《な》由《ゆ》陀《だ》、恆《ごう》河《が》沙《しや》等《とう》、諸《しよ》佛《ぶつ》於《お》如《によ》意《い》、云《うん》何《が》其《ご》所《しよ》得《とく》福《ふく》寧《にやう》爲《い》、多《た》不《ふ》甚《じん》多《た》、世《せ》尊《そん》佛《ぶつ》言《ごん》、若《にやく》善《ぜん》男《なん》子《し》、善《ぜん》女《によ》人《にん》、能《のう》於《お》是《ぜ》經《きやう》、乃《ない》至《し》受《じゆ》持《じ》、一《いつ》四《し》句《く》偈《げ》、讀《どく》誦《じゆ》解《げ》義《ぎ》、如《によ》說《せつ》修《しゆ》行《ぎやう》、功《く》德《どく》甚《じん》多《た》、爾《に》時《じ》藥《やく》王《わう》菩《ぼ》薩《さつ》、白《びやく》佛《ぶつ》言《ごん》、世《せ》尊《そん》、我《が》今《こん》當《とう》與《よ》、說《せつ》法《ほう》者《じや》、陀《だ》羅《ら》尼《に》呪《しゆ》、以《い》守《しゆ》護《ご》之《し》、即《そく》說《せつ》呪《じゆ》、曰《わつ》

安《あ》爾《に》曼《ま》爾《に》、摩《ま》禰《ねい》摩《ま》々《ま》彌《ね》、旨《し》隷《れい》遮《しゃ》梨《り》第《てい》、賖《しゃ》咩《みゃ》賖《しゃ》履《び》、多《た》瑋《い》羶《せん》帝《てい》、目《もく》帝《てい》目《もく》多《た》履《び》、娑《しゃ》履《び》阿《あ》瑋《い》娑《しゃ》履《び》、桑《そう》履《び》娑《しゃ》履《び》、叉《しゃ》裔《えい》阿《あ》叉《しゃ》裔《えい》、阿《あ》耆《ぎ》膩《に》羶《せん》帝《てい》、賖《しゃ》履《び》陀《だ》羅《ら》尼《に》、阿《あ》盧《ろ》伽《ぎゃ》婆《ば》娑《ばい》、簸《は》蔗《しゃ》毗《び》叉《しゃ》膩《に》、禰《ね》毗《び》剃《てい》、阿《あ》便《べん》哆《た》、邏《ら》禰《ねい》履《び》剃《てい》、阿《あ》亶《たん》哆《だ》、波《は》隷《れい》輸《しゅ》地《だい》、歐《う》究《く》隷《れい》、牟《む》究《く》隷《れい》、阿《あ》羅《ら》隷《れい》、波《は》羅《ら》隷《れい》、首《しゅ》迦《きゃ》差《し》、阿《あ》三《さん》磨《ま》三《さん》履《び》、佛《ぼつ》駄《た》毗《び》、吉《き》利《り》袟《ちつ》帝《てい》、達《だる》磨《ま》波《は》利《り》差《し》、帝《てい》僧《そう》伽《きゃ》涅《ね》、瞿《く》沙《しゃ》禰《ねい》、婆《ば》舍《しゃ》々〱々輸《しゃ》地《だい》、曼《まん》哆《だ》邏《ら》、々〱々〱々叉《しゃ》夜《や》多《た》、郵《う》樓《ろ》哆《た》々〱々〱々憍《けう》舍《しゃ》略《りゃ》、惡《あ》叉《しゃ》邏《ら》、惡《あ》叉《しゃ》冶《や》多《た》冶《や》、阿《あ》婆《ば》盧《ろ》、阿《あ》摩《ま》若《にゃ》、那《な》多《た》夜《や》

世《せ》尊《そん》是《ぜ》、陀《だ》羅《ら》尼《に》神《じん》呪《じゅ》、六十二億《おく》、恆《ごう》河《が》沙《しゃ》等《とう》、諸《しょ》佛《ぶつ》所《しょ》說《せつ》、若《にゃく》有《う》侵《じん》毀《き》、此《し》法《ほっ》師《し》者《しゃ》、則《そく》爲《い》侵《しん》毀《き》是《ぜ》、諸《しょ》佛《ぶつ》已《い》時《じ》、釋《しゃ》迦《か》牟《む》尼《に》佛《ぶつ》讚《さん》、藥《やく》王《わう》菩《ぼ》薩《さつ》言《ごん》、善《ぜん》哉《さい》善《ぜん》哉《さい》、藥《やく》王《わう》汝《にょ》、愍《みん》念《ねん》擁《おう》護《ご》、此《し》法《ほっ》師《し》故《こ》、說《せつ》是《ぜ》陀《だ》羅《ら》尼《に》、於《お》諸《しょ》衆《しゅ》生《じょう》、多《た》所《しょ》饒《ねう》益《やく》

爾《に》時《じ》、勇《ゆう》施《ぜ》菩《ぼ》薩《さつ》、白《びゃく》佛《ぶつ》言《ごん》、世《せ》尊《そん》我《が》、亦《やく》爲《い》擁《おう》護《ご》、讀《どく》誦《じゅ》受《じゅ》持《じ》、法《ほっ》華《け》經《きょう》者《しゃ》說《せつ》、陀《だ》羅《ら》尼《に》、若《にゃく》此《し》法《ほっ》師《し》、得《とく》是《ぜ》陀《だ》羅《ら》尼《に》、若《にゃく》夜《や》叉《しゃ》、若《にゃく》羅《ら》刹《せつ》、若《にゃく》富《ふ》單《たん》那《な》、若《にゃく》吉《きっ》蔗《しゃ》、若《にゃく》鳩《く》槃《はん》茶《だ》、若《にゃく》餓《が》鬼《き》等《とう》、伺《し》求《く》其《ご》短《たん》、無《む》能《のう》得《とく》便《べん》、即《そく》於《お》佛《ぶつ》前《ぜん》、而《に》說《せつ》呪《しゅ》、曰《わつ》

痤《ざ》隷《れい》、摩《ま》訶《か》痤《ざ》隷《れい》、郁《う》枳《き》目《も》枳《き》、阿《あ》隷《れい》、阿《あ》羅《ら》婆《ば》第《でい》、涅《ね》隷《れい》第《でい》、涅《ね》隷《れい》多《た》婆《ば》第《でい》、伊《い》緻《ち》柅《に》、韋《い》緻《ち》柅《に》、旨《し》緻《ち》柅《に》、涅《ね》隷《れい》墀《ち》柅《に》、涅《ね》犁《り》墀《ち》婆《ば》底《ち》

世《せ》尊《そん》、是《ぜ》陀《だ》羅《ら》尼《に》神《じん》呪《じゅ》、恒《ごう》河《が》沙《しゃ》等《とう》、諸《しょ》佛《ぶつ》所《しょ》説《せつ》、亦《やく》皆《かい》隨《ずい》喜《き》、若《にゃく》有《う》侵《しん》毀《き》、此《し》法《ほっ》師《し》者《しゃ》、則《そく》爲《い》侵《しん》毀《き》、是《ぜ》諸《しょ》佛《ぶつ》已《い》

爾《に》時《じ》、毗《び》沙《しゃ》門《もん》天《てん》王《のう》、護《ご》世《せ》者《しゃ》、白《びゃく》佛《ぶつ》言《ごん》、世《せ》尊《そん》、我《が》亦《やく》爲《い》愍《みん》念《ねん》、衆《しゅ》生《じょう》擁《おう》護《ご》、此《し》法《ほっ》師《し》故《こ》、説《せつ》是《ぜ》陀《だ》羅《ら》尼《に》、卽《そく》説《せつ》呪《じゅ》曰《わつ》

「阿《あ》梨《り》那《な》梨《り》、㝹《と》那《な》梨《り》、阿《あ》那《な》盧《ろ》那《な》履《び》、拘《く》那《な》履《び》」

世《せ》尊《そん》、以《い》是《ぜ》神《じん》呪《じゅ》、擁《おう》護《ご》法《ほっ》師《し》、我《が》亦《やく》自《じ》當《とう》、擁《おう》護《ご》持《じ》是《ぜ》經《きょう》者《しゃ》、令《りょう》百《ひゃく》由《ゆ》旬《じゅん》内《ない》、無《む》諸《しょ》衰《すい》患《げん》

爾《に》時《じ》、持《じ》國《こく》天《てん》王《のう》、在《ざい》此《し》會《え》中《ちゅう》、與《よ》千《せん》萬《まん》億《のく》、那《な》由《ゆ》陀《だ》、乾《けん》闥《だつ》婆《ば》衆《しゅ》、恭《く》敬《ぎょう》圍《い》繞《にょう》、前《ぜん》詣《けい》佛《ぶつ》所《しょ》、合《がっ》掌《しょう》白《びゃく》佛《ぶつ》言《ごん》、世《せ》尊《そん》、我《が》亦《やく》以《い》、陀《だ》羅《ら》尼《に》神《じん》呪《じゅ》、擁《おう》護《ご》持《じ》、法《ほ》華《け》經《きょう》者《しゃ》、卽《そく》説《せつ》呪《じゅ》曰《わつ》

阿《あ》伽《きゃ》禰《ね》、伽《きゃ》禰《ね》、瞿《く》利《り》、乾《けん》陀《だ》利《り》、旃《せん》陀《だ》利《り》、摩《ま》蹬《とう》耆《ぎ》、常《じょうぐ》求《ぐ》利《り》、浮《ぶ》樓《る》莎《しゃ》柅《に》、頞《あっ》底《ち》、

世《せ》尊《そん》、是《ぜ》陀《だ》羅《ら》尼《に》神《じん》呪《じゅ》、四十二億《のく》、諸《しょ》佛《ぶつ》所《しょ》説《せつ》、若《にゃく》有《う》侵《しん》毀《き》、此《し》法《ほっ》師《し》者《しゃ》、則《そく》爲《い》侵《しん》毀《き》、是《ぜ》諸《しょ》

佛《ぶつ》已《い》、

爾《に》時《じ》有《う》羅《ら》刹《せつ》女《によ》等《とう》、一《いつ》名《みやう》藍《らん》婆《ば》、二《に》名《みやう》毘《び》藍《らん》婆《ば》、三名《みやう》曲《こく》齒《し》、四名《みやう》華《け》齒《し》、五名《みやう》黑《こく》齒《し》、六名《みやう》多《た》髮《はつ》、七名《みやう》無《む》厭《えん》足《そく》、八名《みやう》持《じ》瓔《やう》珞《らく》、九名《みやう》皐《かう》諦《たい》、十名《みやう》奪《だつ》一《いつ》切《さい》衆《しゆ》生《じやう》精《しやう》氣《け》是《ぜ》十《じふ》羅《ら》刹《せつ》女《によ》與《よ》、鬼《き》子《し》母《も》、並《びやう》其《ご》子《し》及《ぎふ》、眷《けん》屬《ぞく》俱《く》詣《けい》、佛《ぶつ》所《しよ》同《どう》聲《じやう》、白《びやく》佛《ぶつ》言《ごん》、世《せ》尊《そん》我《が》等《とう》、亦《やく》欲《よく》擁《おう》護《ご》、讀《どく》誦《じゆ》受《じゆ》持《じ》、法《ほつ》華《け》經《きやう》者《しや》、除《じよ》其《ご》衰《すい》患《げん》若《にやく》有《う》伺求《ぐ》、法《ほつ》師《し》短《たん》者《しや》、令《りやう》不《ふ》得《とく》便《べん》、即《そく》於《お》佛《ぶつ》前《ぜん》、而《に》說《せつ》咒《じゆ》、曰《わつ》

伊《い》提《てい》履《び》、伊《い》提《てい》泯《びん》、伊《い》提《てい》履《び》、阿《あ》提《てい》履《び》、伊《い》提《てい》履《び》、泥《でい》履《び》、々々、々々、々々、々々樓《ろ》醯《けい》、々

々、々々、々々、多《た》醯《けい》、々々、々々兜《と》醯《けい》、々々

寧《にやう》上《じやう》我《が》頭《づ》、上《じやう》莫《まく》惱《のう》於《お》法《ほつ》師《し》、若《にやく》夜《や》叉《しや》、若《にやく》羅《ら》刹《せつ》、若《にやく》餓《が》鬼《き》、若《にやく》富《ふ》單《たん》那《な》、若《にやく》吉《きつ》蔗《しや》、若《にやく》毘《び》陀《だ》羅《ら》、若《にやく》犍《けん》馱《だ》、若《にやく》烏《う》摩《ま》勒《ろ》伽《きや》、若《にやく》阿《あ》跋《ばつ》摩《ま》羅《ら》、若《にやく》夜《や》叉《しや》吉《きつ》蔗《しや》・若《にやく》人《にん》吉《きつ》蔗《しや》、若《にやく》熱《ねつ》病《べう》、若《にやく》一《いち》日《にち》、若《にやく》二《に》日《にち》若《にやく》三《さん》日《にち》若《にやく》四《し》日《にち》乃《ない》至《し》七《しち》日《にち》若《にやく》常《じやう》熱《ねつ》病《べう》若《にやく》男《なん》形《ぎやう》、若《にやく》女《によ》形《ぎやう》、若《にやく》童《どう》男《なん》形《ぎやう》、若《にやく》童《どう》女《によ》形《ぎやう》、乃《ない》至《し》夢《む》中《ちう》、亦《やく》復《ぶ》莫《まく》惱《なう》、即《そく》於《お》佛《ぶつ》前《ぜん》、而《に》說《せつ》偈《げ》言《ごん》

若《にやく》不《ふ》順《じゆん》我《が》咒《じゆ》、惱《のう》亂《らん》說《せつ》法《ほう》者《しや》、頭《づ》破《は》作《さ》七《しち》分《ぶん》、如《によ》何《あ》梨《り》樹《じゆ》枝《し》、如《によ》殺《せつ》父《ぶ》母《も》罪《ざい》、亦《やく》如《によ》壓《あふ》

油《ゆ》殃《あう》、斗《とう》秤《しやう》欺《こ》誑《をう》人《にん》、調《てう》達《だつ》破《は》僧《とう》罪《ざい》、犯《ぼん》此《し》法《ほつ》師《し》者《しや》、當《とう》獲《ぎやく》如《によ》是《ぜ》殃《あう》

諸《しよ》、羅《ら》刹《せつ》女《によ》説《せつ》、此《し》偈《げ》已《い》、白《びやく》佛《ぶつ》言《ごん》、世《せ》尊《そん》、我《が》等《とう》亦《やく》當《とう》、身《しん》自擁《をう》護《ご》、受《じゆ》持《じ》讀《どく》誦《じゆ》、修《しゆ》行《ぎやう》是《ぜ》經《きやう》者《しや》、
令《りやう》得《とく》安《あん》穩《のん》、離《り》諸《しよ》衰《すい》患《げん》、消《せう》衆《しゆ》毒《どく》藥《やく》、佛《ぶつ》告《かう》、諸《しよ》羅《ら》刹《せつ》女《によ》、善《ぜん》哉《さい》善《ぜん》哉《さい》、汝《によ》等《とう》但《たん》能《のう》、擁《をう》護《ご》受《じゆ》持《じ》、
法《ほつ》華《け》名《みやう》者《しや》、福《ふく》不《ふ》可《か》量《りやう》、何《が》況《きやう》擁《をう》護《ご》、具《ぐ》足《そく》受《じゆ》持《じ》、供《く》養《やう》經《きやう》卷《くわん》、華《け》香《かう》瓔《やう》珞《らく》、抹《まつ》香《かう》塗《づ》香《かう》、焼《せう》香《かう》
旛《はん》蓋《がい》、伎《ぎ》樂《がく》然《ねん》、種《しゆ》々《じゆ》燈《とう》、蘇《そ》燈《とう》油《ゆ》燈《とう》諸《しよ》香《かう》油《ゆ》燈《とう》、蘇《そ》摩《ま》那《な》華油《ゆ》燈《とう》、瞻《せん》蔔《ぼつ》華《け》、油《ゆ》燈《とう》婆《ば》師《し》迦《か》
華《け》油《ゆ》燈《とう》、優《う》鉢《はつ》、羅《ら》華《け》油《ゆ》燈《とう》、如《によ》是《ぜ》等《とう》、百《ひやく》千《せん》種《しゆ》、供《く》養《やう》者《しや》、皐《かう》諦《たい》汝《によ》等《とう》及《ぎう》、眷《けん》屬《ぞく》應《おう》當《とう》、擁《をう》護《ご》如《によ》
是《ぜ》法《ほつ》師《し》、説《せつ》此《し》陀《だ》羅《ら》尼《に》品《ほん》時《じ》、六萬八千人《にん》、得《とく》無《む》生《しやう》法《ほう》忍《にん》

【實例】或人《あるひと》が知《し》らぬ深山幽谷《しんさんゆうこく》を踏《ふ》み分《わ》け〳〵行《ゆ》きけるに日《ひ》は暮《く》れ物淋《ものさび》しきこと言《い》はん方《かた》なし忽《たちま》ち木《こ》陰《かげ》より一丈餘《じやうあま》りの怪物《くわいぶつ》、現《あらは》れ出《い》て拔劍《ばつけん》して將《まさ》に其人《そのひと》を斬《き》らんとす其人心《そのひとこゝろ》の中《うち》で

アリナリ、トナリ、アナルナビ、クナ　ビ（之ハ前ニ出テアリ）

と陀羅尼《だらに》の咒《まじな》ひを熱心《ねつしん》に唱《とな》へければ怪物《くわいぶつ》は忽《たちま》ち拔《ぬ》きたる劍《けん》を鞘《さや》に納《をさ》めてア丶立派《りつぱ》なお葬式《とむらい》が通《とほ》るとよ
と云《い》ひつゝ其場《そのば》を立《た》ち去《さ》りたりと之《こ》れは名高《なだか》き説《せつ》なり

○痳《りん》病《びやう》の妙《めう》薬《やく》

ウハウルシ葉《は》（煎じること）十グラム
ウロトロピン　一、五
クミチンキ　一、〇
水　百グラム

右《みぎ》の分量《ぶんれう》を一日《にち》三回《くわい》に呑むこと

○同《おな》じ散《さん》薬《やく》

サリチール酸《さん》ナトリーム　一、五
右《みぎ》一日分《にちぶん》

○陰《いん》部《ぶ》の虱《しらみ》（ツヒジラミ）退《たい》治《ぢ》の妙《めう》薬《やく》

又は◉水銀《すゐぎん》ナンコーを塗《ぬ》れば妙《めう》に死《し》す

○目《め》薬《ぐすり》

塩酸《えんさん》コカイン　一、〇
蒸溜水《じようりうすゐ》　一〇〇、〇　（之レヘ目ヘさす薬）

之《こ》れは歯《は》の痛《いた》むにもよし

○多《た》食《しよく》、頓《とん》死《し》の救法《きうはふ》

塩《しほ》一つかみを口《くち》に含《ふく》ますること

○便《べん》泌《ぴ》の妙《めう》薬《やく》

甘《かん》草《ざう》
土《ど》用《よう》の蓬《よもぎ》を陰干《かげぼし》にしたもの

右《みぎ》二品《しな》を煎《せん》じて毎朝《まいあさ》呑《の》めば胃《い》腸《ちやう》を和《やわら》げて程能《ほどよ》く大小便《だいせうべん》の通《つう》じあり（原野博士の常用剤）

○便《べん》泌《ぴ》と逆上《ぎやくじやう》の妙《めう》薬《やく》

大《だい》黄《わう》　三匁
川《せん》芎《きう》　三匁
黄《わう》連《れん》　三匁

○痰《たん》の妙《めう》薬《やく》

松《まつ》の葉《は》を煎《せん》じ呑《の》むべし
右《みぎ》は痰《たん》も切《き》れて音声《おんせい》もよくなる又
秋《あき》グミ……………を用《もち》ふるも吉《よ》し

○喘息《ぜんそく》の妙藥《めうやく》

蓮《はす》を磨《す》つて其汁《そのしる》を呑《の》むべし

○神經衰弱《しんけいすゐじやく》と貧血《ひんけつ》の妙藥《めうやく》

キナテツ葡萄酒《ぶだうしゆ》

右《みぎ》はタンシヤリペツを以《もつ》て十倍《ばい》にして呑《の》むこと

之《こ》れは産前産後等《さんぜんさんごなど》にも妙《めう》なり

○健胃劑《けんゐざい》

ケンチヤラマツ　一五、

硝蒼　一五、

薄荷油《ハツカユ》　二滴

○同　藥

クミチンキ　五、〇

ガントウヴペプシネ　二、〇

キエンサン　一、〇

○風邪《かぜ》の妙藥《めうやく》

醋酸《サクサン》ボツタース　一、〇

硫酸《リウサン》ナトリユーム　一、〇

重曹《ジウソウ》　二、〇

ラーバール　二、〇

右《みぎ》は一日分《にちぶん》の分量《ぶんりやう》にて之《こ》れを三度《さんど》に呑《の》むこと

○健胃劑《けんゐざい》

重曹《ジウソウ》　二、〇

ラーバール　二、〇

ケン、チヤナ、マツ　一、〇

コロンボマツ　一、〇

右《みぎ》は一日分《にちぶん》の分量《ぶんりやう》にて之《こ》れを三度《ど》に呑《の》むこと

○脚氣豫防《かつけよぼう》の妙藥《めうやく》

ジキタリス　一、〇

重曹《ジウソウ》　二、〇

ヤーラツパルス　一、〇

右《みぎ》一日分《にちぶん》にして三回《くわい》に呑《の》むこと

○消《しや》化《くわ》不《ふ》良《りやう》の妙《めう》藥《やく》

稀《キ》鹽《エン》酸《サン》　十五滴《てき》

タン、シャリベツ　二匁

水《みつ》　三オンス

○健《けん》胃《ゐ》豫《よ》防《ばう》の藥《くすり》

唐辛《とうかし》を常《つね》に用《もちゐ》てよし(之ハ少シツヽ用ユルヿ)

○咳《せき》の妙《めう》藥《やく》

遠《オン》志《ジ》根《コン》　一〇、〇

アンモニヤ茴香精《ウイキヤーセー》　二、〇

水《みつ》　一〇〇、〇

(之ハ大人一日ノ分量ニテ三回ニ呑ムヿ)

○神《しん》力《りき》品《ほん》(男ノ死靈ヤ、祟《たゝ》リヲ咒《マジナ》フトキニ唱フル經文)

爾《に》時《じ》、千《せん》世《せ》界《かい》、微《み》塵《じん》等《とう》菩《ぼ》薩《さつ》、摩《ま》訶《か》薩《さつ》、從《じう》地《ち》涌《ゆ》出《しゆつ》者《しや》、皆《かい》於《を》佛《ぶつ》前《ぜん》、一《いつ》心《しん》合《がつ》掌《しやう》、瞻《せん》仰《がう》尊《そん》顔《げん》、而《に》白《びやく》佛《ぶつ》言《ごん》、世《せ》尊《そん》我《が》等《とう》、於《を》佛《ぶつ》滅《めつ》後《ご》、世《せ》尊《そん》分《ぶん》身《しん》、所《しよ》在《ざい》國《こく》土《ど》、滅《めつ》度《ど》之《し》處《しよ》、當《とう》廣《こう》說《せツ》此《し》經《けう》、所《しよ》以《い》者《しや》何《か》、我《が》等《とう》亦《やく》自《じ》、欲《よく》得《とく》是《ぜ》眞《しん》淨《じよう》大《だい》法《ほう》、受《じゆ》持《じ》讀《どく》誦《じゆ》、解《げ》說《せつ》書《しよ》寫《しや》、而《に》供《く》養《やう》之《し》、爾《に》時《じ》世《せ》尊《そん》於《を》、文《もん》殊《じゆ》師《し》利《り》等《とう》、無《む》量《りやう》百千萬《まん》億《のく》、舊《く》住《ぢう》娑《しや》婆《ば》世《せ》界《かい》、菩《ぼ》薩《さつ》摩《ま》訶《か》薩《さつ》及《ぎう》、諸《しよ》比《び》丘《く》、比《ひ》丘《く》尼《に》、優《う》婆《ば》塞《そく》、優《う》婆《ば》夷《い》、天《てん》龍《りう》、夜《や》叉《しや》、乾《けん》闥《だつ》婆《ば》、阿《あ》脩《しゆ》羅《ら》、迦《か》樓《る》羅《ら》、緊《きん》那《な》羅《ら》、摩《ま》睺《ご》羅《ら》伽《が》、人《にん》非《ぴ》人《にん》等《とう》、一《いつ》切《さい》衆《しゆ》前《ぜん》、現《げん》大《だい》神《じん》力《りき》、出《すい》廣《こう》長《てう》舌《ぜつ》、上《じやう》致《し》梵《ぼん》世《せ》、一《いつ》切《さい》毛《もう》孔《く》、放《はう》於《を》無《む》量《りやう》、無《む》數《しゆ》色《しき》光《こう》、皆《かい》悉《しつ》遍《へん》照《ぜう》、十《じつ》方《はう》世《せ》界《かい》、衆《しゆ》寶《はう》樹《じゆ》下《げ》、師《し》子《し》座《ざ》上《じやう》、諸《しよ》佛《ぶつ》亦《やく》復《ぶ》、如《によ》是《ぜ》、出《すい》廣《こう》長《てう》舌《ぜつ》放《はう》、無《む》量《りやう》光《かう》、釋《しや》迦《か》牟《む》尼《に》佛《ぶつ》及《ぎふ》、寶《はう》樹《じゆ》下《げ》諸《しよ》、佛《ぶつ》現《げん》神《じん》力《りき》、時《じ》滿《まん》百千歳《さい》、然《ねん》後《ご》、還《げん》攝《せつ》舌《ぜつ》相《さう》、一《いち》時《じ》謦《きやう》欬《がい》、倶《く》共《ぐ》彈《だん》指《し》、是《ぜ》二《に》音《おん》聲《じやう》、遍《へん》至《し》十《じつ》方《はう》、諸《しよ》佛《ぶつ》世《せ》界《かい》、地《ぢ》皆《かい》六《ろく》種《しゆ》震《しん》動《どう》、其《ご》中《ちう》衆《しゆ》生《じやう》、天《てん》龍《りう》、夜《や》叉《しや》、乾《けん》闥《だつ》婆《ば》阿《あ》修《しゆ》羅《ら》、迦《か》樓《る》羅《ら》、緊《きん》那《な》羅《ら》、摩《ま》睺《ご》羅《ら》伽《か》、人《にん》非《ぴ》人《にん》等《とう》、以《い》佛《ぶつ》神《じん》力《りき》、故《こ》皆《かい》見《けん》此《し》、娑《しや》婆《ば》世《せ》界《かい》、無《む》量《りやう》無《む》邊《へん》、百千萬《まん》億《おく》、衆《しゆ》寶《はう》樹《じゆ》下《げ》、師《し》子《し》座《ざ》上《じやう》、諸《しよ》佛《ぶつ》及《ぎふ》見《けん》、釋《しや》迦《か》牟《む》尼《に》佛《ぶつ》共《ぐ》、多《た》寶《はう》如《によ》來《らい》、在《ざい》寶《はう》塔《たふ》中《ちう》、坐《ざ》、師《し》子《し》座《ざ》、又《う》見《けん》、無《む》量《りやう》無《む》邊《へん》、百千萬《まん》億《おく》、菩《ぼ》薩《さつ》、摩《ま》訶《か》薩《さつ》、及《ぎふ》諸《しよ》四《し》衆《しゆ》、恭《く》敬《ぎやう》圍《ゐ》繞《ねう》釋《しや》迦《か》牟《む》尼《に》佛《ぶつ》、既《き》見《けん》是《ぜ》已《い》、皆《かい》大《だい》歡《くわん》喜《ぎ》得《とく》、未《み》曾《ぞう》有《う》、卽《そく》時《じ》諸《しよ》天《てん》、於《お》虚《こ》空《くう》中《ちう》、高《かう》聲《じやう》唱《しやう》言《ごん》、過《くわ》此無《む》量《りやう》無《む》邊《へん》、百千萬《まん》億《おく》、阿《あ》僧《そう》祇《ぎ》世《せ》界《かい》、有《う》國《こく》名《めう》娑《しや》婆《ば》、是《ぜ》中《ちう》有《う》佛《ぶつ》名《みやう》、釋《しや》迦《か》牟《む》尼《に》、今《こん》爲《ゐ》諸《しよ》菩《ぼ》薩《さつ》、摩《ま》訶《か》薩《さつ》說《せつ》、大《だい》乘《じよう》經《けう》名《みやう》、妙《めう》法《ほふ》蓮《れん》華《げ》敎《けう》菩《ぼ》薩《さつ》、法《ほふ》佛《ぶつ》所《しよ》護《ご》念《ねん》、汝《によ》等《とう》當《とう》深《しん》心《しん》、隨《ずい》喜《き》亦《やく》當《たう》、禮《らい》拜《はい》供《く》養《やう》、釋《しや》迦《か》牟《む》尼《に》佛《ぶつ》、彼《ひ》諸《しよ》衆《しゆ》生《じやう》、聞《もん》虚《こ》空《くう》中《ちう》、聲《じやう》已《い》合《がつ》掌《しやう》向《かう》、娑《しや》婆《ば》世《せ》界《かい》、作《さ》如《によ》是《ぜ》言《ごん》、南《な》無《む》釋《しや》迦《か》牟《む》尼《に》佛《ぶつ》、南《な》無《む》釋《しや》迦《か》牟《む》尼《に》佛《ぶつ》以《い》、種《しゆ》々〳〵華《げ》香《こう》、瓔《やう》珞《らく》旛《ばん》蓋《がい》、及《ぎふ》諸《しよ》嚴《ごん》身《しん》、之《し》具《ぐ》、珍《ちん》寶《ぼう》妙《みょう》物《もつ》、皆《かい》共《ぐ》遙《よう》散《さん》、娑《しゃ》婆《ば》世《せ》界《かい》、所《しょ》散《さん》諸《しょ》物《もつ》從《じゅう》、十《じっ》方《ぽう》來《らい》、譬《ひ》如《にょ》雲《うん》集《じゅう》、變《へん》成《じょう》寶《ほう》帳《ちょう》、遍《へん》覆《ぷ》此《し》間《けん》諸《しょ》佛《ぶっ》之《し》上《じょう》、于《う》時《じ》、十《じっ》方《ぽう》世《せ》界《かい》通《つう》達《だつ》無《む》礙《げ》、如《にょ》一《いち》佛《ぶつ》土《ど》、爾《に》時《じ》佛《ぶつ》告《ごう》、上《じょう》行《ぎょう》等《とう》、菩《ぼ》薩《さつ》大《だい》衆《しゅ》、諸《しょ》佛《ぶつ》神《じん》力《りき》、如《にょ》是《ぜ》、無《む》量《りょう》無《む》邊《へん》、不《ふ》可《か》思《し》議《ぎ》、若《にゃく》我《が》以《い》是《ぜ》、神《じん》力《りき》於《お》、無《む》量《りょう》無《む》邊《へん》百千萬《まん》億《のく》、阿《あ》僧《そう》祇《ぎ》劫《こう》、爲《い》囑《ぞく》累《るい》故《こ》、說《せっ》此《し》經《きょう》、功《く》德《どく》、猶《ゆ》不《ふ》能《のう》盡《じん》、以《い》要《よう》言《ごん》之《し》、如《にょ》來《らい》一《いっ》切《さい》、所《しょ》有《う》之《し》法《ぼう》、如《にょ》來《らい》一《いっ》切《さい》、自《じ》在《ざい》神《じん》力《りき》、如《にょ》來《らい》一《いっ》切《さい》、秘《ひ》要《よう》之《し》藏《ぞう》、如《にょ》來《らい》一《いっ》切《さい》、甚《じん》深《じん》之《し》事《じ》、皆《かい》於《お》此《し》經《きょう》、宣《せん》示《じ》顯《けん》說《ぜつ》、是《ぜ》故《こ》汝《にょ》等《とう》於《お》、如《にょ》來《らい》滅《めつ》後《ご》、應《おう》當《とう》一《いっ》心《しん》、受《じゅ》持《じ》讀《どく》誦《じゅ》、解《げ》說《せっ》書《しょ》寫《しゃ》、如《にょ》說《せっ》修《しゅ》行《ぎょう》、所《しょ》在《ざい》國《こく》土《ど》、若《にゃっ》有《くう》受《じゅ》持《じ》、讀《どく》誦《じゅ》解《げ》說《せっ》、書《しょ》寫《しゃ》如《にょ》說《せっ》修《しゅ》行《ぎょう》、若《にゃっ》經《きょう》卷《かん》、所《しょ》住《ぢゅう》之《し》處《しょ》、若《にゃく》於《お》園《おん》中《ちゅう》、若《にゃく》於《お》林《りん》中《ちゅう》若《にゃく》於《お》樹《じゅ》下《げ》、若《にゃく》於《お》僧《そう》坊《ぼう》、若《にゃく》白《びゃく》衣《え》舍《しゃ》、若《にゃく》在《ざい》殿《でん》堂《どう》、若《にゃく》山《せん》谷《ごっ》曠《こう》野《や》、是《ぜ》中《ちゅう》皆《かい》應《おう》、起《き》塔《とう》供《く》養《よう》、所《しょ》以《い》者《しゃ》何《か》、當《とう》知《ち》是《ぜ》處《しょ》、卽《そく》是《ぜ》道《どう》場《じょう》、諸《しょ》佛《ぶつ》於《お》此《し》得《とく》、阿《あ》耨《のく》多《た》羅《ら》、三《さん》藐《みゃく》三《さん》菩《ぼ》提《だい》、諸《しょ》佛《ぶつ》於《お》此《し》、轉《てん》於《お》法《ぼう》輪《りん》、諸《しょ》佛《ぶつ》於《お》此《し》、而《に》般《はつ》涅《ね》槃《はん》、爾《に》時《じ》世《せ》尊《そん》、欲《よく》重《じゅう》宣《せん》此《し》義《ぎ》、而《に》說《せっ》偈《げ》言《ごん》

諸《しょ》佛《ぶっ》救《く》世《せ》者《しゃ》、　住《じゅう》於《お》大《だい》神《じん》通《づう》、　爲《い》悅《えつ》衆《しゅ》生《じょう》故《こ》、　現《げん》無《む》量《りょう》神《じん》力《りき》、　舌《ぜっ》相《そう》至《し》梵《ぼん》天《てん》、

身《しん》放《ぽう》無《む》數《しゅ》光《こう》、　爲《い》求《ぐ》佛《ぶつ》道《どう》者《しゃ》、　現《げん》此《し》希《け》有《う》事《じ》、　諸《しょ》佛《ぶっ》謦《きょう》欬《がい》聲《じょう》、　及《ぎっ》彈《だん》指《じ》之《し》聲《じょう》、

周《しゆ》聞《もん》十《じツ》方《はう》國《こく》、地《ぢ》皆《かい》六《ろく》種《しゆ》動《どう》、以《い》佛《ぶつ》滅《めつ》度《ど》後《ご》、能《のう》持《じ》是《ぜ》經《けう》故《こ》、諸《しよ》佛《ぶつ》皆《かい》歡《くわん》喜《ぎ》、
現《げん》無《む》量《りやう》神《じん》力《りき》、囑《ぞく》累《るい》是《ぜ》經《けう》故《こ》、讚《さん》美《み》受《じゆ》持《じ》者《しや》、於《お》無《む》量劫《りやうごう》中《ちう》、猶《ゆ》故《こ》不《ふ》能《のう》盡《じん》、
是《ぜ》人《にん》之《し》功《く》德《どく》、無《む》邊《へん》無《む》有《う》窮《ぐう》、如《によ》十《じツ》方《はう》虛《こ》空《くう》、不《ふ》可《か》得《とく》邊《へん》際《さい》、能《のう》持《じ》是《ぜ》經《けう》者《しや》、
則《そく》爲《ゐ》已《い》見《けん》我《が》、亦《やく》見《けん》多《た》寶《ほう》佛《ぶつ》、及《ぎツ》諸《しよ》分《ぶん》身《しん》者《しや》、又《う》見《けん》我《が》今《こん》日《にち》、教《けう》化《げ》諸《しよ》菩《ぼ》薩《さつ》、
能《のう》持《じ》是《ぜ》經《けう》者《しや》、令我《りやうが》及《ぎう》分《ぶん》身《しん》、滅《めつ》度《ど》多《た》寶《ほう》佛《ぶつ》、一《いつ》切《さい》皆《かい》歡《くわん》喜《ぎ》、十《じツ》方《はう》現《げん》在《ざい》佛《ぶつ》、
并過《びやうか》去《こ》未《み》來《らい》、亦《やツ》見《けん》亦《やツ》供《く》養《やう》、亦《やく》令得《りやうとツ》歡《くわん》喜《ぎ》、諸《しよ》佛《ぶつ》坐《ざ》道《だう》場《ぢやう》、所《しよ》得《とく》秘《ひ》要《やう》法《ほふ》、
能《のう》持《じ》是《ぜ》經《けう》者《しや》、不《ふ》久《く》亦《やく》當《とう》得《とく》、能《のう》持《じ》是《ぜ》經《けう》者《しや》、於《お》諸《しよ》法《ほふ》之《し》義《ぎ》、名《みやう》字《じ》及《ぎう》言《ごん》辭《じ》、
樂《げう》說《せつ》無《む》窮《ぐう》盡《じん》、如《によ》風《ふう》於《お》空《くう》中《ちう》、一《いつ》切《さい》無《む》障礙《しやうげ》、於《お》如《によ》來《らい》滅《めつ》後《ご》、知《ち》佛《ぶツ》所《しよ》說《せツ》經《けう》、
因《いん》緣《ねん》及《ぎう》次《し》第《だい》、隨《ずい》義《ぎ》如《によ》實《じツ》說《せつ》、如《によ》日《にち》月《がつ》光《くわう》明《みやう》、能《のう》除《ぢよ》諸《しよ》幽《ゆ》冥《みやう》、斯《し》人《にん》行世《ぎやうせ》間《けん》、
能《のう》滅《めツ》衆《しゆ》生闇《じやうあん》、教《けう》無《む》量菩《りやうぼ》薩《さつ》、畢《ひつ》竟《けう》住《ぢう》一《いつ》乘《ぜう》、是《ぜ》故《こ》有《う》智《ち》者《しや》、聞《もん》此《し》功《く》德《とく》利《り》、
於《を》我《が》滅《めつ》度《ど》後《ご》、應《おう》受《じゆ》持《じ》斯《し》經《けう》、是《ぜ》人《にん》於《お》佛《ぶつ》道《だう》、決《けつ》定無《ぢやうむ》有《う》疑《ぎ》（五字ノ切リハ三字ニ讀ム事）

（注）男《をとこ》の死《し》靈《れう》を除《よ》けるときは此《こ》の神力品と提婆品と壽量品とを讀《よ》んで信《しん》

（意）心《じん》祈《き》願《ぐわん》すれば必《かなら》ず其《そ》の病氣《びやうき》の全快《ぜんくわい》するや疑《うたが》ひなし

○凶《けう》方《はう》位《ゐ》を制《せい》伏《ふく》する秘《ひ》術《じゆつ》

○凡《およ》そ年月《としつき》の暗剣《あんけん》、五黄殺《ごくわうさつ》、歳破《さいは》、月破《げつぱ》、本命《ほんめい》、的殺《てきさつ》の大凶《だいきやう》の方位《はうゐ》は如何《いか》なる大《だい》吉神《きつしん》が巡《めぐ》り居《を》るとも防《ふせ》ぎがたきの方位《はうゐ》とす

○大金神《だいこんじん》、姫金神《ひめこんじん》、金神殺《こんじんさつ》は……天徳《てんとく》、月徳《げつとく》及《およ》ひ二徳合《にとくがふ》、二徳吊宮《にとくてうきう》、還宮《くわんきう》の吉《きつ》神《しん》が巡《ぐめ》り居《を》れば障《さは》りなし天金神《てんこんじん》は丙丁《へいてい》の火《ひ》を以《もつ》て之《これ》を制伏《せいふく》し地金神《ちこんじん》は納音《なつちん》の火《ひ》を以《もつ》て之《これ》を制伏《せいふく》し或《あるひ》は寅《とら》、午《うま》、戌《いぬ》の年月《としつき》及《およ》び九紫《きうし》の火《ひ》を以《もつ》てすれば能《よ》く一切《さい》の金神《こんじ》を制伏《せいふく》することを得《う》、又《また》九紫《きうし》の人《ひと》と納音《なつちん》(相性《あひしやう》)の火《ひ》に屬《ぞく》する人《ひと》は金神殺《こんさつ》を受《う》くることとなしとす

○大將軍《たいしやうぐん》を制伏《せいふく》するには……天徳《てんとく》、月徳《げつとく》及《およ》び以下《いか》の吉神《きつしん》を以《もつ》てすべし

○死符《しふ》は……天徳《てんとく》、月徳《げつとく》、陰貴人《いんきじん》、陽貴人《やうきじん》が能《よ》く之《これ》を制伏《せいふく》す

○病符修法《びやうふしうはふ》は……天徳《てんとく》、月徳《げつとく》、天道《てんだう》、生氣《せいき》の方《はう》に向《むかつ》て之《これ》を修《しつ》すれば効驗《かうけん》あり

(病氣の咒ひのときには)

○歳刑《さいけい》、月刑《げつけい》等《とう》は……太陽《たいやう》、三奇《さんき》、祿馬《ろくば》、天徳《てんとく》、月徳《げつとく》等《とう》が能《よ》く之《これ》を制伏《せいふく》す

○官符《くわんぷ》は……陰貴人《いんきじん》、陽貴人《やうきじん》或《あるひ》は解神《げしん》、吊宮《てうきう》が能《よ》く之《これ》を制伏《せいふく》す

○黄幡《くわうはん》は……天道《てんだう》、月徳《げつとく》、二徳合《にとくがふ》が能《よ》く之《これ》を制伏《せいふく》す

○歳破《さいは》、劫殺《こうさつ》、災殺《さいさつ》は……太陽《たいやう》、祿馬《ろくば》、歳祿《さいろく》、陰貴人《いんきじん》、陽貴人《やうきじん》、天徳《てんとく》、月徳《げつとく》が能《よ》く之《これ》を制伏《せいふく》す

○土符神《どふしん》は……天徳《てんとく》、月徳合《げつとくがふ》の日《ひ》を以《もつ》て之《これ》を制伏《せいふく》す

○太歳以下《たいさいいか》の神殺《しんさつ》、大將軍《たいしやうぐん》、金神《こんじん》、土公神《どこうじん》(荒神)の臨《のぞ》む處《ところ》の地《ち》の修營《しうえい》は天徳《てんとく》、月徳《げつとく》、二徳合《にとくがふ》、天殺《てんさつ》、生氣《せいき》の日《ひ》時或《ときあるひ》は各神出遊《かくじんしゆついう》の日《ひ》に之《これ》を修《しう》すれば妨《さまた》げなし

○太歳以下《たいさいいか》の神殺《しんさつ》、金神《こんじん》、土公神等《どこうじんとう》は……麒麟星定位《きりんせいていゐ》、天徳《てんとく》、月徳《げつとく》が同宮《どうきう》に飛《ひ》會《くわい》するときは、其徳至《そのとくいたつ》て盛大《せいだい》なり佐元直指《さげんちよくし》に曰《いは》く天月徳《てんげつとく》が同宮《どうきう》に至《いた》る處《ところ》一切《さい》の凶殺恐《きようさつおそ》らく之《これ》を壓倒《あつたう》すべしと

○年の凶方は月《つき》の吉神《きつしん》を以《もつ》て之《これ》を防《ふせ》ぎ○月の凶方は日《ひ》の吉神《きつしん》を以《もつ》て之《これ》を補《おぎな》ふべし日の凶方なるときは刻限《こくげん》の吉《きち》を以《もつ》て之《これ》を救《すく》ふことを得《う》べし然《しか》れとも凶神相映《きようしんさうえい》に乘《じよう》ずれば妄《みだ》りに之《これ》を犯《をか》すべからず

總《すべ》て吉凶同會《きつきようどうくわい》して、吉《きち》が大《だい》にして凶《きよう》の小《せう》なるときは其吉《そのきち》に從《したが》ふて事《こと》を行《おこな》ふべし又凶重《またきようおも》くして吉輕《きちかる》きときは其凶《そのきよう》を恐《おそ》れて之《これ》を愼《つゝ》しむべし唯能《たゞよ》く吉凶《きつきよう》の輕《けい》重大小《ぢうだいせう》を審《つまびら》かにして萬事《ばんじ》を決《けつ》すべしと先賢《せんけん》は言《い》はれたり

協紀辨方書《けうきべんはうしよ》に曰《いは》く吉凶《きつきよう》に輕重《けいぢう》あり、大《だい》なる者は之《これ》を避《さ》け、中《ちう》なる者《もの》は之《これ》を制伏《せいふく》し、小《せう》なる者《もの》は吉星《きつせい》、吉神《きちしん》を以《もつ》て之《これ》を除《のぞ》くべしと之《こ》れ制殺《せいさつ》、生化《せいくわ》の法《はふ》にして方鑑活要《はうかんかつやう》の秘術《ひじゆつ》なり

注意 暗劍《うんけん》、歳破《さいは》、五黄《ごわう》、本命《ほんめい》、的殺《てきさつ》の大凶方位《だいきようはうゐ》と及《およ》び天道《てんだう》、月德《げつとく》、天德《てんとく》、生《せい》氣等《きとう》の吉神《きちじん》の巡《めぐ》り居《を》る毎年《まいねん》、毎月《まいげつ》の大吉方位《だいきちはうゐ》は『家和方位圖解秘傳《かわはうゐずかいひでん》』の八十四頁に精《くは》しく載《の》せてあり

○祈禱《きとう》に用《もち》ゐる大吉日《だいきちび》と諸願《しよぐわん》成就《せいじゆ》の日《ひ》と三隣亡《さんりんばう》の日《ひ》

○天星玉女《てんせいぎよくぢよ》……諸願成就《しよぐわんせいじゆ》と諸事《しよじ》の祈禱《きとう》に之《これ》を用《もち》ゐる最《さい》大吉方《だいきつぱう》とす

○色星玉女《しきせいぎよくぢよ》……新衣《しんい》を着《き》、及《およ》び裁縫《さいほう》を始《はじ》むるとき此《こ》の方《はう》位《ゐ》に向《むか》つてすれば息災《そくさい》、無病《むびやう》の最大吉方位《さいだいきつはうゐ》とす

○多願玉女《たぐわんぎよくぢよ》……出船《でふね》、旅行《たびだち》、出陣《しゆつぢん》するに此《こ》の方位《はうゐ》に向《むか》つ

		(南)		
	巳辰 巽方	午方	坤方 未申	
(東)	卯方		酉方	(西)
	寅丑 艮方	子方	乾方 亥戌	
		(北)		

但《たゞ》し其《そ》の方位《はうゐ》を左《さ》に示《しめ》せば天星玉女《てんせいぎよくぢよ》は舊正月《きうしやうぐわつ》は卯方《うのかた》(東)に在《あ》り色星玉女《しきせいぎよくぢよ》は舊正月《きうしやうぐわつ》
て行《ゆ》けば最大吉方位《さいだいきつはうゐ》とす

（之ハ舊暦ノ）

名	正月	二月	三月	四月	五月	六月	七月	八月	九月	十月	十一月	十二月
天星玉女	卯方	寅方	卯方	巳方	寅方	寅方	坤方	子方	亥方	坤方	子方	申方
色星玉女	酉方	午方	午方	亥方	午方	卯方	巽方	乾方	子方	巽方	坤方	酉方
多願玉女	乾方	申方	巳方	乾方	申方	巳方	艮方	巽方	亥方	艮方	艮方	亥方
三隣亡日	亥日	寅日	午日	亥日	寅日	午日	亥日	寅日	午日	亥日	寅日	午日

は酉方《とりかた》に在《あ》り多願玉女《たぐわんぎよくぢよ》は舊正月《きうしやうぐわつ》は乾方《いぬゐかた》(西北間)に在《あ》り以下《いか》之《こ》れと同《おな》じ

◎三隣亡《さんりんばう》の日《ひ》は屋造《やづく》り普請《ふしん》を忌《い》む日《ひ》なり而《しか》して舊正月《きうしやうぐわつ》は亥日《ゐのひ》、二月《ぐわつ》は寅日《とらのひ》、三月《ぐわつ》は午日《うまのひ》、四月は亥日、五月は寅日、六月は午日、七月は亥日、以下《いか》之《こ》れと同《おな》じとす

○三鏡玉女《さんきやうぎよくぢよ》の名《な》と吉神《きつじん》の名《な》と歳破《さいは》、金神《こんじん》の名《な》の秘説《ひせつ》

天《てん》星玉女《せいぎよくによ》、色星玉女《しやせいぎよくによ》、多願玉女《たぐわんぎよくによ》とは即《すなは》ち歳徳神《さいとくじん》、頗梨采女《はりさいぢよ》、稻田姫《いなだひめ》(素盞嗚尊《スサノヲノミコト》の妻《つま》)の三名《めい》のことを言《い》ひて此《こ》の三名《めい》は一體《たい》の玉女《ぎよくによ》にして萬事《ばんじ》に之《これ》を用《もち》ふるときは福分《ふくぶん》無量《むりやう》にして大吉方《だいきつぱう》の方位《はうゐ》とす是《これ》は南海《なんかい》の龍女《りうぢよ》にして、容貌美麗《ようばうびれい》、即《すなは》ち八將神《はつしやうじん》の母《はゝ》なりと云《い》へり

○天道神《てんどうじん》、牛頭天王《ごづてんわう》、武塔天神《むとうてんじん》、素盞嗚尊《すさのをのみこと》の以上《いじやう》四名《めい》は一體《たい》の神《かみ》にして萬事《ばんじ》に大《だい》吉《きち》、此《こ》の方位《はうゐ》に向《むかつ》て胞衣《えな》を納《をさ》め鞍《くら》を置《お》き始《はじ》め其外《そのほか》一切成就《さいじやうじゆ》の方位《はうゐ》とす但《たゞ》し以上《いじやう》の神《かみ》は慈悲《じひ》深《ふか》く大《だい》なるを以《もつ》て不淨不潔物《ふじやうふけつぶつ》を厭《いと》ひ給《たま》はざれど他《た》の神《かみ》は然《しか》らず而《しか》して鞍《くら》を置《お》き始《はじ》めるに吉《きち》とは牛頭天王《ごづてんわう》は天竺《てんぢく》(印度《いんど》)より車馬《しやば》に乘來《のりきた》りけるより斯《か》く云《い》へるとぞ又《また》『天徳神《てんとくじん》』とは「蘇民將來《そみんしやうらい》」の別號《べつがう》なり又備後《またびんご》の風土記《ふうどき》に曰《いは》く昔《むかし》北《ほく》海《かい》の武塔天神《むとうてんじん》が南海《ないかい》の龍女《りうぢよ》に通《かよ》へりと其註《そのちう》に曰《いは》く武塔天神《むとうてんじん》とは即《すなは》ち素盞嗚尊《すさのをのみこと》(天照皇太神の弟)の別號《べつがう》なり而《しか》して南海《なんかい》の龍女《りぢよ》とは稻田姫《いなだひめ》のことを云へりとあり

○八將神《はつしやうじん》とは牛頭天王《ごづてんわう》の子《こ》にして八人《にん》の王子《わうじ》を云《い》ふ

○歳破神《さいは》とは良侍天王《りやうじてんわう》のことにて本地《ほんち》は河伯《かはく》の大水神《だいすゐじん》なり毎年《まいねん》、太歳《たいさい》と向《む》き合《あ》うてあり此《こ》の方位《はうゐ》に向《むかつ》て舟《ふね》を乘出《のりだ》し又造作《またざうさく》、普請《ふしん》、屋移《やうつり》抔《など》すべからず又此《またこ》の方位《はうゐ》より牛馬《ぎうは》など求《もと》むべからず必《かなら》す凶《けう》なる故《こ》ありとす

○太歳神《たいさいじん》とは摠光天王《そうくわうてんわう》のことにて本地《ほんち》は藥師如來《やくしによらい》なり此《こ》の方位《はうゐ》は萬事吉《ばんじきち》にして其《そ》の利益《りやく》の著《いちじる》しきこと歳徳神《としとくじん》に劣《をと》らずとす、然《しか》し生木《なまき》を切《き》るとき此方位《このはうい》に向《むか》へば祟《たゝ》りありとす

○金神《こんじん》とは『蘇民將來《そみんしやうらい》』の兄《あに》の巨旦大王《こたんだいわう》のことにて金性《かねしやう》にて魂《たましひ》七つあるが故《ゆゑ》に金神《こんじん》七殺《さつ》とは云《い》へり此《こ》の方位《はうゐ》に向《むか》て普請《ふしん》、造作《ざうさく》、塀《へい》、石垣《いしがき》杯《など》造《つく》るべからず又《また》結婚《けつこん》するも凶《けう》とす

○方災除《はうさいよ》けの秘法《ひはふ》

之《コ》レハ普請《フシン》、引越《ヒキコシ》、嫁入《ヨメイリ》、聟取《ムコトリ》等《トウ》ニ就《ツ》キ知《シ》ラズ〳〵凶《ワル》キ方位《ハウヰ》ヘ行《イツ》タリ、普請《フシン》シタリ引越《ヒツコシ》シタリシテ方位《ハウヰ》ノ障《サハ》リヲ受《ウ》ケシ時《トキ》ニスル秘法《ヒハフ》

人《ひと》、誤《あやま》りて方災《はうさい》を犯《をか》したるとき其《そ》の方災《はうさい》を免《まぬか》れんとするには天徳《てんとく》、月徳《げつとく》、天道《てんどう》、生氣《せいき》の巡《めぐ》り居《を》る其《そ》の年月《としつき》の方位《はうゐ》を見《み》て其《そ》の方位《はうゐ》の神社《じんじや》或《あるひ》は寺《てら》の處《ところ》の清《きよ》き土《つち》或《あるひ》は砂《すな》五合《がふ》ほど取《と》り來《きた》りて香《かう》を焼《た》きて後《のち》其《そ》れを家《うち》の床下《ゆかした》及《およ》び家《うち》の周《まは》りへ蒔《ま》くべし若《も》し吉方位《きつはうゐ》に神社《じんじや》、寺《てら》がなきときは其《そ》の方位《はうゐ》で最《もつと》も清《きよ》き砂《すな》を取《と》り來《きた》り其《そ》れを洗《あら》ひ清《きよ》め

以上《いじやう》の如《ごと》く蒔《ま》くべし然《しか》るときは凶方《きようはう》は一變《ぺん》して災《わざわ》ひはなくなるものとす

○星《ほし》祭《まつ》り、胞衣《えな》祭《まつり》の祭式《さいしき》

星祭《ホシマツ》リトハ其年《ソノトシ》ノ星《ホシ》ト自分《ジブン》ノ星《ホシ》ト相尅《サウコク》シテ凶《ワル》ク随《シタガツ》テ今年《コトシ》ノ運勢《ウンセイ》ノ凶《ワル》キヲ改《アラタ》メナホサントテ其《ソ》レヲ祭《マツ》ルコトヲ云《イ》フ例《タト》ヘバ當年《トウネン》三碧《サンペキ》年ナレバ二黑五黄八白ノ人《ヒト》ハ其年《ソノトシ》ノ三碧《ペキ》ノ星《ホシ》ト相尅《サウコク》シテ居《ヲ》レバ凶《キヨ》トス故《ユヱ》ニ此等《コレラ》ノ人《ヒト》ハ星祭《ホシマツ》リヲシテ悪運《アクウン》ヲ拂《ハラ》ツテ吉運《ヨキウン》トスルナリ其他《ソノタ》方災《ハウサイ》デモ祟《タヽ》リデモ百事《ジ》凶《キヨ》ヲ避《サ》ケテ吉《キチ》トスル祭式《サイシキ》○又胞衣《マタエナ》ノ埋《ウ》メタ方位《ハウヰ》ノ凶《ワル》キノモ星祭《ホシマツ》リヲスレバ其《ソ》レデ方災《ハウサイ》モ障《サハ》リモナク其子《ソノコ》ハ無病《ムビヤウ》デ壯健《サウケン》ニ育《ソダ》ツモノトスト言《イ》ヒ傳《ツタ》ヘテアリ

二黑《こく》、五黄《わう》、八白《ぱく》の人《ひと》の星《ほし》を祭《まつ》るには黄色《きいろ》の御幣《ごへい》を製《つく》りて祭《まつ》り又《また》一白《ぱく》、六白《ぱく》の人《ひと》の星《ほし》を祭《まつ》るには白色《しろ》の御幣《ごへい》を製《つく》りて祭《まつ》り又《また》三碧《ぺき》、四緑《ろく》の人《ひと》の星《ほし》を祭《まつ》るには青色《あを》の御幣《ごへい》を製《つく》りて祭《まつ》り其他《そのた》、七赤《せき》、九紫《し》の人《ひと》の星《ほし》を祭《まつ》るには赤色《あか》の御幣《ごへい》を製《つく》りて祭《まつ》るものとす

生氣《せいき》の方《はう》にて神社《じんしや》の土《つち》或《あるひ》は砂《すな》を凡《およ》そ五合《がふ》ほど取《と》り來《きた》て其上《そのうへ》に御幣《ごへい》を安《やす》んずるを法式《はふしき》とす

○神前《しんぜん》に供《そな》へる品物《しなもの》

神酒《みき》、燈明《とうみやう》、名香《めいかう》、洗米《せんまい》、小豆《あづき》、餅《もち》、菓子《くわし》、五穀《ごこく》、黒胡麻《くろごま》、大棗《なつめ》、榧《かや》、昆布《こんぶ》、葉《は》茶《ちや》、金銀紙幣《きんぎんしへい》、神施《しんせ》(之れは布類、反物、手拭などの品のこと)等とす

○壽量品《じゆりやうほん》

星祭《ホシマツ》リ(其人一年中ノ惡運ヲ拂テ福德ヲ招キ迎フルコト養蠶《ヤウサン》ノ豐《ヨ》クデキルヤウニト祈願《キグワン》スルトキト及《オヨ》ビ疱瘡《ハウサウ》ノ出《デ》ヌトキ瘧《フルヒ》ハ病氣《ビヤウキ》平癒《ヘイユウ》ヲ祈《イノ》ルトキ又《マタ》ハ家《カ》屋《ヲク》新築《シンチク》ノトキニ此《コ》ノ壽量品ヲ唱《トナ》ヘテ信心《シンジン》スレバ必《カナラ》ズ幸福《カウフク》ニ有附《アリツ》キテ大《オホヒ》ニ繁昌《ハンジヤウ》ヲ來《キタ》スモノトス◎本命星《ホンメイセイ》ノ祭《マツ》リハ此《コ》ノ壽量品ノ中《ウチ》ノ自我偈ノミヲ唱《トナ》ヘテモヨキ事《コト》◎方災除《ハウサイヨ》ケニハ此《コ》ノ壽量品ト序品ヲ唱《トナ》ヘル事《コト》

爾時《にじ》佛告《ぶつごう》、諸菩薩《しよぼさつ》及《きう》、一切《いつさい》大衆《だいしゆ》、諸善男子《しよぜんなんし》、汝等《によとう》當信解《とうしんげ》、如來《によらい》誠諦《じやうたい》、之《し》語《ご》復《ぶ》告《ごう》大《だい》

衆《しゆ》汝《によ》等《とう》、當《とう》信《しん》解《げ》、如《によ》來《らい》誠《じやう》諦《たい》、之《し》語《ご》又《う》復《ぶ》告《こう》、諸《しよ》大《だい》衆《しゆ》、汝《によ》等《とう》當《とう》信《しん》解《げ》、如《によ》來《らい》諸《しよ》諦《たい》之《し》語《ご》、是《ぜ》時《じ》菩《ぼ》薩《さつ》、大《だい》衆《しゆ》彌《み》勒《ろく》、爲《ゐ》首《しゆ》合《がつ》掌《しやう》、白《びやく》佛《ぶつ》言《ごん》、世《せ》尊《そん》唯《ゆい》願《がん》、說《せつ》之《し》我《が》等《とう》、當《とう》信《しん》受《じゆ》、佛《ぶつ》語《ご》如《によ》是《ぜ》、三《さん》白《びやく》已《い》復《ぶ》言《ごん》、唯《ゆい》願《がん》說《せつ》之《し》、我《が》等《とう》當《とう》信《しん》受《じゆ》、佛《ぶつ》語《ご》、爾《に》時《じ》世《せ》尊《そん》、知《ち》諸《しよ》菩《ぼ》薩《さつ》、三《さん》請《じやう》不《ふ》止《し》、而《に》告《こう》之《し》言《ごん》、汝《によ》等《とう》諦《たい》聽《ちやう》、如《によ》來《らい》秘《ひ》密《みつ》、神《じん》通《づう》之《し》力《りき》、一《いつ》切《さい》世《せ》間《けん》、天《てん》人《にん》及《ぎう》、阿《あ》修《しゆ》羅《ら》、皆《かい》謂《い》今《こん》、釋《しや》迦《か》牟《む》尼《に》佛《ぶつ》、出《しゆつ》釋《しやく》氏《し》宮《ぐう》、去《こ》伽《か》耶《や》城《じやう》、不《ふ》遠《をん》坐《ざ》於《を》、道《だう》場《ぢやう》得《とく》、阿《あ》耨《のく》多《た》羅《ら》、三《さん》藐《みやく》三《さん》菩《ぼ》提《だい》然《ねん》、善《ぜん》男《なん》子《し》、我《が》實《じつ》成《じやう》佛《ぶつ》、已《い》來《らい》、無《む》量《りやう》無《む》邊《へん》、百《ひやく》千《せん》萬《まん》億《のく》、那《な》由《ゆ》他《た》劫《こう》、譬《ひ》如《によ》、五《ご》百《ひやく》千《せん》萬《まん》億《のく》、那《な》由《ゆ》他《た》、阿《あ》僧《そう》祇《ぎ》、三《さん》千《ぜん》大《だい》千《せん》世《せ》界《かい》、假《け》使《し》有《う》人《にん》、抹《まつ》爲《ゐ》微《み》塵《じん》、過《くわ》於《を》東《とう》方《はう》、五《ご》百《ひやく》千《せん》萬《まん》億《のく》、那《な》由《ゆ》他《た》、阿《あ》僧《ぞう》祇《ぎ》國《こく》、乃《ない》下《げ》一《いち》塵《じん》、如《によ》是《ぜ》東《とう》行《ぎやう》、盡《じん》是《ぜ》微《み》塵《じん》、諸《しよ》善《ぜん》男《なん》子《し》、於《を》意《い》云《うん》何《か》、是《ぜ》諸《しよ》世《せ》界《かい》、可《か》得《とく》思《し》惟《ゆい》、校《けう》計《け》、知《ち》其《ご》數《しゆ》不《ふ》、彌《み》勒《ろく》菩《ぼ》薩《さつ》、等《とう》倶《ぐ》、白《びやく》佛《ぶつ》言《ごん》、世《せ》尊《そん》、是《ぜ》諸《しよ》世《せ》界《かい》、無《む》量《りやう》無《む》邊《へん》、非《ひ》算《さん》數《じゆ》所《しよ》、知《ち》亦《やく》非《ひ》心《しん》力《りき》所《しよ》及《ぎう》、一《いつ》切《さい》聲《しやう》聞《もん》、辟《びやく》支《し》佛《ぶつ》以《い》、無《む》漏《ろ》智《ち》、不《ふ》能《のう》思《し》惟《ゆい》、知《ち》其《ご》限《げん》數《しゆ》、我《が》等《とう》住《ぢう》、阿《あ》惟《ゆい》越《をつ》致《ち》地《ぢ》、於《お》是《ぜ》事《じ》中《ちう》、亦《やく》所《しよ》不《ふ》達《だつ》、世《せ》尊《そん》如《によ》是《ぜ》、諸《しよ》世《せ》界《かい》、無《む》量《りやう》無《む》邊《へん》、爾《に》時《じ》佛《ぶつ》告《こう》、大《だい》菩《ぼ》薩《さつ》衆《しゆ》、諸《しよ》善《ぜん》男《なん》子《し》、今《こん》當《とう》分《ふん》明《みやう》、宣《せん》語《ご》汝《によ》等《とう》、是《ぜ》諸《しよ》世《せ》界《かい》、若《にや》著《ちやく》、微《み》塵《ぢん》及《ぎう》、不《ふ》著《ちやく》者《しや》、盡《じん》以《い》爲《い》塵《じん》、一《いち》塵《じん》一《いち》劫《こう》、我《が》成《じやう》佛《ぶつ》已《い》來《らい》、復《ぶ》過《くわ》於《を》此《し》、百《ひやく》千《せん》萬《まん》億《のく》那《な》由《ゆ》陀《だ》、阿《あ》僧《そう》祇《ぎ》、劫《こう》、自《じ》從《じう》是《ぜ》來《らい》、我《が》常《じやう》在《ざい》此《し》、娑《しや》婆《ば》世《せ》界《かい》、説《せつ》法《ぽう》教《けう》化《け》、亦《やく》於《を》餘《よ》處《しよ》、百《ひやく》千《せん》萬《まん》億《の》、那《な》由《ゆ》佗《だ》、阿《あ》僧《そ》祇《ぎ》國《こ》、導《どう》利《り》衆《しゆ》生《じやう》、諸《しよ》、善《ぜん》男《なん》子《し》、於《を》是《ぜ》中《ちう》間《げん》、我《が》説《せつ》然《ねん》燈《とう》佛《ぶつ》等《とう》、又《う》復《ぶ》言《ごん》其《ご》、入《にう》於《を》涅《ね》槃《はん》、如《によ》是《ぜ》皆《かい》以《い》、方《はう》便《べん》分《ぶん》別《べつ》、諸《しよ》、善《ぜん》男《なん》子《し》、若《にやく》有《う》衆《しゆ》生《じやう》、來《らい》至《し》我《が》所《しよ》、我《が》以《い》佛《ぶつ》眼《げん》、觀《くわん》其《ご》信《しん》等《とう》、諸《しよ》根《こん》利《り》鈍《どん》、隨《ずい》所《しよ》應《おう》度《ど》、處《しよ》々《〱》自《じ》説《せつ》、名《みやう》字《じ》不《ふ》同《どう》、年《ねん》紀《き》大《だい》小《しやう》、亦《やく》復《ぶ》現《げん》言《ごん》、當《たう》入《にう》涅《ね》槃《はん》、又《う》以《い》種《しゆ》々《〱》、方《はう》便《べん》説《せつ》、微《み》妙《みやう》法《ほふ》、能《のう》令《りやう》衆《しゆ》生《じやう》發《ほつ》、歡《くわん》喜《ぎ》心《しん》、諸《しよ》、善《ぜん》男《なん》子《し》、如《によ》來《らい》見《けん》諸《しよ》、衆《しゆ》生《じやう》樂《げう》於《を》、小《せう》法《ほふ》德《とく》薄《はく》、垢《く》重《ぢう》者《しや》、爲《ゐ》是《ぜ》人《にん》説《せつ》、我《が》少《しようしゆつ》出家《け》、得《とく》阿《あ》耨《のく》多《た》羅《ら》、三《さん》藐《みやく》三《さん》菩《ぼ》提《だい》、然《ねん》我實《じつ》成《じやう》佛《ぶつ》已《い》來《らい》、久《く》遠《をん》若《にやく》斯《し》、但《たん》以《い》方《はう》便《べん》、教《けう》化《け》衆《しゆ》生《じやう》、令《れう》入《にう》佛《ぶつ》道《だう》、作《さ》如《によ》是《ぜ》説《せつ》、諸《しよ》、善《ぜん》男《なん》子《し》、如《によ》來《らい》所《しよ》演《えん》、經《きやう》典《でん》皆《かい》爲《ゐ》、度《ど》脱《だつ》衆《しゆ》生《じやう》、或《わく》説《せつ》己《こ》身《しん》、或《わく》説《せつ》佗《た》身《しん》、或《わく》示《じ》己《こ》身《しん》、或《わく》示《じ》佗《た》身《しん》、或《わく》示《じ》己《こ》事《じ》、或《わく》示《じ》佗《だ》事《じ》、諸《しよ》所《しよ》言《ごん》説《せつ》、皆《かい》實《じつ》不《ふ》虚《こ》、所《しよ》以《い》者《しや》何《が》、如《によ》來《らい》如《によ》實《じつ》、知《ち》見《けん》、三《さん》界《がい》之《し》相《さう》、無《む》有《う》生《じやう》死《じ》、若《にやく》退《たい》若《にやくしゆつ》出、亦《やく》無《む》在《ざい》世《せ》及《ぎふ》、滅《めつ》度《ど》者《しや》、非《ひ》實《じつ》非《ひ》虚《こ》、非《ひ》如《によ》非《ひ》異《い》、不《ふ》如《によ》三《さん》界《がい》、見《けん》於《を》三《さん》界《がい》、如《によ》斯《し》之《し》事《じ》、如《によ》來《らい》明《みやう》見《けん》、無《む》有《う》錯《しやく》謬《めう》、以《い》諸《しよ》衆《しゆ》生《じやう》、有《う》、種《しゆ》々《〱》性《しやう》、種《しゆ》々《〱》

欲《よく》、種《しゆ》々《〱》行《ぎやう》、種《しゆ》々《〱》憶《おく》想《さう》、分《ふん》別《べつ》故《こ》、欲《よく》令《りやう》生《しやう》、諸《しよ》善《ぜん》根《こん》、以《い》若《にやく》干《かん》因《いん》緣《ねん》、譬《ひ》諭《ゆ》言《ごん》辭《じ》、種《しゆ》々《〱》說《せつ》法《ぽふ》、所《しよ》作《さ》佛《ぶつ》事《じ》、未《み》曾《ぞう》暫《ざん》廢《はい》、如《によ》是《ぜ》我《が》成《じやう》佛《ぶつ》已《い》來《らい》、甚《じん》大《だい》久《く》遠《をん》、壽《じゆ》命《みやう》無《む》量《りよう》、阿《あ》僧《そう》祇《ぎ》劫《こう》、常《じやう》住《ぢう》不《ふ》滅《めつ》、諸《しよ》善《ぜん》男《なん》子《し》、我《が》本《ほん》行《ぎやう》菩《ぼ》薩《さつ》道《だう》、所《しよ》成《じやう》壽《じゆ》命《みやう》、今《こん》猶《ゆ》未《み》盡《じん》、復《ぶ》倍《ばい》上《じやう》數《しゆ》、然《ねん》今《こん》非《ひ》實《じつ》滅《めつ》度《ど》、而《に》便《べん》唱《しやう》言《ごん》、當《たう》取《しゆ》滅《めつ》度《ど》、如《によ》來《らい》以《い》是《ぜ》方《はう》便《べん》、敎《けう》化《け》衆《しゆ》生《じやう》、所《しよ》以《い》者《しや》何《が》、若《にやく》佛《ぶつ》久《く》住《ぢう》於《を》世《せ》、薄《はく》德《とく》之《し》人《にん》、不《ふ》種《しゆ》善《ぜん》根《こん》、貧《びん》窮《ぐう》下《げ》賤《せん》、貪《とん》著《ぢやく》五《ご》欲《よく》、入《にう》於《を》憶《おく》想《さう》、妄《まう》見《けん》網《まう》中《ちう》、若《にやく》見《けん》如《によ》來《らい》、常《じやう》在《ざい》不《ふ》滅《めつ》、便《べん》起《き》憍《けう》恣《し》、而《に》懷《え》厭《えん》怠《だい》、不《ふ》能《のう》生《しやう》於《を》難《なん》遭《ぞう》之《し》想《さう》、恭《く》敬《ぎやう》之《し》心《しん》、是《ぜ》故《こ》如《によ》來《らい》、以《い》方《はう》便《べん》說《せつ》、比《び》丘《く》當《たう》知《ち》、諸《しよ》佛《ぶつ》出《しゆつ》世《せ》、難《なん》可《か》値《ち》遇《ぐ》、所《しよ》以《い》者《しや》何《が》、諸《しよ》薄《はく》德《とく》人《にん》、過《くわ》無《む》量《りやう》百《ひやく》千《せん》萬《まん》億《のく》劫《こう》、或《わく》有《う》見《けん》佛《ぶつ》、或《わく》不《ふ》見《けん》者《しや》、以《い》此《し》事《じ》故《こ》、我《が》作《さ》是《ぜ》言《ごん》、諸《しよ》比《び》丘《く》、如《によ》來《らい》難《なん》可《か》得《とく》見《けん》、斯《し》衆《しゆ》生《じやう》等《とう》、聞《もん》如《によ》是《ぜ》語《ご》、必《ひつ》當《たう》生《しやう》於《を》、難《なん》遭《ざう》之《し》想《さう》、心《しん》懷《え》戀《れん》慕《ぼ》、渴《かつ》仰《がう》於《を》佛《ぶつ》、便《べん》種《しゆ》善《ぜん》根《こん》、是《ぜ》故《こ》如《によ》來《らい》、雖《すい》不《ふ》實《じつ》滅《めつ》、而《に》言《ごん》滅《めつ》度《ど》

又《う》、善《ぜん》男《なん》子《し》、諸《しよ》佛《ぶつ》如《によ》來《らい》、法《ほふ》皆《かい》如《によ》是《ぜ》、爲《ゐ》度《ど》衆《しゆ》生《じやう》、皆《かい》實《じつ》不《ふ》虛《こ》、譬《ひ》如《によ》良《らう》醫《い》、智《ち》慧《ゑ》聰《そう》達《だつ》、明《みやう》練《れん》方《はう》藥《や》、善《ぜん》治《ぢ》衆《しゆ》病《びやう》、其《ご》人《にん》多《た》諸《しよ》子《し》息《そく》、若《にやく》十《じふ》二《に》十《じふ》、乃《ない》至《し》百《ひやく》數《しゆ》、以《い》有《う》事《じ》緣《えん》、遠《をん》至《し》餘《よ》國《こく》、諸《しよ》子《し》於《を》後《ご》、飲《おん》佗《だ》毒《どく》藥《やく》、藥《やく》發《ぼつ》悶《もん》亂《らん》、宛《えん》轉《でん》于《う》地《ぢ》、是《ぜ》時《じ》其《ご》父《ぶ》、還《げん》來《らい》歸《き》家《け》、諸《しよ》子《し》飲《をん》毒《どく》、或《わく》失《しつ》本《ほん》心《しん》、

或《わく》不《ふ》失《しつ》者《しゃ》、遙《えう》見《けん》其《ご》父《ぶ》、皆《かい》大《だい》歡《かん》喜《き》、拜《はい》跪《き》問《もん》訊《じん》、善《ぜん》安《あん》穩《のん》歸《き》、我《が》等《とう》愚《ぐ》癡《ち》、誤《ご》服《ぶく》毒《どく》藥《やく》、願《ぐわん》見《けん》救《く》療《れう》、更《きやう》賜《し》壽《じゅ》命《みやう》、父《ぶ》見《けん》子《し》等《とう》、苦《く》惱《なう》如《にょ》是《ぜ》、依《え》諸《しょ》經《きやう》方《はう》、求《ぐ》好《かう》藥《やく》草《さう》、色《しき》香《かう》美《み》味《み》、皆《かい》悉《しつ》具《ぐ》足《そく》、擣《たう》篩《し》和《わ》合《がう》、與《よ》子《し》令《りやう》服《ぶく》、而《に》作《さ》是《ぜ》言《ごん》、此《し》大《だい》良《らう》藥《やく》、色《しき》香《かう》美《み》味《み》、皆《かい》悉《しつ》具《ぐ》足《そく》、汝《にょ》等《とう》可《か》服《ぶく》、速《そく》除《ぢょ》苦《く》惱《のう》、無《む》復《ぶ》衆《しゅ》患《げん》、其《ご》諸《しょ》子《し》中《ちう》、不《ふ》失《しつ》心《しん》者《じゃ》、見《けん》此《し》良《らう》藥《やく》、色《しき》香《かう》倶《ぐ》好《かう》、即《そく》便《べん》服《ぶく》之《し》、病《びやう》盡《じん》除《ぢょ》愈《ゆ》、餘《よ》失《しん》心《しん》者《じゃ》、見《けん》其《ご》父《ぶ》來《らい》、雖《すい》亦《やく》歡《くわん》喜《ぎ》問《もん》訊《じん》、求《ぐ》索《しやく》治《ぢ》病《びやう》、然《ねん》與《よ》其《ご》藥《やく》、而《に》不《ふ》肯《こう》服《ぶく》、所《しょ》以《い》者《しゃ》何《が》、毒《どく》氣《き》深《じん》入《にう》、失《しつ》本《ぽん》心《しん》故《こ》、於《を》此《し》好《かう》色《しき》香《かう》藥《やく》、而《に》謂《い》不《ふ》美《み》、父《ぶ》作《さ》是《ぜ》念《ねん》、此《し》子《し》可《か》愍《みん》、爲《ゐ》毒《どく》所《しょ》中《ちう》、心《しん》皆《かい》顚《てん》倒《だう》、雖《すい》見《けん》我《が》喜《き》、求《ぐ》索《しやく》救《く》療《れう》、如《にょ》是《ぜ》好《かう》藥《やく》、而《に》不《ふ》肯《かう》服《ぶく》、我《が》今《こん》當《たう》設《せつ》方《はう》便《べん》、令《りやう》服《ぶく》此《し》藥《やく》、即《そく》作《さ》是《ぜ》言《ごん》、汝《にょ》等《とう》當《たう》知《ち》、我《が》今《こん》衰《すい》老《らう》、死《し》時《じ》已《い》至《し》、是《ぜ》好《こう》良《らう》藥《やく》、今《こん》留《る》在《ざい》此《し》、汝《にょ》可《か》取《しゅ》服《ぶく》、勿《もつ》憂《う》不《ふ》差《さい》、作《さ》是《ぜ》教《けう》已《い》、復《ぶ》至《し》他《た》國《こく》、遣《けん》使《し》還《げん》告《かう》、汝《にょ》父《ぶ》已《い》死《し》、是《ぜ》時《じ》諸《しょ》子《し》、聞《もん》父《ぶ》背《はい》喪《さう》、心《しん》大《だい》憂《う》惱《のう》、而《に》作《さ》是《ぜ》念《ねん》、若《にゃく》父《ぶ》在《ざい》者《しゃ》、慈《じ》愍《みん》我《が》等《とう》、能《のう》見《けん》救《く》護《ご》、今《こん》者《じゃ》捨《しゃ》我《が》、遠《をん》喪《さう》他《た》國《こく》、自《じ》惟《ゆい》孤《こ》露《ろ》、無《む》復《ぶ》恃《じ》怙《こ》、常《じやう》懷《ゑ》悲《ひ》感《かん》、心《しん》遂《すい》醒《しやう》悟《ご》、乃《ない》知《ち》此《し》藥《やく》、色《しき》香《かう》味《み》美《み》、即《そく》取《しゅ》服《ぶく》之《し》、毒《どく》病《びやう》皆《かい》愈《ゆ》、其《ご》父《ぶ》聞《もん》子《し》、悉《しつ》已《い》得《とく》差《さい》、尋《じん》便《べん》來《らい》歸《き》、咸《げん》使《し》見《けん》之《し》、諸《しょ》善《ぜん》男《なん》子《し》、於《を》意《い》云《うん》何《が》、頗《は》有《う》人《にん》能《のう》説《せつ》此《し》良《らう》醫《い》、虚《こ》妄《まう》罪《ざい》不《ふ》、不《ほつ》也《ちや》世《せ》尊《そん》、佛《ぶつ》言《ごん》我《が》亦《やく》、如《によ》是《ぜ》成《じやう》佛《ぶつ》已《い》來《らい》、無《む》量《りやう》無《む》邊《へん》、百《ひやく》千《せん》萬《まん》億《のく》、那《な》由《ゆ》陀《だ》、阿《あ》僧《そう》祇《ぎ》劫《こふ》、爲《ゐ》衆《しゆ》生《じやう》故《こ》、以《い》方《はう》便《べん》力《りき》、言《ごん》當《たう》滅《めつ》度《ど》、亦《やく》無《む》有《う》能《のう》、如《によ》法《ほふ》說《せつ》我《が》、虛《こ》妄《もう》過《くわ》者《しや》、爾《に》時《じ》世《せ》尊《そん》、欲《よく》重《ぢう》宣《せん》此《し》義《ぎ》、而《に》說《せつ》偈《げ》言《ごん》（是ヨリ以下ヲ自我偈ト云フ）

自《じ》我《が》得《とく》佛《ぶつ》來《らい》、所《しよ》經《けう》諸《しよ》劫《こう》數《しゆ》、無《む》量《りやう》百《ひやく》千《せん》萬《まん》、億《をく》載《さい》阿《あ》僧《そう》祇《ぎ》、常《じやう》說《せツ》法《ぼふ》敎《けう》化《げ》、無《む》數《しゆ》億《をく》衆《しゆ》生《じやう》、令《りやう》入《にう》於《を》佛《ぶつ》道《どう》、爾《に》來《らい》無《む》量《りよう》劫《こう》、爲《ゐ》度《ど》衆《しゆ》生《じやう》故《こ》、方《はう》便《べん》現《げん》涅《ね》槃《はん》、而《に》實《じつ》不《ふ》滅《めつ》度《ど》、常《じよう》住《ぢう》此《し》說《せツ》法《ぼふ》、我《が》常《じやう》住《ぢう》於《を》此《し》、以《い》諸《しよ》神《じん》通《つう》力《りき》、令《りやう》顚《てん》倒《どう》衆《しゆ》生《じやう》、雖《すい》近《こん》而《に》不《ふ》見《けん》、衆《しゆ》見《けん》我《が》滅《めつ》度《ど》、廣《こう》供《く》養《やう》舍《しや》利《り》、咸《げん》皆《かい》懷《え》戀《れん》慕《ぼ》、而《に》生《しやう》渴《かつ》仰《こう》心《しん》、衆《しゆ》生《じやう》旣《き》信《しん》伏《ぶく》、質《しち》直《じき》意《い》柔《にう》軟《なん》、一《いつ》心《しん》欲《よく》見《けん》佛《ぶつ》、不《ふ》自《じ》惜《しやく》身《しん》命《みやう》、時《じ》我《が》及《ぎう》衆《しゆ》僧《そう》、俱《ぐ》出《しゆつ》靈《りやう》鷲《じゆ》山《せん》、我《が》時《じ》語《ご》衆《しゆ》生《じやう》、常《じやう》在《ざい》此《し》不《ふ》滅《めつ》、以《い》方《はう》便《べん》力《りき》故《こ》、現《げん》有《う》滅《めつ》不《ふ》滅《めつ》、餘《よ》國《こく》有《う》衆《しゆ》生《じやう》、恭《く》敬《ぎやう》信《しん》樂《げう》者《しや》、我《が》復《ぶ》於《を》彼《ひ》中《ちう》、爲《ゐ》說《せつ》無《む》上《じやう》法《ほふ》、汝《によ》等《とう》不聞《もん》此《し》、但《たん》謂《ゐ》我《が》滅《めつ》度《ど》、我《が》見《けん》諸《しよ》衆《しゆ》生《じやう》、沒《もつ》在《ざい》於《お》苦《く》海《かい》、故《こ》不《ふ》爲現《げん》身《しん》、令《りやう》其《ご》生《しやう》渴《かつ》仰《がう》、因《いん》其《ご》心《しん》戀《れん》慕《ぼ》、乃《ない》出《しゆつ》爲《ゐ》說《せつ》法《ほふ》、神《じん》通《つう》力《りき》如《によ》是《ぜ》、於《を》阿《あ》僧《そう》祇《ぎ》劫《こう》、常《じやう》在《ざい》靈《りやう》鷲《じゆ》山《せん》、及《ぎう》餘《よ》諸《しよ》住《ぢう》處《しよ》、衆《しゆ》生《じやう》見《けん》劫《こう》盡《じん》『大《たい》火《くわ》所《しよ》燒《せう》時《じ》、我《が》此《し》土《ど》安《あん》穏《をん》、天《てん》人《にん》常《じやう》充《じう》滿《まん》、園《をん》林《りん》諸《しよ》堂《ど》閣《かく》、種《しゆ》々寶《ほう》莊《しやう》嚴《ごん》寶《ほう》樹《じゆ》多《た》花《け》果《くわ》、衆《しゆ》生《じやう》所《しよ》遊《ゆ》樂《らく》、諸《しよ》天《てん》擊《ぎやく》天《てん》鼓《こ》、常《じやう》作《さ》衆《しゆ》伎《ぎ》樂《がく》、雨《う》曼《まん》陀《だ》羅《ら》華《げ》、散《さん》佛《ぶつ》及《ぎふ》大《だい》衆《しゆ》、我《が》淨《じやう》土《ど》不《ふ》毀《き》、而《に》衆《しゆ》見《けん》燒《せう》盡《じん》、憂《う》怖《ふ》諸《しよ》苦《く》惱《のう》、如《によ》是《ぜ》悉《しつ》充《じう》滿《まん》、是《ぜ》諸《しよ》罪《ざい》衆《しゆ》生《じやう》、以《い》惡《あく》業《がう》因《いん》緣《ねん》、過《くわ》阿《あ》僧《そう》祇《ぎ》劫《かふ》、不《ふ》聞《もん》三《さん》寶《ぼう》名《みやう》、諸《しよ》有《う》修《しゆ》功《く》德《どく》、柔《にう》和《わ》質《しち》直《じき》者《しや》、則《そく》皆《かい》見《けん》我《が》身《しん》、在《ざい》此《し》而《に》說《せつ》法《ぽふ》、或《わく》時《じ》爲《ゐ》此《し》衆《じゆ》、說《せつ》佛《ぶつ》壽《じゆ》無《む》量《りやう》、久《く》乃《ない》見《けん》佛《ぶつ》者《しや》、爲《ゐ》說《せつ》佛《ぶつ》難《なん》値《ち》、我《が》智《ち》力《りき》如《によ》是《ぜ》、慧《ゑ》光《こう》照《せう》無《む》量《りやう》、壽《じゆ》命無《む》數《しゆ》劫《こう》、久《く》修《しゆ》業《ごう》所《しよ》得《とく》、汝《によ》等《とう》有《う》智《ち》者《しや》、勿《もつ》於《お》此《し》生《じやう》疑《ぎ》、當《とう》斷《だん》令《りやう》永《えう》盡《じん》、佛《ぶつ》語《ご》實《じつ》不《ぷ》虛《こ》、如《によ》醫《い》善《ぜん》方《はう》便《べん》、爲《ゐ》治《じ》狂《わう》子《し》故《こ》、實《じつ》在《ざい》而《に》言《ごん》死《し》、無《む》能《のう》說《せつ》虛《こ》妄《もう》、我《が》亦《やく》爲《ゐ》世《せ》父《ぶ》、救《く》諸《しよ》苦《く》患《げん》者《しや》、爲《ゐ》凡《ぼん》夫《ぶ》顚《てん》倒《だう》、實《じつ》在《ざい》而《に》言《ごん》滅《めつ》、以《い》常《じやう》見《けん》我《が》故《こ》、而《に》生《しやう》憍《けう》恣《し》心《しん》、放《ほう》逸《いつ》著《ちやく》五《ご》欲《よく》、墮《だ》於《お》惡《あく》道《だう》中《ちう》、我《が》常《じやう》知《ち》衆《しゆ》生《じやう》、行《ぎやう》道《だう》不《ふ》行《げう》道《どう》、隨《ずい》應《おう》所《しよ》可《か》度《ど》、爲《ゐ》說《せつ》種《しゆ》々《ぐ》法《はふ》、每《まい》自《じ》作《さ》是《ぜ》念《ねん》、以《い》何《が》令《りやう》衆《しゆ》生《じやう》、得《とく》入《にう》無《む》上《じやう》道《だう》、速《そく》成《じやう》就《じゆ》佛《ぶつ》身《しん》

實例

印度《いんど》の國《くに》に二人《にん》の兄弟《きやうだい》あり多《た》年相逢《ねんあひあ》はずして弟《おとうと》が或日《あるひ》、兄《あに》の許《もと》に至《いた》りけるが兄《あに》は弟《おとうと》の顔《かほ》を見《み》るや涙《なんだ》を流《なが》して悲《かなし》みたり弟《おとうと》は不思議《ふしぎ》に思《おも》ひ兄《あに》に向《むか》ひ聞《き》くやうには如何《いか》なれば兄上《あにうへ》、斯《か》く悲《かなし》み給《たま》ふぞ

兄《あに》の曰《いは》く汝《なんぢ》は三日《か》經《た》てば將《まさ》に死《し》すべし弟《おとうと》も其《それ》を聞《き》いて大《おほい》に驚《おどろ》き如何《いか》にすれば助《たすか》るべきや兄上《あにうへ》、救《すく》ひ給《たま》へと泣《な》き伏《ふ》したり兄《あに》の曰《いは》く宜《よろ》しく『壽量品《じゆりやうほん》』十六遍《ぺん》づゝ毎日《まいにち》、唱《とな》ふべし然《しか》るときは壽命《じゆみやう》は延《のよ》る事《こと》ならん弟其言《おとうとそのげん》の如《ごと》くしたれは果《はた》して三日《か》經《た》てども死《し》せず喜《よろこ》んで又兄《またあに》の許《もと》に來《きた》り其事《そのこと》を告《つ》げ猶《な》ほ壽命《じゆみやう》の延《の》ぶることを願《ねが》ひければ汝宜《なんぢよろ》しく壽量品《じゆりやうひん》を毎日《まいにち》十六遍《ぺん》づゝ唱《とな》ふべしと云《い》はれたり弟其事《おとうとそのこと》の如《ごと》くしたれば其功德《そのくとく》にや十六年間《ねんかん》の長命《てうめう》をしたりけりと或《あ》る古書《こしよ》に載《の》せてあり

○老婆《らうは》の呪《まじな》ひ

昔《むか》し一人《いちにん》の老婆《らうは》がありまして大層《たいそう》、兕《まじな》ひが的中《あたつ》て近所近邊《きんじよきんぺん》より見《み》て呉《く》れと來《く》る者《もの》が引《ひ》きも切《き》らず非常《ひじやう》に繁昌《はんじやう》して居《を》る折《をり》しも一人《ひとり》の僧《そう》が來《き》て老婆《らうは》の言《い》ふことを聞《き》くに『大《おほ》麥《むぎ》小《こ》麥《むぎ》二升《しやう》五合《がふ》』と唱《と》へつゝありました此《こ》の大《おほ》麥《むぎ》小《こ》麥《むぎ》二升《しやう》五合《がふ》の唱《とな》へ法《かた》で大層《たいそう》人《ひと》の病氣《びやうき》も治《なほ》△り運が開《ひら》いた者《もの》も多《おほ》くありましたれば年《ねん》一年《ねん》といよ〳〵繁昌《はんじやう》したのです、所《ところ》が此僧《このそう》の言《い》はれるのにお婆《ばつ》さんお前《まへ》の言《い》ふのは間違《まちがつ》てる『大《おほ》

> ○誠心《セイシン》通達《ツウタツ》スレバ
> 天《テン》、遠《エン》ニアラズ
> ○至《シ》誠《セイ》ノ徹《テツ》スル所《トコロ》
> 鬼《キ》神《シン》感《カン》ズ

麥《むぎ》小《こ》麥《むぎ》二升《しやう》五合《がふ》と言《い》ふのではなく『オウムー、ショージウ、ニーシャウ、ゴーシン』と唱《とな》へなければ不可《いけな》いと云へば老婆《らうば》は變《へん》な顔付《かほつき》してハテ己《おれ》の今《いま》まで唱《とな》へて居《を》つた文句《もんく》は間違《まちが》つて居《ゐ》つたのかハテ其《それ》は何《ど》う云ふ間違《まちがひ》であッたらうと茲《こゝ》に一つの疑心《しん》を起《おこ》した後《のち》、人々《ひとびと》が此《こ》の老婆《らうば》に病氣《びやうき》や祟《たゝ》りや失物《うせもの》を見《み》てくださいと詰掛《つめか》け來《きた》りけれど老婆《らうば》は以前《いぜん》の如《ごと》く的中らず一向《かつ》的中《た》らず病氣《びやうき》も治《なほ》らず失物《せもの》も知《し》れず遂《つひ》に不《ふ》繁昌《はんじやう》となッたと云ふことです是れ其《そ》の老婆《らうば》の心《こゝ》に疑《うたが》ひ心《しん》が起《おこ》つたからです老《らう》僧《そう》に言《い》はれて其《そ》れでは己《おれ》の唱《とな》へ法《かた》が間違《まちが》て居《をつ》たのであらうかとの疑《うたが》ひ心《しん》が起《おこ》つたからです疑《うたが》ひ心《し》が起《お》れば萬《ばん》事神明《しんめい》に通《つう》せず△物事成就《ことじやうじゆ》せざるものです此《こ》の老婆《らうは》も始《はじ》めは疑《うたが》ひ心《しん》がなく何《なん》でも彼《か》でも此《こ》の『大《おほ》麥《むぎ》小《こ》麥《むぎ》二升《しやう》五合《がふ》』の咒《まなひ》で治《なほ》るものと熱《ねつ》心《しん》に信心《しんじん》したればこそ諸病《しよびやう》も治《なほ》つたれど其《そ》の後《の》ちと云《い》ふものは老僧《らうそう》の言葉《ことは》で一の不安心《ふあんしん》、疑《うたが》ひ心《しん》を起《おこ》したから一向《いつかう》的中《あた》らず効驗《きゝめ》のないに至《いた》つたのです「鰯《いわし》の頭《あたま》も信心《じん》から」と昔《むかし》より言《い》ひますが何事《なにごと》でも疑《うたが》ひなく眞實《しんじつ》に熱心《ねつしん》に行《や》れば神《かみ》も聞《き》て呉《く》れ事業《じげう》も出來《でき》るものですが然《しか》し若《も》しも一點《てん》の疑《うたが》ひ心《しん》や不安心《ふあんしん》が出《で》て來《く》るときは此《こ》の老婆《らうば》の後《の》ちの咒《まじなひ》の如《ごと》く不出來《ふでき》

△信心《シンジン》スルトキハ
無念無想《ムネンムサウ》ガ肝心《カンジン》ナリ
決《ケ》シテ他《タ》ノ事《コト》ヲ思《オモ》フコト勿《ナカレ》
△一心《シン》ガ通《ト》ウルトキハ
題目《ダイモク》ノミデモ澤山《タクサン》ナリ

で的中《あた》らず成就《じやうじゆ》せざるやうになるのですから諸君《しよくん》、御注意《ごちうい》あらんことを

應《オウ》無《ム》所《シヨ》住《ヂウ》、而《ニ》生《シヤウ》、其《ゴ》心《シン》

之は金剛經の文句にて「應さに住する所なくして而して其心を生ず」と云ふことにて熱心なる誠心を以て行へば何事でも出來ぬと云ふことなしとの語で即ち「之を死地に置きて之を生地に出だす」とも云ひ或は「死せんとする者は必ず生く」とも云ふことにて所謂る「背水の陣をしいて決戰奮鬪すれば必ず勝つ」と云ふことなり

○序《じよ》品《ほん》

之《コ》レハ胞衣《エナ》埋《ウヅ》メ凶方ヘ埋《ウヅ》メタトキ)方災《ハウサイ》除《ヨ》ケ(普請《フシン》、移轉《イテン》、縁組《エングミ》ミナド)ノトキ此《コ》ノ序品ト壽量品トヲ唱《トナ》ヘレバ治《チ》ス

○又《マタ》、雨乞《アマゴ》ヒノトキハ此《コ》ノ序品《ジヨホン》ヲ唱《トナ》ヘルコト○開墾地《カイコンチ》、繁昌《ハンジヤウ》スルヤウニト祈《イノ》ル時モ此《コ》ノ序品《ジヨホン》ヲ唱《トナ》ヘルコト

如《によ》是《ぜ》我《が》聞《もん》、一《いつ》時《じ》佛《ぶつ》住《ぢう》、王《わう》舍《しや》城《じやう》、耆《ぎ》闍《や》崛《くつ》山《せん》中《ちう》、與《よ》大《だい》比《び》丘《く》衆《しゆ》、萬《まん》二《に》千《せん》人《にん》倶《く》、皆《かい》是《ぜ》、阿《あ》羅《ら》漢《かん》・諸《しよ》漏《ろ》己《い》盡《じん》、無《む》復《ぶ》煩《ぼん》惱《なう》、逮《たい》得《とく》己《こ》利《り》、盡《じん》諸《しよ》有《う》結《けつ》、心《しん》得《とく》自《じ》在《ざい》、其《ご》名《みやう》曰《わつ》、阿《あ》若《にや》憍《けう》陳《ちん》如《によ》、摩《ま》訶《か》迦《か》葉《せう》、優《う》樓《る》頻《びん》螺《ら》迦《か》葉《せう》、伽《か》耶《や》迦《か》葉《せう》、那《な》提《だい》迦《か》葉《せう》、舍《しや》利《り》弗《ほつ》、大《だい》目《もく》犍《けん》連《れん》、摩《ま》訶《か》迦《か》旃《せん》延《えん》、阿《あ》

㝹樓《る》馱、劫《こう》賓《ひん》那《な》、憍《けう》梵《ぼん》波《は》提《だい》離《り》婆《ば》多《た》、畢《ひつ》陵《りよう》伽《が》婆《ば》蹉《しや》、薄《は》拘《く》羅《ら》、摩《ま》訶《か》拘《く》絺《ち》羅《ら》、難《なん》陀《だ》、孫《そん》陀《だ》羅《ら》、難《なん》陀《だ》、富《ふ》樓《る》那《な》彌《み》多《た》羅《ら》尼《に》子《し》、須《しゆ》菩《ぼ》提《だい》、阿《あ》難《なん》、羅《ら》睺《ご》羅《ら》、如《によ》是《ぜ》衆《しゆ》所《しよ》知《ち》識《しき》、大《だい》阿《あ》羅《ら》漢《かん》等《とう》、復《ぶ》有《う》學《がく》、無《む》學《がく》二《に》千《せん》人《にん》、摩《ま》訶《か》波《は》闍《じや》波《は》提《だい》比《び》丘《く》尼《に》與《よ》眷《けん》屬《ぞく》六《ろく》千《せん》人《にん》俱《ぐ》、羅《ら》睺《ご》羅《ら》母《も》耶《や》輸《しゆ》陀《だ》羅《ら》比《び》丘《く》尼《に》、亦《やく》與《よ》眷《けん》屬《ぞく》俱《ぐ》、菩《ぼ》薩《さつ》摩《ま》訶《か》薩《さつ》、八《はち》萬《まん》人《にん》皆《かい》於《お》阿《あ》耨《のく》多《た》羅《ら》、三《さん》藐《みやく》三《さん》菩《ぼ》提《だい》不《ふ》退《たい》轉《てん》、皆《かい》得《とく》陀《だ》羅《ら》尼《に》、樂《げう》說《せつ》辯《べん》才《ざい》、轉《てん》不《ふ》退《たい》轉《てん》法《ぼふ》輪《りん》、供《く》養《やう》無《む》量《りやう》百《ひやく》千《せん》諸《しよ》佛《ぶつ》、於《を》諸《しよ》佛《ぶつ》所《しよ》植《じき》衆《しゆ》德《とく》本《ほん》、常《じやう》爲《ゐ》諸《しよ》佛《ぶつ》之《し》所《しよ》稱《しやう》歎《たん》、以《い》慈《じ》修《しゆ》身《しん》、善《ぜん》入《にふ》佛《ぶつ》慧《ゑ》、通《つう》達《だつ》大《だい》智《ち》、到《たう》於《を》彼《ひ》岸《がん》、名《みやう》稱《しよう》普《ふ》聞《もん》無《む》量《りやう》世《せ》界《かい》、能《のう》度《ど》無《む》數《しゆ》百《ひやく》千《せん》衆《しゆ》生《じやう》、其《ご》名《みやう》曰《わつ》、文《もん》殊《じゆ》師《し》利《り》菩《ぼ》薩《さつ》、觀《くわん》世《ぜ》音《おん》菩《ぼ》薩《さつ》、得《とく》大《だい》勢《せい》菩《ぼ》薩《さつ》、常《じやう》精《しやう》進《じん》菩《ぼ》薩《さつ》、不《ふ》休《く》息《そく》菩《ぼ》薩《さつ》、寶《ほう》掌《しやう》菩《ぼ》薩《さつ》、藥《やく》王《わう》菩《ぼ》薩《さつ》、勇《ゆう》施《せ》菩《ぼ》薩《さつ》、寶《ほう》月《ぐわつ》菩《ぼ》薩《さつ》、月《ぐわつ》光《こう》菩《ぼ》薩《さつ》、滿《まん》月《ぐわち》菩《ぼ》薩《さつ》、大《だい》力《りき》菩《ぼ》薩《さつ》、無《む》量《りやう》力《りき》菩《ぼ》薩《さつ》、越《をつ》三《さん》界《がい》菩《ぼ》薩《さつ》、跋《ばつ》陀《だ》婆《ば》羅《ら》菩《ぼ》薩《さつ》、彌《み》勒《ろく》菩《ぼ》薩《さつ》、寶《ほう》積《しやく》菩《ぼ》薩《さつ》、導《だう》師《し》菩《ぼ》薩《さつ》、如《によ》是《ぜ》等《とう》菩《ぼ》薩《さつ》摩《ま》訶《か》薩《さつ》、八《はち》萬《まん》人《にん》俱《ぐ》、爾《に》時《じ》、釋《しやく》提《だい》桓《かん》因《いん》、與《よ》其《ご》眷《けん》屬《ぞく》、二《に》萬《まん》天《てん》子《し》俱《ぐ》、復《ぶ》有《う》名《みやう》月《ぐわつ》天《てん》子《し》、普《ふ》香《かう》天《てん》子《し》、寶《ほう》光《くわう》天《てん》子《し》、四《し》大《だい》天《てん》王《のう》、與《よ》其《ご》眷《けん》屬《ぞく》、萬《まん》天《てん》子《し》俱《ぐ》、自《じ》在《ざい》天《てん》子《し》、大《だい》自《じ》在《ざい》天《てん》子《し》、與《よ》其《ご》眷《けん》屬《ぞく》、三《さん》萬《まん》天《てん》子《し》俱《ぐ》、娑《しや》婆《ば》世《せ》界《かい》主《しゆ》、梵《ぼん》天《てん》王《のう》、尸《し》棄《き》大《だい》梵《ぼん》、光《こう》明《みやう》大《だい》梵《ぼん》等《とう》、與《よ》其《ご》眷《けん》屬《ぞく》、萬《まん》二《に》千《せん》天《てん》子《じ》、倶《ぐ》有《う》八《はち》龍《りう》王《わう》、難《なん》陀《だ》龍《りう》王《わう》、跋《はつ》難《なん》陀《だ》龍《りう》王《わう》、娑《しや》伽《か》羅《ら》龍《りう》王《わう》、和《わ》脩《しゆ》吉《きつ》龍《りう》王《わう》、德《とく》叉《しや》迦《か》龍《りう》王《わう》、阿《あ》那《な》婆《ば》達《だつ》多《た》龍《りう》王《わう》、摩《ま》那《な》斯龍《りう》王《わう》、優《う》鉢《はつ》羅《ら》龍《りう》王《わう》等《とう》、各《かく》與《よ》若《にやく》干《かん》、百《ひやく》千《せん》眷《けん》屬《ぞく》、倶《ぐ》有《う》、四《し》緊《きん》那《な》羅《ら》王《わう》、法《はふ》緊《きん》那《な》羅王《わう》、妙《めう》法《はふ》緊《きん》那《な》羅《ら》王《わう》、大《だい》法《はふ》緊《きん》那《な》羅《ら》王《わう》、持《ぢ》法《はふ》緊《きん》那《な》羅《ら》王《わう》、各《かく》與《よ》若《にやく》干《かん》、百《ひやく》千《せん》眷《けん》屬《ぞく》、倶《ぐ》有《う》、四《し》、乾《けん》闥《だつ》婆《ば》王《わう》、樂《がく》乾《けん》闥《だつ》婆《ば》王《わう》、樂《がく》音《をん》乾《けん》闥《だつ》婆《ば》王《わう》、美《み》乾《けん》闥《だつ》婆《ば》王《わう》、美《み》音《をん》乾《けん》闥《だつ》婆《ば》王《わう》、各《かく》與《よ》若《にやく》干《かん》、百《ひやく》千《せん》眷《けん》屬《ぞく》、倶《ぐ》有《う》、四《し》阿《あ》脩《しゆ》羅《ら》王《わう》、婆《ば》稚《ち》阿《あ》脩《しゆ》羅《ら》王《わう》、佉《か》羅《ら》騫《けん》駄《だ》阿《あ》脩《しゆ》羅《ら》王《わう》、毘《び》摩《ま》質《しつ》多《た》羅《ら》阿《あ》脩《しゆ》羅《ら》王《わう》、羅《ら》睺《ご》阿《あ》脩《しゆ》羅《ら》王《わう》、各《かく》與《よ》若《にやく》干《かん》、百《ひやく》千《せん》眷《けん》屬《ぞく》、倶《ぐ》有《う》、四《し》迦《か》樓《る》羅《ら》王《わう》、大《だい》威德《とく》迦《か》樓《る》羅《ら》王《わう》、大《だい》身《しん》迦《か》樓《る》羅《ら》王《わう》、大《だい》滿《まん》加《か》樓《る》羅《ら》王《わう》、如《によ》意《い》迦《か》樓《る》羅《ら》王《わう》、各《かく》與《よ》若《にやく》干《かん》、百《ひやく》千《せん》眷《けん》屬《ぞく》、倶《ぐ》韋《い》提《だい》希《け》子《し》阿《あ》闍《じや》世《せ》王《わう》、與《よ》若《にやく》干《かん》、百《ひやく》千《せん》眷《けん》屬《ぞく》倶《ぐ》、各《かく》禮《らい》佛《ぶつ》足《そく》、退《たい》坐《ざ》一《いち》面《めん》

○護《ご》身《しん》の秘《ひ》法《はふ》

淨《じやう》三《さん》業《ごふ》の印《いん》

唵《オン》薩《ソ》縛《ハ》、婆《ハン》縛《バ》輸《シユ》駄《ダ》、薩《サラ》嚩《バ》達《タラ》磨《マ》薩《ソ》嚩《ハ》、婆《ハン》嚩《バ》輸《シユ》度《ド》唅《カン》（五遍）

佛部《ぶつぶ》、三昧耶《さんまいや》の印《いん》

唵《オン》、怛《タ》他《タ》蘖《ギャ》都《ト》納《ド》、婆《ハン》嚩《ハ》也《ヤ》、娑《ソワ》訶《カ》（三遍）

蓮華《はなけ》部《ぶ》、三昧耶《さんまいや》の印《いん》

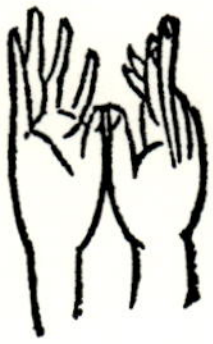

唵《オン》、跛《ハン》娜《ナ》謨《マ》嚩《ド》、婆《ハン》嚩《バ》也《ヤ》、嚩《ソワ》訶《カ》（三遍）

金剛部《こんごうぶ》、三昧耶《さんまいや》の印《いん》

唵《オン》嚩《バ》日《ザ》盧《ロ》納《ド》、婆《ハン》嚩《バ》也《ヤ》、娑《ソ》嚩《ワ》訶《カ》（三遍）

被《ひ》甲《かふ》護《こ》身《しん》の印《いん》

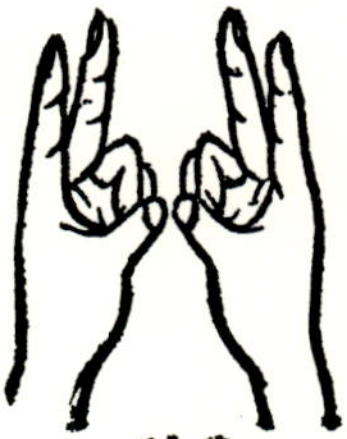

唵《オン》嚩《ヘ》日《サ》羅《ラ》、銀《アキ》你《ニ》鉢《ヘ》羅《ラ》、捻《チ》跛《ヘ》跢《タ》也《ヤ》、娑《ソ》婆《ワ》苛《カ》

○災《さい》難《なん》を消《け》す呪《まじなひ》（陀《だ》羅《ら》尼《に》）

曩《な》謨《む》三《さ》満《ま》哆《だ》、母《い》馱《と》喃《なん》、阿《を》盤《は》囉《ら》底《てい》、賀《こ》多《と》舍《しや》、娑《と》曩《の》喃《たん》、怛《と》姪《し》他《と》唵《えん》、佉《ぎや》々く、佉《すや》呬《す》々々、吽《うん》々く、入《し》嚩《ふ》囉《ら》々々々、盋《は》羅《ら》入《し》嚩《ふ》羅《ら》々々々々、底《て》瑟《しゆ》姹《さ》々々々、瑟《しゆ》致《し》哩《り》々々々、娑《そ》發《は》吒《じや》々々々、扇《せ》底《ち》迦《じや》、室《し》哩《り》曳《えい》、娑《そ》嚩《も》訶《こ》

○産《さん》の内《うち》で夢《ゆめ》見《み》の悪《あ》しき時《とき》の霊《れい》符《ふだ》

知其初懐妊成就

有安樂産福子

（此《コ》ノ文字《モジ》ヲ紙撚《コヨリ》トシテ刻《キザ》ンデ呑《ノ》ムベシ）

○血《ち》の病《やま》ひの霊《れい》符《ふだ》

○後《のち》産《ざん》下《くだ》りの霊《れい》符《ふだ》

如是妙法

鬼子神

（之《コ》レハ西方《サイハウ》ノ水《ミヅ》ニテ呑テ與《アタ》フベシ）

○急《きふ》病《びやう》、諸《しよ》痛《つう》、災《さい》難《なん》を治《なを》す咒《まじな》ひ

急《きう》病《びやう》及《およ》び種々《しゆ〴〵》の痛《いた》んで難儀《なんぎ》することあらば斯《か》くの如《ごと》く木葉《きのは》（奇麗なる）或《あるひ》は板に書《かい》て其《そ》れを洗《あら》ひ落《おと》して其水《そのみづ》を戴《いただい》て呑《の》むべし然《しか》るときは立所《たちどころ》に其痛《そのいた》みや急《きう》病《びやう》は治《なを》るものとす此法《このはふ》、實《じつ》に恐《おそ》るべし〳〵秘《ひ》すべし〳〵

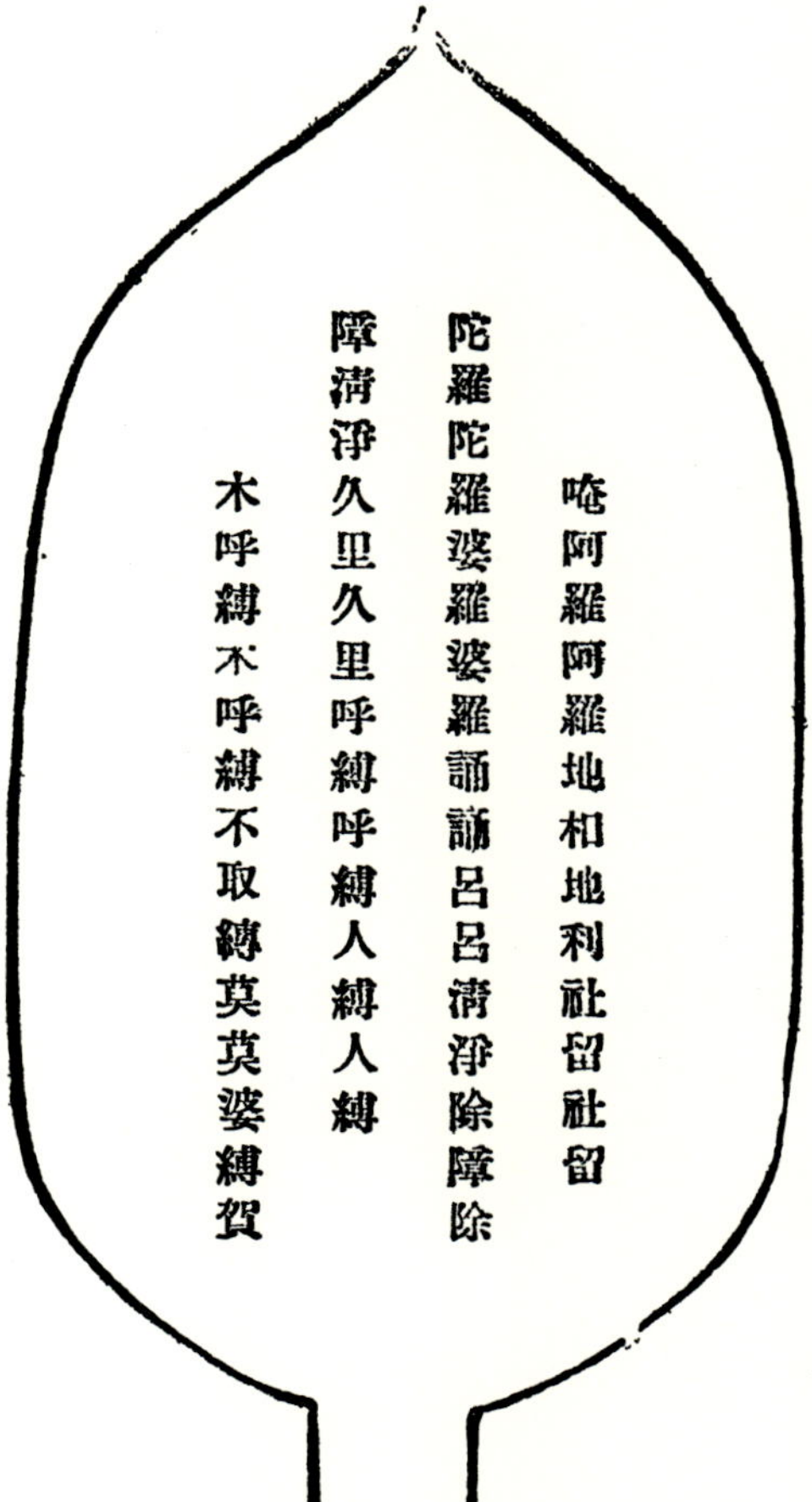

○方災《はうさい》、祟《たゝ》り、障《さは》り、死靈《しれう》、生靈《いきれう》の咒《まじな》ひ（二十一回唱ヘル可）

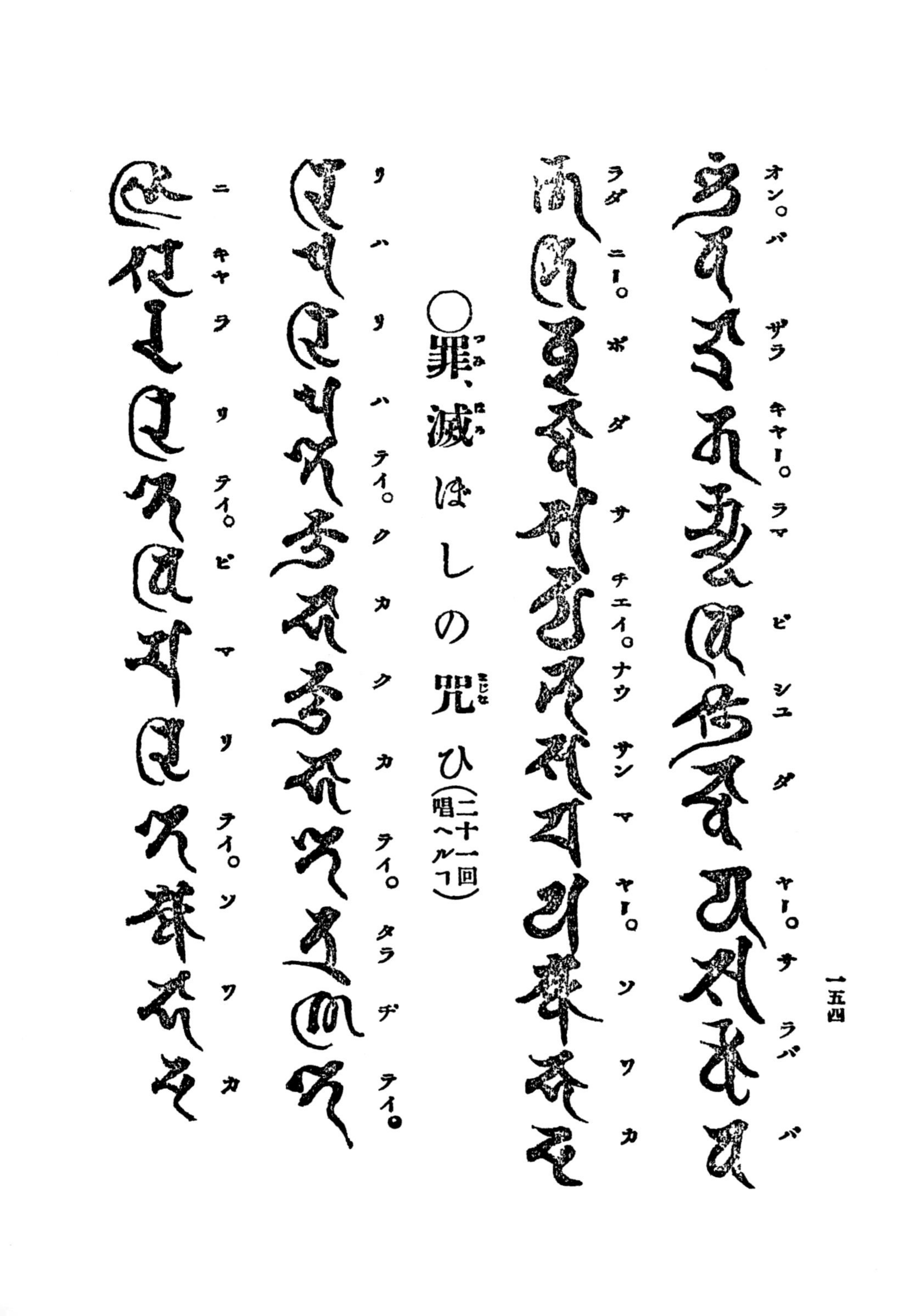

オン。バ　ザラ　キヤー。ラマ　ビ　シユ　ダ　ヤー。サ　ラバ　バ

ラダ　ニー。ボ　ダ　サ　チエイ。ナウ　サン　マ　ヤー。ソ　ワ　カ

○罪《つみ》滅《ほろ》ぼしの呪《まじな》ひ（二十一回唱ヘルヿ）

リ　ハ　リ　ハ　テイ。ク　カ　ク　カ　ライ。タラ　チ　テイ。

ニ　キヤ　ラ　リ　テイ。ビ　マ　リ　テイ。ソ　ワ　カ

○観自在菩薩《くわんじざいぼさつ》の眞言

オン、アロリキヤー、ソワカ

○馬頭観音《ばとうくわんおん》の眞言

オン、アミリト、ドハン、バウンハッター

○普賢延命《ふげんえんみやう》の眞言

オン、バザラユセイ、ソワカ

○薬王菩薩《やくわうぼさつ》の眞言

オンバイセイ〳〵、シヤーラシヤ、ヤー

○金剛夜叉明王《こんがうやしやみやうわう》の心呪《しんじゆ》

オン、バザラヤー、キシヤ、ウン

○日天《にってん》の眞言

帰命《きみやう》、アニチヤー、ソワカ

○月天《げつてん》の眞言

帰命《きみやう》、センダラヤー、ソワカ

○千手観音《せんてくわんおん》の眞言《しんごん》

オン、バザラター、ラマキリク

○大勢至菩薩《たいせいしぼさつ》の眞言

オン、サン〳〵、ザンサク、ソワカ

○不動明王《ふどうみやうわう》の眞言

ノウマク、サンマダー、バサラダン、ウン

○降三世明王《がうさんぜみやうわう》の眞言

ソ《オン》バニー、ソバムー、バザウ、ウンハッター

○大威徳《だいいとく》の心呪《しんじゆ》

シ《オン》ユチリー、キヤラロハー、ウンケン、ソワカ

○梵天《ぼんてん》の眞言

帰命《きみやう》、ボラカンマー、ネー、ソワカ

○毘沙門天《びしやもんてん》の眞言

帰命《きみやう》、ベイシラマン、ダーヤー、ソワカ

○産《さん》婦《ぷ》の掛ける御《お》守《まもり》

安樂產福子

南無多寶如來
南無妙法蓮華經
南無釈婆牟尼佛

安樂產福子

十羅刹女
大日天王
鬼子母神
大日天王
十羅刹女

長サ三寸

表ノ上書
護　三　寶
十羅刹女

裏ニ書ク文字
妙我今當與
安樂產福子

○安《あん》產《ざん》の靈《れい》符《ふだ》（靈符トハお守りお札ノコト）

二聖
南無妙法蓮華經
二天

申
鬼子母子
ネ
安樂產
十羅刹女福

○横《よこ》子《こ》の符《ふ》

ー

○逆《ぎやくの》子《こ》の靈《おふ》符《だ》

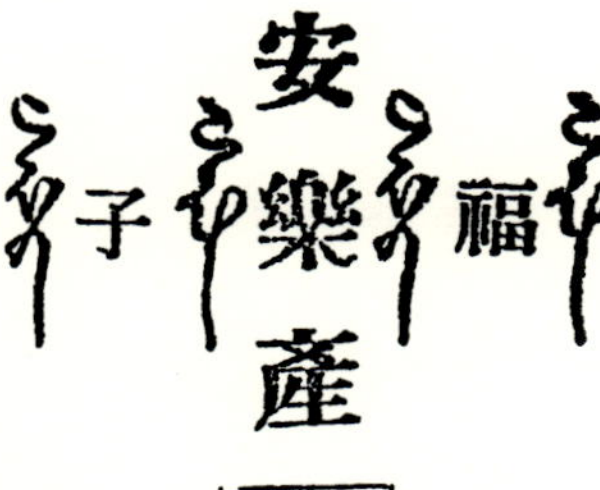

注意

吞《ノミ》水《ミツ》ニテ「妙法《メウハウ》」ノ二字《ジ》ヲ書《カ》クベシ

闢

是《コ》レハ玉女《ギヨクヂヨ》ノ方《ハウ》へ向《ムカ》テ呑《ノ》ムベシ而《シカ》シテ、子《コ》足《アシ》ヲ出《ダ》サバ「父」ト云《イ》フ字《ジ》ヲ足《アシ》ノ裏《ウラ》ニ書《カ》キ又《マタ》手ヲ出《ダ》サバ「母」ト云《イ》フ字ヲ書《カイ》テ上《ウヘ》ノ符《フ》ヲ呑《ノ》ムベシ

○難產《なんざん》の模樣《もやう》しあるときの靈符《れいふ》

鬼子母神

十羅刹女

如我昔所願今者己備足化一切衆生皆令入佛道奉高祖祈念也

解ニ曰ク

我《わ》れ昔《むか》し願《ねが》ふ所《ところ》の如《ごと》き今《いま》は已《すで》に備足《びそく》す一切《いつせつ》衆生《しゆじやう》を化《くわ》して皆《みな》佛道《ぶつだう》に入《いら》しめて高祖《かうそ》の祈念《きねん》を奉《ほう》せしむる也《なり》

○難產《なんざん》の靈符《れいふ》

○後《あと》産《ざん》の霊《れい》符《ふ》

○子《こ》持ちの霊《れい》符《ふ》

注意 之《コ》レハ日《ニチ》蓮《レンシヤウ》上人《ニン》ガ日《ニチ》朗《ラウ》ヘ授《ジユ》與《ヨ》シタル妙《メウ》法《ハフ》ナリ

○乳《ち》が能《よ》く出《い》でざるとき出《いだ》す霊符《れいふ》

大—鬼—子—母—神

乳人人百福荘厳相

【注意】此《コ》ノ文字《モジ》ラ三粒《ソボ》ニ丸《マル》メテ玉女《ギヨクヂヨ》ノ方《ハウ》ノ水《ミツ》ニテ呑《ノ》ムベシ

○月《げ》水《すゐ》留《たま》る霊《れい》符《ふ》

○妙○法○蓮華經△△

妙 妙

日勤大日月日月

妙法蓮華經

序品第一三十巻

序品第二

○眼《がん》病《びやう》の霊《れい》符《ふ》

慈眼視衆生

日天毒病皆癒

日天毒病皆癒

【注意】是《コ》レハ又死霊《マタシリヤウ》ヤ病者《ビヤウシヤ》ノ痛《イタ》ム所《トコロ》ニ書《シヨ》ス天《ラン》ニ向《ムカツ》テ首題百返《シユダイヒヤクヘン》、病者《ビヤウニヤ》ニ唱《トナ》ハサスベキ事《コト》

○懐《くわい》妊《にん》するの靈《りい》符《ふ》（守り札の事）

此開香力故知其初懐姙
南無文賓如來
南無妙法蓮華經　鬼子母神守
南無釈迦牟尼佛
我今當與安樂産福子
大日天王　十羅刹女
三十番神　大日大王

上書《うはがき》ニハ之《これ》レヲ書《か》ク事

㐅守護三寶十羅刹女

解ニ曰ク

此《こゝ》ニ香力《かうりよく》ヲ開《き》クガ故《ゆゑ》ニ其《そ》ノ初《はじ》メノ懐妊《くわいにん》タルコトヲ知《し》ル○我《わ》レ今《いま》當《まさ》ニ安樂《あんらく》ニシテ福子《ふくし》ヲ産《う》ムヲ與《あた》フベシ

○子《こ》を授《さづ》くるの靈《れい》符《ふ》

二聖
如月光明能除諸幽冥

妙法蓮華經　日蓮大士

斯人行世間能滅衆生闇
二天
大日天子
自在所欲生鬼子母十女神
安樂産福子三十番神
大日天子

表ニ書クハ　安樂産福子　授與

裏ニ書クハ　充滿其願　師檀信念第一

解ニ曰ク　月《つき》ノ如《ごと》クニ光明《くわうめう》ニシテ能《よ》ク諸《もろく》ノ幽冥《ゆうめい》ヲ除《のぞ》ク○斯《こ》ノ人《ひと》世間《じけん》ヲ行《ゆい》テ能《よ》ク衆生《しゆせい》ノ闇《やみ》ヲ滅《めつ》ス○自在《じざい》欲《ほつ》スル所《ところ》ヲ生《う》ム、鬼子母《きしも》十女神《によしん》○安樂《あんらく》、——福子《ふくし》ヲ産《う》ム三十番神《はんじん》○其願《そのねが》ヒヲ充滿《じつまん》ス

○小《こ》兒《ど》夜《よ》啼《なき》を止《と》むる靈符《れいふ》

二聖　鬼止善男子鬼子母神　二天

樂醯足　樂醯足

之《コ》レヲ母《ハハ》ニ付《ツ》ケル事《コト》

○風《かぜ》氣《け》落《お》しの靈符《れいふだ》

持國天王　毘沙門天王

如風於空中一切無障礙

廣目天王　增上天王

「解に曰く」風《かぜ》ノ空《くう》中《ちう》ニ於《おけ》ルが如《ごと》ク一切《さい》障《しやう》礙《げ》ナシ

○虫《むし》氣《け》の靈《れい》符《ふ》

若於夢中
魁魁魁魁魁魁魁
亦復莫惱

若不須我兕是好良薬
諸惡虫輩者横馳走
惱亂説法者今會在此

○疱《ほうそ》、疹《はしか》の靈《れい》符《ふ》

南無鬼子母神守
守護栴檀乾闥婆鬼
護世四天王及大自在天

南無天形月生王咄是鬼

「歌に」八《や》雲《くも》立《た》つ出《いづ》雲《も》八《や》重《へ》垣《がき》つまごめに八《や》重《へ》垣《がき》つくる其《そ》の八《や》重《へ》垣《がき》を

○馬《うま》の靈《れい》符《ふ》

神力如是 己十羅刹女

○牛《うし》の靈《れい》符《ふ》

有大白牛肥壯多力

○虫《むし》歯《は》の呪《まじなひ》

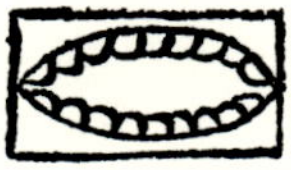

斯《か》くの如《ごと》き紙《かみ》に口《くち》の形《かたち》を書《か》きて其《その》内《うち》に上下《じやうげ》の歯《は》三十二を書《か》き上下《じやうげ》とも悩《なや》む歯《は》に釘《くぎ》を打付《うちつ》けるなり扨《さ》て悩《なや》む歯《は》に合《あひ》釘《くぎ》にて家《いへ》の内《うち》の柱《はしら》に打付《うちつ》けること

三《み》ケ《か》月《づき》を片《かた》破《わ》れ月《づき》と誰《た》が申《まを》す　歯《は》食《く》ひ虫《むし》の申《まを》すことなり

而《しか》して悩《なや》む者《もの》に唾《つば》を吐《は》かせ直《ただ》ちに水《みづ》一口《くち》を含《ふく》ませて置《お》くなり又《また》釘《くぎ》は右《みぎ》の歌《うた》を唱《とな》へ終《をは》りて直《たゞ》ちに打付《うちつ》くべし

○同　其二

紙《かみ》へ『馬《うま》千匹《びき》』と書《か》き其《そ》れを他《ほか》の紙《かみ》で包《つゝ》み悩《なや》む人《ひと》に其《そ》れを釘《くぎ》で柱《はしら》に打付《うちつ》けさすなり其《そ》の打付《うちつ》けるときに『アビラウンケン、ソアカ〱〱〱〱』と三度《ど》唱《とな》へさせて打《う》たすなり然《しか》るときは酷《ひど》いのは一時間《じかん》、若《も》しくは三十分《ぷん》で治《なほ》るものとす余《よ》は之《こ》れを各人《かくじん》に試《た》めし見《み》たるに何《いづ》れも効験《かうけん》ありたり而《しか》して其後《そのゝち》又《また》起《おこ》りたることあらば矢張《やは》り以前《いぜん》の如《ごと》く『アビラウンケン、ソ

馬千匹

アカ〱〱〱〱」と三度《ど》唱《とな》へて其釘《そのくぎ》を打《う》つときは忽《たちま》ち治《なほ》るものとす

○シャクリ止《ど》めの呪《まじなひ》

火	火
火	火

之《コ》レヲ舌《シタ》ノ上《ウヘ》又《マタ》ハ咽《ノ》喉《ド》ノ下《シタ》ニ書《カ》ク事《コト》

○腫物《はれもの》の呪《まじなひ》

妙法蓮華經

之レヲ百マハシスルヿ

朝日《あさひ》さす上野山《かうづけやま》のさねかづら

根《ね》も葉《は》も枯《か》れよ、さねかづらどの

○腫物《はれもの》の呪《まじなひ》（其二）

山石石石
山石石石
山石石石

注意 之《コ》レハ筆《フデ》ヲ止《ヤ》メズ一度《ド》ニ書《カ》ク事《コト》

山《やま》は三つ石《いし》は九つ身《み》は一つ
いかなるものか割《わ》れやあるらん

○走人《はしりびと》の足止《あしど》めの呪《まじなひ》

鬼子母神知飢從國來忽天遇王膳

右《みぎ》は其人《そのひと》の常《つね》に用《もち》ゐる器物《うつはもの》の内《うち》に此《こ》の文字《もじ》を書《かい》て扱《き》て其上《そのうへ》に針《はり》を十本立《ほんた》て釜《かま》の上《うへ》に伏《ふ》せ而《しか》して針《はり》と文字《もじ》とを匿《かく》くして題目《だいもく》（南無妙法蓮華經）百遍唱《べんとな》へて祈《いの》ること、そうするときは其《そ》れから三日《か》の内《うち》に其夜逃《そのよに》げせし者《もの》、逐電《ちくてん》せしもの喧《けん》嘩《くわ》して出《で》た者《もの》の在所《ありしよ》が知《し》れるか但《たゞ》しは其《そ》の人《ひと》歸《かへ》り來《く》るものとす歸《かへ》り求《く》れは其時《そのとき》、以前《いぜん》の「文字《もじ》も針《はり》」も除《と》ること

○一切《いつさい》の流行《はやう》病《びやう》の感染《うつら》ぬ靈符《れいふ》

妙法蓮華經

諸餘怨敵
三十番神
皆悉摧滅

山

火火火念念念
日日鬼日日月
蒐醯鬼鬼鬼食念

○大小便《だいせうべん》の通《つう》じの呪《まじな》ひ

水水水水水水水
水水水水水水水

南無妙法蓮華經

水水水水水水水

身下出水
身下出水

○道切《みちき》りの靈符《れいふ》

來怨悉退散

唵口鬼子母神

來怨悉退散

咒咀諸毒藥
還看於本人

口鬼
口鬼
口鬼

○方《はう》炎《さい》と、腫《はれ》物の呪《まじなひ》

妙法蓮華經

於

還着

本人

是諸悪鬼退散

呪咀諸毒薬所欲害身者

子母神

妙法蓮華經還着於本人

○鼻《はな》血《ぢ》を止《と》める呪《まじなひ》

魍

鼻《ハナ》血《チ》ヲ以《モッ》テ額《ヒタヒ》ニ小指《コユビ》デ上《ウヘ》ノ字《ジ》ヲ書《カ》クヿ

○胸《むね》の痛《いた》みの呪《まじなひ》

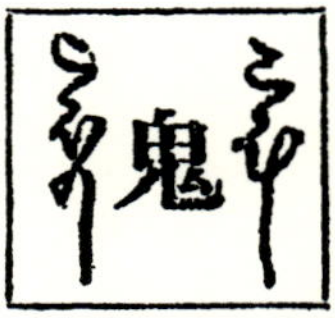

風字《カゼノジ》ヲ舌《シタ》ノ上《ウヘ》ニ書《カ》キテ其《ソノ》筆《フデ》ヲ以《モッ》テ上《ウヘ》ノ『呪ヒ《マジナヒ》』ノ文《モ》字《ジ》ヲ胸《ムネ》ニ七タビ書《カ》クベシ

○シャクの呪《まじなひ》（其二）

鬼子母神羅刹女

之《コレ》ハ自《ジ》我《ガ》偈《ゲ》ヲ三十遍《ペン》唱《トナ》ヘル事《コト》「自我偈」ハ壽量品ノ終リニアリ

（〇）二十八宿毎日の吉凶秘說

閏月は本月に準ず	一日	二日	三日	四日	五日	六日	七日	八日	九日	十日	十一日	十二日	十三日	十四日
一月	室	壁	奎	婁	胃	昴	畢	觜	參	井	鬼	柳	星	張
二月	奎	婁	胃	昴	畢	觜	參	井	鬼	柳	星	張	翼	軫
三月	胃	房	畢	觜	參	井	鬼	柳	星	張	翼	軫	角	亢
四月	畢	觜	參	井	鬼	柳	星	張	翼	軫	角	亢	氐	房
五月	參	井	鬼	柳	星	張	翼	軫	角	亢	氐	房	心	尾
六月	鬼	柳	星	張	翼	軫	角	亢	氐	昴	心	尾	箕	斗
七月	張	翼	軫	角	亢	氐	房	心	尾	箕	斗	女	虛	危
八月	角	亢	氐	房	心	尾	箕	斗	女	虛	危	室	壁	奎
九月	氐	房	心	尾	箕	斗	女	虛	危	室	壁	奎	婁	胃
十月	心	尾	箕	斗	女	虛	危	室	壁	奎	婁	胃	昴	畢
十一月	斗	女	虛	危	室	壁	奎	婁	胃	昴	畢	觜	參	井
十二月	虛	危	室	壁	奎	婁	胃	昴	畢	觜	參	井	鬼	柳

(之ハ暦ヲ見ルヿ)

十五日	十六日	十七日	十八日	十九日	二十日	廿一日	廿二日	廿三日	廿四日	廿五日	廿六日	廿七日	廿八日	廿九日	三十日
翼	軫	角	亢	氐	房	心	尾	箕	斗	女	虚	危	室	壁	奎
角	亢	氐	房	心	尾	箕	斗	女	虚	危	室	壁	奎	婁	胃
氐	房	心	尾	箕	斗	女	虚	危	室	壁	奎	婁	胃	昴	畢
心	尾	箕	斗	女	虚	危	室	壁	奎	婁	胃	昴	畢	觜	參
箕	斗	女	虚	危	室	壁	奎	婁	胃	昴	畢	觜	參	井	鬼
女	虚	危	室	壁	奎	婁	胃	昴	畢	觜	參	井	鬼	柳	星
室	壁	奎	婁	胃	昴	畢	觜	參	井	鬼	柳	星	張	翼	軫
婁	胃	昴	畢	觜	參	井	鬼	柳	星	張	翼	軫	角	亢	氐
昴	畢	觜	參	井	鬼	柳	星	張	翼	軫	角	亢	氐	房	心
觜	參	井	鬼	柳	星	張	翼	軫	角	亢	氐	房	心	尾	箕
鬼	柳	星	張	翼	軫	角	亢	氐	房	心	尾	箕	斗	女	虚
星	張	翼	軫	角	亢	氐	房	心	尾	箕	斗	女	虚	危	室

牛《ぎう》角《かく》亢《かう》貞《てい》心《しん》尾《び》箕《き》斗《と》

此星《このほし》は深《ふか》き理由《いはれ》ありて配當《はいたう》に加《くは》へず。

此日《このひ》は新《あたら》しき衣類《いるゐ》を裁《た》ち酒《さけ》を造《つく》り井戸《ゐど》を堀《ほ》り元服《げんぷく》、袴着《はかまぎ》、手斧《てうな》始《はじ》め柱立《はしらだて》、婚禮《こんれい》、祝《いは》ひごと何《いづ》れも大吉《だいきち》なり但《たゞ》し葬式《さうしき》を出《だ》せば三年《ねん》の内《うち》に禍《わざは》ひ來《きた》る。

此日《このひ》は言納取《いひなつとう》かはせ、衣類《いるゐ》を仕立《したて》て又《また》は牛馬《うしうま》を養《やしな》ふこと金錢《きんせん》を納《をさ》むるには上々《じやう〳〵》の吉日《きちにち》なり但《たゞ》し造作《ざうさく》には用《もち》ふべからず。

此日《このひ》は嫁取《よめと》り、門開《もんびら》き、家《いへ》を築《きづ》き、店開《みせびら》き別宅《べつたく》する等《とう》には大吉《だいきち》なり但《たゞ》し衣《い》類《るゐ》を裁《た》ち新《あたら》しき衣服《いふく》を着初《きそ》むるには大凶《だいきやう》にして必《かなら》ず禍《わざは》ひ來《きた》りて難《なん》に遇《あ》ふ。

此日《このひ》は神《かみ》を祭《まつ》り、入宅《にふたく》、入部《にふぶ》等《とう》には大吉《だきち》なり但《たゞ》し造作《ざうさく》、婚禮《こんれい》には大凶《だいきやう》にして三日《みつか》の内《うち》に禍《わざは》ひあり又《また》葬式《さうしき》を出《だ》すときは家内《かない》おひ〳〵引續《ひきつゞ》きて死《し》することあるべし。

此日《このひ》には藥《くすり》を用《もち》ふるには大吉《だいきち》なり又《また》婚禮《こんれい》すれば吉《よ》き子《こ》を産《う》み造作《ざうさく》すれば天《てん》の助《たす》けを得《え》、門《もん》を開《ひら》き店開《みせびら》きにも吉《きち》にして寶《たから》を増事《ますこと》あり但《たゞ》し衣服《いふく》を裁《たつ》は凶《きやう》。

此日《このひ》には衣類《いるゐ》を裁《た》ち又《また》着初《きはじめ》るときは諸人《しよにん》の愛敬《あいけう》を受《う》けて大上吉《だいじやうきち》なり必《かなら》ず年數《ねんかず》を増《ま》して家内和合《かないわがふ》、繁昌《はんじやう》す但《たゞ》し葬式《さうしき》を出《だ》せば三年《ねん》の中《うち》に大難《だいなん》あり。

此日《このひ》は平《たひら》かにして吉日《よきひ》なり井戸《ゐど》を堀《ほ》り倉《くら》を建《た》て衣服《いふく》を裁《た》ち造作《ざうさく》等《とう》によし。

女《ぢよ》房《ばう》虚《きよ》危《き》室《しつ》

此日《このひ》は大惡《だいあく》なり其中《そのうち》にも葬式《さうしき》を出《だ》すのを大凶《たいきやう》とす、衣服《いふく》を裁《た》ち又《また》着《き》初《ぞむ》るときは病《やま》ひを引出《ひきだ》し此《こ》の衣類《いるい》にて煩《わずら》ひ付《つ》くときは死《し》す又《また》造作《ぞうさく》、引越《ひきこし》、開店《かいてん》すれば火難《くわなん》ありて幸《さいは》ひが變《へん》じて災《わざわひ》となれり。

此日《このひ》は大吉《だいきち》なり棟上《むねあげ》、婚禮《こんれい》、造作《ぞうさく》、田畑《でんはた》を得《え》、衣類《いるい》を裁《た》ち着《き》初《ぞむ》れば禍《わざわ》ひを免《まぬか》れて福《ふく》を招《まね》き他人《たにん》の助《たす》けを得《え》、其他《そのた》、新《あた》らしき品《しな》を使《つか》ひ初《はじ》め又《また》分店《ぶんてん》、隱居《いんきよ》するにも上々吉日《じやう〳〵きちにち》とす。

此日《このひ》は大惡《だいあく》なり何事《なにごと》にも用《もち》ふべからず其中《そのうち》にも造作《ぞうさく》、釘打《くぎう》ちすることを忌《い》む又《また》葬式《さうしき》を出《だ》すべからずソは即座《そくざ》に祟《たゝ》ることあれば能《よ》く〳〵愼《つゝし》むべし。

此日《このひ》は凶《きやう》なり婚禮《こんれい》すれば其子《そのこ》盜賊《こうぞく》となり衣類《いるい》を裁《た》ち或《あるひ》は着《き》初《そ》むれば不時《ふじ》の難《なん》に遇《あ》ひ造作《ぞうさく》すれば災難《さいなん》に遇《あ》ひ轉宅《てんたく》すれば大難《だいなん》に遇《あ》ふとあれば愼《つゝし》むべし。

此日《こは》は上々吉日《じやう〳〵きちにち》なり地割《ちわり》、地均《ちなら》し、婚禮《こんれい》、其他《そのた》、祝《いは》ひごと、服藥《ふくやく》、手斧初《てうなはじ》め、柱立《はしらた》てには別《べつ》して吉《よし》、造作《ぞうさく》、疊替《たゝみが》へ、井戸掘《いどほ》り等《とう》にも大吉《だいきち》、但《たゞ》し葬式《さうしき》を出《だ》し衣類《いるい》を裁《た》つには大凶《だいきやう》とす。

此日《このひ》は大吉《だいきち》なり衣類《いるい》を裁《た》ち或《あるひ》は着《き》初《ぞ》むれば田畑《でんはた》を得《え》、家《いへ》を建《た》て造作《ぞうさく》すれば内《ない》繁昌《はんじやう》して憂《うれ》ひを除《のぞ》き又《また》葬式《さうしき》を出《だ》せば寶《たから》を招《まね》き婚禮《こんれい》すれば孝子《こうし》を產《うむ》とす。

奎《けい》　婁《ろう》　胃《ゐ》　昴《ばう》　畢《ひつ》　觜《し》　參《しん》

此日《このひ》には衣類《いるゐ》を裁《た》つを大吉《だいきち》とす但《たゞ》し開店《かいてん》、門開《もんびら》き等《とう》には大凶《だいきよう》にて必《かなら》ず災《わざは》ひ來《きた》りて不時《ふじ》の物費《ものいり》つゞくべし。

此日《このひ》は大吉《だいきち》なり衣類《いるゐ》を裁《た》ち或《あるひ》は着初《きそ》むるときは衣服《いふく》を増《ま》し壽命《じゆみやう》を保《たも》ち門《もん》を開《ひら》けば子孫《しそん》繁昌《はんじやう》し造作《ざうさく》すれば福《ふく》を招《まね》き婚禮《こんれい》すれば善《よ》き子《こ》を産《う》むとす。

此日《このひ》は大惡《だいあく》なり萬事《ばんじ》に用《もち》ふべからず、公事《くじ》、訴訟《そしやう》、掛合《かけあ》ひ事《ごと》には負《ま》け家《いへ》を建《た》つれば火中《くわちう》に入《い》るが如《ごと》し衣類《いるい》を着初《きそ》むれば災《わざは》ひを招《まね》き葬式《さうしき》を出《だ》せば死人《しにん》重《かさな》り命《いのち》を損《そん》す。

此日《このひ》は大吉《だいきち》なり萬事《ばんじ》に用《もち》ゐて吉《よ》し、願望成就《ぐわんもうじやうじゆ》の日《ひ》なり信神《しんじん》すべし必《かなら》ず利益《りやく》あるの日《ひ》とす。

此日《このひ》も大吉《だいきち》なり神《かみ》を祈《いの》りて吉《よ》し、造作《ざうさく》すれば福祿《ふくろく》を増《ま》し葬式《さうしき》を出《だ》せば子孫《しそん》繁昌《はんじやう》して寶《たから》を得《う》ることあり。

此日《このひ》は大惡《だいあく》なり萬事《ばんじ》に用《もち》ふべからず強《しひ》て用《もち》ふるときは家《いへ》、倉《くら》、財寶《ざいほう》、田地《でんち》等《とう》を滅《ほろぼ》し金銀《きんぎん》を失《うしな》ひ、災難《さいなん》、病難《びやうなん》に罹《かゝ》ることあり。

此日《このひ》は倉《くら》を建《た》て總《す》べて物《もの》を納《をさ》むる所《ところ》を拵《こしら》へるに大吉《だいきち》なり遠方《えんはう》へ行《ゆ》くし但《たゞ》し葬式《さうしき》を出《だ》すは大凶《だいきやう》とす。

井《せい》・鬼柳《りう》星《せい》張《ちやう》翼《よく》軫《しん》

此日《このひ》は平《たいら》かにして吉日《よきひ》なり但《たゞ》し葬《さう》式《しき》を出《だ》し又《また》衣《い》類《るい》を裁《た》つことを忌《い》むとす、

此日《このひ》は大凶《だいきやう》なり萬《ばん》事《じ》に用《もち》ふべからず強《しひ》て用《もち》ふるときは命《いのち》を失《うしな》ふ程《ほど》の祟《たゝ》りありとす。

此日《このひ》は凶《きやう》なり衣《い》類《るい》を裁《た》ち或《あるひ》は着《き》初《そめ》る事《こと》さ又《また》は葬《さう》式《しき》を出《だ》すことを忌《い》むべし若し之《こ》れをすれば七難《なん》重《かさな》りて死《し》人《にん》も重《かさな》ると云《い》ふ。

此日《このひ》は凶《きよう》なり婚禮《こんれい》すれば爭《あらそ》ひごと出《で》來《き》て離《り》縁《えん》となり又《また》薬《くすり》を用《もち》ゐても悪《あ》しき日《ひ》なり葬《そう》式《しき》を出《だ》せば引《ひき》續《つゞ》きて煩《うれ》ひを招《まね》くことあり。

此日《このひ》は吉《きち》なり婚禮《こんれい》すれば家《か》内《ない》和《わ》合《がう》して繁昌《はんじよう》の基《もとい》を開《ひら》く衣《い》類《るい》を裁《た》ち或《あるひ》は着《き》初《そ》むれば吉事《よきこと》重《かさな》りて次《し》第《だい》に吉《よ》し。

此日《このひ》は大《だい》悪《あく》なれば何《なに》事《ごと》にも用《もち》ふべからず萬《ばん》事《じ》破《やぶ》れを含《ふく》む若《も》し強《し》ひて用《もち》ふるときは災《わざは》ひを招《まね》くことあれば慎《つゝし》むべし。

此日《このひ》は吉《きち》なり田《でん》地《ち》を買《か》ふに利《り》あり井《ゐ》戸《ど》を堀《ほ》り棟《むね》上《あげ》等《とう》に大《だい》吉《きち》なり葬《そう》式《しき》を出《だ》さば子《し》孫《そん》繁昌《はんじよう》すと云《い》ふ但《たゞ》し衣《い》類《るい》を裁《た》ち或《あるひ》は着《き》初《ぞ》むれば火《くわ》難《たん》、盗《こう》難《なん》あればソは慎《つゝし》むべし。

○男女《だんぢよ》一代《だい》、運勢《うんせい》吉凶《きつきよう》の早見《はやみ》

生存競爭《せいぞんきやうさう》の熱度《ねつど》、日《ひ》一日《にち》と高《たか》まるに隨《したが》ひて今《いま》まで富《と》み榮《さかえ》たる者《もの》も忽《たちま》ち失敗《しつぱい》することあり亦今《またいま》まで素寒貧《すかんぴん》の素町人《すちやうにん》、水吞百姓《みづのみひやくしやう》と輕蔑《けいべつ》せられたる人《ひと》も俄《にわ》かに金滿家《きんまんか》となれるあり其他《そのた》、一勝《しよう》一敗《ぱい》、一榮《えい》一枯《こ》の速《すみや》かなること實《じつ》に走馬燈《そうまとう》も啻《たゞ》ならず之《これ》を以《もつ》て人々《ひと〴〵》一日《いちにち》と雖《いへど》も油斷《ゆだん》の出來《でき》ぬ光景《ありさま》は目下《もくか》社會《しやくわい》の狀態《じやうたい》にて扨《さ》て其《そ》の勝敗《しようはい》の判《わか》るゝ所《ところ》、盛衰《せいすい》の轉變《てんぺん》する運氣《うんき》の秘密《ひみつ》を知《し》らんとするは我《われ》も人《ひと》も同《おな》じく熱心《ねつしん》、研究《けんきう》する所《ところ》なれば玆《こゝ》に男女《だんぢよ》に拘《かゝは》らず一代《だい》の運氣《うんき》の吉凶《きつきよう》を説明《せつめい》せん但《たゞ》し左《さ》の表《へう》に出《いだ》しあるが如《ごと》く一歳《さい》は日曜星《にちえうせい》に當《あた》り二歳《さい》は月曜星《げつえうせい》に當《あた》り三歳《さい》は羅喉星《らこうせい》に當《あた》り四歳《さい》は土曜星《どえうせい》に當《あた》り五歳《さい》は水曜星《すゐえうせい》に當《あた》り六歳《さい》は金曜星《きんえうせい》に當《あた》り七歳《さい》は火曜星《かえうせい》に當《あた》り八歳《さい》は計斗星《けいとせい》に當《あた》り九歳《さい》は木曜星《もくえうせい》に當《あた》り十歳《さい》は又本《またもと》へ返《かへ》りて日曜星《にちえうせい》に十一歳《さい》は月曜星《げつえうせい》に十二は羅《ら》喉星《こうせい》に當《あた》り順々《じゆん〳〵》と以上《いじやう》の如《ごと》く毎年《まいねん》巡《めぐ》りて五十歳《さい》、六十歳《さい》及《およ》び百歳《さい》と至《いた》るものと知《し》るべし……………○は吉年《きちとし》にして◐は半吉《はんきち》、半凶年《はんきようとし》で●は凶年《きようとし》とす

日曜星《にちえうせい》

此星《このほし》に當《あた》る年《とし》は萬吉《まんきち》し金錢《きんせん》、財寳《ざいほう》を得《う》るか商賣繁昌《しやうばいはんじやう》するか人《ひと》に贔《ひい》負《き》せらるゝ年《とし》なり五月、六月、七月《ぐわつ》に寳《たから》を得《う》ることあり諸人《しよにん》とも此星《このほし》

に逢《あ》ふ年《とし》は順風《じゆんぷう》に帆《ほ》を上《あ》げしが如《ごと》く萬事《ばんじ》、心《こゝろ》に叶《かな》ふ年《とし》とす

○日曜星（大吉）	○月曜星（大吉）	●羅喉星（大凶）	◐土星（半吉）	◐水星（半吉）	◐金星（半吉）
一才、十三才、廿五才、卅七才、四十九才、六十一才、七十三才	二才、十四才、廿六才、卅八才、五十才、六十二才、七十四才	三才、十五才、廿七才、卅九才、五十一才、六十三才、七十五才	四才、十六才、廿八才、四十才、五十二才、六十四才、七十六才	五才、十七才、廿九才、四十一才、五十三才、六十五才、七十七才	六才、十八才、三十才、四十二才、五十四才、六十六才、七十八才
●火星（大凶）	●計斗星（大凶）	○木星（大吉）	○日曜星（大吉）	○月曜星（大吉）	●羅喉星（大凶）
七才、十九才、三十一才、四十三才、五十五才、六十七才、七十九才	八才、二十才、三十二才、四十四才、五十六才、六十八才、八十才	九才、廿一才、三十三才、四十五才、五十七才、六十九才、八十一才	十才、廿二才、三十四才、四十六才、五十八才、七十才、八十二才	十一才、廿三才、卅五才、四十七才、五十九才、七十一才、八十三才	十二才、廿四才、卅六才、四十八才、六十才、七十二才、八十四才

月曜星《げつえうせい》

此《この》星《ほし》に當《あた》る年《とし》は萬《よろづ》よし動《うご》き働《はたら》き旅《たび》をしても仕合《しあはせ》よく思《おも》ひ寄《よ》らざる幸《さいは》ひを得《う》ることあり然《しか》れども不信心《ふしんじん》なるときは火難《くわなん》、水難《すゐなん》に逢《あ》ふことあれば能《よ》く神佛《しんぶつ》に信心《しんじん》すべし然《しか》るときは此難《このなん》はなく必《かなら》ず思《おも》ひ寄《よ》らぬ金銭《きんせん》手《て》に入《い》るか、貰物《もらひもの》あるか何《いづ》れ悦《よろこ》び事《こと》の來《く》る年《とし》とす

羅喉星《らこうせい》

此星《このほし》に當《あた》る年《とし》は極《きは》めて凶《きよう》とす他國《たこく》へ行《ゆ》きて財寶《ざいほう》を損《そん》するか又《また》は一族《ぞく》の内《うち》に災《わざわ》ひごとあるか或《あるひ》は病氣《びやうき》又《また》は口舌事《くぜつごと》あるべき年《とし》なり萬事《ばんじ》

愼《つゝし》みて患《うれ》ひを免《まぬ》かるべし

土《ど》星《せい》

此《この》星《ほし》に當《あた》る年《とし》は萬《よろづ》よろしからず秋《あき》、冬《ふゆ》に至《いた》りて自《じ》分《ぶん》や人《ひと》に付《つ》きて過《あやま》ちある年《とし》なり或《あるひ》は病氣《びやうき》の心配《しんぱい》もあり總《す》べて計畫事《たくらみごと》は吉《よろ》しからぬ年《とし》とす故《ゆゑ》に諸事《しよじ》控日《ひかゑめ》にするか吉《よ》し

水《すい》星《せい》

此《この》星《ほし》に當《あた》る年《とし》は誠《まこと》の心《こゝろ》を起《おこ》して善行《ぜんこう》をなす人《ひと》は内外《ないがい》に悦《よろこ》びあり貴《き》人《じん》に愛《あい》せられ助《たす》けられて仕合《しあは》せ吉《よ》し奔走《ほんさう》し活動《くわつどう》しても吉し財寶《ざいほう》を得《う》ることあり商《あきな》ひ耕作《かうさく》ともに吉《よ》し

金《きん》星《せい》

此《この》星《ほし》に當《あた》る年《とし》は親類《しんるい》、年寄《としより》に離《はな》るゝ事《こと》あり信心《しんじん》深《ふか》き人《ひと》は諸事《しよじ》に付《つ》き利《り》得《とく》あり春《はる》の内《うち》、旅《たび》に出《で》るは吉《よろ》しからず何事《なにごと》も愼《つゝし》みて吉《よ》し

火《か》星《せい》

此《この》星《ほし》に當《あた》る年《とし》は旅《たび》をして惡《わる》し、病《や》む事《こと》あり或《あるひ》は財寶《ざいほう》を失《うしな》ひ又《また》は身《み》内《うち》に離《はな》るゝ事《こと》あるべし又《また》火《くわ》難《なん》、盜難《とうなん》の恐《おそ》れもあり能《よ》く愼《つゝし》みて災《わざはい》ひを免《まぬ》かるべし

計《けい》斗《と》星《せい》

此《この》星《ほし》に當《あた》る年《とし》は萬事《ばんじ》惡《わる》し春《はる》、夏《なつ》の内《うち》は別《べつ》して災難《さいなん》に遇《あ》ふことあるべし病難《びやうなん》あるか住處《じつしよ》に付《つ》き口《く》舌《ぜつ》あるべし秋《あき》、冬《ふゆ》に至《いた》りて平《たひら》かとなれり、萬《よろづ》控目《ひかへめ》にして吉《よ》し

木《く》星《せい》

此星《このほし》に當《あた》る年《とし》は萬《よろづ》よし諸事《しよじ》正直《しやうぢき》にして物事《ものごと》出過《です》ぎたり、威張《ゐばつ》たりせざれば財寶《ざいほう》を得《う》る年《とし》とす又少《またすこ》しの災《わざわ》ひは消《き》え失《う》せて大《だい》なる災《わざわひ》も隨《したが》つて吉事《きつじ》と變《へん》ずる年《とし》なり、兎角《とかく》、慈悲《じひ》をして人《ひと》を惠《めぐ》めば大吉《だいきつ》事《じ》が續《つゞ》くと知《し》るべし

○九曜星《えうせい》、七曜星《えうせい》、及《およ》び十二宮神《きうじん》の呪《まじな》ひ

（九曜星）

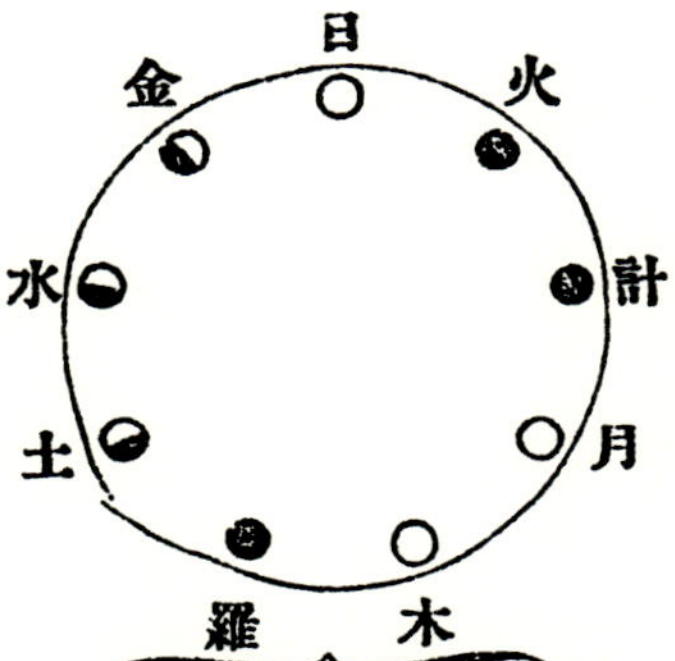

九曜トハ日曜星、月曜星羅喉星、土星、水星、金星、火星、計斗星、木曜星ノ九ツヲ云フ

之《こ》れは九曜星《くえうせい》や十二宮《きう》(十二支《し》の事)に當《あた》りて年廻《としまは》りの凶《わる》きとき其《そ》の惡運《あくうん》を祓《はら》ひ清《きよ》めて善運《ぜんうん》を招《まね》く呪《まじな》ひの秘法《ひはふ》なり其呪《そのまじな》ひの文句《もんく》は

帰命《きみやう》

ギャ　ア　イ、シンバリ　ヤー、ハラハダ　シュー、チ　ラマ　ヤー、ソワカ

○二十八宿《しゆく》總《す》べての呪《まじなひ》

之《これ》も前《まへ》と同《おな》じく二十八宿《しゆく》の凶《わる》き年《とし》に當《あた》りたるとき右《みぎ》の咒《まじな》ひの文句《もんく》を唱《とな》へれば忽《たちま》ち其《そ》の惡運《あくうん》は消《き》えて仕舞《しまつ》て善運《ぜんうん》が其年《そのとし》に來《く》ると云《い》ふ秘密《ひみつ》の咒《まじな》ひ猶ほ「壽量品」を讀むと

歸命《きみやう》

ナ　ウ　キシャー、メ　フ　ニー、リ　ク　メ　ニ　エ　イ、ソワカ

○人相《にんさう》の吉凶《きつきよう》、正邪《せいじや》を看破《かんぱ》する秘術《ひじゆつ》

人《ひと》に對《たい》して其《そ》の形容《なりかたち》を見《み》るに肥《こえ》ても肉《にく》を現《あらは》さず痩《や》せても骨《ほね》を現《あらは》さず見《み》えるを貴《たつと》しとす、○座《ざ》に就《つい》て座《すは》りたる姿《すがた》が大山《おほやま》の如《ごと》くにして久《ひさ》しく居《を》ても動《うご》かざる樣《やう》に見《み》える

は福分《ふくぶん》のある人《ひと》とす此人《このひと》は心正《こゝろたゞ》しく一生《いつしやう》、衣食《いしよく》、足《た》れりとす○座《ざ》して膝頭《ひざがしら》をスボめる人《ひと》は心定《こゝろさだま》らずして住處《じうしよ》の動《うご》くことあり又座《またざ》して膝頭《ひざがしら》の廣《ひろ》がる人《ひと》は望《のぞ》み事大《ことだい》にして散財《さんざい》することあり元來不取締《ぐわんらいふとりしまり》の人《ひと》にて人《ひと》の身上《みのうへ》のみ世話《せわ》をやくものとす○座して居合腰《ゐあひごし》なる人《ひと》は心《こゝろ》の落付《おちつ》かぬ人《ひと》とす○座《ざ》して尻《しり》の落付《おちつ》かぬ人《ひと》は住處《じうしよ》が動《うご》き亦《また》家業《かげふ》も定《さだ》らぬ人《ひと》とす○座《ざ》して居形正《ゐなりたゞ》しく尻《しり》が落付《おちつい》て威儀整《いぎとゝの》ふ人《ひと》は大《おほい》に福分《ふくぶん》もあり力《ちから》もありとす○座《ざ》して寂《さび》しく見《み》ゆるものは貧相《ひんさう》とす

聲《こゑ》は力《ちから》ありて爽《さわや》かに而《しか》も靜《しづか》なるを貴《たつと》しとす○聲《こゑ》に締《しま》りありて大《おほい》なるは心正《こゝろたゞ》しくして大《おほい》に吉《よ》し○口先《くちさき》にて早口《はやくち》に物言《ものい》ふ人《ひと》は貧《ひん》なり孤獨《こどく》にして身内《みうち》の助《たす》け少《すくな》し○馬《うま》の嘶《いなゝ》く如《ごと》く物言《ものい》ひ笑《わら》ふ人《ひと》は奸佞《かんねい》にして散財《さんざい》することあり○小聲《こごゑ》にて人《ひと》の咽《のど》の下《した》へ入《いれ》る樣《やう》に言《い》ふ人《ひと》は心《こゝろ》に巧《たく》みありて惡心《あくしん》なり○小兒《こども》の如《ごと》く小聲《こごゑ》にて物言《ものい》ふ者《もの》は心《こゝろ》に毒《どく》あり○男《をとこ》にして女《をんな》の如《ごと》き言葉《ことば》を使《つか》ふ者《もの》は散財《さんざい》して業《げふ》を破《やぶ》る又男《またをとこ》にして女《をんな》のやうな容貌《かたち》をするは惡《わる》し女《をんな》にして男《をとこ》のやうな姿《すがた》をするも之《こ》れと同《おな》じく惡《あし》くして夫《をつと》を尻《しり》に敷《し》くなり○常《つね》に犢鼻褌《ふんどし》を嫌《きら》ふ人《ひと》は萬締《よろづしま》りなくして散財《さんざい》す○尻垂帶《しりたれおび》をする人《ひと》は心淫《こゝろいん》亂《らん》にして不義《ふぎ》をすることあり○人《ひと》に向《むかつ》て其人《そのひと》の顏《かほ》を見《み》ず應對《おうたい》する人《ひと》は心《こゝろ》に毒《どく》あり

○俯《うつむ》いて物言《ものい》ふ人《ひと》は貧《ひん》なり

○初《はじ》めて人《ひと》の家《うち》に行《ゆ》たるとき其《そ》の家《いへ》の內《うち》、業柄《げふがら》に似《に》ずムザ〳〵とジダラクに主人《しゆじん》の威儀《いぎ》正《たゞ》しからねば必《かなら》ず其心《そのこゝろ》もジダラクにして諸事《しよじ》輕忽《かるはつ》みに受合《うけあ》ふも而《しか》して却《かへつ》て其《そ》れは物《もの》の埒明《らちあ》かぬ人《ひと》と知《し》るべし

○人《ひと》來《きた》りて座《ざ》するに未《いま》だ座《ざ》、定《さだま》らざるに早《は》や咄《はな》しを仕掛《しか》けるは必《かなら》ず心《こゝろ》に不決斷《ふけつだん》のことありて相談《さうだん》に來《きた》れるなり然《しか》れども其人《そのひと》は此方《こちら》の言葉《ことは》も用《もち》ひぬものとす

○悦《よろこ》び事《こと》のある人《ひと》は眉《まゆ》が開《ひら》いて見《み》え、悲事《かなしみこと》のある人《ひと》は眉《まゆ》が澁《しぶ》れて見《み》ゆ○形動《かたちうご》き手足《てあし》何《なん》となく動《うご》き膝《ひざ》など振《ふる》ふ人《ひと》は皆《みな》貧《まづ》しき人《ひと》と見《み》るべし俗《ぞく》に之《これ》を貧乏搖《びんぼうゆす》りと云《い》ふ而《しか》して福分《ふくぶん》ある者《もの》は體《たい》の動《うご》かざるものとす○手《て》を組《く》む人《ひと》は心《こゝろ》に思《おも》ふ事《こと》絕《た》えずとす○指《ゆび》を組合《くみあは》せて膝《ひざ》に置《お》く人《ひと》は家內《かない》睦《むつ》ましく又《また》緣談《えんだん》などの相談《さうだん》に來《き》たる人《ひと》とす○首《くび》を振《ふ》る女《をんな》は淫亂《いんらん》なり○騷々《さう〳〵》敷《し》き男《をとこ》は精神《せいしん》が定《さだま》らずとす○人《ひと》に懼《おそ》るゝ者《もの》は心《こゝろ》に需《もと》むる事《こと》ありて諂《へつら》ふなり○又人《またひと》に與《あた》ふる心《こゝろ》ある人《ひと》は人《ひと》に對《たい》して高振《たかぶ》るものとす

○鑑定《かんてい》の即坐考《そくざかう》

爰《こゝ》に何某《なにがし》の許《もと》へ或人《あるひと》來《きた》りて今朝《けさ》、印形《いんぎやう》を失《うしな》ひたり如何《いか》にしても知《し》れざれば一つ占《うらなつ》て見《み》てくれよと言《い》ひつゝ其人《そのひと》頻《しき》りと耳《みゝ》に指《ゆび》を入《いれ》て痒《かゆ》がりて搔《か》けり何《なに》某其《そ》れを見て

曰《いは》く、されば貴下《あたた》の家《いへ》の内《うち》の乾《いぬい》(西北間)の方《はつ》で手《て》の入《はい》らざる穴《かな》の中《なか》を見《み》るべし必《かなら》ず其《そ》の印形《いんぎやう》知《し》れるべしと云《い》ひたるに悴《しに》くして△

(南)

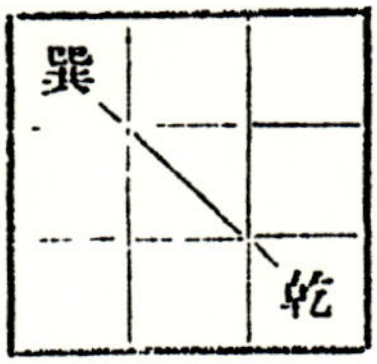

東　　(西)

(北)

△彼《か》の印形《いんぎやう》を失《うしな》ひし人《ひと》來《きたつ》て悦《よろこ》んで言《い》へるには則《すはは》ち乾《いぬい》の方《かた》より印形《いんぎやう》出《いで》たり如何《か》にも手《て》の入《はいら》ざる穴《あな》より出《いで》たり是《これ》は小兒《こども》が翫弄《もてあそび》にして錢箱《ぜにばこ》の穴《あな》へ落《おと》したり如何《いか》にして乾《いぬい》の方《はう》の手《て》の入《はい》らざる穴《かな》と占《うらな》ひ給《たま》ひしぞと問《と》へば、何某《なにがし》、答《こた》へて曰《いは》く其《その》失《うしな》ひし人《ひと》は巽《たみ》(東南間)の方《はう》を向《むか》ひて乾《いぬい》を背《せに》せり故《ゆゑ》に斯《か》く占《うらな》へり其人《そのひと》、指《ゆび》にて耳《みみ》を搔《か》けり耳《み》は指《ゆび》の入《はいら》ざる穴《あな》なり夫《それ》を頻《しき》りに搔《か》く故《ゆゑ》に斯《か》く占《うらな》ひしと云《い》へり之《これ》は當意《たうい》即妙《そくめう》の活斷《くわつだん》なり

○どッかと座し暫《しば》らくして靜《しづ》かに咄《はなし》をする人《ひと》は必《かなら》ず住所《ぢうしよ》安堵《あんど》の人《ひと》にて福分《ふくぶん》あり、家《いへ》、屋敷《やしき》も持《も》てる人《ひと》なり諺《ことわざ》に尻《しり》の据《すは》りたる人《ひと》と云《い》ふは是《こ》れなり

○言葉《ことは》多《おほ》き者《もの》は必《かなら》ず藝能《げいのう》や才智《さいち》の足《た》らざる者《もの》とす譬《たと》へば陶器《とうき》に水《みづ》を入《い》るゝに水《みづ》、十分《ぶん》、滿《みつ》るときは音《おと》なし而《しか》して水《みづ》の足《た》らざる時《とき》は音がして鳴《な》るなり又水《またみづ》少《すこ》しばかり入《い》れるときは喧《やかま》しく鳴《な》るなり人《ひと》も之《これ》と同《おな》じく學才《がくさい》が腹《はら》に滿《み》ちて十分《ぶん》あるときは必《かなら》ず彼《か》れ此《こ》れといろ〳〵言《い》ひ立《た》てぬ者《もの》なり、足《た》らざる人こそ何時《いつ》もいろ〳〵と喧《やかま》しくシャベルものとす

○物《もの》を相談《さうだん》せんとて人《ひと》の許《もと》へ行《ゆ》くに主人《しゆじん》、他行《たぎやう》して不在《ふざい》、依て重ねて行きて其事を謀《はか》るに而《しか》も其事《そのこと》は何時《いつ》も整《とゝの》はぬものなり總《す》べて何事《なにこと》に依《よ》らず皆《みな》、目前《もくぜん》の事《こと》で之《こ》れは調《とゝの》ふか調《とゝの》はざるか吉《よ》きか惡《あ》しきかの事《こと》は占《うらな》ひの表《おもて》に現《あら》はるゝものなれば必《かならず》しも筮竹《ぜいちく》取《とつ》て深《ふか》く占《うらの》ふにも及《およ》ばざるものとす

○主人《しゆじん》が澁《しよ》い嫌《いや》な顔《かほ》して居《ゐ》る時《とき》は金《かね》の相談《さうだん》でも縁談《えんだん》でも起業《きげふ》の事《こと》でも必《かなら》ず出來《でき》ぬものなり、好《よ》し、一旦《いつたん》は出來《でき》たとしても必《かなら》ず中途《ちうと》で悶着《もんちやく》が起《おこ》ることありとす

○主人《しゆじん》が喜《よろこ》んで愛嬌《あいけう》顔《がほ》で挨拶《あいさつ》するときは金《かね》の相談《さうだん》でも縁談《えんだん》でも起業《きげふ》の事《こと》でも必《かなら》ず出來《でき》るものなり然《しか》して之《これ》は中途《ちうと》で悶着《もんちやく》もなく程能《ほどよ》く行《ゆ》くものとす

○之《こ》れは出來《でき》ると臍《へそ》の下《した》(我《わ》が臍《へそ》の下《した》)で思《おもつ》た事《こと》は十中《ちう》、八九は必《かなら》ず出來《でき》るなり又之《またこ》れは六ケ敷《し》いと臍《へそ》の下《した》で思《おもつ》た事《こと》は必《かなら》ず出來《でき》ず、好《よ》し出來《でき》ても其事《そのこと》、困難《こんなん》にして口舌《くぜつ》、悶着《もんちやく》、ゴタ〳〵が出來《でき》て來《く》ること多《おほ》しとす

○大隨《だいずん》、求隨心《くうずんしん》の眞言《しんごん》

オン、バラ〳〵、サンバラ〳〵、インヂリヤ、ビシユダニム、ムロロシヤケイ、ソワカ

○一切《さい》如來《によらい》の眞言《しんごん》

ノウマク、サンマンダー、ボダナンアン、サラバボダー、ボウチサー、トバキリダヤニヤー、ベイシヤニー、ノウマク、サラバビテイ、ソワカ

○普《あまね》く供《く》養《やう》の眞言《しんごん》

ノウマク、サラバタター、キヤテイ、ビユビジンバ、ホツケイ、ビヤク、サラバダケン、ウドギヤテイ、ソハラケイ、マンギヤ〱、ナウケン、ソワカ

○胎《たい》大《だい》日《にち》如來《によらい》の眞言《しんごん》

オン、アビラ、ウンケン、ソワカ

○無量壽《むりやうじゆ》如來《によらい》の眞言《しんごん》

歸《き》命《みやう》サンサク、ソワカ

○阿《あ》彌《み》陀《だ》如來《によらい》の眞言《しんごん》

アミリタテイ、セイカラムー

○釋《しや》迦《か》如來《によらい》の眞言《しんごん》

ノウマク、サンマンダー　ボダナンバク

○藥《やく》師《し》如來《によらい》の眞言《しんごん》

オン

コロ〱センダリマー、トウギー、ソワカ

○彌《み》勒《ろく》菩《ぼ》薩《さつ》の眞言《しんごん》

オン

バイタレイ、ヤア、ソワカ

○文《もん》殊《じゆ》菩《ぼ》薩《さつ》の眞言《しんごん》

オン

アラハシヤ、ナウ

○普《ふ》賢《けん》菩《ぼ》薩《さつ》の眞言《しんごん》

オン

サンマヤー、サトバン

○虚《こ》空《くう》藏《ざう》菩《ぼ》薩《さつ》の眞言《しんごん》

オン

バザラ、アラタンナウ、オン

○家《か》運《うん》繁《はん》昌《じやう》と悪《あく》魔《ま》除《よ》けの靈《れい》符《ふ》

昔《むかし》し漢《かん》の孝《こう》文《ぶん》皇《こう》帝《てい》、引《いん》農《のう》縣《けん》に至《いた》りて劉《りう》進《しん》平《へい》の家《いへ》が金《きん》満《まん》家《か》なるを見《み》給《たま》ひて其《そ》の主《しゆ》人《じん》を呼《よび》出《いだ》し如《い》何《か》にして斯《か》ゝ富《と》み榮《さか》え繁《はん》昌《じやう》せしぞと問《と》ひければ劉《りう》進《しん》平《へい》の言《いは》るゝのに昔《むかし》し我《わが》家《いへ》、災《さい》難《なん》頻《しき》りに至《いた》り困《こん》窮《きう》甚《はなは》だしかりしとき何《いづ》方《こ》ともなく見《み》知《し》らぬ人《ひと》が來《きた》りて七十二の靈《れい》符《ふ》を授《さづ》けたればソを敬《うやま》ひ受《う》けしに其《その》人《ひと》の言《い》ひけるのに此《こ》の靈《れい》符《ふ》を崇《あが》め祭《まつ》れば十年《ねん》にして大《おほい》に富《と》み、二十年《ねん》にして子《し》孫《そん》繁《はん》昌《じやう》、三十年《ねん》にして必《かなら》ず白《はく》衣《い》の天《てん》子《し》其《その》宅《たく》に來《きた》ることあらんと言《い》ひつゝ門《もん》を立《た》去《さ》ること五十歩《ほ》にして姿《すがた》消《き》え失《う》せたり以《い》後《ご》、其《その》言《げん》の如《ごと》く之《こ》れを尊《そん》奉《ぽう》して祭《まつ》りけるに果《はた》して前《ぜん》の苦《くる》しき境《きやう》遇《ぐう》は脱《だつ》して今《いま》では子《し》孫《そん》も澤《たく》山《さん》出《で》來《き》て金《かね》も出《で》來《き》、何《に》に不《ふ》自《じ》由《ゆ》なき身《み》分《ぶん》となりしも唯《た》だ天《てん》子《し》の來《きた》ることあらんと言《い》はれし言《げん》が的《てき》中《ちう》せざるのみと、此《この》言《げん》を聴《き》くや孝《こう》文《ぶん》皇《こう》帝《てい》、其《そ》の天《てん》子《し》と言《い》はれしは朕《ちん》なり、朕《ちん》は漢《かん》の天《てん》子《し》なるぞと仰《おほ》せければ劉《りう》進《しん》平《へい》、天《てん》子《し》の御《ご》來《らい》臨《りん》と聴《きい》て一層《そう》依《き》歸《え》尊《そん》奉《ぽう》の念《ねん》を起《おこ》して此《こ》の七十二の靈《れい》符《ふ》を崇《あが》め祭《まつ》られたり依《よう》て左《さ》に其《そ》の靈《れい》符《ふ》を掲《かゝ》げて同《どう》好《こう》の士《し》に示《し》めさんも敢《あへ》て無《む》用《よう》の事《こと》にあらざるべし。

○七十二の霊《れい》符《ふ》の由《ゆ》來《らい》

七十二の霊《れい》符の形《かた》は先《せん》天《てん》易《えき》の八《はつ》卦《け》に後《こう》天《てん》易《えき》の六十四卦《か》を加《くわ》へて建《こん》立《りつ》せしものなりとも或《あるひ》は七十二候《こう》を象《かたど》りたるものなりとも云《い》へり是《こ》れ即《すなは》ち天《てん》に九《きう》天《てん》あり地《ち》に九《きう》州《しう》あり人《ひと》に九《きう》竅《けう》あり三九積《つも》りて二十七となる是《こ》れ天《てん》の二十七宿《しゆく》、又《また》三倍《ばい》して八十一となる九の九《きう》宮《きう》を除《のぞ》きて七十二となる是《こ》れ即《すなは》ち天《てん》の七十二候《こう》運《うん》で一歳《さい》となる人《ひと》は如《によ》影《えい》随《ずい》形《けい》の七十二神《じん》なれば皆《みな》之《こ》れ天《てん》地《ち》人《じん》ともに霊《れい》符《ふ》神《しん》にあらずと云《い》ふとなし、されば天に神道なければ三光《こう》あることとなし又《また》四時《じ》もなし地に神道なければ五行《ぎやう》あることとなし又《また》萬《ばん》物《もつ》もなし人に神道なければ一命《いちめい》あることとなし又《また》萬《まん》法《ぼふ》もなし故《ゆゑ》に頌《しやう》に曰《いは》く天《てん》に神《じん》道《だう》ある故《ゆゑ》に三光《こう》もあり四時《じ》もあり、地《ち》に神《じん》道《だう》ある故《ゆゑ》に五行《こう》もあり萬《ばん》物《もつ》もあり、人《ひと》に神《じん》道《だう》ある故《ゆゑ》に五大《だい》もあり六根《こん》もありと。

○問《と》ふ縱《たと》ひ尊《そん》星《せい》の名《な》を聞《きゝ》て小《せう》々くの神《じん》拜《ぱい》さへしても其《そ》の加《か》護《ご》ありや

△答《こた》ふ七十二道《だう》は如《ちよ》影《えい》随《ずい》形《けい》の星《ほし》なれば一《いつ》唱《しやう》、一《いつ》禮《れい》すとも猶《な》ほ必《かなら》ず加《か》護《ご》あり況《いは》んや朝《てう》夕《せき》之《こ》れを尊《そん》奉《ぽう》して祭《まつ》る人《ひと》に於《おい》て争《いか》でか加《か》護《ご》なからんや第《だい》一には長《ちやう》命《めい》なり第《だい》二には無《む》病《びやう》なり第《だい》三には福《ふく》祿《ろく》あり之《これ》を人《じん》身《しん》の三《さん》寶《ぽう》と云《い》ふものなり第《だい》

一、第《だい》二は身《しん》内《ない》の寶《たから》なり第《だい》三は身《しん》外《ぐわい》の寶《たから》なり長《てふ》命《めい》を第《だい》一とする所《ゆ》以《ゑん》は命《いのち》がある故《ゆゑ》に病《やまひ》を治《ち》す、命《いのち》を保《たもつ》が故《ゆへ》に財《ざい》を求《もと》む之《これ》を以《もつ》て長《てふ》命《めい》を第《だい》一とす、無《む》病《びやう》を第《だい》二とする所《ゆ》以《ゑん》は病《やま》ひに罹《かゝ》るものは壽《じゆ》命《めう》の危《あやう》きを恐《おそ》れ病《やま》ひに沈《しづ》むものは財《ざい》寶《ほう》の重《をもき》を忘《わす》る之《これ》を以《もつ》て無《む》病《びやう》を第《だい》二とす、福《ふく》祿《ろく》を第《だい》三とする所《ゆ》以《ゑん》は壽《じゆ》命《めう》は身《み》の根《こん》本《ぽん》にして諸《しよ》病《びやう》は身《み》の枝《えだ》葉《は》なり而《しか》して福《ふく》祿《ろく》は又《また》身《み》の花《か》實《じつ》なり之《これ》を以《もつ》て福《ふく》祿《ろく》を第《だい》三とす故《ゆゑ》に大《だい》論《ろん》に曰《いは》く一《いつ》切《さい》の寶《たから》の中《うち》に於《おい》て人《じん》命《めい》が第《だい》一なり人《ひと》は命《いのち》の爲《た》めに財《ざい》を求《もと》めるも而《しか》も財《ざい》の爲《た》めに命《いのち》を求《もと》めず花《は》實《じつ》は枝《えだ》葉《に》の産《つ》む所《ところ》にして枝《えだ》葉《は》は能《のう》生《せい》なり根《こん》本《ぽん》は一《いち》靈《れい》の生《せい》養《よう》なり一靈《れい》は天《てん》既《すで》に開《ひら》けば圓《まどか》なる物《もの》が現《あらは》る其《その》中《うち》に一點《てん》の神《かみ》坐《ましま》すと云《い》ふものなり。

北《ほく》年《と》元《げん》靈《れい》經《けう》に曰《いは》く眞《まこと》は神《かみ》なり正《せい》なり直《ちよく》なり化《くわ》なり聖《せい》なり靈《れい》通《つう》の妙《めう》明《めい》なる之《これ》を眞《まこと》と云《い》ふ天《てん》に眞《まこと》なければ萬《ばん》物《ぶつ》春《はる》あらず地《ち》に眞《まこと》なければ草《くさ》木《き》根《ね》あらず人《ひと》に眞《まこと》なければ神《かみ》を御《ぎよ》することを能《あた》はず自《じ》他《た》互《たが》ひに意《い》を以《もつ》て理《り》となし意《い》を以《もつ》て言《げん》と爲《な》し意《い》を以《もつ》て手《て》足《あし》と爲《な》す皆《みな》是《こ》れ心《しん》神《じん》の所《しよ》爲《ゐ》なり一《いつ》切《さい》含《ぐわん》靈《れい》、鎭《ちん》宅《たく》靈《れい》符《ふ》、尊《そん》星《せい》の進《しん》退《たい》は皆《みな》是《こ》れ三《さん》業《ごう》清《しやう》淨《じやう》の密《みつ》法《ぽふ》なれば靈《れい》符《ふ》秘《ひ》法《ぽふ》と云《い》ふ所《ゆ》以《ゑん》なり。

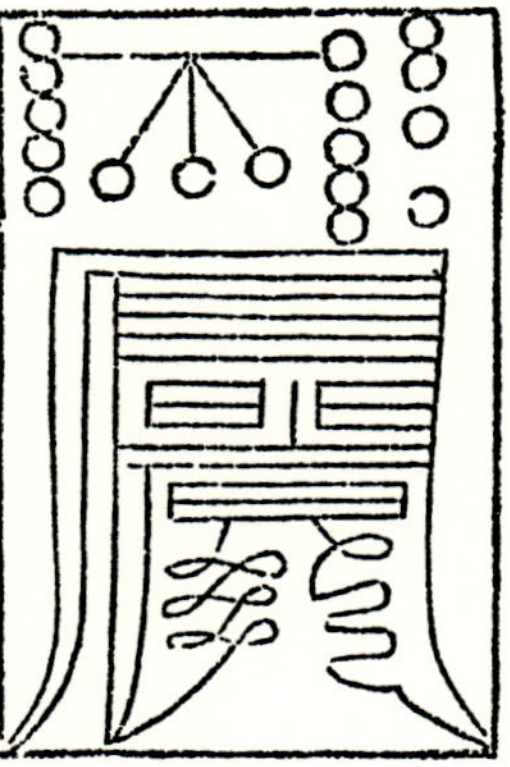

之れは子孫繁昌して家内が仲能くして且つ長命ならしむるやうにと願ふとき此の霊符に能く信心すれば必ず望みごとが成就す

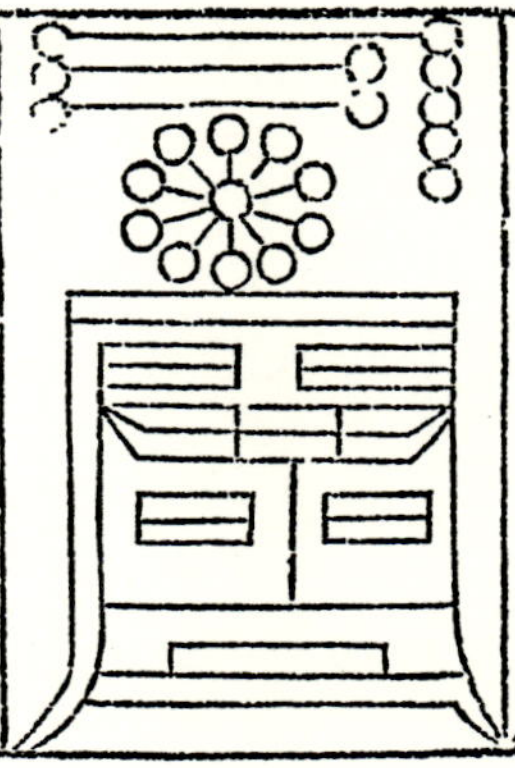

之れは病気の長引くときに此の霊符に能く信心すれば必ずだん〳〵と全快するものとす

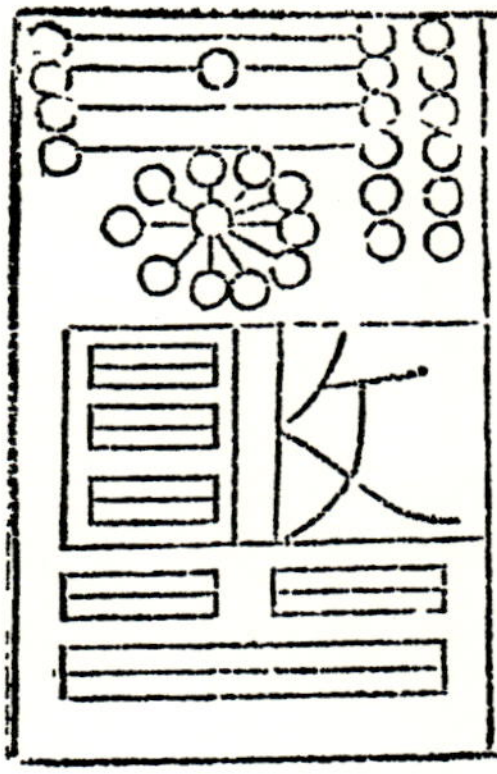

之れは病気が絶えず又は盗賊の難に逢ひ或は不時に財資を損失する時に其れを拂ひヨケるに用ゐる霊符なり

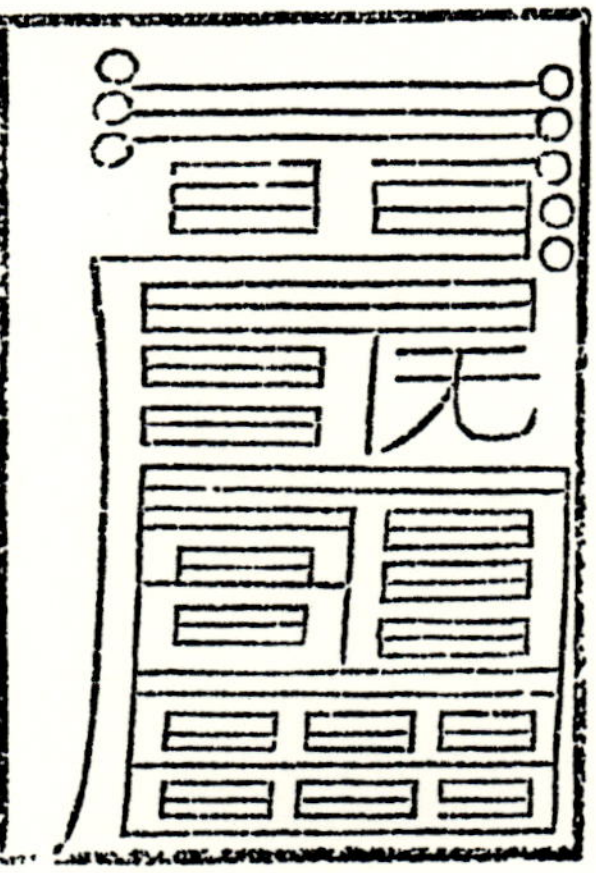

之れは牛馬、六畜が能くツゲゝずいろ〳〵の災ひあるとき此の霊符に能く信心すれば忽ち安泰となるべとす

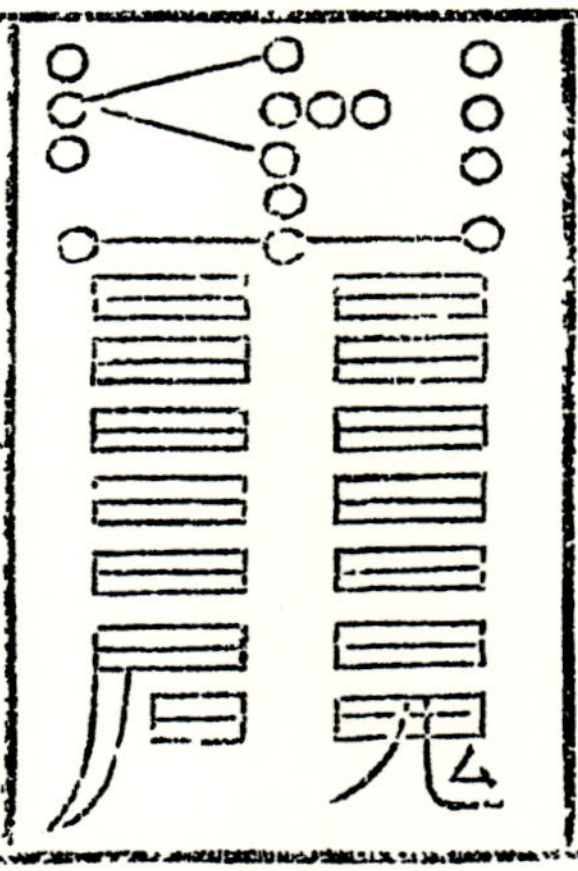

之れは家業財宝たへらし損じ或は人より指図なかけらる丶とき此の霊符に能く信心すれば必ずイチヂルしき効験ありとす

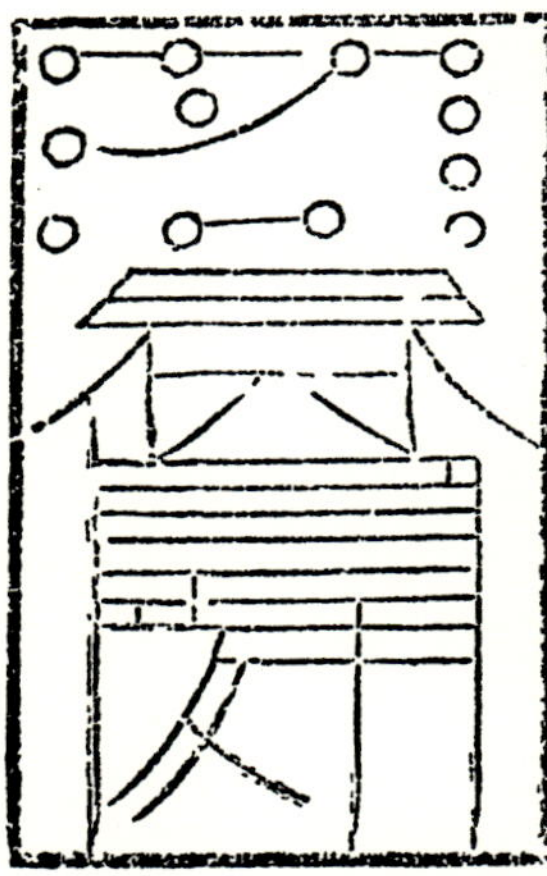

之れは思ひ重く心配事に打沈み父母を滅じ寿命を短くする死霊生霊の祟りを拂ひヨケる時に用ひる霊符なり

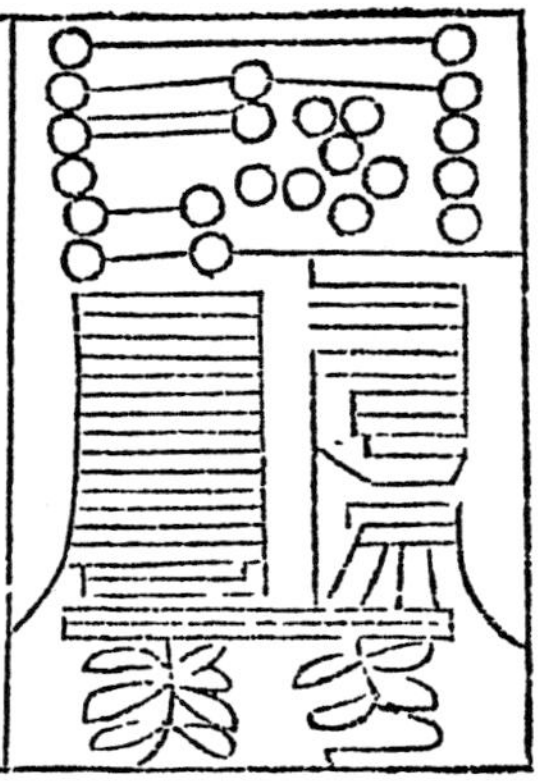

之れはいろ〳〵のアヤシキ事ありて百靈タヽリ又口舌の起るときは其れを拂ひヨケるに用ゐる鎭符なり

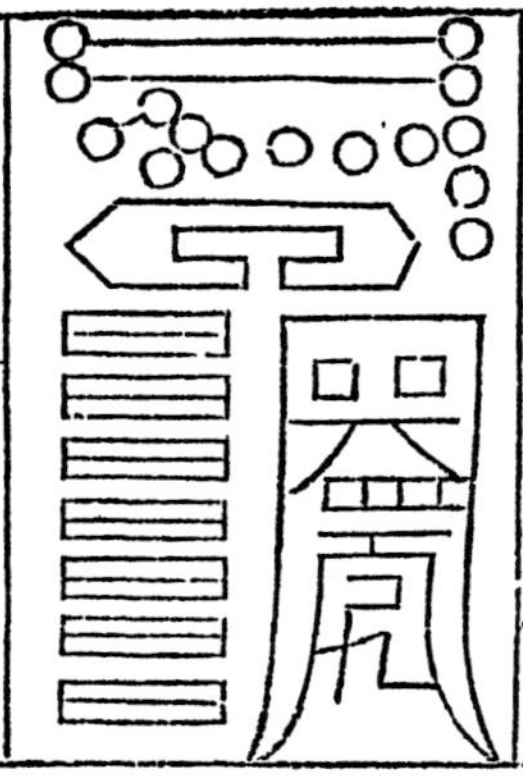

之れは田畑の不作又蠶の能くデキず或は病人の絶ゑざるときは其れを拂ひヨケるに用ゐれば必ず大利益ある鎭符とす

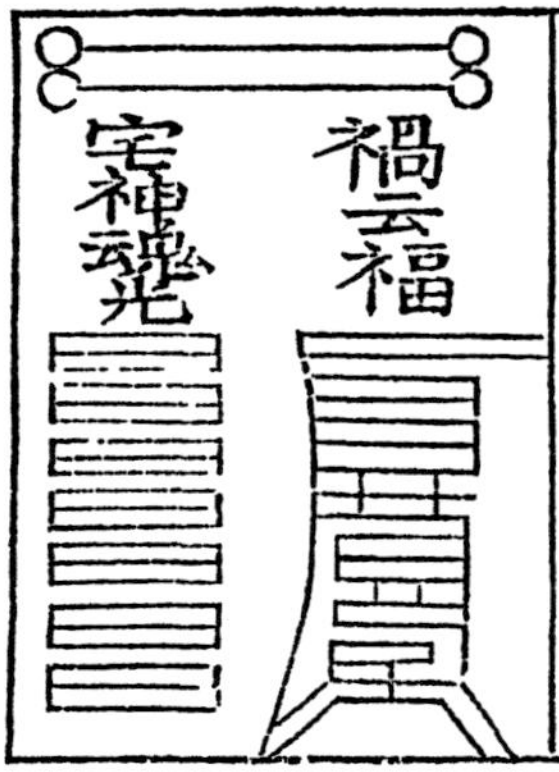

之れは生靈、死靈のタヽりを其れを拂ひヨケるに用ゐれば大なる効驗ある鎭符なり

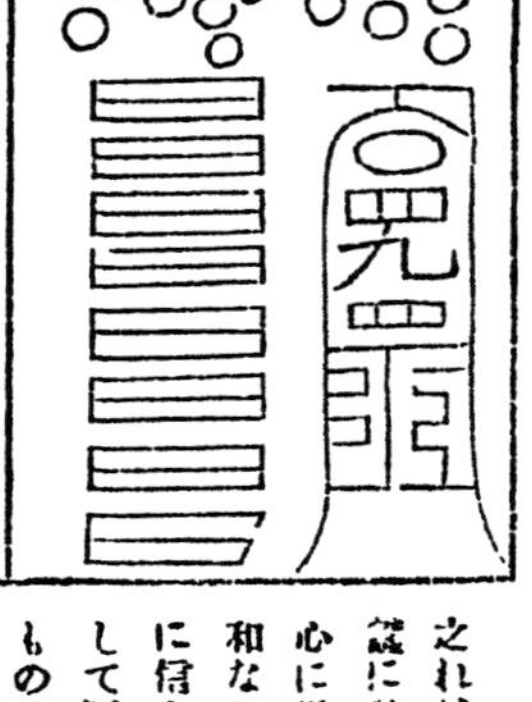

之れは蛇、鼠、など蠶に付き又は夫婦の心に猜疑の起りて不和なるとき此の鎭符に信心すれは必ず治して圓滿大平となるものとす

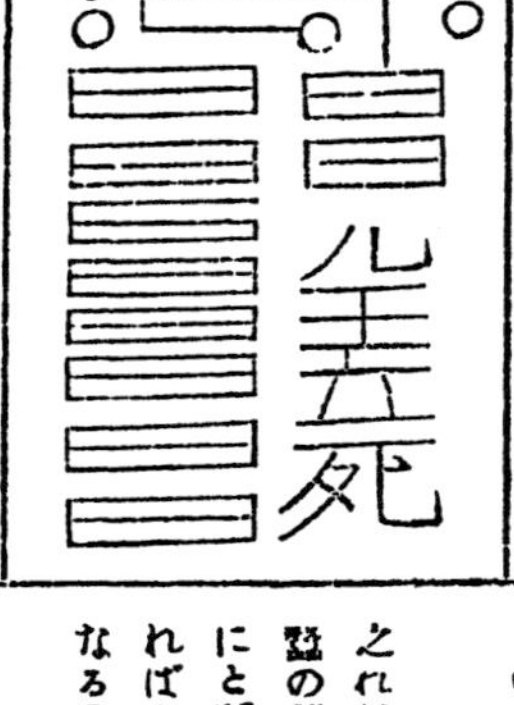

之れは田畑能く熟し蠶の能くデキるやうにと願ふ時に信心すれば必ず豊作豊年となるの鎭符なり

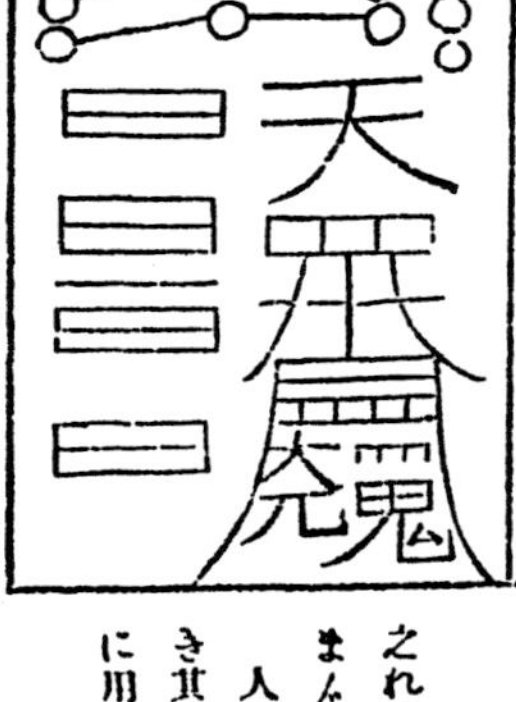

之れは百鬼、百靈さま〳〵のタヽりなし人を損し害するとき其れを拂ひヨケるに用ゐる鎭符なり

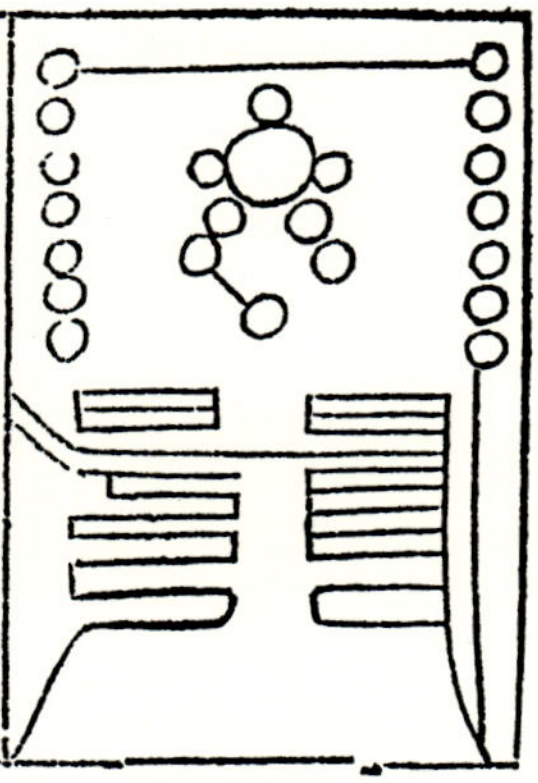

此の護符を祭る時は金銀自然と集り来りて富貴、繁昌、家運盛大となるものとす

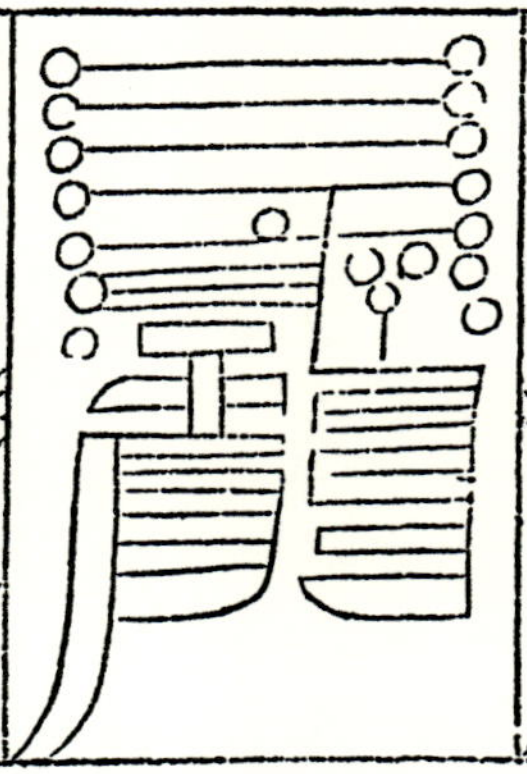

之れは蛇、人家に入り又いろいろのアヤシキことの起るときに此の護符を祭るときは必ず治す

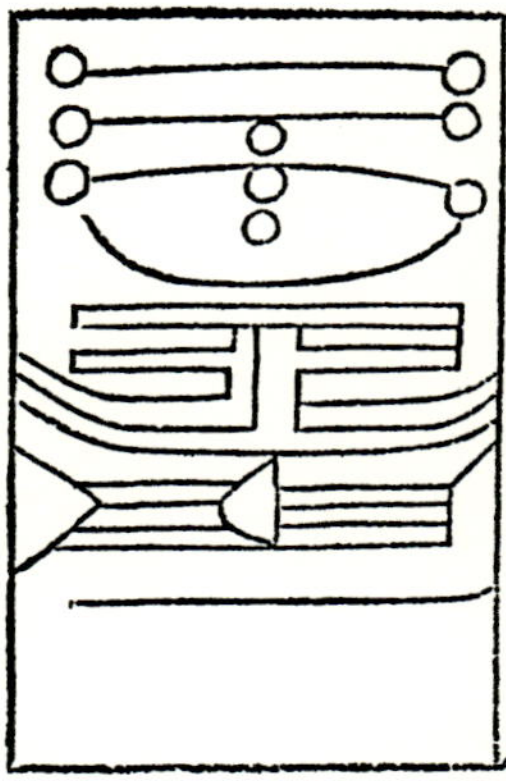

之れは家の門戸をよく堅め守りて災の入り来らず又人の口に云ふ言も清く美くありて家内円満の護符とす

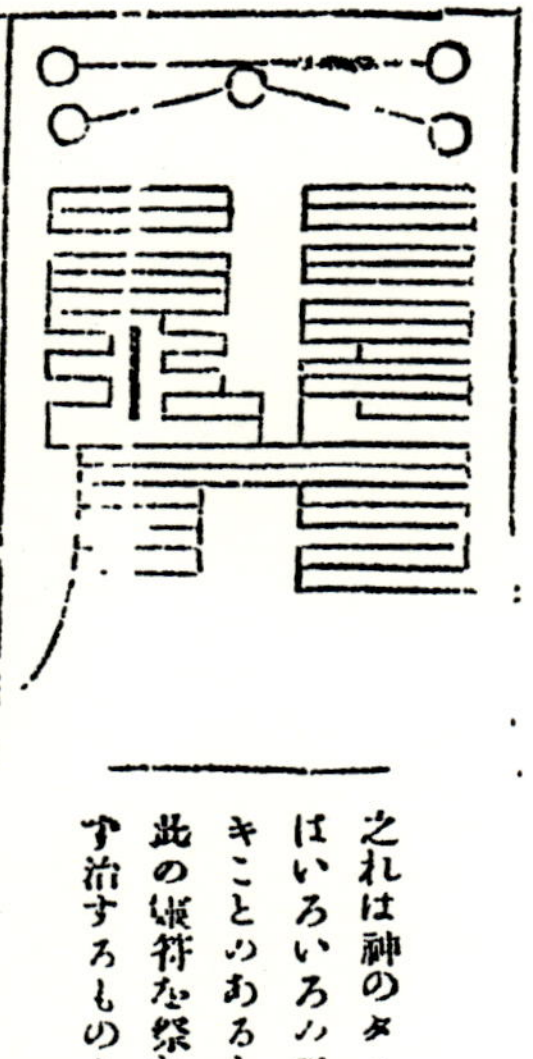

之れは神のタ、リ又はいろいろのアヤシキことのあるときに此の護符を祭れば必ず治するものとす

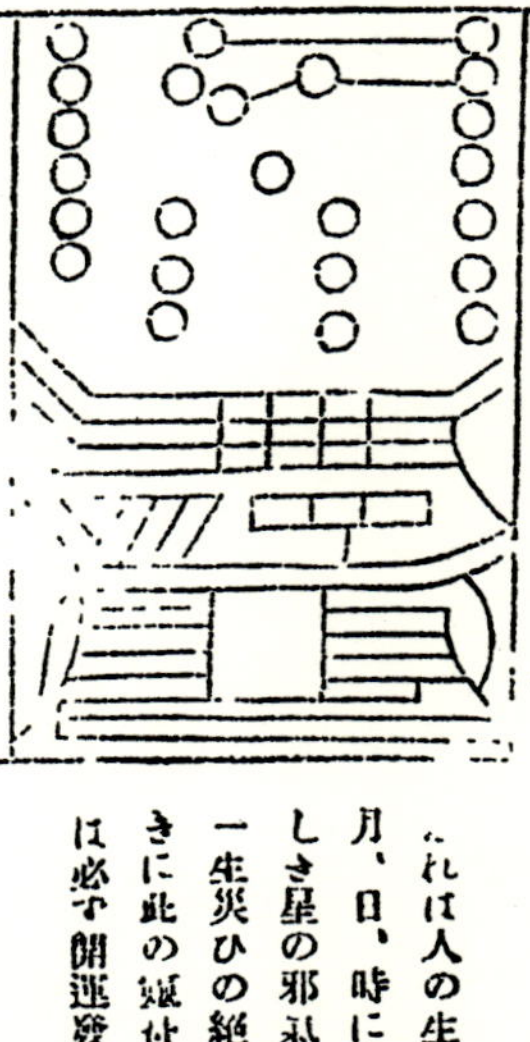

之れは人の生れ年、月、日、時に於て悪しき星の邪気に逢ひ一生災ひの絶えぬときに此の護付を祭れは必ず開運発達す

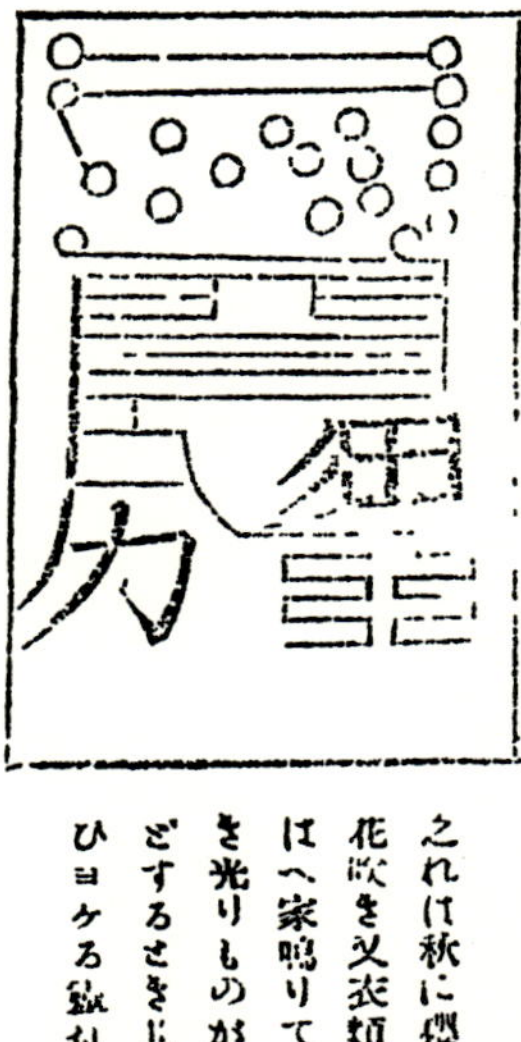

之れは秋に桜、桃の花咲き又衣類にコケはへ家鳴りてアヤしき光りものが飛びなどするとき其れを払ひヨケる護付なり

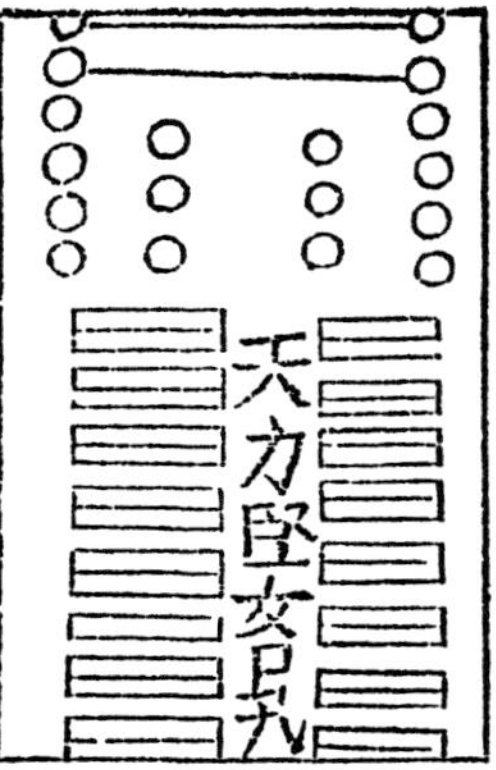

之れは天地に災ひ起り國家にいろ／＼の災難起るとき其れを拂ひヨケるに用ゐる靈符なり

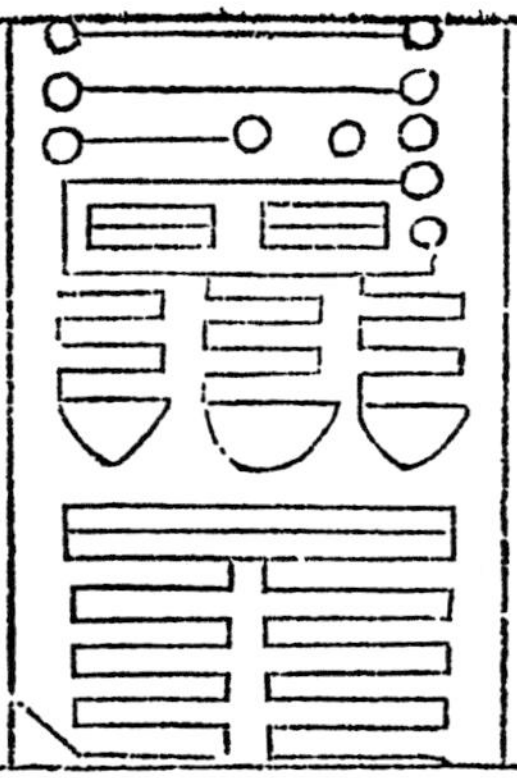

之は裁判に出て勝利あるやうに祈るときに用ひる靈符にして甚だ效驗あり

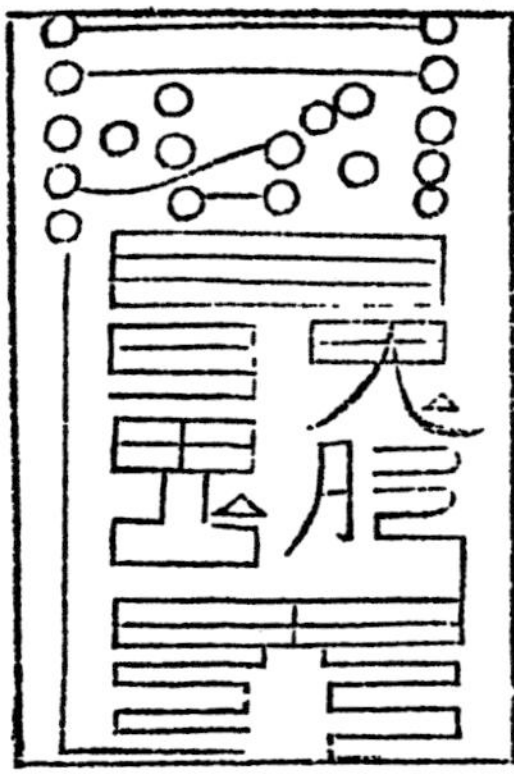

之は邪氣を去り悪鬼を退け平和に家を保つ時に用ゐる靈符なり

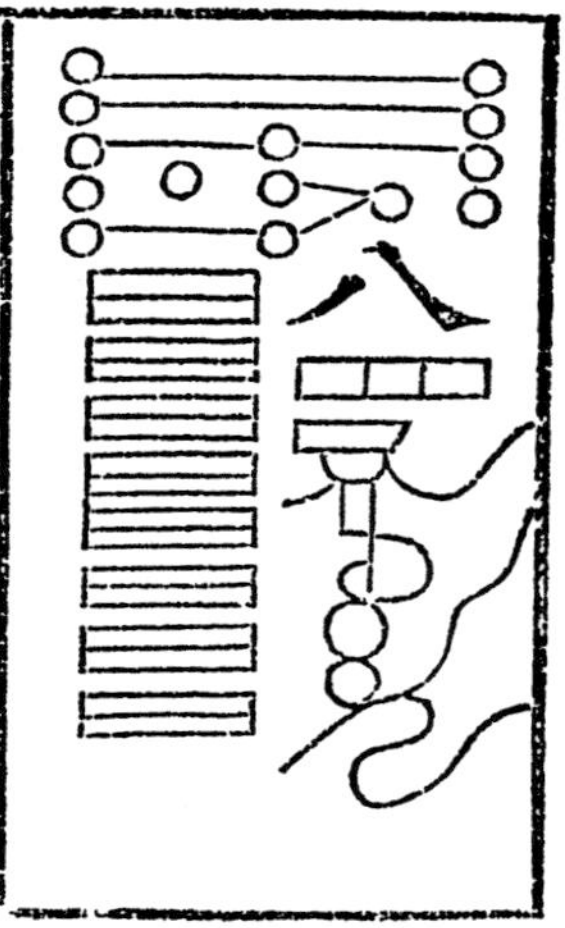

之れは男子女子の胞衣の納め所が悪しくしてタヽりをする時此の靈符を祭れば必ず其のタヽりは治する者さす

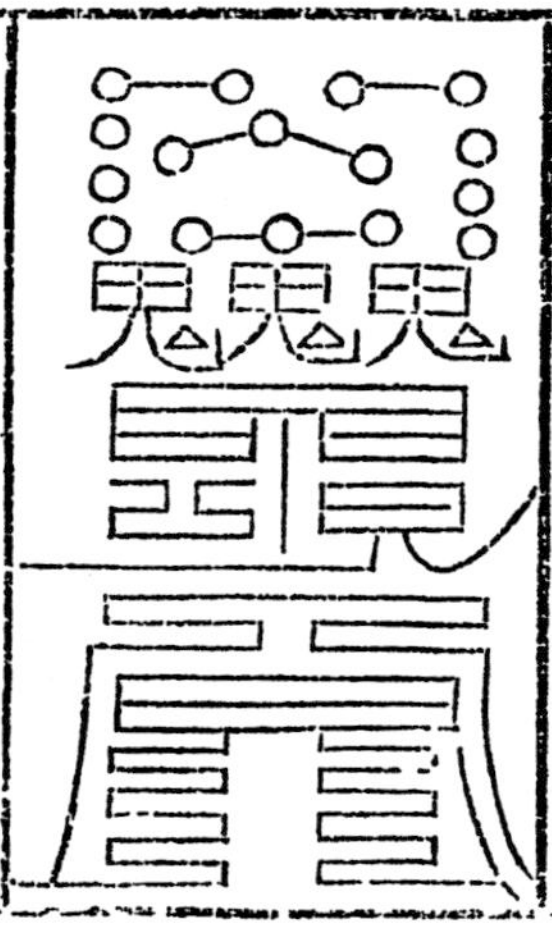

之れは夢に驚き物に恐るゝとき其れを拂ひヨケる時に用ゐる靈符なり

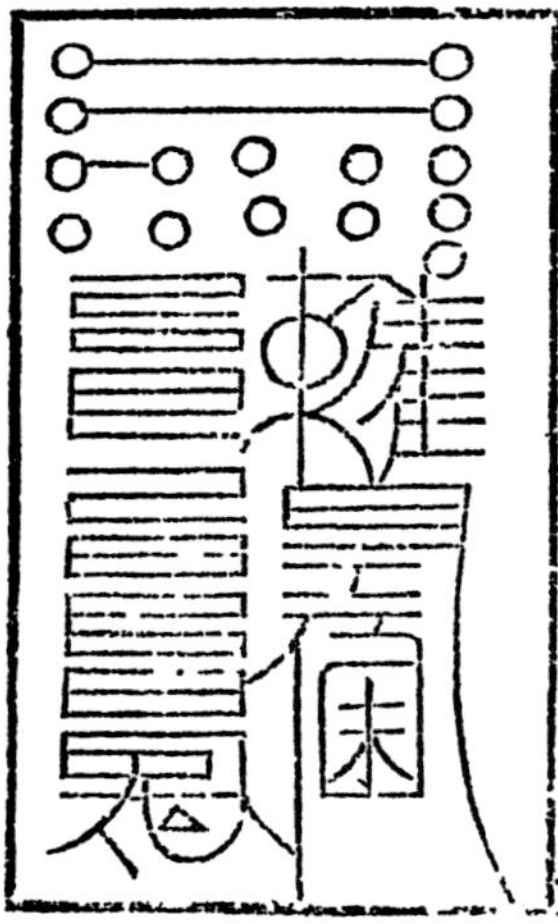

之れは流行病を拂ひヨケ又はさまゞ＼の悪鬼を退散さする時に用ゐる靈符なり

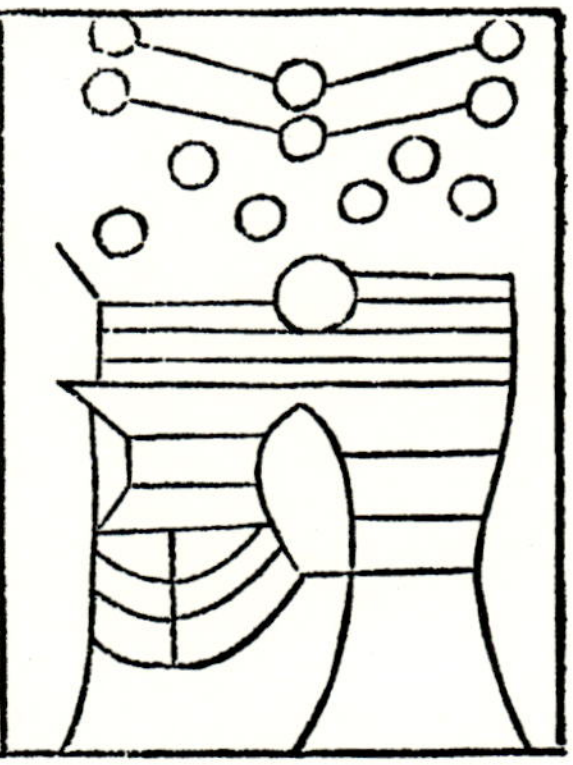

之れは不慮の脅迫に逢ひ又横さまに財寶を損失し計略に逢て口舌、災難の起る時に此の靈符を祭れば忽ち其災ひは治す

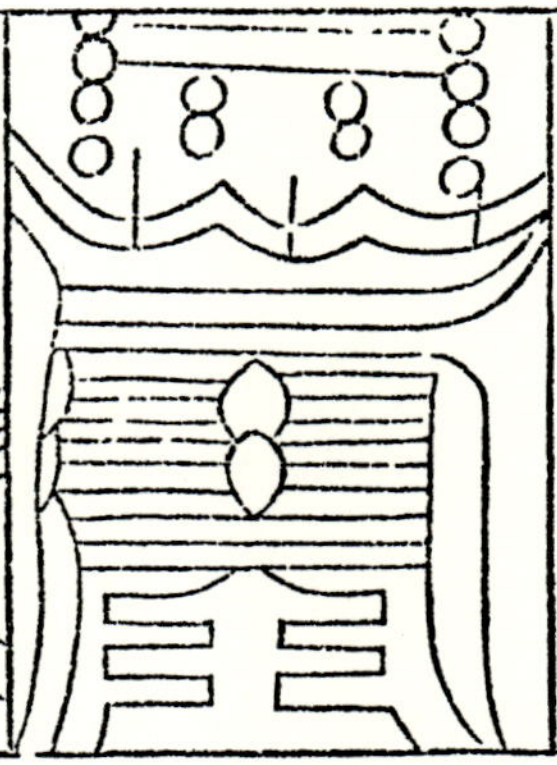

之れは男子、女子、早死して長命ならざる家の災ひを拂ひヨケて長命ならしむる時に用ふる靈符なり

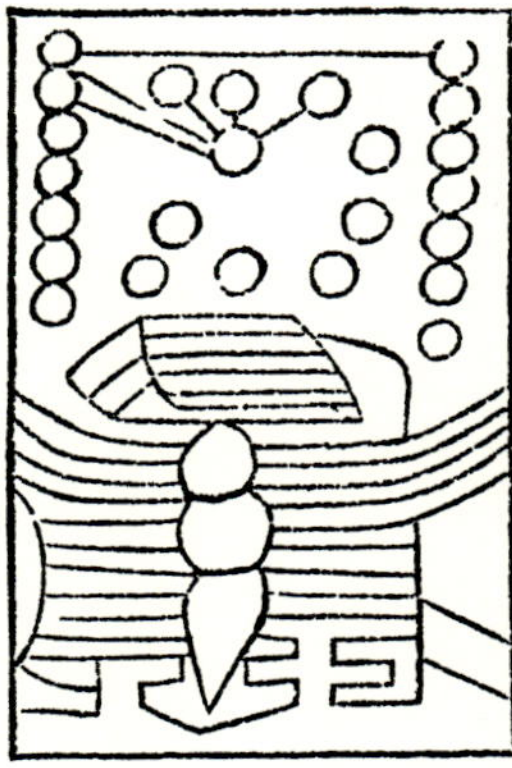

之れは俄か水、又は井水など俄にニゴリケガれニホヒあしく又光物の飛び或は燈火にアヤしき花出でゝ家内に災ひの起る時に此の靈符を祭れば忽ち治す

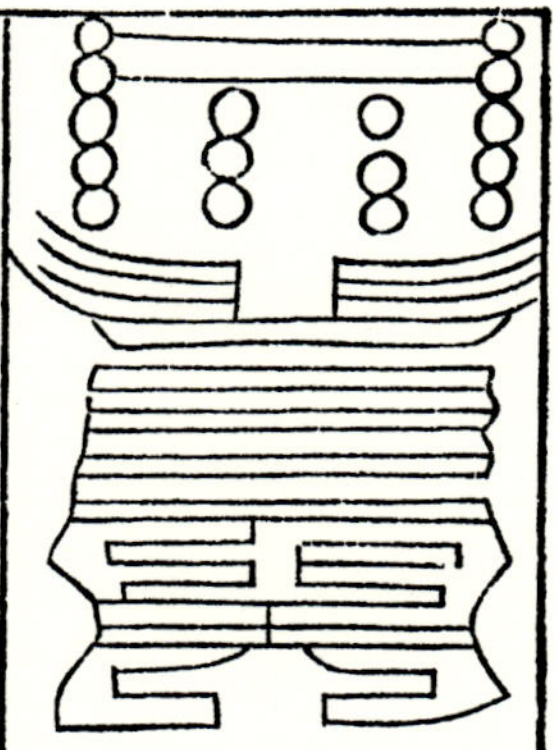

之れは靈鬼かゝりをなしてさま〳〵惡しき事や災難の絶えざるさき此の靈符を祭れば忽ち治す

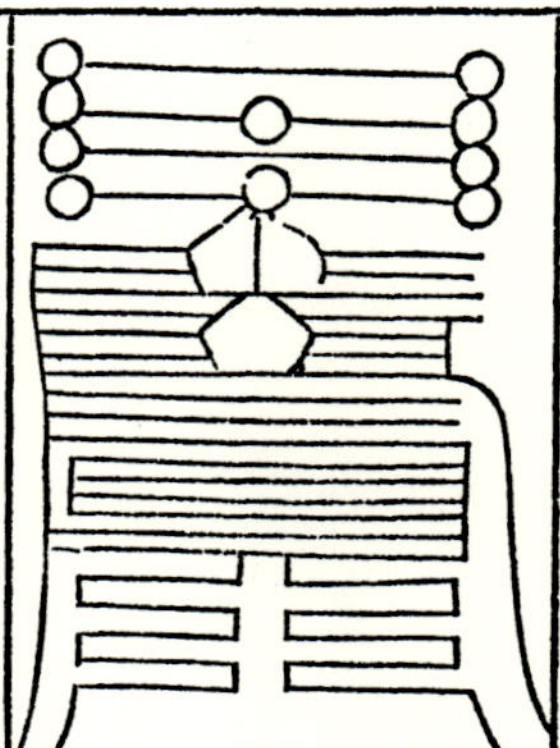

之れは天地陰陽の氣和せずして大雨ふり又ヒデリなどして四季寒熱の氣候正しからざる時に此の靈符を祭れば治するものとす

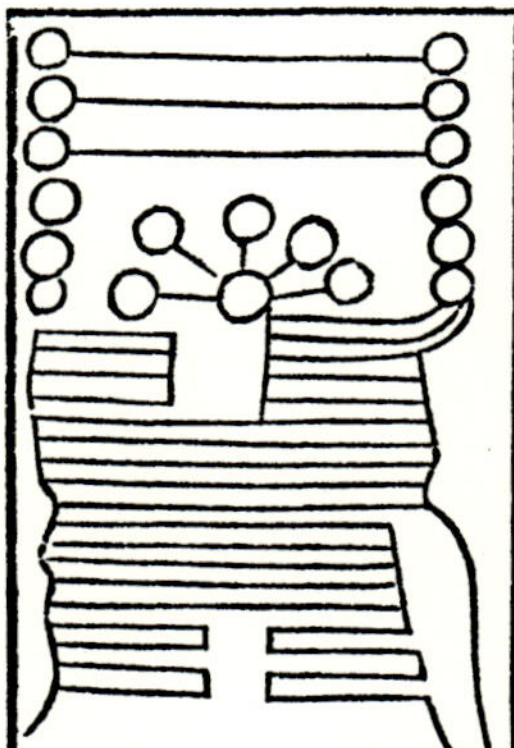

之れは口舌起り又惡しき事に逢ひて害せらるゝ災ひにかゝりたるさき此の靈符を祭れば必ず治す

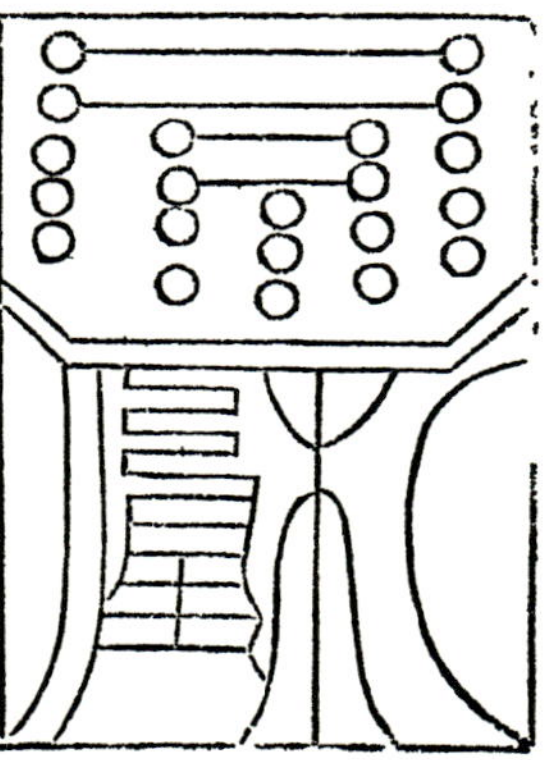

之れは凶き災ひに掛りて殺害などしたる悪鬼を拂ひヨケる時に用ひ祭れば必ず効験ある靈符なり

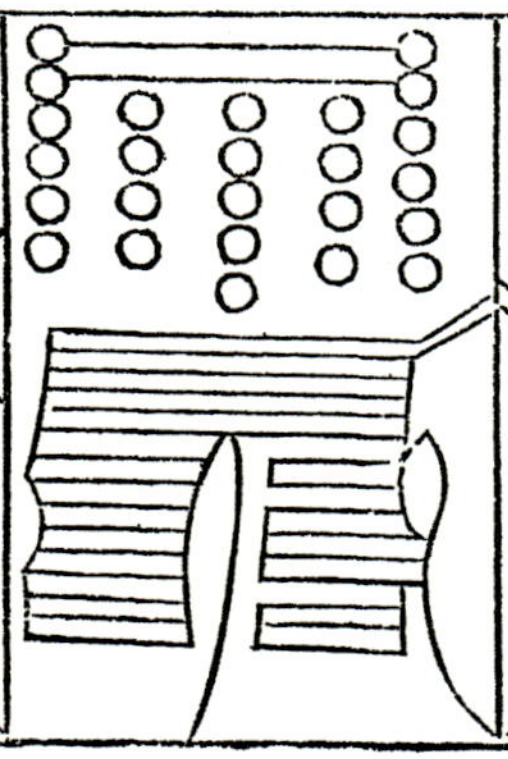

之れは悪鬼又は悪しき邪氣の靈鬼を拂ひヨケる時に用ひれば必ず治する靈符なり

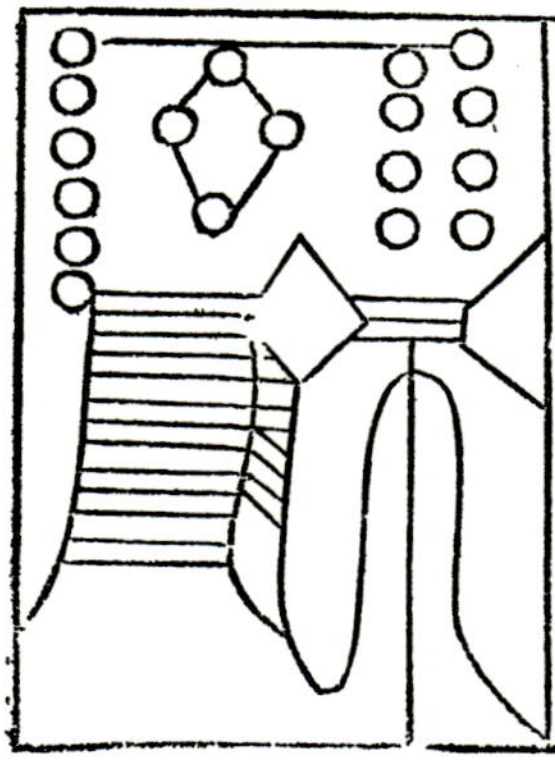

之れは金銀を招き入れ家の富貴になりて而も災の起らざるやうに祈り祭る時は必ず望みごと成就するの靈符なり

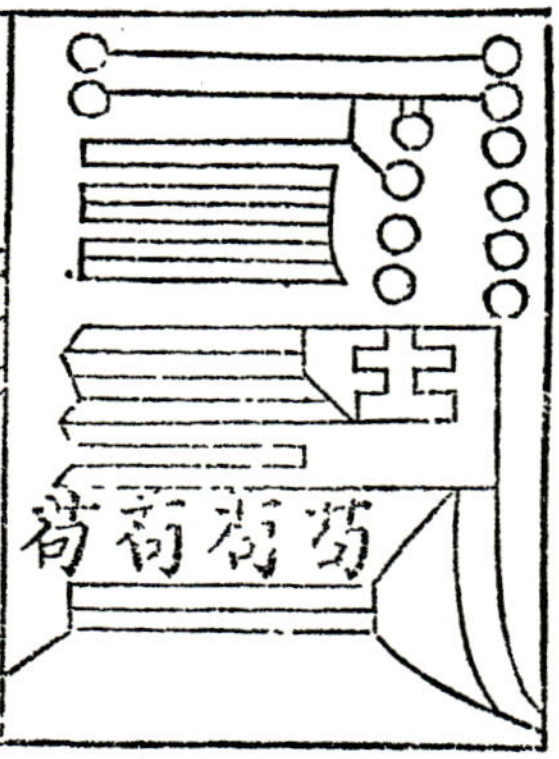

之れは盗賊に逢ひ又は口舌の起りて絶えざるとき此の靈符を祭れば必ず治して其家安穏となるものとす

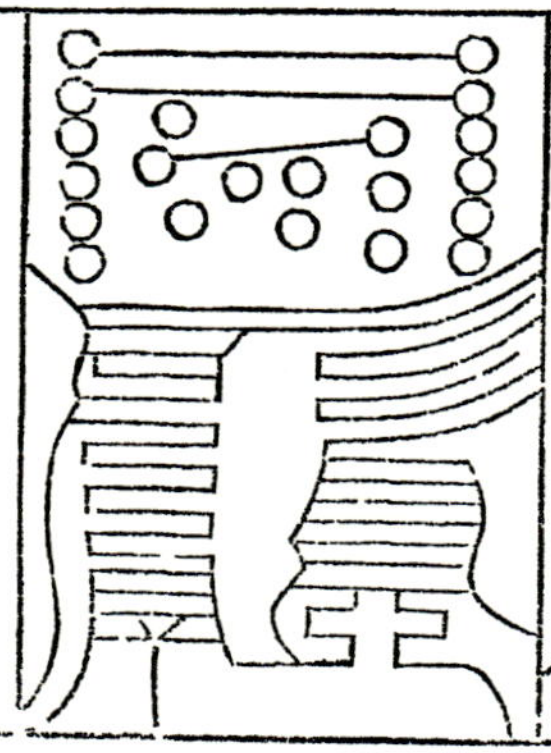

之れは雞が夜鳴て病ひや損失ありて心配の起り又さまざまのアヤシキことあるとき此の靈符を祭れば必ず治す

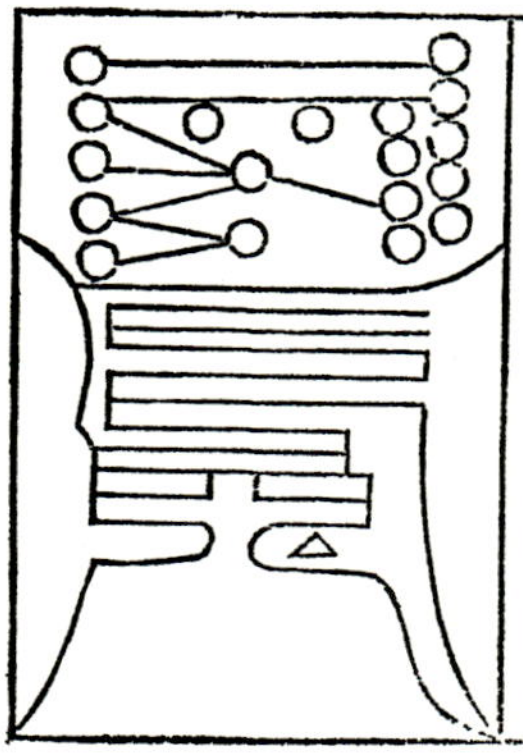

之れは四季の氣候和せずして時ならず暑く又寒くして悪病流行などするときに此の靈符を祭れば必ず其家には悪病、入らずとす

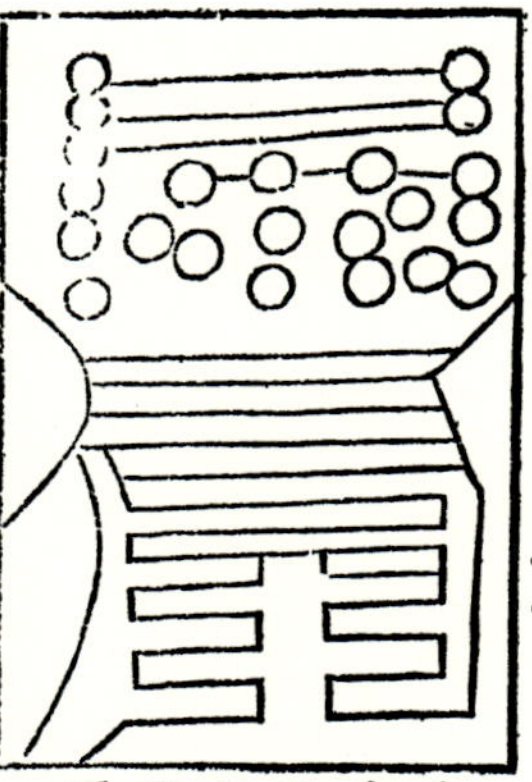

之れは兵士を呼び集め人を害し國家を亂し人の口に云ふ言などもアヤしきこと起る惡魔を拂ひヨケる時に用ゐる靈符なり

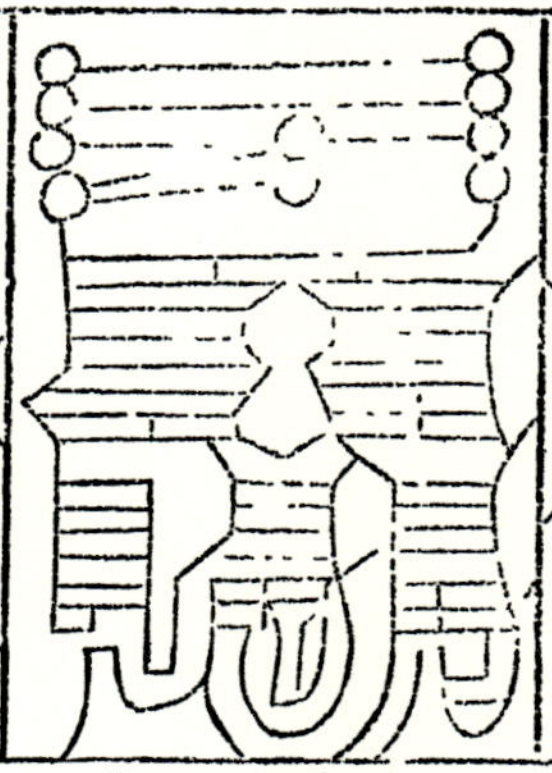

之れは盜難に逢ひても能くデキず紛失する時に此の靈符を祭れば必ず靈は能くデキて商賣繁昌するものとす

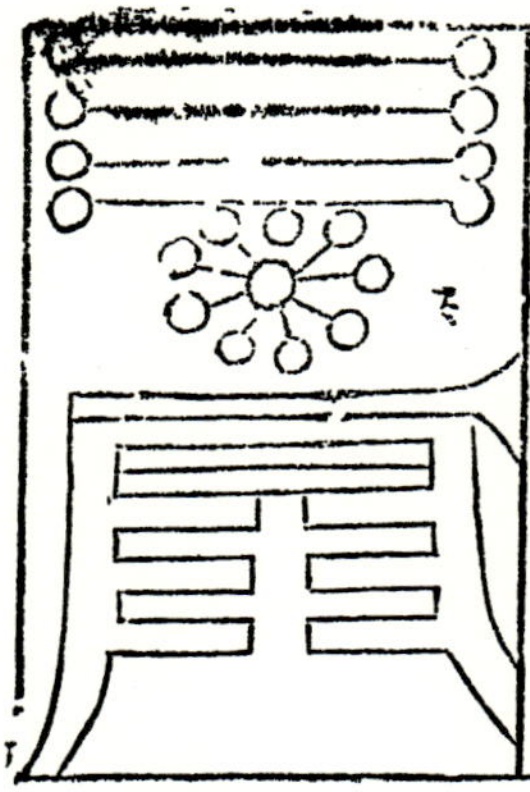

之れは畜類クルヒて人を損じ傷ふ時に用ひる靈符にて之れを祭れば牛馬も柔和になるなり

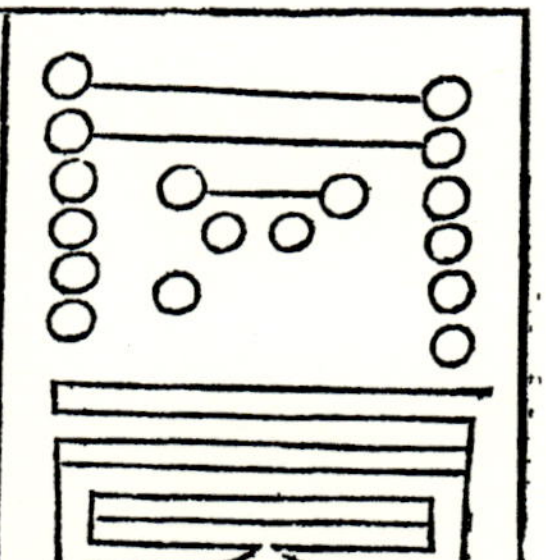

之れは悪しき夢を見てアヤしく又商法、業務の事に付て利益を得がたく成就せぬときに此の靈符を祭れば必ず利益あるものさす

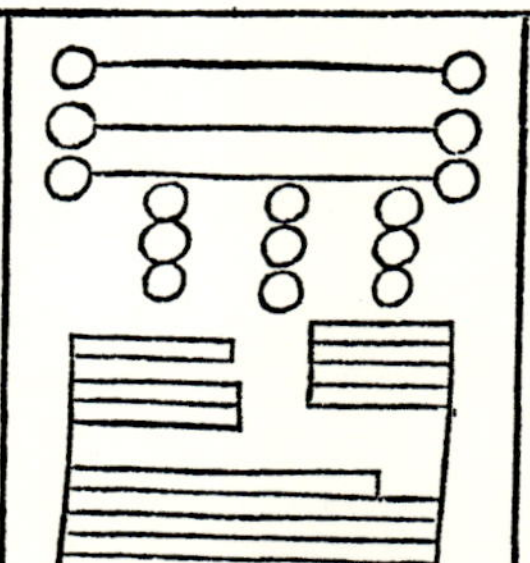

之れは西方の土神の氣タヽりて人の口にアヤしく言はれ又下女下男の居附かぬ時に此の靈符を祭れば必ず居附くものさす

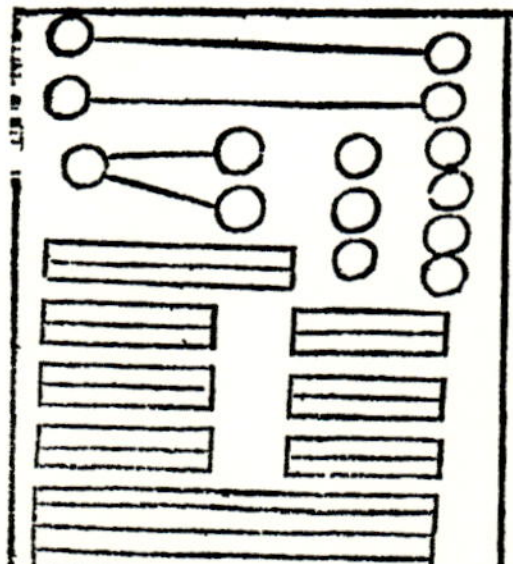

之れは北方の土神の氣タヽりで財寶をヘラし損毛する時に此の靈符を祭れば必ず利益あるものさす

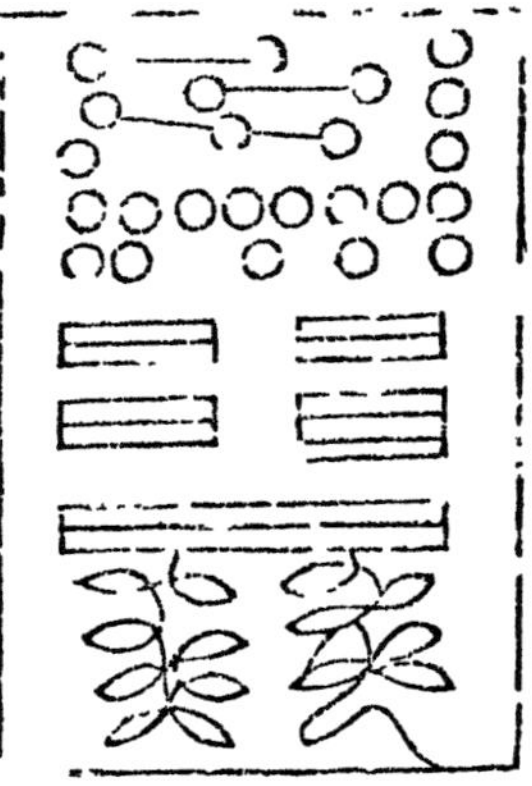

之れは南方の土神の氣かゝりで下女、下男に移り、又人の口に惡く言はるる恐れある時は此の靈符を祭れば必ず効驗あるものとす

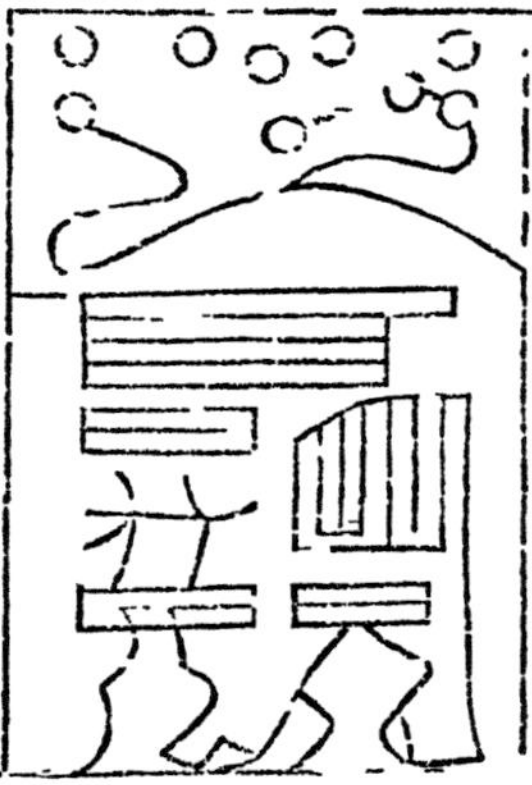

之は死靈や生靈の爲めに人に害せらるる事を云はれ又家人、害に死亡する事あるとき此の靈符を祭れば必ず治す

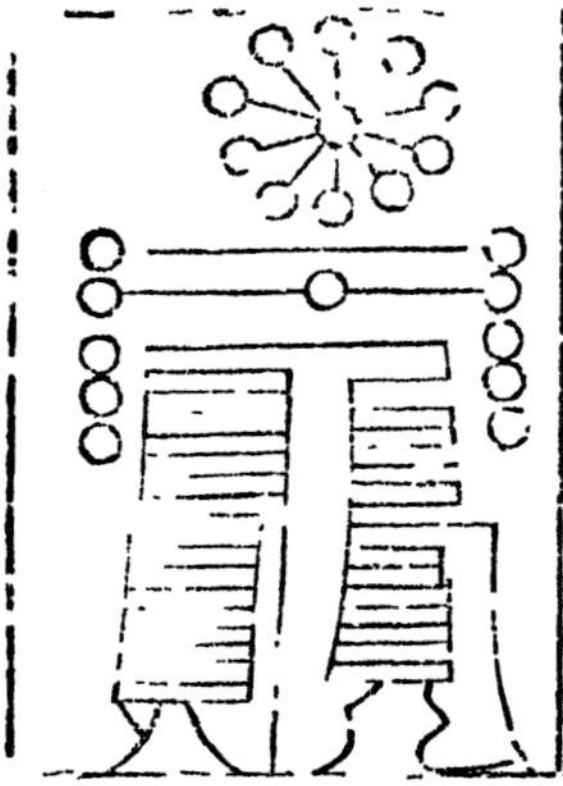

之れは中央の土神の氣タゝりてたび〳〵家人に移る時此の靈符を祭れば必ず治して其家平和となれるものとす

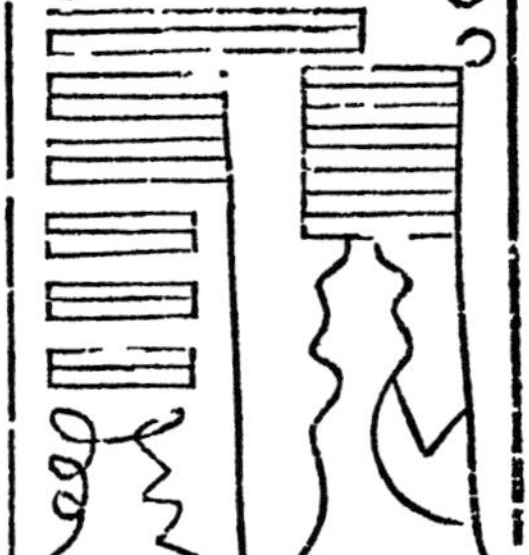

之れは願ひ望みごと又は心に思ふことを遂げ成就せんとする時に此の靈符を祭れば必ず利益ありて望み事も成就す

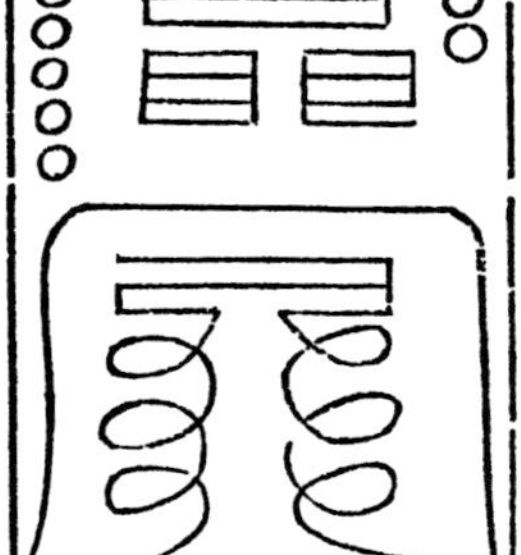

之は死靈のタゝりが人を害せんさいろ〳〵のあやしきことをする時に此の靈符を祭れば忽ち治す

之れは官位、職祿を招き望むに必ず成就あるべきを祈る時に用ひる靈符なり祭れば必ず効驗あるものさす

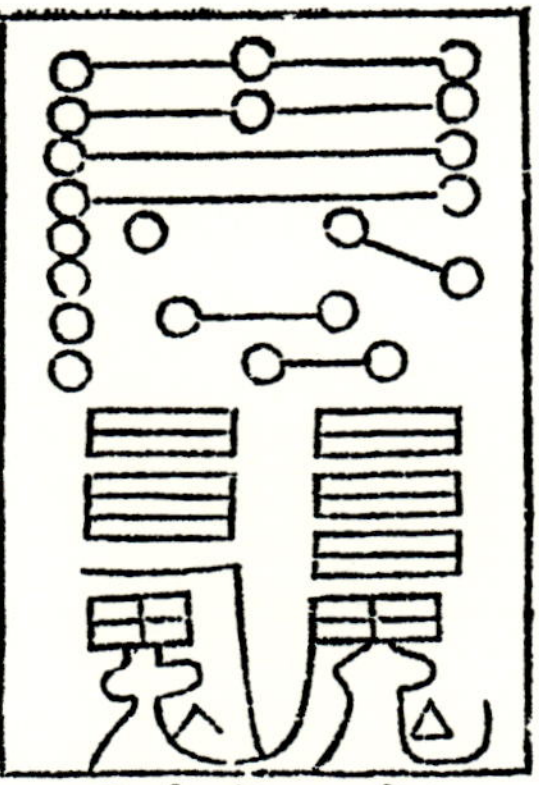

之れは死霊や悪鬼がゝりなして家人を苦しむる時に此の霊符を能く信心すれば必ず治して其家、安泰さなる

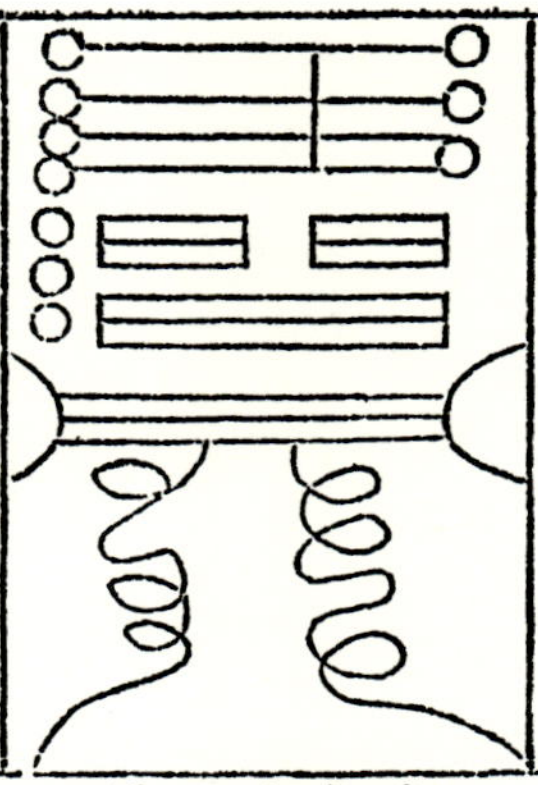

之れは寺地或は墓の跡などの地の中に伏したる屍ありて家人にたゝる時に此の霊符を祭れば必ず治して無事平穏さなるものとす

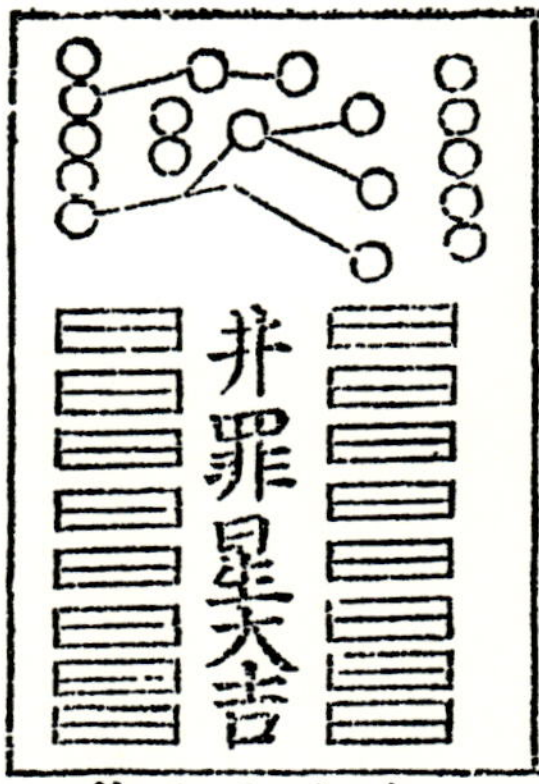

之れは蹉跌の難に逢はず萬事心に叶ひて幸福あるやうにと願を掛ける時此の霊符を祭れば効驗あること疑ひなし

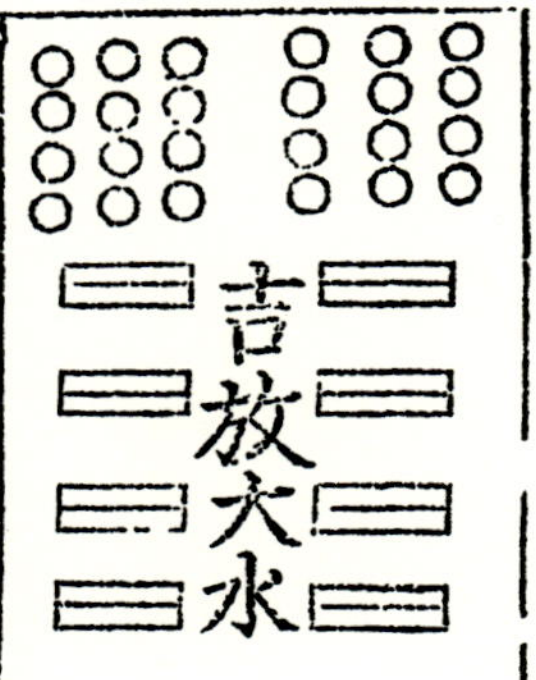

之れは病ひ、日々に重くなる時に此の霊符を祭るときはだん〳〵と軽くなりて全快するものさす

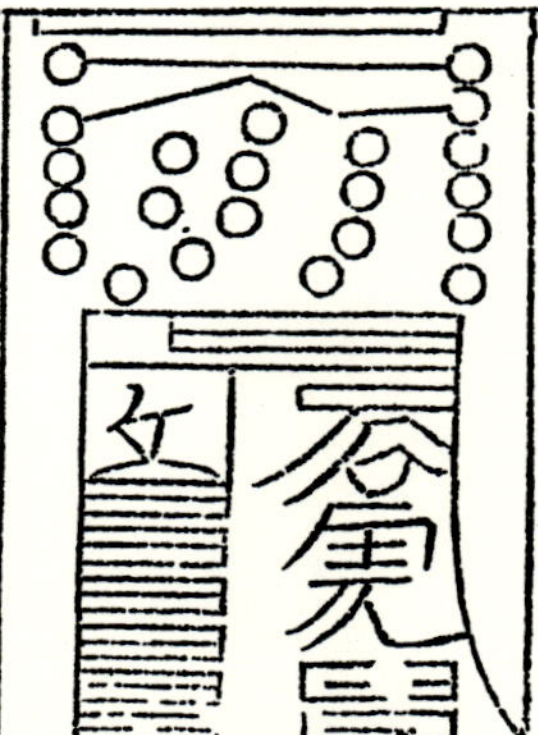

之は久しく雨ふらずヒデリのときに此の霊符を祭りて能く信心すべき霊符とす然る時は近き内に雨ふり来るさす

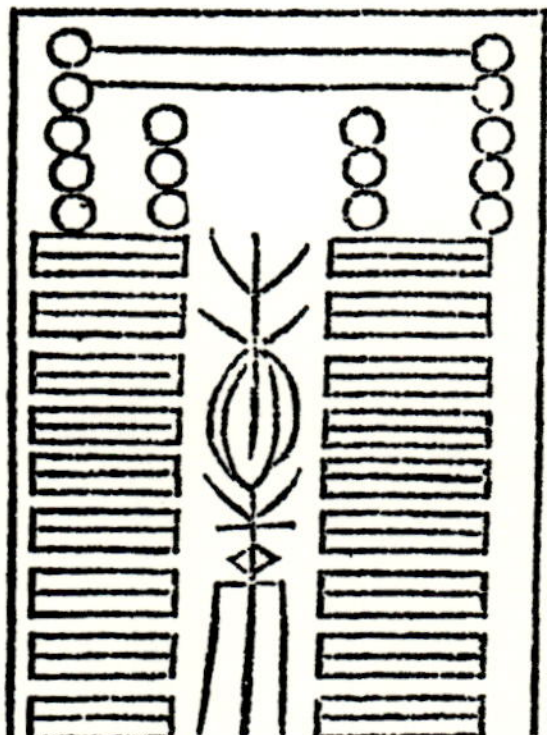

之れは雉、犬、狐、狸などがアヤシきことを起すさき此の霊符を祭れば必ず治して其家平安となるものとす

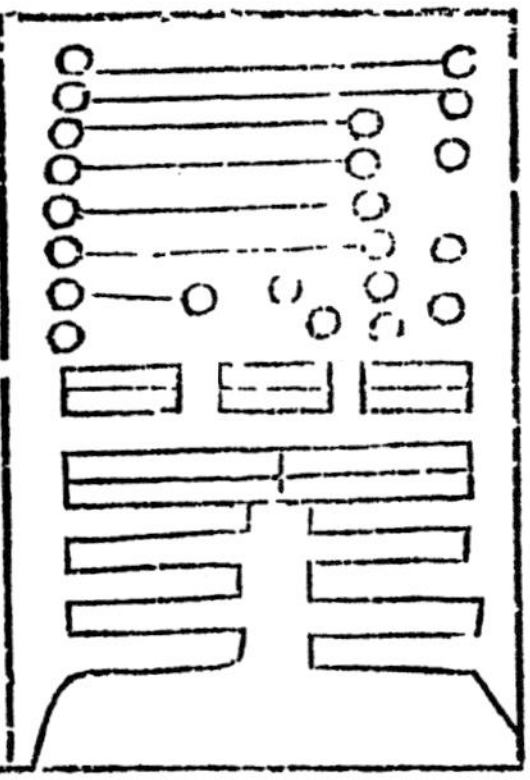

之れは東方の土神たゝりて人に精神病など起すときに此の靈符を祭れば必ず治して全快す

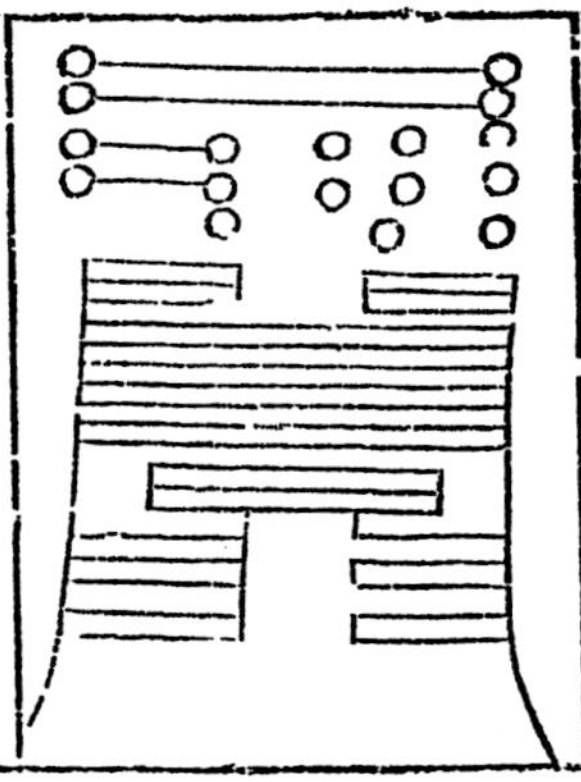

之れは牢獄に押込められて死したる死霊などのたゝるとき拂ひヨケるに用ゐる靈符なり

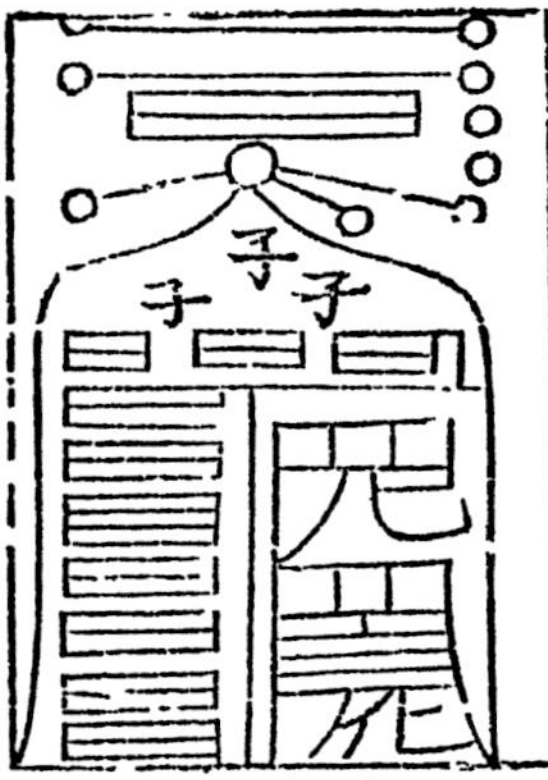

之は古き木の悪鬼を拂ひヨケる時に用ひれば其悪鬼は忽ち退散して甚だ尊うきさ靈符なり

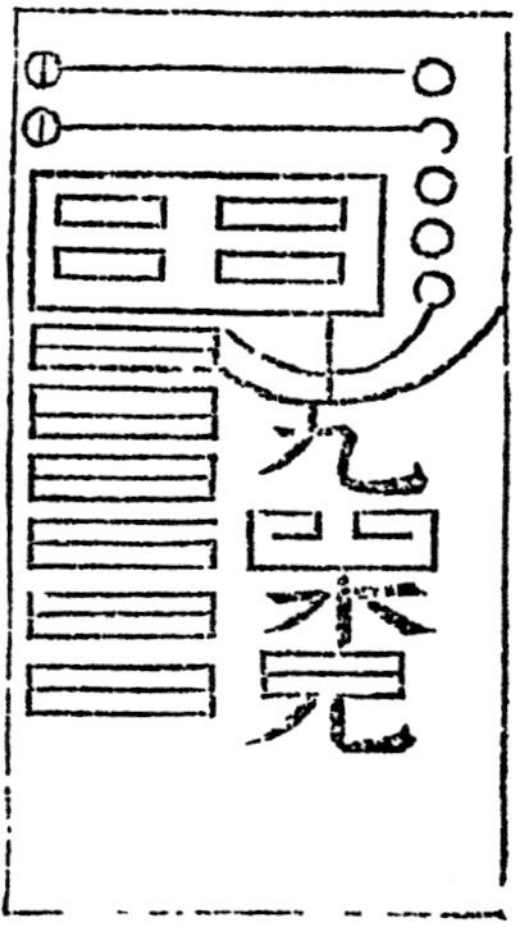

之れは神のたゝり又は佛のたゝりを拂ひヨケる時に用ゐれば大利益ある靈符なり

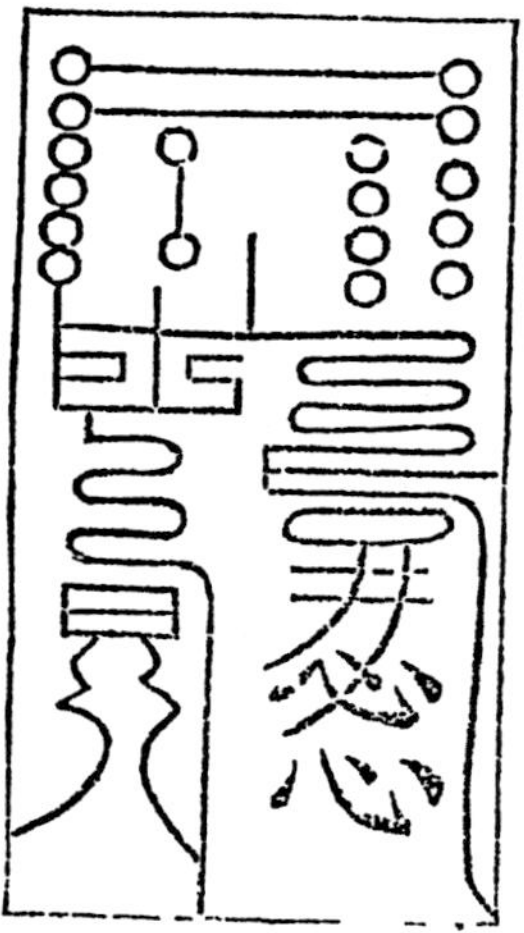

之れは月、日、星に怪異の形ち見えて國家に災ひあるとき其れを拂ひヨケる時に用ゐれば効能ある靈符なり

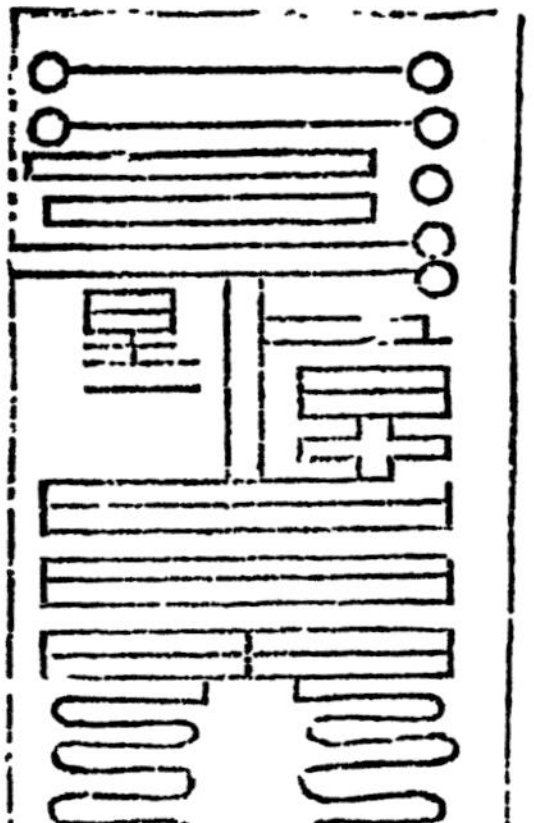

之れは水病、コレラ等の流行病を拂ひヨケる時に用ひれば効驗かならずある靈符なり

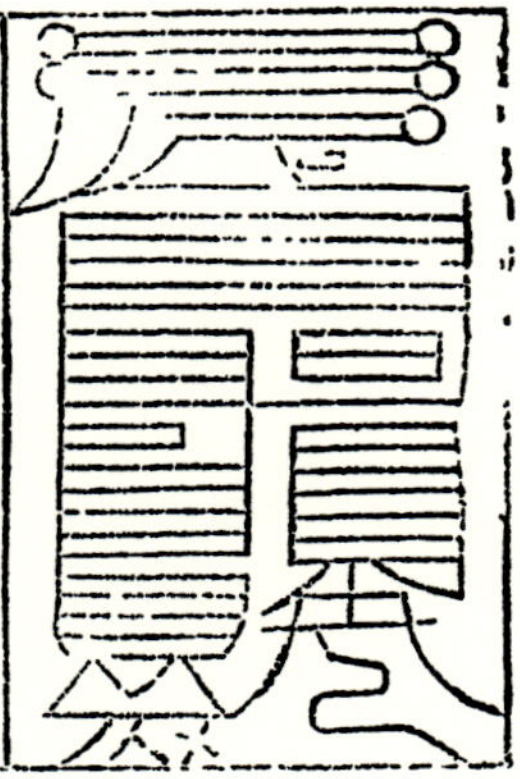

之れは食傷して腹張り或は水腫、腹満などの起る時其れを全快さするの靈付にして効験甚だあるものとす

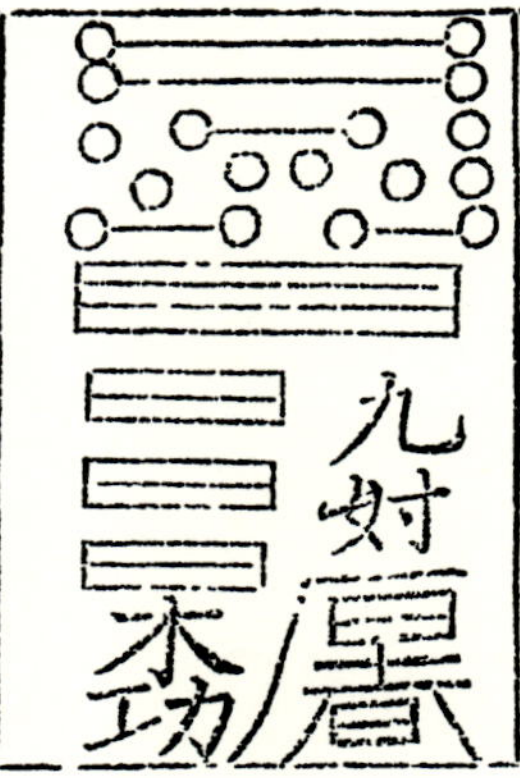

之れは人を惱かし人の恐ることあるアヤシキことなどある其れを拂ひヨケる時に用ゐる靈符なり

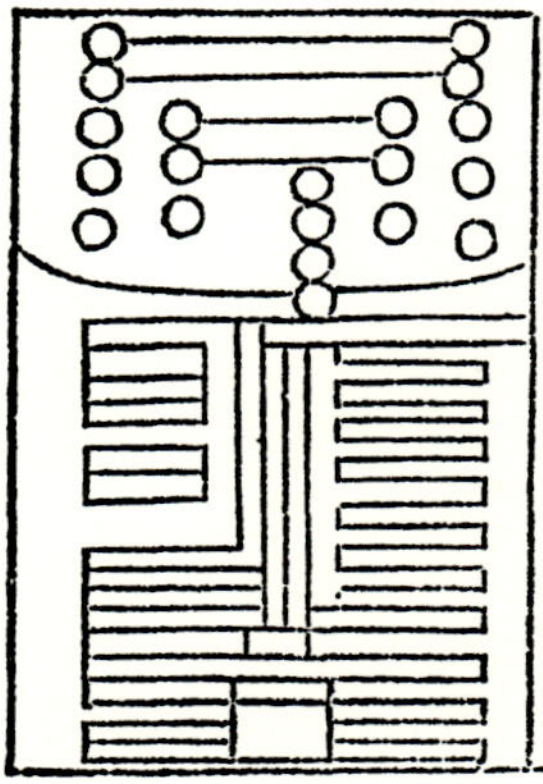

之は牛、　，六畜のメヽリ又は下男、下女の逃亡するとき其れを引き留め或はメヽりを拂ひヨケる時に用ゐる靈符なり

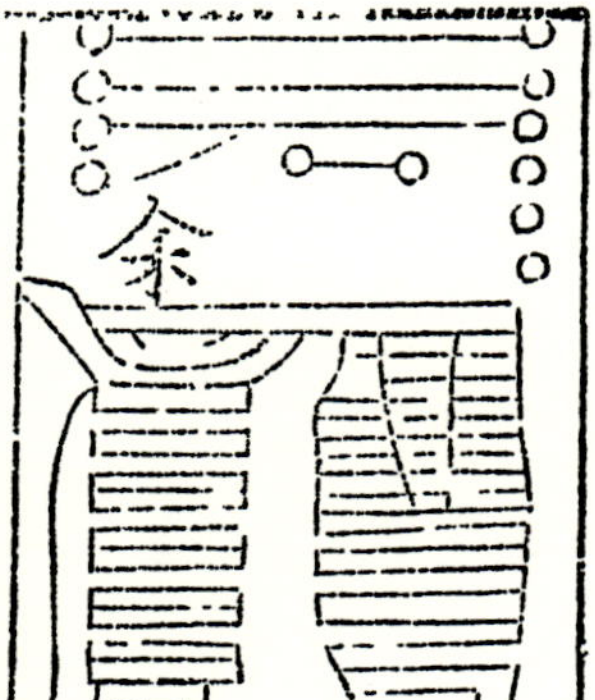

之れは古き家の跡、或は寺地などへ家を建てヽいろ〱のメヽり或は病氣あるとき其を押ひヨケる時に用ゐれば忽ち平治する靈符なり

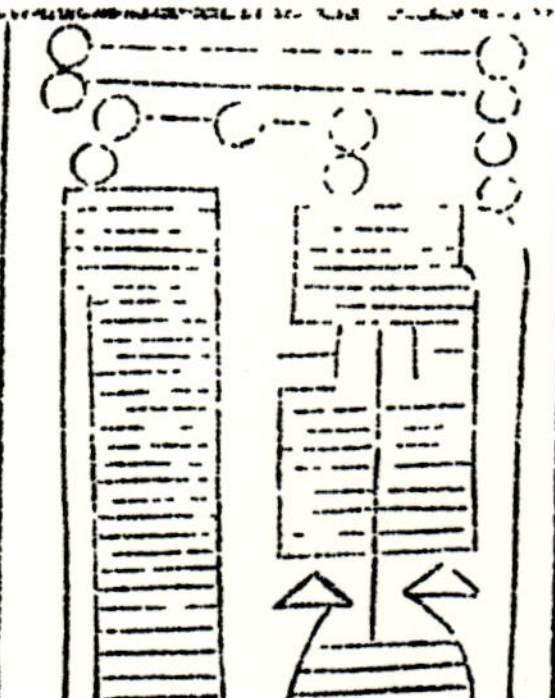

之れは惡鬼ありて人の名を呼び又は人を惱かす其れを拂ひヨケて安穏太平とするの靈符なり

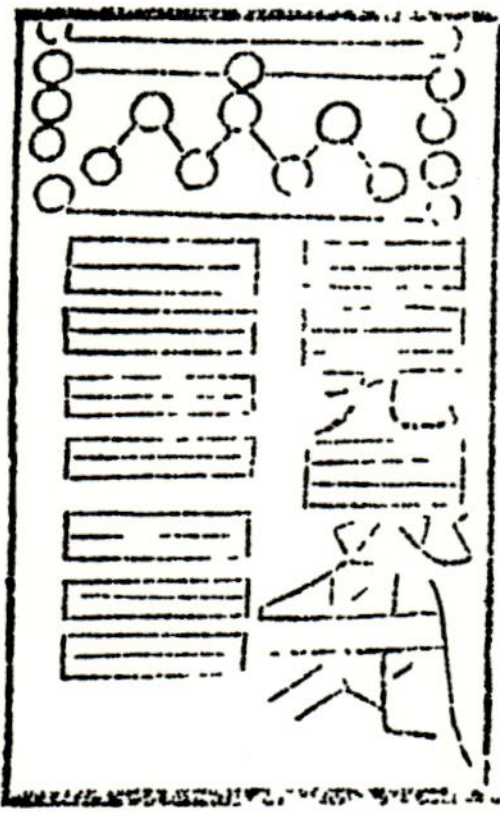

之れは盗賊、人を惱かし恐れしむる其れを拂ひヨケる時に用ゐれば効験あるの靈符なり

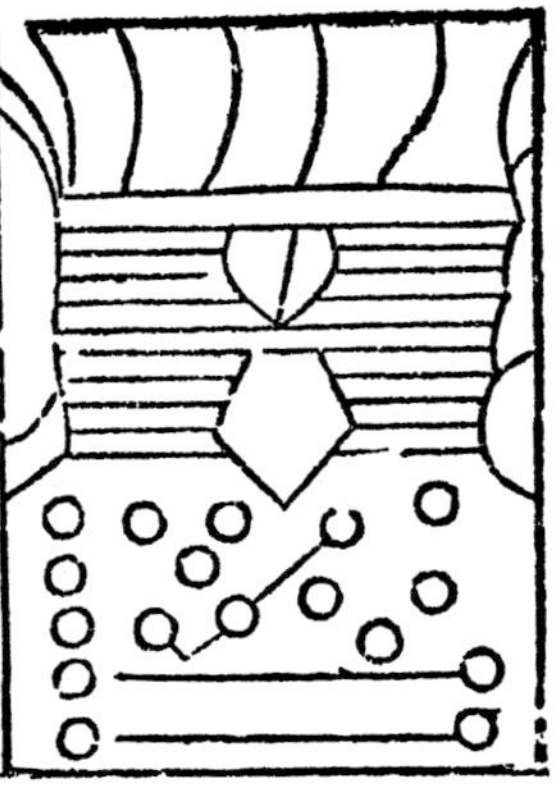

之れは釜か鳴るときや病氣か起り又は口舌、火難が起り或は光物か飛びなどする時に此の靈符を祭れば一切悪鬼を祓ひヨケるものさす

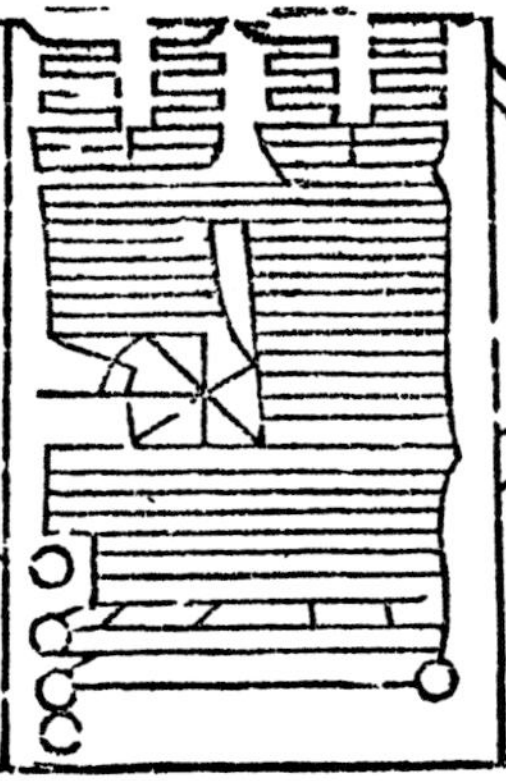

之れは猪、獺、犬など我が子を喰ひなどして家内に怪事起る時に此の靈符を祭れば忽ち怪事は消え失せるものとす

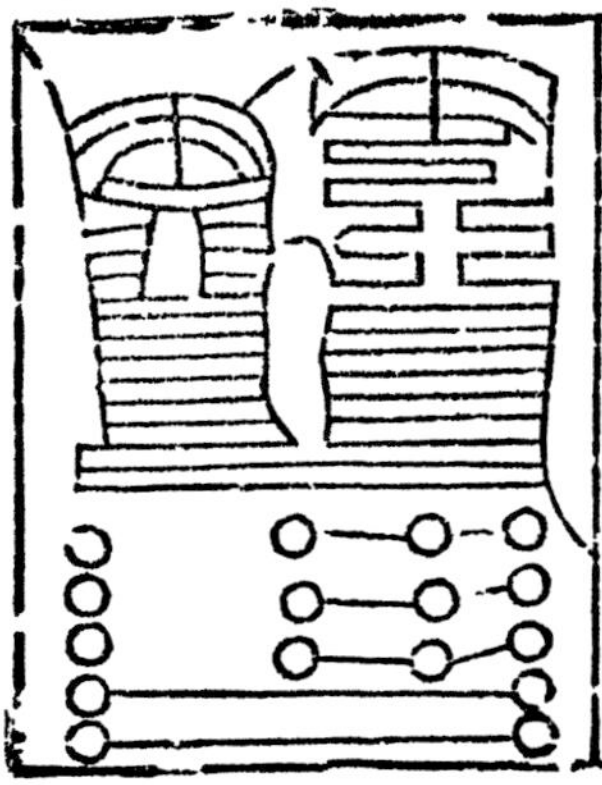

之れは禍ひ口舌、又は人を害し自ら殺害する兇事起るときに此の靈符を祭れば忽ち治するものす

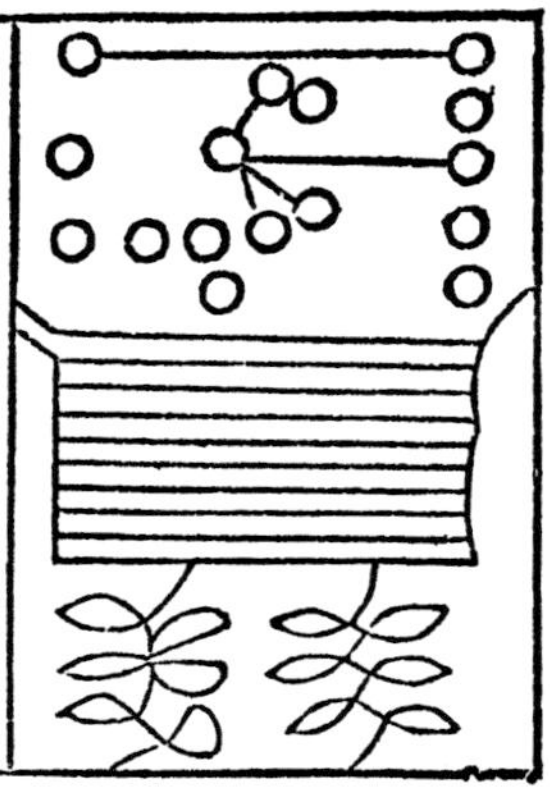

之れは戰場軍陣に於て打死し又困窮に迫り餓死などしたる悪鬼ありて祟りをなす其れを拂ひヨケる時に用ゐる靈符とす

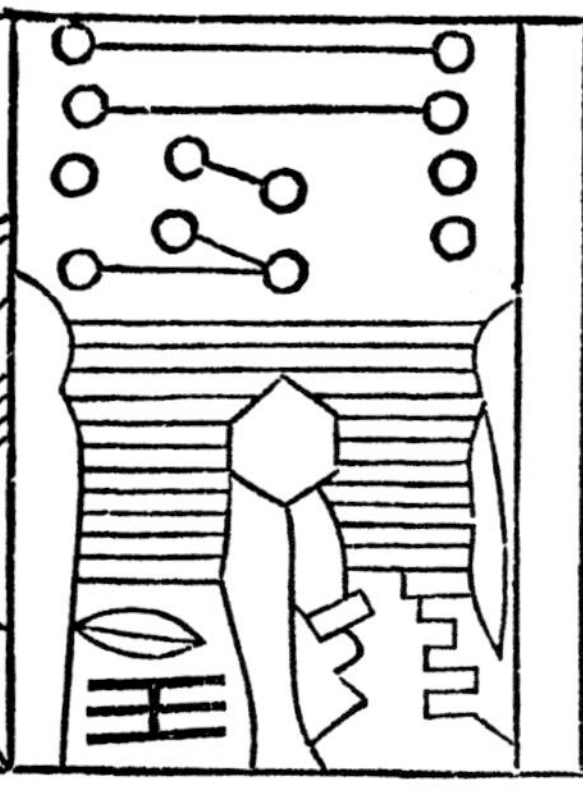

之れは牛、馬、六畜、死して其の惡鬼が祟りをなし災ひを起す時に此の靈符を祭れば忽ち其の祟りは治するものとす

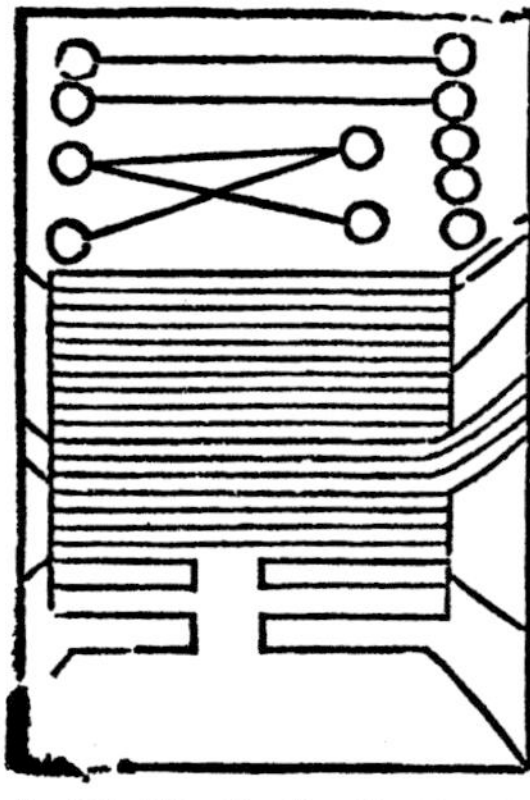

之れは風怪しく士砂を吹き鳴らし又は燈火にいろ〳〵の花ありて怪しく又火の光りなくして怪事起る時に此の靈符を祭れば忽ち其れは治するものさす

○病《やまひ》を祈《いの》る唱《とな》へ詞《ごと》（他村には病ひあれども此村にはなき時の祈りごと）

掛《かけま》くも畏《かしこ》き吾《わ》が大神《おほかみ》の大前《おほまへ》に恐《かしこ》み恐《かしこ》みも白《まう》さく此頃《このころ》四方《よも》の里《さと》々に病《やまひ》起《おこ》りて人多《ひとさは》に悩《なや》みて失《うせ》ぬるも數多《あまた》あるを此村《このむら》はしも吾《わ》が皇神《すめがみ》の鎭坐《しづま》す里《さと》と、神隨《かんながら》、恩頼《みたまのふゆ》を幸《さきは》ひ給《たま》ふ里《さと》にしあれば平《たひら》けく安《やす》けく有《あ》りふる事《こと》を尊《たふと》び喜《うれ》しび今《いま》も今《いま》も彌益《いやます》々に守《まも》り給《たま》ひ幸《さきは》ひ給《たま》ひて村《むら》の内《うち》には諸《もろ〳〵》の病《やまひ》あらせず氏子等《うじこら》が心《こころ》安《やす》く轉《うた》た樂《たのし》く守《まも》り給《たま》ひ幸《さきは》ひ給《たま》へと今日《けふ》の生日《いくひ》の足日《たるひ》に禮代《いやじろ》の幣帛《みてぐら》を捧《さゝ》げ持《も》ちて恐《かしこ》み恐《かしこ》みも稱辭竟《たゝへごとを》へ奉《まつ》らくを平《たひら》けく安《やす》けく聞食《きこしめ》せと白《まを》す。

○同《おなじく》 其《その》二（我村に病ひある時の祈りごと）

掛《かけま》くも畏《かしこ》き吾《わ》が大神《おほかみ》の大前《おほまへ》に恐《かしこ》み恐《かしこ》みも白《まう》さく、此里《このさと》はしも吾《わ》が大神《おほかみ》の鎭《しづま》り坐《まし》て、神隨《かんながら》、靈幸《たまちは》へます里《さと》にしあれば浦安《うらやす》き樂《たの》しき里《さと》と氏子《うじこ》の諸人等《もろびとら》、喪《も》なくてことなく有《あ》り經《へ》しを頃日《このごろ》、村《むら》の内《うち》に病《やまひ》起《おこ》りて人多《ひとさは》に失《う》せぬ、此《こ》を思《おも》ふに吾《わ》が大神《おほかみ》の氏子《うじこ》等《ら》を守《まも》り給《たま》ひ幸《さきは》ひ給《たま》ふ高《たか》き貴《たふと》き恩頼《みたまのふゆ》を被《かゞ》ふりてし此病《このやまひ》は止《や》むべしと、恐々《かしこじ》、[illegible]思《おも》ひ議《はか》りて今日《けふ》の生日《いくひ》の足日《たるひ》に禮代《いやじろ》の幣《みてぐら》を捧《さゝ》げ持《もち》て廣《ひろ》く厚《あつ》く稱辭竟《たゝへごとを》へ奉《まつ》る状《ありさま》を大《をゝ》神《かみ》の御《み》心《こゝろ》に平《たひら》けく安《やすら》けく聞《きこ》召せと白《まう》す、此《か》く仕《つか》へ奉《まつ》るに依《よ》りて今《いま》より後《のち》は村《むら》の中《うち》に此《この》病《やま》ひ保《ほ》毘《び》許《こ》留《る》ことなく惱《なや》む者《もの》をば速《すみや》けく癒《いや》し給《たま》ひ、直《のう》し給《たま》ひて堅石《かきは》に常石《ときは》に命《いのち》長《なが》く夜《よ》の守《まも》り日《ひ》の守《まも》りに守《まも》り幸《さきは》ひ給《たま》へと恐《かしこ》み恐《かしこ》みも白《まう》す。

○武《ぶ》運《うん》長《ちやう》久《きう》を祈《いの》る詞《ことば》

掛《かけま》くも畏《かしこ》き吾《わ》が大神《おゝがみ》の大前《おゝまへ》に畏《かしこ》み畏《かしこ》みも白《まう》さく何某《なにがし》が物部《ものゝふ》(兵士)の道《みち》を、神隨《かんながら》、守《まも》り給《たま》ひ幸《さきは》ひ給《たま》ひて天皇《すめら》が朝庭《みかど》の敷《しき》給《たま》ひ行《おこな》ひ給《たま》へる御法《みのり》をし過《あやま》ち犯《をか》すことなく正《たゞ》しき直《なを》き誠《まこと》の心《こゝろ》もて緩《たゆ》み怠《をこた》ることなく仕《つか》へ奉《まつ》りて大王《をほぎみ》の醜《しこ》の御楯《みたて》、食國《をすくに》の大《おほ》き守《まも》りと丈夫《ますらを》の清《きよ》き其名《そのな》を外國《とつくに》までも聞《きこ》え滿《み》たしめ給《たま》ひ賴《よ》りて使《つか》はるゝ臣等《やつこら》をも己《その》が乖《そむ》く々あらせず邪《あし》き穢《きたな》き心《こゝろ》なく彌《いや》務《つと》め務《つと》めしめ給《たま》ひ、領《あづか》りて治《をさ》むる公民《をゝみたから》に至《いた》るまで夜《よ》の守《まも》り日《ひ》の守《まも》りに守《まも》り幸《さきは》ひ給《たま》へと禮代《ゐやじろ》の幣《みてぐら》を捧《さゝ》げ持《も》ちて恐《かしこ》み恐《かしこ》みも稱辭《たゝへごと》竟《を》へ奉《まつ》らくと白《まう》す。」

○家《か》内《ない》安《あん》全《ぜん》の唱《とな》へ詞《ことば》

掛《かけま》くも恐《かしこ》き吾《わ》が大神《おゝがみ》の大前《おゝまへ》に恐《かしこ》み恐《かしこ》みも白《まう》さく何國《なにくに》、何郡《なにぐん》、何村《なにむら》の人《ひと》何誰《なにたれ》が吾《わ》が大《を》神《がみ》の恩頼《みたまのふゆ》に依《よ》りて其家《そのいへ》の彌《いや》ます〳〵に立榮《たちさかね》んことを祈《の》り白《もう》さんとして三輪篤祭《あつし》主(名)禮代《ゐやしろ》の幣《みてぐら》を捧《さゝ》げ持ちて恐《かしこ》み恐《かしこ》みも稱辭竟《たゝへことを》へ奉《まつ》らしむ此状《このさま》を平《たひら》けく安《やすら》けく聞食《きこしめ》して何某《なにがし》が家《いへ》の内《うち》には八《や》十《そ》枉《まが》津《つ》日《ひ》の枉事《まがこと》あらせず産業《なりはひ》を緩《たゆ》むことなく怠《をこた》ることなく勤《いそ》しみ務《つと》めて其《そ》の家門《いへかど》を起《おこ》さしめ給《たま》ひ廣《ひろ》めしめ給《たま》ひ堅石《かきは》に常石《ときは》に命長《いのちなが》く子孫《うみのこ》の八《や》十《そ》續屬《つゞき》に至《いた》るまで茂《いか》し八《や》桑枝《くはえ》の如《ごと》く立榮《たちさか》えしめ給《たま》ひ過《あやま》ち犯《をか》す事《こと》のあらんをば見《み》直《なを》し聞《き》直《なほ》しまして夜《よ》の守《まも》り日《ひ》の守《まも》りに守《まも》り給《たま》ひ幸《さきは》ひ給《たま》へと恐《かしこ》み恐《かしこ》みも白《もう》す。

○大《おほ》祓《はら》ひの詞《ことば》

集侍《うごなはれ》る人等《ひとたち》、諸《もろ〳〵》、聞食《きこしめ》せと宣《の》る。

天皇《すめら》が朝庭《みかど》に仕《つか》へまつる比《ひ》禮《れ》掛伴男《かくるとものを》、手《た》襁掛伴男《すきかくるとものを》、靫負伴男《ゆぎおふとものを》、劒佩伴男《たちはくとものを》、伴男《とものを》の八《や》十《そ》伴男《とものを》を始《はじ》めて官官《つかさ〳〵》に仕《つか》へまつる人等《ひとたち》の過《あやま》ち犯《をか》しけん雜々《くさ〴〵》の罪《つみ》を今《こ》年《とし》の六月晦《みなつきつごもり》の大《を》祓《はら》ひに祓《はら》ひ給《たま》ひ清《きよ》め給《たま》ふことを、諸《もろ〳〵》、聞食《きこし》めせと宣《の》る。

高天原《たかまのはら》に神留《かんつま》ります皇親《すめらがむつ》、神漏岐《かむろぎ》、神漏美命《かむろみのみこと》もちて八《や》百《ほ》萬神等《よろづのかみたち》を神集《かんつど》へに集《つど》へ給《たま》ひ神議《かんはか》り、議《はか》り給《たま》ひて我《わ》が皇御孫之命《すめみまのみこと》は豐葦原《とよあしはら》の瑞穗《みづほ》の國《くに》を安國《やすくに》と平《たひら》けく知食《しろしめ》せと、事《こと》よさし奉《まつ》りき、此《か》くよさし奉《まつ》りし國《くぬ》中《なか》に荒振《あらぶる》神等《かんたち》をば神問《かんとは》しに問《とは》し給《たま》ひ神《かん》掃《はら》ひに掃《はら》ひ給《たま》ひて語《こと》問《と》ひし磐根《いはね》このたち草《くさ》の垣葉《かきは》をも語《こと》止《や》めて天之《あめの》磐座《いはくら》放《はな》ち、天《あま》之《の》八重雲《やへぐも》を伊頭《いづ》の千《ち》別《はき》に千《ち》別《は》きて天降《あまくだ》しよさし奉《まつ》りき、此《か》くよさし奉《まつ》りし四方《よも》の國中《くぬなか》と大倭日高見《おほやまとひだかみ》の國《くに》を安國《やすくに》と定《さだ》め奉《まつ》りて下《そこ》津《つ》磐根《いはね》に宮柱太《みやばしらふと》しき立《た》て高天原《たかまのはら》に千《ち》木《ぎ》高知《たかし》りて皇御孫之命《すめみまのみこと》の美頭《みづ》の御舎《みあらか》、仕《つか》へ奉《まつ》りて天之《あめの》御《み》陰《かげ》日《ひ》の御《み》陰《かげ》と隠《かく》り坐《ま》して安國《やすくに》と平《たひら》けく知食《しろしめ》さん國中《くぬなか》に成《な》り出《い》でん天之益人《あめのますひと》等《ら》が過《あやま》ち犯《をか》しけん雑《くさ》々《ぐ》の罪《つみ》事《さ》は天津罪《あまつつみ》とは畔《あ》放《はな》ち溝《みぞ》埋《う》め樋《ひ》放《はな》ち頻蒔《しきま》き、串刺《くしさ》し、生剥《いけは》ぎ、逆剥《さかは》ぎ、屎戸《くそと》こゝだくの罪《つみ》を天津罪《あまつつみ》と法分《のりわ》けて國《くに》つ罪《つみ》とは生膚断《いけはだた》ち、死膚断《しにはだた》ち、白人《しろひと》、こくり己《おの》が母《はゝ》犯《をか》せる罪《つみ》、己《おの》が子《こ》犯《をか》せる罪《つみ》、母《はゝ》と子《こ》と犯《をか》せる罪《つみ》、子《こ》と母《はゝ》と犯《をか》せる罪《つみ》、畜《けもの》犯《をか》せる罪《つみ》、昆《はふ》虫《むし》の災《わざは》ひ高津神《たかつかみ》の災《わざは》ひ高津鳥《たかつとり》、災《わざは》ひ畜仆《けものたふ》、蠱物《まじもの》せる罪《つみ》、こゝだく（[illegible]）の罪《つみ》出《い》でん此《か》く出《い》でば天津《あまつ》宣事《のりこと》もちて大中臣《おほなかとみ》天津金木《あまつかなぎ》を本打《もとう》ち切《き》り、末打《すへう》ち断《た》ちて千座《ちくら》の置《おき》座《くら》に置《を》き足《たら》はして天津菅曾《あまつすがそ》を本《もと》刈《かり》断《た》ち末《すへ》刈《か》り切《き》りて八針《やつはり》に取裂《とりさ》きて天津祝詞《あまつのりと》の太《ふと》祝詞事《のりとごと》を宣《の》れ、此《か》く宣《の》らば天津神《あまつかみ》は天磐門《あめのいはと》を押披《おしひら》きて天之《あめの》八重雲《やへぐも》を伊頭《いづ》の千別《ちわ》きに千別《ちわ》きて聞食《きこしめ》さん國津神《くにつかみ》は高山《たかやま》の末《すへ》、低山《ひきやま》の末《すへ》に上《のぼ》り坐《まし》て高山《たかやま》の伊穂里《いほり》、低山《ひきやま》の伊穂里《いほり》を掻《か》き別《は》けて聞食《きこしめ》さん、此《か》く聞食《きこしめ》しては皇御孫之命《すめみまのみこと》の朝廷《みかど》を始《はじ》めて天下《あめのした》つ四方《よも》の國《くに》には罪《つみ》と云《い》ふ罪《つみ》はあらじと科戸《しなど》の風《かぜ》の天《あま》の八重雲《やへぐも》を吹《ふ》き放《はな》つてとの如《ごと》く朝《あした》の御霧《みきり》、夕《ゆふべ》の御霧《みきり》を朝風《あさかぜ》、夕風《ゆふかぜ》の吹《ふ》き掃《はら》ふことの如《ごと》く大津邊《おほつべ》に居《を》る大船《おほぶね》を、舳《へ》解《と》き放《はな》ち、艫《とも》、解《と》き放《はな》ちて大海《おほわた》の原《はら》に押《お》し放《はな》つことの如《ごと》く彼方《をちかた》の繁《しげ》き木《き》が本《もと》を焼《やき》鎌《がま》の敏《と》鎌《がま》もて打掃《うちはら》ふことの如《ごと》く遺《のこ》る罪《つみ》はあらじと祓《はら》ひ給《たま》ひ清《きよ》め給《たま》ふことを高山《たかやま》の末《すゑ》、短山《やま》の末《すゑ》よりさくなだりに落《お》ちたぎ速川《はやかは》の瀬《せ》にます瀬織津《せおりつ》姫《ひめ》と云《い》ふ神《かみ》・大海《おほわた》原《のはら》に持《も》ち出《いで》なん、此《か》く持《も》ち出《い》で往《ゆ》かば荒鹽《あらしほ》の鹽《しほ》の八百路《やほぢ》の八鹽路《やしほぢ》の鹽《しほ》の八百會《やほあひ》に坐《ま》す速開都姫《はやあきつひめ》と云《い》ふ神《かみ》、持《も》ちかゝ呑《の》みてん、此《か》くかゞ呑《の》みてば氣吹戸《いぶきど》に坐《ま》す氣吹《いぶき》戸主《このぬし》と云《い》ふ神《かみ》、根《ね》の國《くに》、底《そこ》の國《くに》に氣吹《いぶき》放《はな》ちてん、此《か》く氣吹《いぶき》放《はな》ちては根《ね》の國《くに》、底《そこ》の國《くに》に坐《ま》す速佐須良姫《はやさすらひめ》と云《い》ふ神《かみ》、さすらひ、失《うしな》ひてん、此《か》く失《うしな》ひては天皇《すめら》が朝《み》庭《かど》に仕《つか》へ奉《まつ》る官官《つかさ〳〵》の人等《ひとども》を始《はじ》めて天下《あめのした》、四方《よも》には今日《けふ》より始《はじ》めて罪《つみ》と云《い》ふ罪《つみ》はあらじと高天原《たかまのはら》に耳振《みゝふ》り立《た》てゝ聞《き》くものと馬牽立《うまひきた》てゝ今年《ことし》の六月《みなづき》の晦《つごもり》の日《ひ》の夕日《ゆうひ》の降《くだち》の大祓《おほはら》ひに祓《はら》ひ給《たま》ひ清《きよ》め給《たま》ふことを諸《もろ〳〵》、聞食《きこし》めさへと宣《の》る四國《よもくに》の卜部《うらべ》等《ども》、大川《おほかは》路《ぢ》に持《も》ち退《まか》り出《い》でゝ祓《はら》ひ却《や》れと宣《の》る。

○雨《あま》祈《ご》ひの唱《とな》へ詞《ごと》

掛《かけま》くも畏《かしこ》き吾《わ》が大神《おほかみ》の大前《おほまへ》に恐《かしこ》み恐《かしこ》みも白《まう》さく此頃《このごろ》、日《ひ》麻《ま》泥《ね》く雨《あめ》降らずしあれば公民《おふみたから》の農業《なりはひ》、皆《みな》こと〲に枯損《かれそこな》はへぬ吾《わ》が大神《おゝかみ》の蒼生《あをひとくさ》を恵《めぐ》み給《たま》ふ靈類《みたまのふゆ》に依《よ》りてし此《こ》の災《わざは》ひは止《や》むべしと恐自《かしこじ》、物思《ものおも》ひ議《はか》りて今日《けふ》の生日《いくひ》の足日《たるひ》に禮代《ゐやじろ》の幣帛《みてぐら》を捧《さゝ》げ持《も》ちて恐《かしこ》み恐《かしこ》みも稱辭竟《たゝへことを》へ奉《まつ》らくと白《まう》す、故《かれ》、此《か》くの狀《さま》を平《たひ》らけく安《やす》らけく聞食《きこしめ》して甘雨《よきあめ》を忽《たちま》ちに零《ふ》らせ給《たま》ひて百《もゝ》の穀《たなつもの》、草《くさ》の片葉《かきは》に至《いた》るまで彌足《いやたら》ひに足《た》らはせ給《たま》ひ彌榮《いやさか》えに榮《さか》えしめ給《たま》へと恐《かしこ》み恐《かしこ》みも白《まう》し給《たま》はくと白《まう》す。

(熟語) 公民《おふみたから》國民ノコト　蒼生《あをひとぐさ》萬民ト云フコト　彌榮《いやさか》に イヨ〱サカエルコト　禮代《ゐやしろ》禮物ノコト　几代《つくゑしろ》机ノコト〇ダイノコト　幣帛《みてぐら》神ニアゲルモノ

奉《まつ》らく　奉ルト云フコト〇らくチツメレバるトナレリ故ニ奉ルトナレリ

〇晴《は》れを祈《いの》る唱《とな》へ詞《こと》

掛《かけま》くも恐《かしこ》き吾《わ》が大神《おゝかみ》の大前《おほまへ》に恐《かしこ》み恐《かしこ》みも白《まう》さく頃日《このごろ》、霖雨《ながあめ》、晴《は》れがたくて百姓《おふみたから》の農業《なりはひ》、流《なが》れ損《そこな》はへぬ吾《わ》が大神《おほかみ》の厚《あつ》き助《たす》けに依《よ》りてし此災《このわざわ》ひは止《や》むべしと恐自《かしこじ》、物思《ものおも》ひ議《はか》りて今日《けふ》の生日《いくひ》の足日《たるひ》に禮代《ゐやじろ》の幣帛《みてぐら》を捧《さゝ》げ持《も》ちて恐《かしこ》み恐《かしこ》みも稱辭竟《たゝへことを》へ奉《まつ》る狀《さま》を平《たひら》けく安《やすら》けく聞食《きこし》めせと白《まう》す、此《か》く仕《つか》へ奉《まつ》るに依《よ》りて此《こ》の霖雨《ながあめ》、忽《たちま》ち晴《は》れて百姓《おつみたから》等《ら》が手肱《たなひぢ》に水沫《みなわ》搔《か》き垂《た》れ向股《むかも》に泥《ひぢ》搔《か》き寄《よせ》て取作《とりつく》る奥津御年《をくつみとし》を始《はじ》めて作《つく》り作《つく》る物等《ものども》を成《な》し傷《そこな》はず豐《ゆた》かに牟《む》久《く》佐《さ》加《か》に得《え》しめ給《たま》へと恐《かしこ》み恐《かしこ》みも白《まう》す。

○中臣《なかとみ》の祓《はら》ひ

（之レハ崇リデモ病氣デモ幸福ヲ授ケテクレ給ヘト云フヿデモ万事ニ向テ唱ヘルヿ
之レヲ一番前ニ唱ヘテ其レカラ崇リナリ、病氣ナリノ全快ノ祈リノ本文ニ掛ルヿ）

現御神《あきつみかみ》と大八島國《おうやしまくに》、知《しろ》しめす大倭根子天皇《おうやまとねこすめら》が御前《みまへ》に天神《あまつかみ》の壽詞《よごと》を稱辭定《たゝへことさだ》め奉《まつ》らくと申《まう》す。

高天原《たかまのはら》に神留《かんづま》ります皇親神漏岐《すめらかむつかむろぎ》　神漏美命《かむろみのみこと》を持ちて八百萬《やほよろづ》の神等《かんたち》を集《つど》へ給《たま》ひて皇孫尊《すめみまのみこと》は高天原《たかまがはら》に事始《ことはじ》めて豐葦原《とよあしはら》の瑞穂國《みづほのくに》を安國《やすくに》と平《たいら》けく知食《しろしめ》して天都日嗣《あまつひつぎ》の天都高御座《あまつたかみくら》に御坐《おはしま》して天都御膳《あまつみけ》を長御膳《ながみけ》の遠御膳《とはみけ》と千秋《ちあき》の五百秋《いほあき》に瑞穂《みづほ》を平《たいら》けく安《やすら》けく由庭《ゆには》に知食《しろしめ》せと事依《ことよ》さし奉《まつ》りて天降《あまくだりま》座し、後《の》ちに中臣《なかとみ》の遠都祖《とほつおや》、天兒屋根命《あめのこやねのみこと》、皇御孫尊《すめみまのみこと》の御前《みまへ》に仕《つか》へ奉《まつ》りて天忍雲根神《あめのをしくもねのかみ》を天《あめ》の二上《ふたのぼ》りに奉《まつ》り上《あ》げて神漏岐《かむろぎ》、神漏美命《かむろみのみこと》の前《みまへ》に受《う》け給《たま》はり申《まう》しに皇御孫尊《すめみまのみこと》の御膳都水《みけつみつ》は宇都志國《うつしくに》の水《みつ》に天都水《あまつみつ》を加《くは》へて奉《まつら》んと申《まう》せと事教《ことをし》へ給《たま》ひしに依《よ》りて天忍雲根神《あめのをしくもねのかみ》、天《あめ》の浮雲《うきくも》に乘《の》りて天《あめ》の二上《ふたのぼ》りに上《のぼ》りまして神漏岐《かむろぎ》、神漏美命《かむろみのみこと》の前《みまへ》に申《まう》せば天《あめ》の玉櫛《たまくし》を事依《ことよさ》し奉《まつ》りて此《こ》の玉櫛《たまくし》を刺立《さした》てゝ夕日《ゆうひ》より朝日《あさひ》照《て》るに至《いた》るまで天都詔《あまつのりと》の太詔言《ふとのりごと》を以《もち》て告《の》れ、此《か》く告《の》らば麻《ま》知《る》は弱蒜《わかひる》に由都《ゆつ》五百篁《いほたかむら》、生出《をいいで》ん其下《そのしも》より天《あま》の八井《やゐ》、出《い》でん此《こ》を持《も》ちて天津水《あまつみず》と聞《きこ》食《しめ》せと事依《ことよさ》し奉《まつ》りき、此《か》く依《よさ》し奉《まつ》りしまに〳〵聞食《きこしめ》す由庭《ゆには》の瑞穂《みつほ》を四國《よくに》の卜部等《うらべども》、太兆《ふとまに》の卜事《うらごと》を持《も》ちて仕《つか》へ奉《まつ》りて悠紀《ゆき》に近江國《あふみのくに》の野洲《やす》・主基《すき》に丹波國《たにはのくに》の氷上《ひかみ》を齋《いは》ひ定《さだ》めて物部《もののべ》の人等《ひとども》、酒造兒《さかつこ》、酒波《さかなみ》、粉走《こはしり》、灰燒《はいやき》・薪採《かまぎこり》、相作《あいづくり》、稻實公等《いなのみのきみら》、大嘗會《おほにえ》の齋場《ゆには》に持《も》ち齋《ゆま》はり參來《まいき》て今年《ことし》の十一月《しもつき》の中都卯日《なかつうのひ》に由志理《ゆしり》、伊都志理《いつしり》、持《も》ち恐《かしこ》み〳〵も清麻波利《きよまはり》に仕《つか》へ奉《まつ》り月《つき》の内《うち》に日時《ひとき》を撰《えら》び定《さだ》めて献《たてよつ》る、悠紀《ゆき》、主基《すき》の黒木《くろき》、白《しろ》木《き》の大御酒《おほみき》を大倭根《をうやまとね》子《こ》天皇《すめら》が天都御膳《あまつみけ》の長御膳《ながみけ》の遠御膳《とうみけ》と汁《しる》にも實《み》にも赤丹《あかに》の穂《ほ》にも聞食《きこしめ》して豐明《とよのあかり》に明御座《あかりまし》て天都神《あまつかみ》の壽詞《よごと》を稱辭定《たゝへごとさだ》め奉《まつ》る皇神等《すめかみたち》も千秋《ちあき》、五百秋《いほあき》の相嘗《あいにえ》に相宇豆乃比《あいうづのひ》まつり堅磐《かきは》に常磐《ときは》に齋《いは》ひ奉《まつ》りて伊賀志御世《いがしみよ》に榮《さか》えしめ奉《まつ》り康《かう》治《ち》の元年《はじめのとし》より始《はじ》めて天地《あめつち》、月日《つきひ》と共《とも》に照《てら》し明《あか》らし御座《ましまさん》ことに本《もと》末《すへ》傾《かたよ》けず茂槍《いかしほこ》の中《なか》、執持《とりも》ちて仕《つか》へ奉《まつ》る中臣祭主《なかとみのいはひぬし》、何某《なにがし》、壽《よ》壽《こと》を稱辭定《たゝへことさだ》め奉《まつら》くと申《もう》す。

又申《またもう》さく天皇朝庭《すめらがみかど》に仕《つか》へ奉《まつ》る親王等《みこたち》、王等《をゝきみたち》、諸臣《をみたち》、百官人等《もゝのつかさびとたち》、天下《あめのした》、四方國《よものくに》の百《をゝみ》姓《たから》、諸々《もろ〳〵》集《うこなは》り侍《はべ》りて見食《みた》べ、尊食《たふとみた》べ、歡食《よろこびた》べ、聞食《きゝた》べ天皇朝庭《すめらがみかど》に茂世《いかしみよ》に八《や》桑枝《くはえ》の立榮《たちさか》え仕《つか》へ奉《まつ》るべき禱《はきこと》を聞食《きこしめ》せと恐《かしこ》み恐《かしこ》みも申《もう》し給《たま》はくと申《もう》す。

○罰《ばち》の種類《しゆるい》を取除けて福運《ふくうん》を招《まね》く秘法《ひはふ》

○我《わ》が知《し》らぬ罰《ばち》

○他《た》には知《し》れても我《われ》には知《し》れぬ罰《ばち》

○怺《おは》えゐる罰《ばち》

○自他《じた》ともに知《し》らずして來《く》る罰《ばち》

檻《かん》き罰《ばち》は心《こころ》の苦《くる》しきより始《はじ》まると知《し》るべし○不都合《ふつがふ》つゞき又《また》は外《ほか》より迷惑《めいわく》を持込《もちこ》む抔《など》のあるはそろ〳〵「罰《ばち》の知《し》らせ」と知《し》るべし○大恥辱《たいちじよく》や大損《たいそん》や官禍《くわんくわ》等《とう》の破《やぶ》れ重《おも》き罰《ばち》はさま〴〵の死《し》をもなすと心得《こころえ》らるべし然《しか》して其《そ》れを避《さ》けて善《ぜん》を來《きた》し福《ふく》を招《まね》き凶《きやう》を轉《てん》じ吉《きち》となす方法《はうはふ》如何《いかん》と云《い》へばソは從來《じゆうらい》の心得違《こころえちが》ひを懺悔《ざんげ》し改癖《かいへき》して專《もつぱ》ら慈《じ》善心《ぜんごころ》を行《おこな》ふにありとす然《しか》るときは、此罰《このばち》、忽《たちま》ち除《と》れて開運《かいうん》することを疑《うたが》ひなし孔子《こうし》も『過《あやま》ちを改《あらた》むるに憚《はゞか》る勿《なか》れ過《あやま》ちて改《あらた》めざる之《これ》を過《あやま》ち』と云《い》ふとあり過《あやま》ちは改《あらた》めさへすれば其《それ》で吉《よ》きなり故《ゆゑ》に禹王《うおう》も『過《あやま》ちを改《あらた》むれば善之《ぜんこ》れより大《たい》なるはなし』と言《いつ》てあり、祟《たゝ》り、障《さは》り、惡鬼《あくき》、惡靈《あくれう》、死靈、生靈《いきれう》も『嗚呼《ああ》、是《こ》れは過失《わるかつ》た。己《おれ》の心得違《こころえちが》ひで行《あつ》たと從來《じゆうらい》の行《おこな》ひを神《かみ》、佛《ほとけ》に向《むか》つて懺悔《ざんげ》し悔《く》い改《あらた》めて癒《なを》せば其《そ》れで癒《なを》るものとす』故《ゆゑ》に何《なに》も六《むづ》ヶ敷《かし》き事《こと》にあらずと知《し》るべし早《はや》く懺悔《ざんげ》して福《ふく》を招《まね》き運《うん》を開《ひら》くのが處《しよ》世《せ》の要訣《えうけつ》。

◉懺悔《さんげ》とは……………お侘《わび》することぞ、過《あやま》ちを改《あらた》むること、善心《ぜんしん》に立返《たちかへ》ること

○ヘンリーの惡業《あくげふ》を神《かみ》に懺悔《ざんげ》して皇帝《かうてい》となられし實例《じつれい》

ヘンリーと云《い》ふ人《ひと》は亂暴《らんはう》ばかりして大廚人《たいちうひと》に嫌《きら》はれし所《ところ》、或夜《あるよ》、夢《ゆめ》に天使《てんし》來《きた》りてヘンリーの前《まへ》に現《あらは》れ其《そ》の天使《てんし》が甚《いと》く顏色《かほいろ》を怒《いか》らし扨《さ》て云《い》ふやう『其方《そのはう》の罪惡《ざいあく》極《きはま》れりと雖《いへど》も而《しか》も慈善《じぜん》なる天帝《てんてい》は俄《には》かに其方《そのはう》に誅戮《ちうりく》を加《くは》ふるに忍《しの》びす今殊《いまこと》に余《よ》をして其方《そのはう》を戒《いまし》めしむ』と言《い》ひつゝ一の卷物《まきもの》を示《しめ》されたり其《そ》の卷物《まきもの》には『六後《ろくご》』の二字《じ》が書《かい》てありヘンリー其《その》の『六後《ろくご》』の二字《じ》を見《み》るや大《おほい》に恐《おそ》れて俄《にはか》に叫《さけ》び立《た》つれば其叫《そのさけ》びと共《とも》に夢《ゆめ》は全《まつた》く覺《さ》めたり而《しか》して夢《ゆめ》は覺《さ》むるは覺《さ》めてもゾク／＼と身《み》を戰慄《よるは》してつく／＼自分《じぶん》で思《おも》ふのに己《おれ》の殺《ころ》されるのも最早《いは》や六日《か》の後《のち》にあるか、さもなくば『六後《ろくご》』と云《い》ふ二字《じ》を天帝《てんてい》から與《あた》へる筈《はつ》はないことだ、嗚呼《あゝ》、困《こまつ》た悲《かなし》いことだと深《ふか》く前非《せんひ》を悔《く》ひ且《か》つ責《せ》めて何《ど》うで殺《ころ》されるなら身《み》を淸《きよ》め心《こゝろ》を正《たゞし》くして殺《ころ》されやうと齋戒沐浴《さいかいもくよく》して以《もつ》て待《ま》つてると最早《いは》や六日《か》も過《す》ぎたれど何事《なにこと》もなかりし其處《そこ》で亦思《またおも》ふのに此《こ》の『六後《ろくご》』と云《い》ふのは定《さだ》めて六週間《ろくしうかん》の後《のち》のことならん、六週間《しうかん》、經《た》てば必《かな》らず殺《ころ》されるに相違《さうゐ》ないと其《それ》よりいよ〱心《こゝろ》を改《あらた》め身《み》を修《をさ》めて人《ひと》の厭《いや》がる事《こと》はせず人《ひと》の好《す》く事《こと》のみして居《を》りしに其《そ》の六週間《しうかん》も最早《もは》や過《す》ぎたりけれど而《しか》も何事《なにごと》もなし其處《そこ》で又思《またおも》ふのに、さらば六ヶ月《げつ》の後《のち》ならんと、いよ〱德《とく》を修《をさ》め業《げふ》を勵《はげ》み晝夜《ちうや》怠《をこた》らず勉强《べんきやう》しけるに其《そ》の六ヶ月《げつ》も既《すで》に過《す》ぎたり然《しか》れども亦何事《またなにごと》もなし其處《そこ》で之《これ》は必《かなら》ず六ヶ年《ねん》の後《のち》の事《こと》ならんとていよ〱ます〱善事《ぜんじ》を行《おこな》ひ慈善《じぜん》を施《ほどこ》し餓《う》ゑたる者《もの》には食《しよく》を與《あた》へ生活《せいくわつ》に困《こま》るものには金錢《きんせん》を施《ほどこ》し病家《びやうか》を見舞《みま》ひ親戚《しんせき》と仲能《なかよ》くし親《おや》の言《い》をふこと能《よ》く聞《き》き弟《をとゝ》どもを愛《あい》しつゝ善《よい》と云《い》ふ善《よ》いことは爲《な》さゞるなく殊《こと》に天帝《てんてい》(神)には毎朝《まいあさ》欠《か》かさず祈禱《きたう》し信神《しんじん》しければ名聲《めいせい》忽《たちま》ち社會《しやくわい》に擴《ひろが》りて人々《ひと〲》ヘンリーを崇《あが》め尊《たつと》ばざるなく遂《つひ》に多數中《たすうちう》より撰《えら》まれて日耳曼《ゼルマン》(今の獨逸《ドイツ》)皇帝《こうてい》と云《い》ふ名譽《めいよ》の位《くらゐ》に即《つか》れたり夫《そ》れ初《はじ》めは人《ひと》に厭《いや》がられ嫌《きら》はれたヘンリーも一度《ど》其《そ》の惡《あ》しき行《おこな》ひを改《あらた》め惡《あ》しき癖《くせ》を矯《なほ》して從來《じうらい》の良《よか》らぬ振舞《ふるまひ》を神《かみ》に懺悔《ざんげ》して朝夕《てうせき》其《それ》に向《むか》つてお詫《わび》したればこそ斯《か》る名譽《めいよ》の位《くらゐ》に即《つ》き福運《ふくうん》も向《むい》て來《きた》りしなり若《も》しヘンリーが從來《じうらい》の如《ごと》く惡業《あくげふ》をし不良《ふりやう》の行《おこな》ひをして居《を》れば誰《たれ》とて皇帝《こうてい》の位《くらゐ》に即《つけ》しむる者《もの》あらんや之《これ》を以《もつ》て神佛《かみほとけ》はつね〲大切《たいせつ》にすべきことソは大畑一個《おほはたいつこ》の言《げん》にあらず我國《わがくに》で大忠臣《だいちうしん》の新田左中將義貞公《につたさちうじやうよしさだこう》も左《さ》の如《ごと》く言《い》はれてあれば今《いま》、其言《そのげん》を記載《きさい》せんも敢《あ》へて無用《むよう》にあらざるべし

○新田義貞《にったよしさだ》と神佛《しんぶつ》の信心《しんじん》

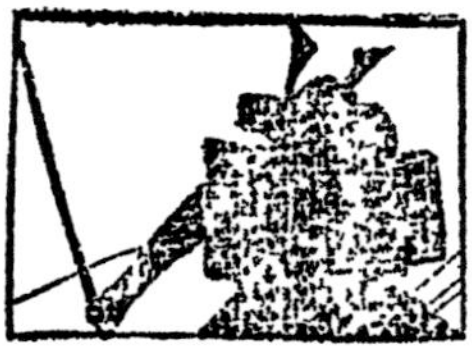

諸《しよ》道《だう》は何《いづ》れも道《みち》を究《きは》めて用《よう》心《じん》あるべきことなれど武《ぶ》士《し》道《だう》は殊《こと》に片《へん》時《じ》も心《こゝろ》を許《ゆる》すべからず高名《こうみやう》の中《うち》に不覚《ふかく》あり萬《よろづ》に一向《ひたすら》なるを下剛《げがう》とす譬《たと》へば上剛《じやうがう》と云《い》ふは我《われ》と力《ちから》を盡《つく》し手《て》を下《くだ》さゝれども易《やす》く敵《てき》を従《したが》へるなり下剛《げがう》と云《い》ふは我《われ》と身命《しんめい》を棄《すて》て戰《たゝか》ふなり但《たゞ》し信力《しんりき》なくしては戰《たゝか》ひに勝《か》つことかたし、されば毎《まい》朝《あさ》早《はや》く起《お》きて属星《ぞくせい》の御名《みな》を微音《びをん》にて七遍《しちへん》唱《とな》へて次《つぎ》に、又《また》、楊枝《やうじ》を除《こ》りて手《て》を洗《あら》ひ口《くち》を嗽《すゝ》ひで西《にし》に向《むかつ》て念佛《ねんぶつ》若《もし》くは眞言《しんごん》、本尊《ほんぞん》は心《こゝろ》の引《ひ》くに随《したがつ》て祈念《きねん》すべし神明《しんめい》に横道《をうだう》なし心《こゝろ》、正直《せうぢき》を好《この》み廉直《れんちよく》を旨《むね》として人《ひと》の笑《わら》ひを遁《のが》れ祈念《きねん》を先《さき》として家《いへ》の運《うん》の開《ひら》くを待《ま》てば悪鬼《あつき》は却《かへつ》て守護《しゆご》をなし神明《しんめい》は利生《りしやう》を與《あた》ふべし此理《このり》若《も》し空《むな》しくば鬼神《きじん》の本懐《ほんくわい》も徒《いたづ》らにして諸法《しよほう》の理《り》も無益《むえき》なるべし仍《よつ》て能《よ》く〳〵信力《しんりよく》を致《いた》して神佛《しんぶつ》の有無《うむ》をも試《こゝろ》みよ、中《うち》にも當家《たうけ》には氏神《うじかみ》（八幡神）を尊崇《そんそう》し奉《たてまつ》るべきことぞ。

運《うん》を天《てん》に任《まか》せて仁《じん》を人《ひと》に施《ほどこ》して諸人《しよにん》を親子《おやこ》の如《ごと》く思《おも》ひ慈悲《じひ》深重《しんてう》にして心《こゝろ》を大《おほい》に持《も》つべきなり君《きみ》の君《きみ》たるとき臣《しん》の臣《しん》たらざるなく君《きみ》の君《きみ》たらざるとき臣《しん》の臣《しん》たる者《もの》

もなければ唯《た》だ世《よ》の世《よ》たらんとを撰《えら》びて捨《す》つる事《こと》あるべからず身《み》には徳《とく》を行《おこな》ひ心《こころ》に賢《けん》を好《この》むべし書《しよ》に曰《いは》く曲《まが》れる人《ひと》に直友《ちよくいう》なく曲《まが》れる上《うへ》に直《ちよく》なる下《した》なし危《き》國《こく》に賢臣《けんしん》なく亂世《らんせい》に善人《ぜんにん》なし雲《くも》は龍《りやう》に隨《したが》ひ風《かぜ》は虎《こ》に隨《したが》ふとの謂《い》はれ爲《なる》べし賢臣《けんしん》なき時《とき》は我《わ》が心《こころ》を悲《かな》しみ賢人《けんじん》來《きた》らん時《とき》は我《わ》が振舞《ふるまひ》を感《かん》ずべし書《しよ》に曰《いは》く其身《そのみ》正《ただ》しからざるときには、人《ひと》、亂《らん》をなしやすしと故《ゆゑ》に我《わ》が身《み》を能《よ》く正《ただ》しくして而《しか》も我《わ》が理《り》を陳《の》ぶること勿《なか》れと言《い》へり兎《と》にも角《かく》にも人《ひと》を恨《うら》むることあるべからず又《また》或《ある》書《しよ》に曰《いは》く人《ひと》の與《あた》ふる報《むく》いは天運《てんうん》に因《よ》りてなり天《てん》の與《あた》ふる禍《わざはひ》は人《ひと》の嘆《なげ》きに依《よ》りてなりと漢書《かんしよ》に曰《いは》く人《ひと》の怨《うら》むる所《ところ》は天《てん》の去《す》つる所《ところ》なり人《ひと》の思《をも》ふ所《ところ》は天《てん》の與《あた》ふる所《ところ》なりと、されば諸人《しよにん》の愁《うれ》ひを救《すく》ひ萬人《まんにん》に志《こころざし》を深《ふか》くせよ兵《へい》の習《なら》ひは恨《うら》みに依《よ》て恩《をん》を捨《す》て情《じやう》に因《よ》りて命《いのち》を失《うしな》ふこと勿《なか》れ重代《じうだい》の者《もの》には常《つね》に目《め》をかけ詞《ことば》を温和《やはらか》にすべし世《よ》を治《をさ》むる謀《はかりごと》は只《た》だ禮《れい》と詞《ことば》とを先《さき》とす、無益《むえき》の言《げん》を以《もつ》て人《ひと》の恨《うら》みを受《う》けることは無下《むげ》に無智《むち》の罪《とが》なりとす。

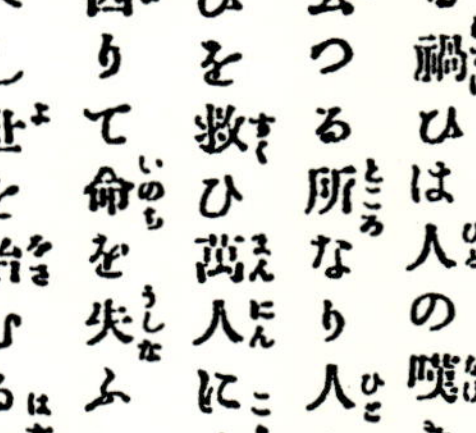

古今《ここん》、皆《みな》、惡行《あくげう》を家《いへ》とする人《ひと》は貴賤《きせん》の別《べつ》なく亡《ほろ》ぶること目前《もくぜん》たり只《た》だ無益《むえき》の惡行《あくげう》を止《や》めて外《ほか》には政道《せいだう》を賢《けん》にして罪《つみ》の疑《うたが》はしきことは天命《てんめい》に讓《ゆづ》り内《うち》には慈悲《じひ》深《ふか》くして多數人《たすうにん》の心《こころ》に從《したが》ふべし、されば白居易《はくきよい》は『千金《せんきん》をば失《うしな》ふとも一人《いちにん》の志《こころざし》を失《うしな》ふ勿《なか》れ』

と言《い》へり、實《じつ》なるかな諸道《しよだう》の徳《とく》多《おほ》けれども天下《てんか》を守護《しゆご》し萬民《ばんみん》を安《やすん》ずることは正道《せいだう》に過《す》ぎたるはなし弓矢《ゆみや》を帯《お》びて道《みち》を行《ゆ》くに前後《ぜんご》の旅人《りよじん》を守《まも》るが如《ごと》き思《おも》ひをなすこと倘《なほ》は日月《じつげつ》の國土《こくど》を照《てら》し水《すい》△△火《くわ》の人畜《じんちく》を助《たす》くるが如《ごと》くすべし、されば世間《せけん》に、僻事《ひがごと》、出來《でき》んときは朝敵《てうてき》に向《むかつ》て誤《あやま》りを罰《ばつ》して弱《よは》きを助《たす》けよ』と之《こ》れ諸君《しよくん》も知《し》らるゝ所《ところ》、義貞公《よしさだこう》が自《みづか》ら書《かい》て朝夕《てうせき》見《み》られし『壁書《へきしよ》』なり

> △靜《シヅカ》ナレバ則《スナハ》チ下《シモ》擾《ミダ》レズ（帝範）
> △怒《イカ》リハ壽命《ジユメウ》の毒《ドク》（大石良雄）

○修《しよ》業《げふ》改《かい》癖《へき》の種《しゆ》類《るい》は如《い》何《か》なる物《もの》ぞ

罰《はち》にも輕《かる》きあり重《おも》きあり大《たい》なるあり小《せう》なるあれど然《しか》し大《だい》なる罰《ばつ》とならざる前《まへ》に能《よ》く考《かんが》へもし年長者《ねんちやうしや》にも便《たよ》りて懺悔《さんげ》もし改心《かいしん》もすべし其《そ》の修業改癖《しよげふかいへき》の種類《しゆるい》は

○慢心《まんしん》することが不可《いけない》
○大酒《たいしゆ》することが不可《いけない》
○物《もの》に凝《こ》ることが不可《いけない》
○好色《かうしよく》することが不可《いけない》
○物《もの》に片寄《かたよ》ることが不可《いけない》
○大慾《たいよく》を掻《か》くことが不可《いけない》
○身《み》贔負《ひいき》することが不可《いけない》
○他《た》を羨《うらや》み亦《また》譏《そし》ることが不可《いけない》
○物《もの》に愛惜《あいじやく》することが不可《いけない》

油断《ゆだん》は萬事《ばんじ》にあれば注意《ちゆうい》すべし然《しか》して恐《おそ》るべきは慢心《まんしん》なり慢心《まんしん》には種類《しゆるい》多《おほ》ければ日《ひ》に〳〵夜《よ》に〳〵我身《わがみ》を省《かへり》みて之《これ》を改《あらた》め矯《なほ》すやうに心掛《こゝろが》くべし以上《いじやう》を専《もつぱ》ら改《あらた》むるときは福運《ふくうん》自《おのづ》と來《きた》りて身《み》は樂《らく》に心《こゝろ》は裕《ゆた》かに加之《なほ》に無病《むびやう》で長命《ちやうめい》となるものです。

○改癖《かいへき》の樂《たの》しみは如何《いか》なる影況《えいきやう》を我身《わがみ》に與《あた》ふるぞ

○一つの惡《あ》しき癖《くせ》を改《あらた》むれば　一生《せう》の樂《たの》しみ

○一日《にち》の修業《しゆげふ》は　明日《めうにち》の樂《たの》しみ

○一時《いつとき》、善《ぜん》に心掛《こゝろが》くれば　一日《にち》の樂《たの》しみ

○一度《いちど》懺悔《ざんげ》すれば(過失を神や人に向つて詫《わび》る)　當座《たうざ》の樂《たの》しみ

○一心《いつしん》貫《つらぬ》けば　氣質變化《きしつへんくわ》の樂《たの》しみ

右《みぎ》の條々《ぜう〳〵》を能《よ》く工風《くふう》あるべし十人十色《にんといろ》の身體《しんたい》ゆゑ陶宮《たうぐう》の品《しな》も様々《さま〴〵》ありて隨《したが》つて開運《かいうん》するにも遲《おそ》き早《はや》きありと雖《いへど》も決《けつ》して他《た》の出來不出來《できふでき》を笑《わら》はず羨《うらや》まず獨《ひと》り心掛《こゝろが》け精《せい》出《だ》して改癖《かいへき》すれば黑星《くろぼし》の運《うん》も白星《しろぼし》の運《うん》となりて機嫌《きげん》能《よ》く愉快《ゆかい》に暮《く》らされて安樂《あんらく》に此世《このよ》を送《おく》ることが出《で》來るものです。

○辨《べ》才《ざい》天《てん》の眞言

オン、ソラソバー、テイエー、ソワカ

○摩《ま》利《り》支《し》天《てん》の眞言

帰命《きみやう》、マリシエー、ソワカ

○大《たい》黒《こく》天の眞言

オン、マカキヤラヤー、ソワカ

○羅《ら》刹《せつ》天《てん》の眞言

帰命《きみやう》、チリチエー、ソワカ

○大《だい》輪《りん》金《こん》剛《がう》の眞言《しんごん》

バ《オン》ザラシヤー、キヤラムー、ジヤクムー、バンコク

○孔《く》雀《じやく》明《みやう》王《わう》の眞言

マユラー、キランテー、ソワカ

○愛《あ》染《ぜん》明《みやう》王《わう》の眞言

オン、マカラギヤー、バゾロシユニー、シヤバザラー、サトバ、ジヤク、ウン、バンコク

○大《たい》勝《しよう》金《こん》剛《がう》の眞言《しんしよ》

オン、マカバザラー、シユニシヤー、ウンタラクー、キリクアクム

○荒神《くわうじん》の眞言

オン、ケンバヤ〳〵、ソワカ

○大《だい》元《げん》帥《すゐ》の眞言《しんごん》

ノウボタ、リツタ、ボリツバロー、ボシヤキンメイ〳〵、タラサンダン、オンエンビ、ソワカ

一白星《はくせい》の眞言《しんごん》は……ヲン、バラダヤー、ソハカ

二黒星《こくせい》の眞言《しんごん》は……ヲン、ヒリチビエイ、ソハカ

三碧星《べきせい》の眞言《しんごん》は・・ヲン、インダラヤー、ソハカ
五黄星の眞言《しんごん》は・・ヲン、アビラウンケン、ソソカ
七赤星《せきせい》の眞言《しんごん》は・ヲン、バサダカンダー、ウン
九紫星《しせ》の眞言は・・ヲン、エンマヤー、ソハカ

四緑星《ろくせい》の眞言《しんごん》は・・・・ヲン、アギヤナエイ、ソハカ
六白星の眞言《しんごん》は・・・・ヲン、バヤベイ、ソハカ
八白星《はくせい》の眞言《しんごん》は・・・・ヲン、イシヤナヤー、ソハカ

之ハ口傳秘圖

巽宮 醫者、商法、僧	離宮 正シキ人、盛運ノ人、一六ノ運	坤宮 醫者、商法、僧
震宮 勇ミハダノ人 仕事師、印半天ノ人	坤宮ト同ジ事	兌宮 藝人
艮宮 貧シキ人	坎宮 農	乾宮 モトハ家柄ノヨキ人○ボロクデモ士族○サッテモ鯛

◉リヤウマチの妙藥《めうやく》

蒲《ほ》公《こ》英《え》 五匁
忍《にん》冬 五匁
甘《かん》草 六匁
山《やま》牛《ご》蒡《ぼう》 六匁
丁《てう》子《じ》 三匁
お種《たね》人《にん》參《じん》 四匁

之レハ七日分にして水二合半入レテ二合ニ煮《に》詰メテ・・日三回ッ、呑ムコ

○提《だい》婆《ば》品《ほん》

爾《に》時《じ》佛《ぶつ》告《こう》、諸《しよ》菩《ぼ》薩《さつ》、及《ぎつ》、天《てん》人《にん》四《し》衆《しゆ》、吾《ご》於《を》過《くわ》去《こ》、無《む》量《りやう》劫《こう》中《ちう》、求《ぐ》、法《ほつ》華《け》經《けう》、無《む》有《う》懈《げ》倦《けん》、於《を》多《た》劫《こう》中《ちう》、常《じやう》作《さ》國《こく》王《わう》、發《ほつ》願《ぐわん》求《ぐ》於《お》、無《む》上《じやう》菩《ぼ》提《だい》心《しん》、不《ふ》退《たい》轉《てん》、爲《ゐ》欲《よく》滿《まん》足《ぞく》、六《ろく》波《は》羅《ら》蜜《みつ》、勤《ごん》行《げう》布《ふ》施《せ》、心《しん》無《む》悋《りん》惜《じやく》、象《ざう》馬《め》七《しつ》珍《ちん》、國《こく》城《じやう》妻《さい》子《し》、奴《ぬ》婢《ひ》僕《ぼく》從《じう》、頭《づ》目《もく》髓《ずゐ》腦《のう》、身《しん》肉《にく》手《しゆ》足《そく》、不《ふ》惜《しやく》軀《く》命《みやう》、時《じ》世《せ》人《にん》民《みん》、壽《じゆ》命《みやう》無《む》量《りやう》、爲《ゐ》於《を》法《はふ》故《こ》、捐《えん》捨《しや》國《こく》位《い》、委《い》政《しやう》太《たい》子《し》、擊《きやく》鼓《く》宣《せん》令《りやう》、四《し》方《はう》求《ぐ》法《はふ》、誰《すい》能《のう》爲《ゐ》我《が》說《せつ》、大《だい》乘《じやう》者《しや》、吾《ご》當《たう》終《じう》身《しん》、供《く》給《きう》走《さう》使《し》、時《じ》有《う》仙《せん》人《にん》、來《らい》白《びやく》王《わう》言《ごん》、我《が》有《う》大《だい》乘《じやう》名《みやう》、妙《めう》法《はふ》蓮《れん》華《げ》經《けう》、若《にやく》不《ふ》違《い》我《が》、當《たう》爲《い》宣《せん》說《せつ》、王《わう》聞《もん》仙《せん》言《ごん》、歡《くわん》喜《ぎ》踊《ゆ》躍《やく》、即《そく》隨《ずゐ》仙《せん》人《にん》、供《く》給《きう》所《しよ》須《しゆ》、採《さい》菓《くわ》汲《きう》水《すい》、拾《じう》薪《しん》設《せつ》食《じき》、乃《ない》至《し》以《い》身《しん》、而《に》作《さ》牀《じやう》坐《ざ》、身《しん》心《じん》無《む》倦《けん》、于《う》時《じ》奉《ぶ》事《じ》、經《けう》於《お》千《せん》歲《さい》、爲《い》於《を》法《はふ》故《こ》、精《しやう》勤《ごん》給《きう》時《じ》、令《りやう》無《む》所《しよ》乏《ぼつ》、爾《に》時《じ》世《せ》尊《そん》、欲《よく》重《ちう》宣《せん》此《し》義《ぎ》、而《に》說《せつ》偈《げ》言《ごん》

我《が》念《ねん》過《か》去《こ》劫《こう》、爲《ゐ》求《ぐ》大《だい》法《はふ》故《こ》、雖《すい》作《さ》世《せ》國《こく》王《わう》、不《ふ》貪《とん》五《ご》欲《よく》樂《らく》、椎《ずい》鐘《しやう》告《がつ》四《し》方《はつ》、誰《すい》有《う》大《だい》法《はふ》者《しや》、若《にやく》爲《ゐ》我《が》解《げ》說《せつ》、身《しん》當《とう》爲《ゐ》奴《ぬ》僕《ぼく》、時《じ》有《う》阿《あ》私《し》仙《せん》、來《らい》白《びやく》於《を》大《だい》王《わう》、我《が》有《う》微《み》妙《めう》

法《はふ》、世《せ》間《け》、所《しよ》希《け》有《う》、若《にやく》能《のう》修《しゆ》行《ぎやう》者《しや》、吾《ご》當《とう》爲《ゐ》汝《によ》說《せつ》、時《じ》王《わう》聞《もん》仙《せん》言《ごん》、心《しん》生《しやう》大《だい》喜《き》悅《えつ》、即《そく》便《べん》隨《ずゐ》仙《せん》人《にん》、供《く》給《きう》於《を》所《しよ》須《しゆ》、採《さい》薪《しん》及《ぎう》菓《くわ》蓏《ら》、隨《ずゐ》時《じ》恭《く》敬《けい》與《よ》、情《じやう》存《ぞん》妙《めう》法《はふ》故《こ》身《しん》心《じん》無《む》懈《け》倦《けん》、普《ふ》爲《ゐ》諸《しよ》衆《しゆ》生《じやう》勤《ごん》求《ぐ》於《を》大《だい》法《はふ》、亦《やく》不《ふ》爲《ゐ》己《こ》身《しん》、及《ぎう》以《い》五《ご》欲《よく》樂《らく》、故《こ》爲《ゐ》大《だい》國《こく》王《わう》勤《ごん》求《ぐ》獲《ぎやく》此《し》法《はふ》、遂《すゐ》致《ち》得《とく》成《じやう》佛《ぶつ》、今《こん》故《こ》爲《ゐ》汝《によ》說《せつ》・

注意

五字デ切ルノハ上ヲ二字デ下ヲ三字ニ読ムヿ

佛《ぶつ》告《こう》諸《しよ》比《び》丘《く》、爾《に》時《じ》王《わう》者《しや》、則《そく》我《が》身《しん》是《ぜ》、時、仙《せん》人《にん》者《しや》今《こん》、提《だい》婆《ば》達《だつ》多《た》、是《ぜ》由《ゆ》提《だい》婆《ば》達《だつ》多《た》、善《ぜん》智《ち》識《しき》故《こ》、令《りやう》我《が》具《ぐ》足《そく》、六《ろく》波《は》羅《ら》蜜《みつ》、慈《じ》悲《ひ》喜《き》捨《しや》、三十二相《さう》、八十種《しゆ》好《かう》、紫《し》磨《ま》金《こん》色《じき》、十《じう》力《りき》四無《む》所《しよ》畏《い》、四《し》攝《せふ》法《はふ》、十八不《ふ》共《ぐ》、神《じん》通《づう》道《どう》力《りき》、成《じやう》等《とう》正《しやう》覺《がく》、廣《こう》度《ど》衆《しゆ》生《じやう》、皆《かい》因《いん》、提《だい》婆《ば》達《だつ》多《た》、善《ぜん》知《ち》識《しき》故《こ》、告《こう》諸《しよ》四《し》衆《しゆ》、提《だい》婆《ば》達《だつ》多《た》、却《きやく》後《ご》過《くわ》、無《む》量《りやう》劫《こう》、當《とう》得《とく》成《じやう》佛《ぶつ》、號《こう》曰《いつ》、天《てん》王《わう》如《によ》來《らい》、應《をう》供《ぐ》正《しやう》徧《へん》知《ち》明《みやう》行《ぎやう》足《そく》、善《ぜん》逝《ぜい》、世《せ》間《けん》解《げ》、無《む》上《じやう》士《し》、調《でう》御《ご》丈《ぢやう》夫《ぶ》、天《てん》人《にん》師《し》、佛《ぶつ》世《せ》尊《そん》、世《せ》界《かい》名《みやう》天《てん》道《どう》、時《じ》天《てん》王《わう》佛《ぶつ》、住《ちう》世《せ》、二《に》十《じう》中《ちう》劫《こう》、廣《こう》爲《ゐ》衆《しゆ》生《じやう》、說《せつ》於《を》妙《めう》法《はふ》、恒《こう》河《が》沙《しや》衆《しゆ》生《じやう》、得《とく》阿《あ》羅《ら》漢《かん》果《ぐわ》、無《む》量《りやう》衆《しゆ》生、發《ほつ》緣《えん》覺《がく》心《しん》、恒《こう》河《か》沙《しや》衆《しゆ》生《じやう》、發《ほつ》無《む》上《じやう》道《どう》心《しん》、得《とく》無《む》生《しやう》忍《にん》、住《ちう》不《ふ》退《たい》轉《てん》時《じ》、天《てん》王《わう》佛《ぶつ》、般《はん》涅《ね》槃《はん》後《ご》、正《しやう》法《はふ》住《ちう》世《せ》、二《に》十《じう》中《ちう》劫《こう》、全《ぜん》身《しん》舍《しや》利《り》起《き》、七《しつ》寶《ほう》塔《とう》高《かう》、六《ろく》十《じう》由《ゆ》旬《じゆん》、縱《じゆう》廣《かう》四《し》十《じう》由《ゆ》旬《じゆん》、諸《しよ》天《てん》人《にん》民《みん》、悉《しつ》以《い》雜《ざつ》華《け》、抹《まつ》香《こう》燒《せう》香《こう》、塗《づ》香《こう》衣《え》服《ぶく》、瓔《やう》珞《らく》幢《どう》旛《ばん》寶《ほう》蓋《がい》、伎《ぎ》樂《がく》歌《か》頌《しや》、禮《らい》拜《はい》供《く》養《やう》、七《しつ》寶《ほう》妙《めう》塔《とう》、無《む》量《りやう》衆《しゆ》生《じやう》得《とく》、阿《あ》羅《ら》漢《かん》、果《くわ》、無《む》數《しゆ》衆《しゆ》生《じやう》悟《ご》、辟《ひやく》支《し》佛《ぶつ》、不《ふ》可《か》思《し》議《ぎ》、衆《しゆ》生《じやう》發《ほつ》、菩《ぼ》提《だい》心《しん》、至《し》不《ふ》退《たい》轉《てん》、佛《ぶつ》告《ごう》諸《しよ》比《び》丘《く》、未《み》來《らい》世《せ》中《ちう》、若《にやく》有《う》善《ぜん》男《なん》子《し》、善《ぜん》女《によ》人《にん》、聞《もん》妙《めう》法《ほう》華《け》經《けう》、提《だい》婆《は》達《たつ》多《た》品《ほん》、淨《じやう》心《しん》信《じん》敬《けう》、不《ふ》生《しやう》疑《ぎ》惑《わく》者《しや》、不《ふ》墮《だ》地《ぢ》獄《ごく》、餓《が》鬼《き》畜《ちく》生《しやう》、生《しやう》、十《じつ》方《ぱう》佛《ぶつ》前《ぜん》、所《しよ》生《しやう》之《し》處《しよ》、常《じやう》聞《もん》此《し》經《けう》、若《にやく》生《しやう》人《にん》天《てん》中《ちう》、受《じゆ》勝《しやう》妙《めう》樂《らく》、若《にやく》在《ざい》佛《ぶつ》前《ぜん》、蓮《れん》華《げ》化《け》生《しやう》、於《を》時《じ》下《げ》方《はう》、多《た》寶《ほう》世《せ》尊《そん》、所《しよ》從《じう》菩《ぼ》薩《さつ》、名《みやう》曰《わつ》智《ち》積《しやく》、啓《けい》、多《た》寶《ほう》佛《ぶつ》、當《とう》還《げん》本《ほん》土《ど》、釋《しや》迦《か》牟《む》尼《に》佛《ぶつ》、告《ごう》智《ち》積《しやく》曰《わつ》、善《ぜん》男《なん》子《し》、且《しや》待《たい》須《しゆ》臾《ゆ》、此《し》有《う》菩《ぼ》薩《さつ》、名《みやう》、文《もん》殊《じゆ》師《し》利《り》、可《か》與《よ》相《さう》見《けん》、論《ろん》說《せつ》妙《めう》法《ほふ》、可《か》還《げん》本《ほん》土《ど》、爾《に》時《じ》、文《もん》殊《じゆ》師《し》利《り》坐《ざ》、千《せん》葉《よう》蓮《れん》華《げ》、大《だい》如《によ》車《しや》輪《りん》、俱《く》來《らい》菩《ぼ》薩《さつ》、亦《やく》坐《ざ》寶《ほう》蓮《れん》華《げ》、從《じう》於《を》大《だい》海《かい》、娑《しや》竭《かつ》羅《ら》龍《りう》宮《ぐう》、自《じ》然《ねん》涌《ゆ》出《じゆつ》、住《じゆう》虛《こ》空《くう》中《ちう》、詣《けい》靈《りやう》鷲《じゆ》山《せん》、從《じう》蓮《れん》華《げ》下《げ》、至《し》於《を》佛《ぶつ》前《ぜん》、頭《づ》面《めん》敬《けう》禮《らい》、二《に》世《せ》尊《そん》足《そく》、修《しゆ》敬《けう》已《い》畢《ひつ》、往《わう》智《ち》積《しやく》所《しよ》、共《ぐ》相《さう》慰《い》問《もん》、却《きやく》坐《ざ》一《いち》面《めん》、智《ち》積《しやく》菩《ぼ》薩《さつ》、問《もん》、文《もん》殊《じゆ》師《し》利《り》、仁《にん》往《わう》龍《りう》宮《ぐう》、所《しよ》化《け》衆《しゆ》生《じやう》、其《ご》數《しゆ》幾《き》何《か》、文《もん》殊《じゆ》師《し》利《り》言《ごん》、其《ご》數《しゆ》無《む》量《りやう》、不《ふ》可《か》稱《せう》計《け》、非《ひ》口《く》所《しよ》宣《せん》、非《ひ》心《しん》所《しよ》測《しき》、且《しや》待《たい》須《しゆ》臾《ゆ》、自《じ》當《とう》有《う》證《しよう》、所《しよ》言《ごん》未《み》竟《けう》、無《む》數《しゆ》菩《ぼ》薩《さつ》、坐《ざ》寶《ほう》蓮《れん》華《げ》、從《じゆう》海《かい》涌《ゆ》出《しゆつ》、詣《けい》靈《りやう》鷲《しゆ》山《せん》、住《じう》在《ざい》虛《こ》空《くう》、此《し》諸《しよ》菩《ぼ》薩《さつ》、皆《かい》是《ぜ》、文《もん》殊《じゆ》師《し》利《り》、之《し》所《しよ》化《け》度《ど》、

具《ぐ》菩《ぼ》薩《さつ》行《ぎやう》、皆《かい》共《ぐ》論《ろん》説《せつ》、六《ろく》波《は》羅《ら》蜜《みつ》、本《ほん》聲《しやう》聞《もん》人《にん》、在《ざい》虚《こ》空《くう》中《ちう》、説《せつ》聲《しやう》聞《もん》行《ぎやう》、今《こん》皆《かい》修《しゆ》行《ぎやう》、大《だい》乘《じやう》
空《くう》義《ぎ》、文《もん》殊《じゆ》師《し》利《り》、謂《い》智《ち》積《しやく》曰《わつ》、於《を》海《かい》敎《けう》化《け》、其《ご》事《じ》如《によ》此《し》、爾《に》時《じ》智《ち》積《しやく》菩《ぼ》薩《さつ》、以《い》偈《げ》讃《さん》曰《わつ》

大《だい》智《ち》德《とく》勇《ゆう》健《ごん》、化《け》度《ど》無《む》量《りやう》衆《しゆ》、今《こん》此《し》諸《しよ》大《だい》會《え》、及《ぎふ》我《が》皆《かい》已《い》見《けん》、演《えん》暢《ちやう》實《じつ》相《さう》義《ぎ》、開《かい》闡《せん》
一《いち》乘《じやう》法《ほふ》、廣《こう》導《どう》諸《しよ》群《ぐん》生《じやう》、令《りやう》速《そく》成《じやう》菩《ぼ》提《だい》、

文《もん》殊《じゆ》師《し》利《り》、言《ごん》我《が》於《を》海《かい》中《ちう》、唯《ゆい》常《じやう》宣《せん》説《せつ》、妙《めう》法《ほふ》華《け》經《きやう》、智《ち》積《しやく》菩《ぼ》薩《さつ》問《もん》、文《もん》殊《じゆ》師《し》利《り》言《ごん》、此《し》經《きやう》甚《じん》深《じん》、微《み》妙《めう》、諸《しよ》經《きやう》中《ちう》寶《ほう》、世《せい》所《しよ》希《け》有《う》、頗《は》有《う》衆《しゆ》生《じやう》、勤《ごん》加《か》精《しやう》進《じん》、修《しゆ》行《ぎやう》此《し》經《きやう》、速《そく》得《とく》佛《ぶつ》不《ふ》、文《もん》殊《じゆ》師《し》利《り》言《ごん》、有《う》娑《しや》竭羅《ら》龍《りう》王《わう》女《によ》、年《ねん》始《し》八《はつ》歳《さい》、智《ち》慧《ゑ》利《り》根《こん》、善《ぜん》知《ち》衆《しゆ》生《じやう》、諸《しよ》根《こん》行《ぎやう》業《ごう》、得《とく》陀《だ》羅《ら》尼《に》、諸《しよ》佛《ぶつ》所《しよ》説《せつ》、甚《じん》深《しん》秘《ひ》藏《ざう》、悉《しつ》能《のう》受《じゆ》持《じ》、深《じん》入《につ》禪《ぜん》定《ぢやう》、了《れう》達《だつ》諸《しよ》法《ほふ》、於《を》刹《せつ》那《な》頃《けう》、發《ほつ》菩《ぼ》提《だい》心《しん》、得《とく》不《ふ》退《たい》轉《てん》、辯《べん》才《ざい》無《む》礙《げ》、慈《じ》念《ねん》衆《しゆ》生《じやう》、猶《ゆ》如《によ》赤《しやく》子《し》、功《く》德《どく》具《ぐ》足《そく》、心《しん》念《ねん》口《く》演《えん》、微《み》妙《めう》廣《こう》大《だい》、慈《じ》悲《ひ》仁《にん》讓《じやう》、志《し》意《い》和《わ》雅《げ》、能《のう》至《し》菩《ぼ》提《だい》、智《ち》積《しやく》菩《ぼ》薩《さつ》言《ごん》、我《が》見《けん》釋《しや》迦《か》如《によ》來《らい》、於《を》無《む》量《りやう》劫《こふ》、難《なん》行《ぎやう》苦《く》行《ぎやう》、積《しやく》功《く》累《るい》德《とく》、求《ぐ》菩《ぼ》薩《さつ》道《どう》、未《み》曾《ぞう》止《し》息《そく》、觀《かん》三《さん》千《ぜん》大《だい》千《ぜん》世《せ》界《かい》、乃《ない》至《し》無《む》有《う》、如《によ》芥《け》子《し》許《こ》、非《ひ》是《ぜ》菩《ぼ》薩《さつ》、捨《しや》身《しん》命《みやう》處《しよ》、爲《ゐ》衆《しゆ》生《じやう》故《こ》、然《ねん》後《ご》乃《ない》得《とく》成《じやう》菩《ぼ》提《だい》道《どう》、不信《しん》此《し》女《によ》於《を》、須《しゆ》臾《ゆ》頃《けう》、便《べん》成《じやう》正《しやう》覺《かく》、言《ごん》論《ろん》未《み》訖《こつ》、時《じ》、

龍《りう》王《わう》女《によ》、忽《こつ》現《げん》於《を》前《ぜん》、頭《づ》面《めん》禮《らい》敬《けう》、却《きやく》住《ぢう》一《いち》面《めん》、以《い》偈《げ》讚《さん》曰《わつ》

深《しん》達《たつ》罪《ざい》福《ふ》相《さう》、徧《へん》照《ぜう》於《を》十《じつ》方《ぱう》、微《み》妙《めう》淨《じやう》法《ほつ》身《しん》、具《ぐ》相《さう》三《さん》十《じう》二《に》、以《い》八《はち》十《じつ》種《しゆ》好《かう》、用《ゆう》莊《しやう》嚴《ごん》法《ほつ》身《しん》、天《てん》人《にん》所《しよ》戴《だい》仰《がう》、龍《りう》神《じん》咸《げん》恭《く》敬《けう》、一《いつ》切《さい》衆《しゆ》生《じやう》類《るい》、無《む》不《ふ》宗《しう》奉《ぶ》者《しや》、又《う》聞《もん》成《じやう》菩《ぼ》提《だい》、唯《ゆい》佛《ぶつ》當《とう》證《しよう》知《ち》、我《が》闡《せん》大《だい》乘《じよう》教《けう》、度《ど》脱《だつ》苦《く》衆《しゆ》生《じやう》

爾《に》時《じ》、舍《しや》利《り》弗《ほつ》語《ご》、龍《りう》女《によ》言《ごん》、汝《によ》謂《い》不《ふ》久《く》、得《とく》無《む》上《じやう》道《どう》、是《ぜ》事《じ》難《なん》信《しん》、所《しよ》以《い》者《しや》何《が》、女《によ》身《しん》垢《く》穢《え》、非《ひ》是《ぜ》法《ほつ》器《き》、云《うん》何《が》能《のう》得《とく》、無上《じやう》菩《ぼ》提《だい》、佛《ぶつ》道《どう》懸《けん》曠《こう》、經無《む》量《りやう》劫《こう》、勤《ごん》苦《く》積《しやく》行《げう》、具《ぐ》修《しゆ》諸《しよ》度《ど》、然《ねん》後《ご》乃《ない》成《ぜう》、又《う》女《によ》人《にん》身《しん》、猶《ゆ》有《う》五《ご》障《しやう》、一《いつ》者《しや》不《ふ》得《とく》作《さ》、梵《ぼん》天《てん》王《のう》、二《に》者《しや》帝《たい》釋《しやく》、三《さん》者《しや》魔《ま》王《わう》、四《し》者《しや》轉《て》輪《りん》聖《ぜう》王《わう》、五《ご》者《しや》佛《ぶつ》身《しん》、云《うん》何《が》女《によ》身《しん》、速《そく》得《とく》成《じやう》佛《ぶつ》、爾《に》時《じ》龍《りう》女《によ》、有《う》一《いち》寶《ほ》珠《じゆ》、價《け》値《ぢき》三《さん》千《ぜん》大《だい》千《ぜん》世《せ》界《かい》、持《ぢ》以《い》上《じやう》佛《ぶつ》、佛《ぶつ》即《そく》受《じゆ》之《し》、龍《りう》女《によ》謂《い》、智《ち》積《しやく》菩《ぼ》薩《さつ》、尊《そん》者《じや》舍《しや》利《り》弗《ほつ》言《ごん》、我《が》獻《こん》寶《ほう》珠《じゆ》、世《せ》尊《そん》納《のう》受《じゆ》、是《ぜ》事《じ》疾《しつ》不《ふ》、答《とう》言甚《じん》疾《しつ》、女《によ》言《ごん》、以《い》汝《によ》神《じん》力《りき》、觀《かん》我《が》成《じやう》佛《ぶつ》、復《ぶ》速《そく》於《を》此《し》、當《とう》時《じ》衆《しゆ》會《え》、皆《かい》見《けん》龍《りう》女《によ》、忽《こつ》然《ねん》之《し》間《けん》、變《へん》生《じやう》男《なん》子《し》、具《ぐ》菩《ぼ》薩《さつ》行《げう》、即《そく》往《わう》南《なん》方《ぱう》、無《む》垢《く》世《せ》界《かい》、坐《ざ》寶《ほう》蓮《れん》華《げ》、成《じやう》等《とう》正《せい》覺《かく》、三《さん》十《じう》二《に》相《さう》、八《はち》十《じつ》種《しゆ》好《かう》、普《ふ》爲《ゐ》十《じつ》方《ぱう》、一《いつ》切《さい》衆《しゆ》生《じやう》、演《えん》說《ぜつ》妙《めう》法《ぽふ》、爾《に》時《じ》娑《しや》婆《ば》世《せ》界《かい》、菩《ぼ》薩《さつ》聲《しやう》聞《もん》、天《てん》龍《りう》八《はち》部《ぶ》

人《にん》與《よ》非《ひ》人《にん》、皆《かい》遙《やう》見《けん》彼《ひ》、龍《りう》女《によ》成《じやう》佛《ぶつ》、普《ふ》爲《ゐ》時《じ》會《ゑ》、人《にん》天《てん》說《せつ》法《ぽふ》、心《しん》大《だい》歡《くわん》喜《ぎ》、悉《しつ》遙《よう》敬《きやう》禮《らい》、無《む》量《りやう》衆《しゆ》生《じやう》、聞《もん》法《ぽふ》解《げ》悟《ご》、得《とく》不《ふ》退《たい》轉《てん》、無《む》量《りやう》衆《しゆ》生《じやう》、得《とく》受《じゆ》道《だう》記《き》、無《む》垢《く》世《せ》界《かい》、六《ろく》反《ぺん》震《しん》動《どう》、娑《しや》婆《ば》世《せ》界《かい》、三《さん》千《ぜん》衆《しゆ》生《じやう》、住《ぢう》不《ふ》退《たい》地《ち》、三《さん》千《ぜん》衆《しゆ》生《じやう》、發《ほつ》菩《ぼ》提《だい》心《しん》、而《に》得《とく》受《じゆ》記《き》、智《ち》積《しやく》菩《ぼ》薩《さつ》、及《ぎう》舍《しや》利《り》弗《ほつ》、一《いつ》切《さい》衆《しゆ》會《ゑ》、默《もく》然《ねん》信《しん》受《じゆ》

【解釈】釋迦《しやか》大乘《たいじやうはふ》を求めんとするとき一人《いちにん》の仙人《せんにん》來《きた》りて告《つ》げけるのに大乘法《だいじやうはふ》を求《もと》めんとすれば宜《よろ》しく「妙法蓮華經」を修《をさ》むべしと、釋迦《しやか》此言《このげん》を聽《き》て大《おほい》に喜《よろこ》び仙人《せんにん》の爲《ため》に水《みづ》を汲《く》み薪《たきゞ》を拾《ひろ》ひて給仕《きふし》し以《もつ》て其法《そのはふ》を稽古《けいこ》したり但《たゞ》し其《そ》の仙人《せんにん》は提婆《だいば》にて其《そ》の國《くに》王《わう》は釋迦《しやか》なり而《しか》して提婆《だいば》と云《い》ふも根本《こんぽん》は菩薩《ぼさつ》にして釋迦《しやか》をして衆生《しゆせう》を導《みちび》かしめんが爲《た》めに假《か》りに惡人《あくにん》の相《さう》を現《あら》はせしものゝ蓋《けだ》し此《こ》の「提婆品《だいばほん》」を聽《き》く者《もの》は佛《ほとけ》の前《まへ》に生《うま》るゝと說《と》くが初《はじ》めで次《つ》ぎは文殊《もんじゆ》が龍宮《りうぐう》で法華經《ほけきやう》を說《と》きしとき八歲《さい》の龍女《りうによ》の於刹那頃《をせつなきやう》が菩提心《ぼだいしん》を發《おこ》して內證《ないしやう》の成佛《しやうぶつ》を究《きは》めて靈山《れつせん》に、於《おい》て佛《ほとけ》に向《むか》つて內證《ないしやう》の偈《げ》を說《と》きたりけるに其時《そのとき》、智積《ちしやく》舍利弗《しやりほつ》が龍女《りうによ》の成佛《じやうぶつ》を難詰《なんきつ》せしかば龍女《りうによ》は變成男子《へんじやうなんし》となりて無垢世《むくせ》界《かい》に至《いた》つて八相《はつさう》を成道《じやうどう》せしと言《い》ふことが抑《そもそ》も此經《このけふ》の大意《たいい》とす

（注意）女《をんな》の死靈《しりやう》や四足《よつあし》の祟《たゝ》りのあるときは此《こ》の「提婆品《だいばほん》」を讀《よ》んで一心《いつしん》籠《こ》めて信心《しんしん》し祈《いの》るときは必《かなら》ず全快平癒《ぜんくわいへいゆ》すること疑《うたが》ひなし

○救《きう》民《みん》の妙《めう》薬《やく》

大君《たいくん》（光圀）予《よ》に命《めい》するに山野《さんや》貧賤《ひんせん》の地《ち》には医師《いし》もなく薬《くすり》もなし下民《かみんや》病んで臥《ふ》すときは自《みつ》ら治《ぢ》するを待《ま》ち而《しか》して治《ち》せざる者《もの》は或《あるひ》は死《し》し或《あるひ》は癈人《はいじん》となれるが是《こ》れ皆《みな》非命《ひめい》なり、求《もと》めやすき薬法《やくほふ》を集《あつ》めて是《これ》に与《あた》へて是《これ》を救《すく》へと、予《よ》、謹《つゝし》んで命《めい》を承《うけたまは》り、其病《そのやまひ》、其処《そのところ》に求《もと》め易《やす》き薬法《やくはう》三百九十七種《しゆ》を編集《へんしふ》して救民妙薬《きふみんめうやく》と名《な》づけて、深山野《しんさんや》居《きよ》の者《もの》に之《こ》れを与《あた》ふ、庶幾《こひねがは》くは済民《さいみん》の一助《いちじよ》ともならんか

元禄癸酉歳、常陽水戸府医士

穂積氏甫庵宗興撰

一　卒倒《そつとう》せし（俄カニ倒レ死スコト）者《もの》を助《たす》くる妙薬《めうやく》

雞《にわ》を搗《つい》て其汁《そのしる》を絞《しぼつ》て鼻《はな》の中《なか》へ吹込《ふきこ》むときは生返《いきかへ》るものとす○又、鶏《にはとり》の冠《とさか》の血《ち》を取《と》りて鼻《はな》の中《なか》へ吹《ふき》込《こ》むときも生返《いきか》へるものとす○猪《ゐ》の脂《あぶら》（卵一つほど）に酒《さけ》一升《しやうい》入れて煎《せん》じ其《そ》れを咽喉《のど》へ吹込《ふきこ》んでも生返《いきか》へるものとす○卒倒《そつとう》せし者《もの》に身熱《しんねつ》あるときは明礬《みやうばん》を煎《せん》じ其《そ》れて膝《ひざ》より下《した》を浸《ひた》すときは可《よ》し○卒倒《そつとう》せしときに手足《てあし》しびれて利《き》かず小便《せうべん》覚《おぼ》えず出《で》るときは馬糞《ばふん》（馬のクソ）一升《しやう》へ水《みづ》三升《じやうい》入れ其《そ》れを二升《じやう》に煎《せん》じて洗《あら》ふときも効験《かうけん》忽《たちま》ちあり

二　溺死《できし》（入水シテ死スコト）を救《すく》ふ妙薬《めうやく》

時鳥《ほとゝす》の黒焼《くろやき》を鼻《はな》の中《なか》へ吹込《ふきこ》めば生返《いきかへ》るものとす○又《また》、山《やま》ガラの黒焼《くろやき》を鼻《はな》の中《なか》へ吹込《ふきこ》めば生返《いきかへ》るものとす○籠の中《なか》の灰《はい》を取《と》りて其人《そのひと》の頭《あたま》より足《あし》まで埋《うづ》め置《お》くときは七孔《しちこう》より水《みづ》が出《で》て生返《いきかへ》るものとす

三　火傷《やけど》の妙《めう》薬《やく》

ヒルモ(十匁)山梔子《さんざし》(三匁)を粉《こ》にし其《そ》れを蜜《みつ》て解《と》いて付《つ》けるときは痕《あと》もなく治《なを》るなり之《こ》れは酷《ひど》き痛《いた》みを止《と》めるに妙《めう》なり○又《また》、萩の黒焼《くろやき》を蕪《かぶ》の汁《しる》でゆる〳〵と磨《こす》り付《つけ》ても治《なほ》る○馬《むま》の油《あぶら》を塗《ぬ》りても可《よ》し○卵《たまご》を付《つ》けても可《よ》し○白《しろ》き木槿を陰干《かげぼし》にし其《そ》れを黒焼《くろやき》にし土器《かはらけ》を粉《こ》にして少《すこ》し入《い》れ水《みづ》で解《と》いて付《つ》けても可《よ》し又其《またそ》れを砂糖水《さとうみづ》で解《とい》て付《つけ》ても可《よ》し又大なる火傷《やけど》には其《そ》れを砂糖湯《さとうゆ》で、たて、浴《あ》びても可《よ》し

四　乳癰《ちゝのはれ》の妙《めう》薬《やく》

山《やま》べと云《い》ふ魚《うを》を磨《す》り付《つ》けても可《よ》し又其《またそ》れを黒焼《くろやき》にして付《つけ》ても可《よ》し○イノシリ草《くさ》を陰干《かげぼし》にし其《そ》れを黒焼《くろやき》にして胡麻油《ごまのあぶら》で解《とい》て付《つ》けても可《よ》し○蠶《かいこ》の糞《ふん》を粉《こ》にし其《そ》れを水《みづ》で解《とい》て付《つ》けても治《なほ》る○山芋《やまのいも》を擂《すつ》て付《つけ》ても可《よ》し

五　痢病《りびやう》(クダリ)の妙《めう》薬《やく》

寒中《かんちう》の麹《かうじ》を能《よ》く干《ほ》して香色《こういろ》に煎《い》り其《そ》れを粉《こ》にし湯《ゆ》で用《もち》ゐれば治《なほ》る○生姜《せうが》の古根《ふるね》と極上茶《ごくじやうちや》とを平均《へいきん》に合《あは》せ其《そ》れを煎《せん》じて用《もち》ゐれば妙《めう》に治《なほ》る○山櫻《やまざくら》の皮《かは》の黒焼《くろやき》と茶《ちや》を平均《へいきん》に合《あは》せ其《そ》れを粉《こ》にして用《もち》ゐても可《よ》し○白鶏頭《しろけいとう》の花《はな》と實《み》とを煎《せん》じて用《もち》ゐても可《よ》し○滑石《くつせき》(六匁)甘草《かんざう》(三匁)を粉《こ》にし其《そ》れを湯《ゆ》で呑《の》むときは妙《めう》に

効《き》くなり〇鹿角菜《ひじな》（海草）を味噌汁《みそしる》て煮《に》て用《もち》ゐても可《よ》し〇千鳥《ちどり》を黒焼《くろやき》にし其《そ》れを粉《こ》にして白湯《さゆ》て用《もち》ゐても可《よ》し〇藜蘆《おもと》三匁《もんめ》（一匁ハ黒焼《くろやき》、一匁ハ生《なま》、一匁ハ香色《こういろ》）を粉《こ》にし丸《まる》めて一二粒《りふ》を白《しろ》き下痢症《げりしやう》には少《すこ》し甘草《かうざう》を煎《せん》じて用《もち》ゐ又赤《またあか》き下痢症《げりしやう》には桃木《もものき》の煎《せん》じ汁《しる》を用《もち》ゐ泄瀉《せつしや》には茶《ちや》にて用《もち》ゐれば効験《かつけん》あり〇又《また》、赤《あか》螺《にし》（貝バカリ焼キテ）と葛粉《くずこ》を平均《へいきん》に合《あは》せ其《そ》れを味噌汁《みそしる》て用《もち》ゐても効能《かうのう》あり

六　旅立《たびた》ちする者《もの》は胡椒《こしやう》を持《も》つ事《こと》

毎朝《まいあさ》、胡椒《こしやう》を二三粒《つぶ》呑《の》めば霍乱《くわくらん》せず之《こ》れを冬《ふゆ》に用《もち》ゐれば凍傷《とうしやう》に逢《あ》はず又鞋《またわらじ》の中《なか》へ入《い》れても凍傷《とうしやう》せず

七　他國《たこく》へ行《ゆ》く者《もの》は田螺《たにし》を持《も》つ事《こと》

醬油《しやうゆ》て炒付《いりつ》け能《よ》く干《ほ》して所持《しよぢ》すべし行《ゆ》く先《さき》て之《これ》を二三日《にち》の内《うち》、用《もち》ゐれば其地《そのち》の水《みづ》に中《あ》毒《て》られぬ者《もの》とす

昔シ、支那ニ神農氏ト云フ人アリ、此人百草ヲ嘗《な》メテ始メテ醫薬ヲ造ル之ヲ薬ノ始メトス〇我國デハ事代主命《コトシロヌシノミコト》が始メテ醫薬ヲ造レリ

八　瘧《おこり》が治《なほ》りて後《の》ちの注意《ちうい》

瘧《おこり》が治《なほ》りて後《の》ち七十五日間《にちかん》は蜀椒《さんしやう》（アキクリ）を食《しよく》すべからず

九　熱病《ねつびやう》の治《なほ》りて後《の》ちの注意《ちうい》

熱病《ねつびやう》の治《なほ》りて後《の》ち七十五日間《にちかん》は鯉《こひ》を食《しよく》すべからず

十　初《はじ》めて生《うま》るゝ小児《せうに》

初《はじ》めて生《うま》るゝ小児《せうに》に歯《は》の生《は》へて生《うま》るゝことあり之《こ》れは大吉《だいきち》なり然《しか》るに俗《ぞく》に鬼子《おにご》と言《いつ》て深《ふか》く隠《かく》して之《これ》を棄《す》てる者《もの》あり、惜《をし》い哉《かな》、理《り》を知《し》らざるが故《ゆゑ》に之《これ》を棄《す》てるとは然《しか》して七夜《なのか》経《た》ては其歯《そのは》は落《お》ちて其《そ》れか

ら後《の》ちに又良《またよ》い歯《は》が生《は》へるものなり、又《また》、母《はゝ》の胎内《はらのうち》で初聲《うぶごゑ》(初メテノ聲)を出《いだ》す小兒《せうに》あり之《こ》れ又大吉《まただいきち》なり能《よ》く〳〵養《やしな》ひて其子《そのこ》は育《そだ》つべし

十一　初生《しよせい》の小兒《せうに》と陰部《いんぶ》の閉塞《へいそく》

初《はじ》めて生《うま》れッ兒《こ》の尻《しり》の穴或《あなあるひ》は女《をんな》の子《こ》の陰門《いんもん》の開《ひら》かずして生《うま》るゝことあり之《これ》は外科醫《げくわゐ》に見《み》せて其《そ》の處《ところ》を截《た》ち裂《さ》いて見《み》れば皮《かは》の下《した》に生《うま》れつきの穴《あな》あるなり而《しか》して之《これ》を截《た》ち裂《さ》かず其儘《そのまゝ》にして置《お》くときは大便或《だいべんあるひ》は小便《せうべん》が詰《つ》まりて死《し》することあれば能《よ》く注意《ちうい》すべし

十二　小兒《せうに》の育《そだ》て方《かた》

小兒《せうに》を乳《ちゝ》ばかりで育《そだ》てるとは醫者《ゐしや》の見損《みそん》じて愚醫《ぐゐ》のする所《ところ》なり我國《わがくに》の風俗《ふうぞく》にては二歳《さい》より飯《めし》を用《もち》ゐ味《み》噌汁《そしる》にて餅《もち》を煮《に》て食《た》べさせ乳《ちゝ》は折《を》り〳〵に用《もち》ゐるものなり若《も》し夫《そ》れ穀《こく》の氣《け》が疎《おろそ》かにし或《あるひ》は大人《をとな》より熱《ねつ》深《ふ》かき小兒《せうに》に厚《あつ》く物《もの》を着《き》せて暖《あたゝ》め或《あるひ》は少《すこ》しの事《こと》あれば藥《くすり》を呑《の》まし、夜啼《よるな》けば機《き》嫌惡《げんよろ》しからずとて只管《ひたす》ら搖《ゆ》すぶり、ちやうらかし其《そ》の結果《けつくわ》は遂《つひ》に驚風《けふふう》の虫《むし》を起《おこ》すのみならず腰立《こしだ》ち兼《か》ねて歩《ある》くに遲《ち》々たることあり之《これ》に依《よつ》て大家《たいけ》の息子《むすこ》や或《あるひ》は有福《いうふく》の家《いへ》の子《こ》は弱《よ》は〳〵しくて物《もの》の役《やく》に立《た》ち兼《か》ぬるもの多《おほ》しソは乳《ちゝ》ばかりで育《そだ》てたり或《あるひ》は厚着《あつぎ》をさせたり少《すこ》しの事《こと》にヤレ藥《くすり》ソレ醫者《ゐしや》と餘り可愛《かあい》がり過《す》ぐるより斯《かゝ》る結果《けつくわ》を來《きた》して柔弱《にうじやく》の身体《からだ》とするものなり親《おや》たる者《もの》は注意《ちうい》すべきことにてこそ

十三　霍亂《くわくらん》の妙藥《めうやく》

胡椒《こしやう》を二粒《ふたつぶ》、三粒《みつぶ》づゝ毎朝《まいあさ》用《もち》ゐるときは其日《そのひ》は霍亂《くわくらん》はせぬものとす○益知《えきち》と木香《もつかう》と藿香《くわくかう》の三品《しな》を平均《へいきん》に合《あは》せ熱《あつ》き湯《ゆ》で振出《ふりだ》して用《もち》ゐるときは治《なほ》る然《しか》して之《これ》を粉《こ》にして用《もち》ゐても可《よ》し夏《なつ》の中《うち》は何《いつ》れにして用《もち》ゐても効能《かうのう》あり○葛粉《くずこ》(十匁)黄柏《わうばく》(六匁)胡椒《こしやう》(四匁)の三品《しな》を粉《こ》にして呑《の》むときは霍亂《くわくらん》にも可《よ》し又虫《またむし》にも可《よ》し、食傷《しよくしやう》にも可《よ》し、下《くだ》り腹《はら》にも可《よ》しとす

十四　疫癘《やくびやう》(ハヤリ病氣)の妙薬《めうやく》

艾《もぐさ》の葉《は》(五月ニ取リ干シテ置テ刻ミタルモノ)一匁
甘《かん》　草《ざう》(上皮ヲ削リ取テ其レヲ刻ミタルモノ)五匁
(以上《いじやう》の二品《ふたしな》を平均《へいきん》に合《あは》せ其《そ》れを煎《せん》じて用《もち》ゐるときは治《なを》る)

○蘭《らん》の葉《は》を干《ほ》して其《そ》れを刻《きざ》み二匁《もんめ》ほど煎《せん》じて呑《の》んでも可《よ》し○蘭《らん》の葉《は》の奇麗《きれい》なるを門口《かどくち》へ掛《か》けて置《お》くときは疫癘《やくびやう》は其家《そのいへ》へ入《はい》らぬものとす○熱《ねつ》の冷《さ》めぬときは鼹鼠《もぐらもち》を(爪《つめ》、足《あし》、膓《わた》を取《と》て)黒焼《くろやき》にし其《そ》れを粉《こ》にして湯《ゆ》で呑《の》めば可《よ》し○又《また》、蚯蚓《みヽづ》を能《よ》く摺《すつ》て水《みづ》にたて其《そ》の上水《うはみづ》を用《もち》ゐれば妙《めう》に利《き》くなり但《ただ》し干《ほ》して置《お》たるを刻《きざ》み煎《せん》じて呑《の》んでも可《よ》し

十五　中氣《ちうき》の妙薬《めうやく》

晩蠶砂《かひこのふん》を清酒《じやうさけ》に一夜《いちや》浸《ひた》し其《そ》れを粉《こ》にして湯《ゆ》又《また》は酒《さけ》で呑《の》めば治《なほ》る○虚證《きよしやう》なるには蠶《かひこ》の蝶《てふ》に成《な》りたる者《もの》を其《そ》れへ加《くわ》へて呑《の》むべし然《しか》るときは治《なほ》るとす○又《また》
桑《くわ》の葉《は》　五十目《め》(之レハ湯ヲ掛ケテ干シタルモノ)

黒胡麻《くろごま》　百　目《め》（之レハ少シ煎リテ皮ヲ取リタルモノ）

右《みぎ》の二品《ふたしな》を粉薬《こなぐすり》にしてなりとも或《あるひ》は密《みつ》で練《ねつ》てなりとも又《また》は丸薬《ぐわんやく》にしてなりとも何《いづ》れにしても可《よ》いが其《そ》れを湯《ゆ》或《あるひ》は酒《さけ》で呑《の》めば治《なを》る○又實《またみ》の熟《い》らぬ稍《いね》の葉《は》を煎《せん》じ其《そ》れを呑《の》んでも効験《かうけん》ありとす

十六　毒解《どくけし》の妙薬《めうやく》

鰹《かつを》に酔《よつ》たときは壽留女《するめ》を煎《せん》じて呑《の》めば治《なを》る○河豚《ふぐ》に酔《よつ》たときは櫻《さくら》の木《き》の皮《かは》を煎《せん》じて呑《の》めば治《なほ》る又《また》つは（蕗《ふき》ノ葉ニ能ク似タルモノ）の葉《は》を取《とつ》て其《そ》れを揉《も》み絞《しぼ》りて其汁《そのしる》を呑《の》んでも治《なを》る又紺屋《またこうや》の染物《そめもの》に用《もち》ゐる藍《あゐ》を呑《の》みても可《よ》し之《こ》れは菌《きのこ》に酔《よつ》たにも可《よ》し○又《また》、南天《なんてん》の葉《は》を揉《も》んで絞《しぼ》り其《そ》の汁《しる》を茶碗《ちやわん》に一杯《ぱい》呑《の》みても治《なを》る又葦《またあし》（俗ニよし｜ト云フ）の根《ね》を刻《きざ》み其《そ》れを煎《せん》じ呑《の》んでも治《なを》るものとす

十七　腫物《ねぶと》（俗ニねぶつト云フ）

腫物《ねぶと》には杉《すぎ》の木《き》の脂《やに》と胡椒《こしやう》とを平均《へいきん》にし其《そ》れを摺合《すりあは》せて腫物《ねぶと》の所《ところ》へ付《つ》け其處《そこ》へ紙《かみ》を貼《はつ》て置《を》けば治《なを》る○又《また》、成《な》る丈《だ》け濃《こ》き醤油《しやうゆ》を烏《からす》の羽《はね》でたび／＼付《つ》けても可《よ》し

十八　疔《てふ》の妙薬《めうやく》

枯礬《こはん》（ミヤウバンの焼きかへし）
桃仁《たうにん》（モヽノ種子《たね》ノ内ニアル實《み》）
以上《いじやう》二品《ふたしな》を平均《へいきん》にし其《そ》れを粉《こ》にして乳《ち》で解《と》いて疔《てふ》の所《ところ》へ付《つ》ければ治《なほ》る○又《また》

熊《くま》の膽《ゐ》を水《みづ》で解《と》いて其《そ》れを烏《からす》の羽《はね》でたび／＼付《つ》ければ治《なほ》る○又《また》、木瓜《ぼけ》を黒焼《くろやき》にして胡麻油《ごまのあぶら》で解《と》いて

付《つ》けても治《なほ》るものとす

十九　癰《よう》の妙《めう》薬《やく》

大黄《たいわう》を熱湯《あつゆ》で振《ふ》り出《だ》して其滓《そのかす》を取《と》り而《て》して其《そ》れをたび〲癰《よふ》の所《ところ》へ付《つ》ければ治《なほ》る〇又《また》、絲瓜《へちま》の黒焼《くろやき》を白湯《さゆ》で一日《にち》に三度《ど》づゝ用《もち》ゐても治《なほ》る〇又《また》

鮒《ふな》
古綿《ふるわた》を能《よ》く洗《あら》ひて其《そ》れを等分《とうぶん》(平均)にし粉《こ》にして水《みづ》で解《と》いて其《そ》の癰《よふ》の所《ところ》へ付《つ》けても治《なほ》る

二〇　疥《ひ》癬《ぜん》、瘡《かさ》の妙《めう》薬《やく》

皂角《さいかち》葉《のは》を水《みづ》で煎《せん》じて其《そ》れで洗《あら》へば治《なほ》る〇又《また》、藜《あかざ》と蘆《あし》(俗にヨシトと云ふ)の葉《は》と根《ね》と共《とも》に煎《せん》じて洗《あら》つても治《なほ》る〇又《また》、米泔《こめみづ》の滓《をり》をとり其《そ》れを付《つ》けても治《なほ》る

二一　くさかさ(俗ニくさけト云フ)の妙《めう》薬《やく》

田《た》螺《にし》(ツボとも云ふ)を黒焼《くろやき》にし其《そ》れを粉《こ》にしてカミノ油《あぶら》(カミナブラ)にて解《と》いて付《つ》ければ治《なほ》る〇又《また》、山梔《さんざ》子《し》を黒焼《くろやき》にし其《そ》れを粉《こ》にしカミノ油《あぶら》で解《と》いて付《つ》けても治《なほ》る〇又《また》、竹《たけ》の虫糞《かしくそ》を粉《こ》にして付《つ》けても可《よ》し〇又《また》、浮萍《うきくさ》を摺《す》りて付《つ》けても可《よ》し〇又《また》、鮒《ふな》一つ膽を取《とつ》て女《をんな》の髮《かみ》の毛《け》で包《つゝ》み土器《どき》に入《い》れて其《そ》れを黒焼《くろやき》にして粉《こ》にし其《そ》れをカミノ油《あぶら》で解《と》いて付《つ》けても可《よ》し〇又古《またふる》き傘《かさ》の紙《かみ》を燒《やい》て其《そ》れを胡麻油《ごまのあぶら》で解《と》いて付《つ》けても可《よ》し〇又《また》、亂髮《かみのけ》を燒《やい》て其《そ》れを粉《こ》にしカミノ油《あぶら》で解《と》いて付《つ》けても可《よ》し

二二　風疹《かざほろし》（カザオロシとも云ふ）の妙薬《めうやく》

榎《えのき》の葉《は》を酢《す》にて煎《せん》じて其《そ》れを付《つ》ければ治《なを》る〇又《また》、五加樹《うこぎ》花《はな》を煎《せん》じて其《そ》れを呑《の》んでも可《よ》し

二三　痰《たん》の妙《めう》薬《やく》

干牛姜《かんしやうが》と胡桃《くるみ》を粉《こ》にして其《そ》れを呑《の》めば治《なほ》る〇又《また》、梨《なし》一つと胡椒《こしやう》五十粒《つぶ》を合《あは》せて黒焼《くろやき》にし其《そ》れを粉《こ》にして白湯《さゆ》で呑《の》んでも治《なほ》る〇又《また》、胡桃《くるみ》を擂《すり》て爛らかし其《そ》れを蜜《みつ》で練《ね》り一匁《いちもんめ》つゝ毎日《まいにちの》呑《の》んでも治《なほ》る〇又《また》、半《はん》夏《げ》、陳皮《ちんぴ》、百茯苓《ひやくふくれふ》、桔梗《きやう》の四品《よしな》を平均《へいきん》にし其《そ》れを粉《こ》にして呑《の》んでも治《なほ》るものとす

二四　聍《みゝ》耳《だれ》の妙《めう》薬《やく》

大根《だいこん》の絞《しぼ》りたる汁《しる》を紙撚《こより》の先《さき》に付《つ》けて其《そ》れを耳《みゝ》の中《なか》へ、るれば治《なほ》る〇又《また》、蜂《はち》の巣《す》、蟬《せみ》の殼《から》、荷葉《はすのは》の三《み》品《しな》を平均《へいきん》にし其《そ》れを黒焼《くろやき》にして胡麻油《ごまのあぶら》で解《と》いて耳《みゝ》の中《なか》へ入《い》れても治《なほ》る〇又《また》、熊膽《くまのゐ》を水《みづ》で解《と》いて其《そ》れを少《すこ》し耳《みゝ》の中《なか》へ入《い》れても治《なを》る其《そ》れは又《また》、カラ耳《みゝ》にも可《よ》し〇又《また》、蟬《せみ》の拔殼《ぬけがら》を黒焼《くろやき》にし其《そ》れを胡麻油《ごまのあぶら》で解《と》いて耳《みゝ》の中《なか》へ入《い》れても治《なを》る又生《またいき》てる蟬《せみ》を粉《こ》にし其《それ》を紙撚《こより》の先《さき》へ付《つ》けて耳《みゝ》に入《い》れても可《よ》し〇又《また》、地《ち》シボリと云《い》ふ草《くさ》を絞《しぼ》りて其汁《そのしる》を耳《みゝ》の中《なか》へ入《い》れても可《よ》し或《あるひ》は其《そ》れを陰干にして温て其《そ》れを水《みづ》で解《と》いて耳《みゝ》の中《なか》へ入《い》れても可《よ》し〇又《また》、尾長蜆《をながしゞみ》を黒焼《くろやき》にして胡麻《ごま》の油《あぶら》で解《と》いて耳《みゝ》の中《なか》へ入《い》れても可《よ》し〇又《また》、茄子漬《なすつけ》の成《な》るべく古《ふる》きを能《よ》く洗《あらつ》て乾《かは》かし其汁《そのしる》を絞《しぼ》りて少《すこ》し耳《みゝ》の中《なか》に入《い》れても可《よ》し〇又《また》、兎《うさぎ》の糞《くそ》を火《ひ》で燒《や》いて其烟《そのけむ》りを耳《みゝ》に入《いれ》ても可《よ》し〇又《また》、石龜《いしがめ》の尾《を》を陰干《かげぼし》にし其《そ》れを粉《こ》にして耳《みゝ》の中《なか》へ少《すこ》し入《いれ》ても効験あるものとす

二五　疝《せん》氣《き》、寸《すん》白《ぱく》の妙《めう》藥《やく》

山茶花《さざんか》の葉《は》三十枚《まい》と硫黄《ゆをう》三匁《もんめ》とを煎《せん》じて用《もち》ゐれば治《なを》る

二六　疝氣《せんき》、陰嚢《いんのふ》《キンタマ》の腫《は》れたる妙藥《めうやく》

南天《なんてん》の葉《は》を薄《うす》く煎《せん》じて温《あたゝ》めたび／＼たてれば治《なほ》る

二七　滋《じ》養《やう》の妙《めう》藥《やく》

黒胡麻《くろごま》を少《すこ》し煎《い》りて其《そ》れを水《みづ》に入《い》れて揉《も》んで上皮《うはかは》を剝《む》き去《と》りて白味《しらみ》一升《しやう》に焼塩《やきしを》を少《すこ》し入《い》れ其《そ》れを粉《こ》にして朝夕呑《あさばんの》むときは臓腑《ざうふ》を養《やしな》ひ爲《た》めに風邪《かぜ》をひかず冷《ひ》へを追《お》ひ去り腰《こし》や膝《ひざ》の筋骨《すぢほね》を強《つよ》くして身《み》を軽《かる》くし年《とし》を延《の》ばして其《そ》れが長生《ちやうせい》の妙藥《めうやく》とす

牛膝《ごしつ》（ゴマノヒサ一斤）
何首烏《かしゆてよ》（センブ三斤）

此《この》二品《しな》へ黒豆《くろまめ》を交《ま》せ其《そ》れを蒸《む》して豆《まめ》の能《よ》く蒸《む》せしとき取上《とりあ》げて又生豆《またなまなめ》を交《ま》せて而《しか》して又蒸《またむ》すこと三度《ど》して陰干《かげぼし》にし其《そ》れを粉《こ》にして小豆《あづき》の大《おほ》さに丸《まる》めて三十粒《つぶ》づゝ湯《ゆ》或《あるひ》は酒《さけ》て用《もち》ゐるときは大《おほい》に身体《からだ》の強壮剤《きやうさうざい》となるものとす

勝栗《かちぐり》を粉《こ》にして乳汁《ちしる》にて浸《ひた》し其《そ》れを干《ほ》して又浸《またひた》し干《ほ》すこと二三度《ど》、其後《そのゝ》ち湯《ゆ》にて一日《にち》に三度《ど》づゝ用《もち》ゐるときは大《おほい》に身体《しんたい》を壮健《さうけん》にす又《また》

○羅麻《はとみ》の葉《は》を去《と》りて陰干《かげぼし》とし其《そ》れを粉《こ》にして朝夕《あさゆふ》用《もち》ゐるときも身体《しんたい》の滋養《じやう》となるものとす

○脾腎《ひじん》（腹）の弱《よわ》くして腹《はら》など下《くだ》るときには寒中《かんちう》の自然生《じねんじやう》（山《やま》の芋《いも》）を取《と》り竹刀《たけのかたな》にて皮《かわ》を剝《む》き陰干《かげぼし》に

> **無病長生の法**
>
> ○第一ニ物ヲ苦ニセザル事ナリ、過去ノ失敗ヲ追懐シテ心ヲ痛メザル事ナリ、常ニ希望ヲ持チテ働ク事ナリ（大隈伯）
>
> ○希望ナキ者ハ早ク衰弱ス（重野博士）

して石臼《いしうす》にて引《ひい》て粉《こ》にして用《もち》ゐるも効能《かうのう》あり之《こ》れは銅《どう》、鐵《てつ》を忌《い》む故《ゆゑ》に必《かなら》ず石臼《いしうす》てひくこと

二八　無《む》病《びやう》長《ちやう》命《めい》の秘《ひ》術《じゆつ》

無病長命《むびやうちやうめい》の法《はふ》如何《いかに》と云《い》ふに他《た》なし、鳥獣《てうじう》に習《なら》ふより外《ほか》はなし鳥獣《てうじう》は飢《う》ゆれば食《く》ふて飽《あ》けは止《や》む慾《よく》が發《おこ》れば淫《いん》し慾《よく》が納《をさ》まれは止《や》む然《しか》るに人《ひと》は美味《うまきもの》あれば腹《はら》は滿《み》ちて居《を》ても猶《な》ほ食《く》ひ年頃《としごろ》の別嬪《べつぴん》を見《み》れば慾《よく》が納《をさま》りても猶《な》ほ淫《いん》せんことを求《もと》め是《これ》に因《よつ》て脾胃《ひゐ》(腹)を害《そこな》ひ腎臓《じんざう》を損《そん》し脾腎《ひじん》をして虚弱《きよじやく》ならしめ爲《た》めに身体弱《しんたいよは》くなりて死《し》するものあり然《しか》し之《こ》れには補陽《はやう》の薬《くすり》とて火《ひ》を助《たす》くる薬《くすり》を用《もち》ゆれどソは一旦《いつたん》は其《そ》の利目《ききめ》あるやうなれど火《ひ》は又《また》五臓《ごう》の中《うち》にもありて水《みづ》は一臓《ざう》。(腎)にありて乏《とぼ》しければ、結局《つまり》、火《ひ》に火《ひ》を掛《か》けて水《みづ》を乾《かわ》かすの道理《だうり》にて爲《た》めに死《し》に至《いた》ることあり俗《ぞく》に土佛《つちぼとけ》の水遊《みづあそ》びと云《い》ふものなれば此等《これら》は最《もつと》も愼《つゝし》んで返《かへ》へす〳〵も鳥獣《てうじう》を手本《てほん》として淫慾《いんよく》をば適度《てきど》にして愼《つゝし》むべし

足《あし》は何時《いつ》も溫《あたゝ》かで頭《あたま》は何時《いつ》も冷《ひ》へてるやうにして置《お》くが身体《しんたい》壯健《さうけん》の法《はふ》

二九　咽喉《のど》にトゲをたちし時《とき》の妙薬《めうやく》

榎《えのき》の實《み》を粉《こ》にして呑《の》むべし然《しか》るときは治《なほ》る○又《また》、赤松《あかまつ》の心《しん》を焼《や》き其《そ》れを粉《こ》にして呑《の》んでも治《なほ》る○又《また》、南天《なんてん》の葉《は》を煎《せん》じて呑《の》んでも治《なほ》る○又《また》、紙《かみ》を二寸《すん》四方《はう》ほどに切《きつ》て四方《はう》の端《はし》へ糊《のり》を付《つけ》て咽喉《のど》へ張《は》り其中《そのなか》へ袋蜘蛛《ふくろぐも》の生《いき》てるのを入《い》れて中《なか》で動《うご》くやうにして二時《じ》間《かん》ほどソして置《お》けばトゲは自然《しぜん》と拔《ぬ》けるものなり○又《また》、人《ひと》の爪《つめ》を一匁《もんめ》ほど煎《せん》じて呑《の》んでも治《なほ》る○又《また》、鏡草《かゞみぐさ》を粉《こ》にして呑《の》んでも可《よ》し○又《また》、鴉《からす》の黒焼《くろやき》を水《みづ》

て呑《の》んでも治《なほ》るものとす

三〇　簽《とげ》、刺《ふみぬき》の妙《めう》薬《やく》

甘草《かんざう》と鰹節《かつぶし》の二品《ふたしな》を粉《こ》にし糊《のり》で掻交《かきま》ぜて其《そ》れを貼《つ》ければ治《なほ》る〇又《また》、蟷螂《かまきり》を黒焼《くろやき》にし其《そ》れへ甘草《かんざう》を加《くは》へて貼《つ》けても治《なほ》る〇又《また》、蠅《はい》を磨《す》り爛《たゞ》らかして付《つけ》ても可《よ》し〇又《また》、野猪《いのしし》の鼻《はな》を乾《ほ》し其《そ》れを粉《こ》にして付《つ》けても治《なほ》る〇又《また》、胡瓜《きうり》の皮《かは》を付《つけ》ても可《よ》し〇螻蛄《けら》を磨《すつ》て付《つけ》ても可《よ》し〇又《また》、甘草《かんざう》と干鮭《ほししやけ》の頭《かしら》の皮《かは》を粉《こ》にし其《そ》れを付《つ》けても治《なほ》る之《これ》は鮭《しやけ》の鹽引《しほび》きの頭《かしら》の皮《かは》でも可《よ》し〇又《また》、蓖麻子《ひまし》（ハラエともトウゴマとも云ふ）を焼《や》き其烟《そのけむ》て蒸《む》しても可《よ》し〇椚木《くぬぎのき》の皮《かは》を黒焼《くろやき》にし其《そ》れを粉《こ》にして押合《おしあは》せて貼《つけ》ても治《なほ》るものとす

三一　矢《や》の根《ね》其《そ》の外《ほか》鐵《てつ》の立《たち》たるときの妙薬《めうやく》

鼠糞《そふん》大　巴豆《はとう》小　以上《いじやう》二品《ふたしな》を糊《のり》で丸《まる》めて、さし入《い》るれば治《なほ》る

三二　瘭《しやく》、寸《す》白《ばく》の妙《めう》薬《やく》

青鷺《あをさぎ》の頭《かしら》（羽と足を取り）を黒焼《くろやき》にし其《そ》れを粉《こ》にして用《もち》ゐ又《また》は酒《さけ》で用《もち》ゐても治《なほ》る

三三　喉《のど》痺《け》の妙《めう》薬《やく》

刀豆《なたまめ》を黒焼《くろやき》にし其《そ》れを粉《こ》にし管《くだ》で吹込《ふきこ》めば妙《めう》に治《なほ》る〇又《また》、赤蜻蛉《あかとんぼ》を干《ほ》し其《そ》れを粉《こ》にして吹込《ふきこ》んでも治《なほ》る〇又《また》、蜜柑《みかん》の黒焼《くろやき》を吹込《ふきこ》んでも治《なほ》るものとす

三四　疝《せん》氣《き》の妙《めう》藥《やく》

益母《やくも》草《さう》と忍冬《にんどう》を平均《へいきん》にし水《みづ》て煎《せん》じて呑《の》めば治《なほ》るものとす

三五　霜《しも》燒《やけ》の妙《めう》藥《やく》

牡蠣《かきがい》を白燒《しらやき》にし其《そ》れを粉《こ》にしカミノ油《あぶら》(一にカミナブラと云ふ)て解《と》いて其《そ》れを貼《つ》ければ治《なほ》る○又里《さと》芋《いも》の土《つち》を洗《あら》はず其《そ》れを黒燒《くろやき》にしてカミノ油《あぶら》で解《と》いて貼《つ》けても治《なほ》るとす

○病ヒハ氣デ勝ツ
○思ハヌヿヲ思ヘバ思ニ當テル悪シキヿヲ思ヘバ其レモ亦思ニ當ル故ニ氣弱キヿハ思フ勿レ

三六　耳《みゝ》の中《なか》へ虫《むし》の入《い》りたる時《とき》には

胡麻油《ごまのあぶら》を其虫《そのむし》の入《はい》りたる方《ほう》の耳《みゝ》へ入《い》れるときは治《なほ》るものとす

三七　寒《かん》の内《うち》の水《みづ》の効能《かうのう》

寒《かん》三十日《にち》、毎朝水《まいあさみづ》を二口《ふたくち》、三口《みくち》づゝ呑《の》めば一切《さい》の病《やまひ》生《しやう》せず目《め》や歯《は》に甚《はなは》だ利目《きゝめ》あるものとす

三八　燒《せう》酎《ちう》と入《にふ》湯《たう》

燒酎《せうちう》を呑《の》み或《あるひ》は酒《さけ》に醉《よ》ふたるときは湯《ゆ》に浴《い》るべからず
余《よ》が知《しつ》てる漢學《かんがく》の大先生《だいせんせい》あり燒酎《せいちう》(泡盛《あはもり》)を澤山《たくさん》呑《の》んで湯《ゆ》に入《はい》りたれば其場《そのば》て腦溢血《のういつけつ》を發《おこ》して死《し》したり

三九　タムシの妙《めう》藥《やく》

硫黄《いわう》、大黄《たいわう》、明礬《みやうばん》の三品《みしな》を平均《へいきん》にして其《そ》れを粉《こ》にし酢《す》て解《と》いて付《つ》け而《そ》して二三日《にち》の間《あひだ》は其處《そこ》へ湯《ゆ》や水《みづ》

を付《つ》くべからず然《しか》るときは治《なを》る○又《また》、鐡《てつ》の銹《さび》を取《と》り其《そ》れを水《みづ》で解《と》いて火《ひ》で炙《あぶ》れば妙《めう》に治《なを》るものとす

四〇　胞衣《えな》の下《を》りざる時《とき》の妙薬《めうやく》

鼠尾草《みそはぎ》（七月ニ取リテ黒焼キニシタモノ）と荷《はす》の葉《は》を黒焼《くろやき》にし之《こ》れを平均《へいきん》に合《あは》せて粉《こ》にし其《そ》れを白湯《さゆ》にて用《もち》ゐれば下《くだ》る○又《また》、茄子《なす》の蔕《へた》を黒焼《くろやき》にし其《そ》れを糊《のり》に合《あは》せて右《みぎ》の肩《かた》と足《あし》の平《ひら》に貼《は》るときは下《を》る而して下《を》れば其《そ》れを剝《は》がすべし○又《また》、蓖麻子《ひまし》を糊《のり》で合《あは》せて足《あし》の平《ひら》へ貼《はつ》ても可《よ》し

四一　腹中《はらのなか》で子《こ》が死《し》して腹《はら》の痛《いた》む時《とき》の妙薬《めうやく》

鹿《しか》の角《つの》を黒焼《くろや》きにし其《そ》れを酒《さけ》で呑《の》めば治《なを》る○又《また》、當歸《とうき》、川芎《せんきう》、益母草《やくもさう》の三品《みしな》を平均《へいきん》に刻合《きざみあは》せ其《そ》れを一服《いつぷく》を二匁《もんめ》ほどに合《あは》せ常《つね》の如《ごと》く煎《せん》じて用《もち》ゆ此薬《このくすり》は帶下《こしけ》、塞《つか》ひに用《もち》ゐても可《よ》し産《さん》を輕《かる》くするなり、又之《またこれ》は胎死《たいし》、横産《わうざん》、逆産《ぎやくさん》、胞衣《えな》の下《を》りざるなどに用《もち》ゐるときは何《いづ》れも妙《めう》に効驗《きゝめ》あり○又《また》、土用中《どようちう》の犬山椒《いぬさんしやう》の葉《は》を取《と》りて陰干《かげぼし》とし其《そ》れを粉《こ》にして、いせのりを、薄《うす》くたて其《そ》れを用《もち》ゐるも妙《めう》なり

四二　難産《なんさん》の妙薬《めうやく》

伏龍肝《ぶくりうかん》（古キ竈《カマド》ノ中ノ赤ク焼ケタ土ノコト）を粉《こ》にし其《そ》れを酒《さけ》で用《もち》ゐれは効驗《きゝめ》あり○又《また》、臘月《しはす》（十二月）の兎《うさぎ》の頭《あたま》を黒焼《くろやき》にし其《そ》れを粉《こ》にして葱白《ひともじ》の白根《しらね》を煎《せん》じて用《もち》ゐても可《よ》し

四三　腰痛《こしいたみ》、帶下《こしけ》の妙薬《めうやく》

芹《せり》を常《つね》に食《た》べれば治《なほ》る〇又《また》、赤白《しらち》、帯下《ながち》は三葉《みつば》の、うつきを黒焼《くろやき》にし、うつきの煎《せん》じ汁《じる》にて用《もち》ふ〇又《また》罌粟花《けしのはな》を陰干《かげぼし》にし其《そ》れを粉《こ》にして用《もち》ゐ或《あるひ》は煎《せん》じても可《よ》し其《そ》れは苦勞《くらう》して身體《からだ》が痩《や》せたり不食《ふしよく》の者《もの》や痳《りん》病《びやう》の者《もの》にも可《よ》し〇又《また》、牛《うし》の角《つの》を黒焼《くろやき》にして其《そ》の一匁《もんめ》へ雞卵《たまご》一つを交《ま》ぜ一日《にち》に三度《ど》づゝ一七日《にち》、二七日《にち》に用《もち》ゐても効驗《かうけん》あり〇又《また》、鷄頭花《けいとうのはな》を煎《せん》じて用《もち》ゐても効能《かうのう》あり而《しか》して白血《しらち》には白鷄頭《しろけいとう》を煎《せん》じ長血《ながち》には赤《のか》鷄頭《けいとう》を用《もち》ゐるものとす〇又《また》、燈心《とうしん》を大豆《たいづ》ほどに丸《まる》め其《そ》れを酢《す》で用《もち》ゐても妙《めう》に利《きく》なり

四四　食《しよく》傷《しやう》の妙《めう》藥《やく》

羅《ら》石草《せきこふ》（川ニアルひるもノコト）を陰干《かげぼし》にし其《そ》れを粉《こ》にして用《もち》ふ然《しか》れども之《これ》は鐵《てつ》を忌《い》む故《ゆゑ》に石臼《いしうす》でひくべし〇又《また》、升麻《しろごま》と檳榔子《びんらうし》を一匁《もんめ》づゝ粉《こ》にして湯《ゆ》で呑《の》んでも効能《かうのう》あり

四五　蛇《へび》に蛟《く》ひ付《つ》かれしときの妙藥《めうやく》

霜草《はながら》の花《はな》も葉《は》も一つに揉《も》みて其《そ》れを咬《く》ひ付《つ》かれ或《あるひ》は刺《さ》された所《ところ》へ磨附《すりつ》ければ治《なを》る〇又《また》、牛《うし》の額《ひたひ》（水草）と瓠苗《ゆうがほ》の蔓《つる》（末ノ柔カナル所ヲ用フ）の二品《ふたしな》を酒《さけ》ですりのべ、酒《さけ》にて醉《よ》ふほどたび〳〵呑《の》めば治《なを》る〇又《また》、瓠苗《ゆふがほ》の切口《きりくち》で蛇《へび》の蛟《く》はれた所《ところ》を磨《す》りても治《なほ》る〇又《また》、ノエン（あはたち草と云ふ）を揉《も》みて蛇《へび》に咬《く》はれた所《ところ》を磨《す》りても可《よ》し〇又《また》、蚯蚓《みゝづ》の頭《かしら》に白《しろ》き節《ふし》のある所《ところ》を五六分《ぶ》ほど切《き》り其《そ》れを磨《す》り爛《たゞ》らかして其《そ》れを蛇《へび》に刺《さ》れた所《ところ》へ付《つ》けても治《なを》る〇又《また》、枇杷《びは》の核《たね》（一ツノ核デヨシ）を煎《せん》じて付《つ》けても可《よ》し又其《またそ》れて蛇《へび》の刺《さ》したる所《ところ》を洗《あら》ひても可《よ》し〇又《また》、藜《あかざ》を揉《も》んで其《そ》れを磨《す》り錬りて付《つ》けても効驗《きゝめ》あり〇又《また》、烟草《たばこ》の

葉《は》を付《つ》けても可《よ》し〇又《また》、青鵐《あをじ》を黒焼《くろや》きにし其《そ》れを粉《こ》にして付《つ》けても治《なを》る〇又《また》、黒大豆《くろだいづ》の葉《は》へ鹽《しを》を少《すこ》し加《くは》へて付《つ》けても治《なほ》る〇又《また》、胡椒《こしやう》の粉《こ》を酢《す》て解《と》いて其《そ》れを付《つけ》ても可《よ》し〇又蝦蟇《またひきがへる》の黒焼《くろやき》を狐苗《りふがは》の葉《は》の汁《しる》か或《あるひ》は胡麻《ごま》の油《あぶら》で解《と》いて付《つ》けても可《よ》し〇又《また》、石灰《いしばい》と水《みづ》てたび／＼洗《あら》ひても治《なほ》る〇又《また》、仙人草《せんにんさう》を採《と》んで其《その》汁《しる》を付《つけ》ても可《よ》し〇又《また》、煤《すゝ》に鹽《しを》を合《あは》せて其《そ》れを付《つけ》ても可《よ》し〇又《また》、田柳《たやなぎ》（キバセン草とも云ふ）を擂《す》り潰《つや》らかして其《そ》れを付《つけ》ても治《なほ》る〇又《また》、石見川《いしみかは》（サハアタとも云ふ）を採《と》んで付《つけ》ても可《よ》し

四六　蜈蚣《むかで》に咬《く》はれしときの妙薬《めうやく》

鶏《にはとり》の卵《たまご》を潰《つぶ》し其《そ》れをたび／＼付《つ》ければ治《なを》る〇又《また》、ハブ草《さふ》を採《と》んで付《つけ》ても治《なほ》る〇又《また》、アンモニヤ水《すい》を付《つ》けても忽《たちま》ち治《なほ》る之《これ》は薬屋《くすりや》にも醫者《いしや》の家《うち》にもあり〇又《また》、桑《くは》の根《ね》の汁《しる》へ其《そ》れに鹽《しを》を入《い》れて付《つけ》ても可《よ》し〇又《また》、蓼《たで》を採《と》んで絞《しぼ》りて其汁《そのしる》を付《つけ》ても可《よ》し〇又《また》、蕨《わらび》を陰干《かげぼし》にし其《そ》れを粉《こ》にして水《みづ》て解《と》いて付《つけ》ても可《よ》し

四七　蜂《はち》に螫《さし》れたるときの妙薬《めうやく》

蓼《たで》を採《と》んで其汁《そのしる》を付《つ》ければ治《なほ》る〇又《また》、生《なま》の里芋《さといも》を付《つけ》ても可《よ》し其茎《そのくき》て螫《さし》れた所《ところ》を磨《す》りても治《なほ》る

四八　咽喉《のど》の腫痛《はれいた》むときの妙薬《めうやく》

山繭《やままゆ》を黒焼《くろやき》にし其《そ》れを絹《きぬ》て包《つゝ》みて含《ふく》んで居《を》れば治《なほ》る〇山梔子《さんざし》を煎《せん》じて用《もち》ゐても治《なほ》る〇薏苡仁《よくいにん》の粉《こ》を吹《ふき》込《こ》んでも治《なほ》る〇耳《みゝ》の垢《あか》を取《とつ》て吹込《ふきこ》んでも可《よ》し

四九　歯《は》くさの妙薬《めうやく》

尾《を》長蛆《ながうじ》（井ヘデキル虫）を黒焼《くろやき》にし其《そ》れへ枯礬《やきみやうばん》を少《すこ》し合《あは》せ粉《こ》にして用《もち》ゐて可《よ》し

五〇　歯《は》痛《いた》み歯《は》ぐきの爛《たゞ》れの妙薬《めうやく》

古茄子《ふるなす》の漬《つ》けたのを黒焼《くろやき》にし其《そ》れに明礬《みやうばん》を平均《へいきん》に合《あは》せて粉《こ》にし其《そ》れを擦《すつ》て塗《ぬ》り付《つ》ければ治《なほ》る〇・又《また》、蓮《はす》葉《のは》を黒焼《くろやき》にし椢木《くぬぎ》の皮《かは》を黒焼《くろやき》にし其《そ》れを平均《へいきん》に交《ま》ぜて付《つ》けても治《なほ》るものとす

五一　歯《は》が動《うご》き痛《いた》むの妙藥《めうやく》

柊《いばな》を煎《せん》じて其《そ》れを毎日含《まいにつぷく》んで居《を》れば治《なほ》るものとす

五二　歯《は》の痛《いた》みの妙藥《めうやく》

藜《あかざ》と昆布《こんぶ》を黒焼《くろやき》にし其《そ》れを平均《へいきん》に合《あは》せ粉《こ》にして付《つ》ければ治《なを》る〇又《また》、茘枝《れいし》の黒焼《くろや》きを粉《こ》にして塗《ぬつ》ても治《なを》る〇又《また》、車前草を酒《さけ》て煎《せん》じて含《ふく》みても可《よ》し〇又《また》、松葉《まつば》一抓《ひとつか》みと柚木《ゆずのき》の上皮《うはかは》を薄《うす》く刻《きざ》み茶《ちや》三杯《ばい》ほどに水《みづ》一杯半《ばいはん》を其《そ》れを一杯《ばい》に煎《せん》じて其《そ》の滓《かす》を取《とつ》て含《ふく》んで居《を》れば治《なほ》るものとす

五三　虫《むし》歯《ば》の妙藥《めうやく》

杉《すぎ》の脂《やに》と檜《ひのき》の脂《やに》とを丸《まる》めて其《そ》れを虫歯《むしば》の穴《あな》に入《い》れて置《お》けば治《なほ》る〇又《また》、松《まつ》の心《しん》或《あるひ》は松《まつ》の節《ふし》を黒焼《くろやき》にして粉《こ》にし其《そ》れを松《まつ》の楊枝《やうじ》で歯《は》の間《あひだ》へ差入《さしい》るれば治《なほ》る〇犬山椒《いぬさんせう》の根《ね》を煎《せん》じて其《そ》れを含《ふく》んで居《ゐ》ても治《なを》る〇葱《ねぎ》の白根《しらね》を胡麻《ごま》の油《あぶら》で煮《に》それを溫《あたゝ》め含《ふく》んで居《ゐ》ても治《なほ》る〇芹《せり》の葉《は》を揉《も》んで其汁《そのしる》を取《とつ》て少《すこ》し耳《みゝ》に入《い》れても可《よ》し〇髮剃砥《かみそりと》を粉《こ》にして胡麻油《ごまのあぶら》で解《と》いて而《そ》して右《みぎ》が痛《いた》むときは左《ひだり》の耳《みゝ》に入《い》れ又《また》たがひ痛むときは右の耳《みゝ》に

入《い》るれば治《なほ》る○二蠍《くつしし》を焼《やい》て其《そ》れを虫歯《むしば》の穴《あな》に入《い》れても効験《かうけん》ありとす

五四　氣《き》をつめて歯《は》の動《うご》き痛《いた》むときの妙薬《めうやく》

南天《なんてん》の葉《は》を咬《か》んで居《ゐ》れば治《なを》るものとす

五五　小兒《せうに》の舌苔《ぜつたい》（小兒ノ舌ニ腫物《デキモノ》ガデキ舌《シタ》ノ白《シロ》クナルヲ云フ）

南天星《なんてんせい》を粉《こ》にし其《そ》れを糊《のり》て押合《おしあは》せ足《あし》の裏《うら》へ貼附《はりつ》ければ治《なを》る○又《また》、尾長蛆《をながうじ》を陰干《かげぼし》にし其《そ》れを粉《こ》にして糊《のり》て足《あし》の裏《うら》へ貼附《はりつ》ければ治《なほ》るものとす

五六　口中《こうちう》の爛《たゞ》れの妙薬《めうやく》

黄柏《わうはく》と甘草《かんざう》を平均《へいきん》にし其《そ》れを粉《こ》にし密《みつ》て解《と》いて含《ふく》んで居《を》れば治《なを》るものとす

五七　頭痛《づつう》の妙薬《めうやく》

海白菜《わかめ》を煎《せん》じて其《そ》れて髪《かみ》を洗《あら》へば可《よ》し

五八　眩暈《めたひ》の妙薬《めうやく》

山梔子《さんざし》を黒焼《くろやき》にし其《そ》れを酒《さけ》で用《もち》ゐれば効驗《かうけん》ありとす

五九　乾《かは》き嘔《は》くときの妙薬《めうやく》

櫻《さくら》の皮《かは》を黒焼《くろやき》にし其《そ》れを粉《こ》にして白湯《さゆ》で用《もち》ゐれば治《なほ》る○陳皮《ちんぴ》と檳榔子《びんらうじ》とを平均《へいきん》にし其《そ》れを粉《こ》にし少《すこ》しづゝ煎《せん》じて用《もち》ゐても可《よ》し

長生法

病ヒヲ治スルニハ早ク其病ヒヲ忘レルヤウニ心掛クベシ此病ヒヲ忘レントスル方法ハ他ナシ今マデ一番面白キヿ愉快ナヿヲ思ヒ出シテ氣ヲ他ノ事情ニ轉ジテ病ヒヲ忘レルヿナリ（陸奥宗光）

六〇　吐酸《とさん》(スイ水を吐《は》ク病ヒ)の妙薬《めうやく》

赤螺《あかにし》(山ニ居ルモノ)を白焼《しろやき》にし其《そ》れを粉《こ》にして用《もち》ゐれば治《なほ》るものとす

六一　五膈《ごかく》(嘔《へ》ク病ヒ)の妙薬《めうやく》

野蒜《のびる》の根《ね》を土用《どよう》の中《うち》に取《と》て乾《ほ》し置《お》き其《そ》れを粉《こ》にして酒《さけ》で呑《の》めば治《なほ》る○又《また》、鹽鰹《しほかつを》の頭《かしら》を洗《あら》ひ其《そ》れを水《みづ》で煎《せん》じて少《すこ》しづゝ用《もち》ゐても妙《めう》に治《なほ》る○又《また》、ヤカラと云《い》ふ魚《うを》を煮《に》て其《そ》れを食《た》べても妙《めう》に治《なほ》るものとす

六二　手足《てあし》の痛《いた》みの妙薬《めうやく》

榎《えのき》、桑木《くはのき》、忍冬《にんどう》の三品《みしな》を煎《せん》じ温《あたゝ》めて洗《あら》へば治《なほ》る○又《また》、ヨジムチンキを付《つ》けても治《なほ》る○カンプルチンキを付《つ》けても治《なほ》る之《こ》れは何處《どこ》の薬屋《くすりや》にもあり

六三　ヒヤウソウの妙薬《めうやく》

山《やま》べと云《い》ふ魚《うを》を黒焼《くろやき》にし其《そ》れを粉《こ》にして胡麻油《ごまのあぶら》で解《と》いて付《つ》ければ治《なほ》る○又《また》、山《やま》べと云《い》ふ魚《うを》の皮《かは》を巻《ま》き付《つ》けても治《なほ》る○又《また》、鰌《どじやう》を黒砂糖《くろざとう》で煎《せん》じ詰《つ》めて付《つ》けても治《なほ》る○小麥藁《こむぎわら》の黒焼《くろやき》(一匁)と輕粉《かるこ》(五匁)とを粉《こ》にして酢《す》で解《と》いて付《つ》けても治《なほ》る○梅干《うめぼし》を磨《す》り付《つ》けても可《よ》し○茄子《なす》の花《はな》を黒焼《くろやき》にし其《そ》れを胡麻油《ごまあぶら》で付《つ》けても治《なほ》る○杉《すぎ》の若芽《わかめ》を黒焼《くろやき》にし輕粉《かるこ》を少《すこ》し加《くは》へ其《そ》れを粉《こ》にし胡麻油《ごまのあぶら》で解《と》いて付《つ》けても治《なほ》る○大黄《だいわう》の根《ね》と葉《は》と共《とも》に黒焼《くろやき》にしカミノ油《あぶら》で解《と》いて付《つ》けても可《よ》し○又鯰《またなまず》の頭《かしら》を黒焼《くろやき》にし其《そ》れを胡麻油《ごまのあぶら》で解《と》いて付《つ》けても治《なほ》る○米《こめ》の糠《ぬか》を黒焼《くろやき》にし其《そ》れをハコベの汁《しる》で解《と》いて付《つ》けても可《よ》し○コエムシの皮《かは》を巻付《まきつ》けても可《よ》

し○蚯蚓《みゝづ》を潰《つ》ぶし其《そ》れを付《つ》けても可《よ》し○ 蟇《ひきかへる》の皮《かは》を巻付《まきつ》けても可《よ》し青蛙《あをかへる》でも可《よ》し

六四　耳《みゝ》の遠《とう》き妙《めう》藥《やく》

蚯蚓《みゝづ》を黒燒《くろやき》にし其《そ》れを粉《こ》にして胡麻油《ごまのあぶら》で解《と》いて耳《みゝ》の中《なか》へ入《い》るれば治《なほ》る

六五　寸《すん》白《ぱく》の妙《めう》藥《やく》

烏《からす》を黒燒《くろやき》にし芥子《けし》(百目)を粉《こ》にし其《そ》れを酢《す》で解《と》いて痛《いた》む所《ところ》へ付《つ》ければ治《なほ》る○木綿《もめん》の核《たね》を煎《せん》じ其《そ》れを付《つけ》ても可《よ》し○毛蓼《けたて》、薏苡仁《よくいにん》(葉ト莖ト共ニ)の二品《しな》を平均《へいきん》に合《あは》せ其《そ》れを煎《せん》じて付《つ》けても治《なほ》る○眞竹《またけ》(筍《たけのこ》)の皮《かは》を黒燒《くろやき》にし其《そ》れを毎朝《まいあさ》一匁《もんめ》づゝ酢《す》で溫《あたゝ》め湯《ゆ》で用《もち》ゐれば可《よ》し○艾《もぐさ》を煎《せん》じ汁《しる》で用《もち》ゐても可《よ》し

六六　胸《むね》虫《むし》の妙《めう》藥《やく》

牛蒡《ごぼう》の葉《は》を摺《す》つて、とろまして其《そ》れを鹽《しほ》に入《い》れ湯《ゆ》で用《もち》ゐれば治《なほ》る○藜蘆《をもとのは》を粉《こ》にし其《そ》れを糊《のり》で丸《まる》め丹《たん》を衣《ころも》として毎朝一粒《まいあさひとつぶ》を白湯《さゆ》で呑《の》めば治《なほ》る○薏苡仁《よくいにん》を粉《こ》にし其《そ》れを毎日少《まいにちすこ》しづゝ酢《す》で用《もち》ゐれば治《なほ》る○硫黄《いわう》を粉《こ》にし其《そ》れを丸《まる》めて味噌《みそ》を衣《ころも》にかけて毎日《まいにち》それを白湯《さゆ》で用《もち》ゐれば治《なほ》る○松《まつ》の若芽《わかめ》を四月頃《しがつごろ》に取《と》り其《そ》れを陰干《かげぼし》にして搔《かい》て刻《きざ》み古酒《こしゆ》を　杯《さかづき》に二《に》杯《はい》入れて其《そ》れを一杯《はい》に煎《せん》じて用《もち》ゐても可《よ》し○又《また》、生松葉《なままつば》でも可《よ》し

六七　呃逆《しやつくり》の妙《めう》藥《やく》

柿《かき》の蔕《へた》を粉《こ》にし其《そ》れを煎《せん》じて呑《の》めば治《なほ》るものとす

六八　打《うち》身《み》の妙《めう》薬《やく》

苧麻《からむし》の葉《は》と茎《くき》と共《とも》に能《よ》く干《は》して黒焼《くろやき》にし其《そ》れを酒《さけ》で酔《よ》ふど用《もち》ゐれば治《なほ》る○唐芋《とうのいも》を食《しよく》しても可《よ》し○挫《くぢ》きたるときは饂飩《うどん》の粉《こ》を焼酎《せうちう》で解《と》いて付《つけ》ても治《なほ》る○膠《にかは》を解《と》いて付《つ》けても可《よ》し○澁木《しぶき》と紺屋《こうや》の糊《のり》、梅干《うめぼし》の三品《しな》を押合《おしあは》せて付《つけ》ても可《よ》し○莨菪子を黒焼《くろやき》にし其《そ》れを五分《ぶん》づゝ毎日《まいにち》用《もち》ゐても可《よ》し○生姜《しやうが》と牟粉《むぎこ》を水《みづ》で練《ね》り其《そ》れを付《つ》けても治《なほ》る○牟粉《むぎこ》と山梔子《さんさし》の二品《しな》を平均《へいきん》にし其《そ》れを粉《こ》にして生姜《しやうが》の汁《しる》で付《つけ》ても治《なほ》る○鮒《ふな》か又《また》は鰌《どぢやう》を擂《す》り爛《たゞ》らかして痛《いた》む所《ところ》へ付《つけ》ても治《なを》る○梅干《うめぼし》を黒焼《くろやき》にし其《そ》れを粉《こ》にし湯《ゆ》で毎日《まいにち》一二度《ど》づゝ呑《の》んでも治《なほ》る○櫻《さくら》の皮《かは》を煎《せん》じて用《もち》ゐても可《よ》し

六九　接《ほね》骨《つぎ》の妙《めう》薬《やく》

山繭の黒焼《くろやき》を粉《こ》にして山芋《やまのいも》の生《なま》なるを擂《す》りて其《そ》れに交《ま》ぜ柳《やなぎ》の皮《かは》で卷《まい》て置《お》くときは治《なほ》る○肉桂《にくけい》の粉《こ》を膠《にかは》て解《と》いて痛《いた》む所《ところ》へ厚《あつ》く塗《ぬ》り其上《そのうへ》を若《わか》き柳《やなぎ》で簀《す》を拵《こしら》へ其處《そこ》を包《つゝ》んで置《お》くときは治《なほ》る○檜《ひのき》の皮《かは》（粗皮《アラカハ》ヲ取テ）を酒《さけ》に浸《ひた》して其《そ》れを炙《あぶ》りて又酒《またさけ》に浸《ひた》したび〳〵そうして後《の》ち土器《かはらけ》に入《い》れて黒焼《くろやき》の粉《こ》にし其《そ》れを酒《さけ》て用《もち》ゐれば治《なほ》る

七〇　小兒《せうに》の疳《かん》の妙薬《めうやく》

車前草《しやぜんさう》の根《ね》と葉《は》と實《み》と共《とも》に黒焼《くろやき》にし鰻《うなぎ》を蒲焼《かばやき》にし其《そ》れを味噌《みそ》の内《うち》に右《みぎ》の黒焼《くろやき》を少《すこ》しづゝ入《い》れて焼《やい》て用《もち》ゐるときは治《なほ》る○黄柏《わうばく》と漆滓《うるしのかす》の二品《しな》を平均《へいきん》にし其《そ》れを粉《こ》にし糊《のり》で丸《まる》めて用《もち》ゐても可《よ》し○又《また》、疳《かん》で目《め》

が見《み》えざるときには蝦蟇《ひきがへる》を黒焼《くろやき》にし其《そ》れを粉《こ》にして少《すこ》しづゝ湯《ゆ》で用《もち》ゐても治《なほ》るものとす

七一　小兒《せうに》の疱瘡《ほうさう》の妙藥《めうやく》

赤牛《あかうし》の歯《は》を粉《こ》にして呑《の》めば治《なほ》る

七二　疱瘡《ほうさう》の目《め》に入《い》りしときの妙藥《めうやく》

ヌルデの脂《やに》を乳《ちゝ》で解《と》いて目《め》の中《なか》へ少《すこ》しづゝさせば治《なほ》る

七三　鳥《とり》目《め》の妙藥《めうやく》

鯛《たひ》の鹽《しほ》カラを用《もち》ゐて可《よ》し○八ッ目鰻《めうなぎ》を食《た》べても可《よ》し○鰻《うなぎ》の腸《わた》も可《よ》し

七四　突《つ》き目《め》の藥《くすり》

螺《さゞえ》の蓋《ふた》の雨《あめ》に晒《さら》されたるを白焼《しらやき》にして枯礬《こはん》（ミヤウバンの焼返へし）を少《すこ》し交《ま》ぜて其《そ》れを粉《こ》にし少《すこ》しづゝ吹込《ふきこ》んでも可《よ》し

七五　ヤミ目《め》（ヤン目ノ亅）の藥《くすり》

黄蓮《わうれん》を煎《せん》じて其渣《そのかす》をとり上水《じやうすゐ》でたび〳〵洗《あら》へば治《なほ》る

七六　風眼《ふうがん》の藥《くすり》（之レハ呑藥デ、サシ藥デナイ亅）

黄芩《わうごん》（一匁）黄蓮《わうれん》（二匁）大黄《だいわう》（三匁）の三品《しな》を粉《こ》にし糊《のり》で丸《まる》めて呑《の》めば治《なほ》る又《また》之れは煎《せん》じて呑《の》んでも可《よ》し

七七　瘧《おこり》の妙藥《めうやく》

夏ノ土用ニ取タ蓬《よもぎ》ト甘草《かんぞう》トヲ煎ジテ毎朝茶碗ヘ一杯ヅヽ呑ムトキハ大便《だいべん》ノ通ジモヨクナリテ胃病《いびやう》、溜飲《りういん》ニ大効能《だいかうのう》アリ
（重野博士ノ常用藥）

益母草《やくもさう》(陰干ノモノ《カゲボシ》)に水《みづ》と酒《さけ》とを合《あは》せ一服《いつぷく》(一匁五分)ほど常《つね》の如《ごと》く煎《せん》じて用《もち》ゐれば妙《めう》に効《かう》あり○山椒《さんしやう》(五匁)艾葉《もぐさ》(一匁)を合《あは》せ水《みづ》で煎《せん》じて呑《の》んでも治《なを》る○何首烏《かしゆう》を刻《きざ》み二匁《もんめ》ほど煎《せん》じて呑《の》んでも可《よ》し○河原《かはら》柴胡《さいこ》(三匁)を煎《せん》じて呑《の》んでも可《よ》し○久《ひさ》しき瘧《おこり》には鼈《すつぽん》を煮《に》て食《くつ》ても治《なを》る

七八　鼻血《はなぢ》の薬《くすり》

山梔子《さんしし》を黒焼《くろやき》にして其《そ》れを鼻《はな》の中《なか》へ吹込《ふきこ》めば治《なほ》る○又《また》、髪毛《かみのけ》を焼《や》き其煙《そのけむり》で鼻《はな》の中《なか》を薫すべし○髪毛《かみのけ》を粉《こ》にして鼻《はな》の中《なか》へ吹込《ふきこ》んでも可《よ》し

七九　血止《ちど》めの妙薬《めうやく》

時鳥《ほとゝぎす》を黒焼《くろやき》にし其《そ》れを粉《こ》にして付《つ》ければ止《とま》る○松葉《まつば》を粉《こ》にし其《そ》れを撒り掛《か》けても止《とま》る○狐《きつね》フクロを引《ひ》き裂《さい》て付《つ》けても可《よ》し○鯨《くじら》の髭《ひげ》を粉《こ》にして付《つけ》ても可《よ》し○アオジを黒焼《くろやき》の粉《こ》にして付《つ》けても可《よ》し○奉書紙《ほうしよがみ》を、寒《かん》三十日《にち》、水《みづ》に入《い》れて晒《さら》し其《そ》れを干《ほ》し置《お》いて引《ひ》き裂《さい》て付《つ》けても止《と》まる

八〇　吐血《とけつ》の妙薬《めうやく》

串柿《くしがき》を黒焼《くろやき》にし其《そ》れを粉《こ》にして湯《ゆ》で用《もち》ゐれば治《なを》る○無果花《いちぢく》を生《なま》で食《くつ》ても治《なを》る又其《またそ》れは下血《ちのくだ》り、衂血《はなぢ》にも可《よ》し○烏鶏を黒焼《くろへや》にし其《そ》れを粉《こ》にして湯《ゆ》で用《もち》ゐても可《よ》し

八一　下血《ちのくだ》る妙薬《めうやく》

木槿《もくげ》の葉《は》を陰干《かげぼし》にし其《そ》れを粉《こ》にして湯《ゆ》で用《もち》ゐれば治《なを》る○梅干《うめぼし》を黒焼《くろやき》にし其《そ》れを白湯《さゆ》で用《もち》ゐても可《よ》しツ

レは又下腹《またしたはら》カブルにも可《よ》し○松《まつ》の若芽《わかめ》を四月八日（舊暦）に取《とつ》て酒《さけ》て一夜《いちや》浸《ひた》し其《そ》れを干《ほ》して黒焼《くろやき》にして酒《さけ》て用《もち》ゐても治《なを》る○黒猫《くろねこ》を黒焼《くろやき》にし其《そ》れを湯《ゆ》て用《もち》ゐても可《よ》し○指鯖《さしさば》の頭《かしら》を黒焼《くろやき》にし其《そ》れを湯《ゆ》て用《もち》ゐても治《なほ》る

八二　食傷《しよくしやう》に食事《しよくじ》を用《もち》ゐる事《こと》

食傷《しよくしやう》には粥《かゆ》を用《もち》ゆべからず、茶漬《ちやづ》け、或《あるひ》は湯漬《ゆづ》けを用《もち》ゆべし之《こ》れ鹽《しほ》を以《もつ》て鹽《しを》を防《ふせ》ぐゝ類《るい》と同《おな》じ

八三　痢病《りびやう》（下痢）に食事《しよくじ》を用《もち》ゐる事《こと》

泄瀉《しびる》には食《しよく》を控《ひか》ゑたるが可《よ》し然《しか》るときは痢病《りびやう》は止《とゞま》る之《こ》れには藥《くすり》を用《もち》ゆべからず……食物《しよくもつ》も其《そ》れを止《と》めるものは用《もち》ゆべからず

八四　炙瘡《きふさう》（ヤイトウノ、カサニナリタルモノ）の妙藥《めうやく》

枯礬《こはん》（メウバンノ焼キタルモノ）を水《みづ》て解《とい》て其《そ》れを付《つ》ければ治《なを》る○括樓根《かつらうこん》を干《ほ》して粉《こ》にし其《そ》れを附《つけ》ても可《よ》し其《そ》れを又《また》湯《ゆ》て呑《の》んても可《よ》し

八五　漆毒《しつどく》（ウルシニ、カブレル丁）の妙藥《めうやく》

鰹《かつを》を食《しよく》すれば治《なほ》る生《な》まの鰹《かつを》のなきときは鰹節《かつぶし》を煎《せん》じ呑《の》んても治《なを》る○紫蘇《しそ》と陳皮《ちんぴ》と香附子《こうぶし》とを平均《へいきん》に合《あは》せ其《そ》れを一匁《もんめ》ほど煎《せん》じて用《もち》ゐても治《なほ》る

八六　種々《しゆぐ》の腫物《できもの》と小《ちい》さな瘡《かさ》の呑藥《のみぐすり》

榍《くつすの》皮《かは》（上皮《うはかは》を削《けづ》り去《とつ》て薄皮《うすかは》）と忍冬《にんどう》（葉と茎ともに）の二品《ふたしな》を平均《へいきん》に合《あは》せ一服《いつぷく》二匁《もんめ》ほどに煎《せん》じて呑《の》めば効能《かうのう》あり

八七　種々《しゆ〳〵》の腫物《できもの》の妙薬《めうやく》

百合《ゆり》の生《なま》なるを磨《す》り爛《たゞ》らかし其《そ》れへ鹽《しほ》を少《すこ》し入《い》れて痛《いた》む所《ところ》へ付《つ》ければ治《なを》る○犬山椒《いぬさんしやう》の葉《は》を陰干《かげぼし》にし其《そ》れを粉《こ》にして酢《す》で解《とい》て付《つ》けても可《よ》し但《たゞ》し之《これ》は散《ち》らし薬《くすり》なり又犬山椒《またいぬさんしやう》の實《か》を青《あを》きときに取《とつ》て其《そ》れを爛《たゞ》らかして付《つ》けても可《よ》し○河原《かはら》ヒサゲの實《み》を陰干《かげぼし》にし其《そ》れを煎《せん》じて用《もち》ゐても可《よ》し○藥紫花《やつしくわ》の油《あぶら》を取《と》りて付《つけ》ても可《よ》し○芝切《しげきり》の葉《は》と根《ね》とを陰干《かげぼし》にし其《そ》れを粉《こ》にし水《みづ》で解《とい》て付《つけ》ても可《よ》し○鮒《ふな》と薯蕷《やまいも》を平均《へいきん》に磨《す》り爛《たゞ》らかして腫物《できもの》に貼《はつ》て置《お》くときは治《なほ》る其《そ》の貼《は》りやうは腫物《できもの》の頭《あたま》の所《ところ》を殘《のこ》して貼《は》り付《つ》けるなり藥《くすり》の上《うへ》へ紙《かみ》を引裂《ひきさい》て蓋《ふた》にするなり

八八　脱肛《だつかう》の妙薬《めうやく》

田螺《たにし》を黒燒《くろやき》にし其《そ》れを粉《こ》にして胡麻油《ごまのあぶら》で付《つけ》れば治《なほ》る○文蛤貝《はまぐりがい》を煎《せん》じて其汁《そのしる》で洗《あら》ひても可《よ》し○鼈甲《べつかう》（川に居る龜の甲《かう》もよし）を酢《す》で浸《ひた》し其《そ》れを干《ほ》し粉《こ》にして付《つけ》ても可《よ》し○古草履《ふるざうり》を火《ひ》で溫《あたゝ》めて痛《いた》む所《ところ》へ當《あ》てるときは其痛《そのいた》み止《や》むものとす○蚯蚓《みゝづ》の土氣《つちけ》を能《よ》く去《と》り味噌汁《みそじる》で煮《に》て汁《しる》ばかり二夜用《ふたばんもち》ゐるときは可《よ》し

八九　痔《ぢ》の妙薬《めうやく》

小《ちいさ》き鴿《はと》の黒燒《くろやき》を粉《こ》にし其《そ》れを湯《ゆ》で用《もち》ゐれば治《なほ》る之《こ》れは下血《くだりち》にも効能《かうのう》あり○藍《あい》の花《はな》を陰干《かげぼし》にし其《そ》れを煎《せん》

じて洗《あらつ》ても可《よ》し〇川《かは》萵苣《ちしゃ》を揉《もん》で絞《しぼ》り其汁《そのしる》を付《つけ》ても治《なを》る又《また》其《そ》れを黒焼《くろやき》にして胡麻油《ごまのあぶら》で用《もち》ゐても治《なほ》る〇無《いち》果花《じく》の葉《は》を煎《せん》じて洗《あらつ》ても可《よ》し〇川亀《かはかめ》を味噌汁《みそしる》で煮《に》て食《たべ》ても治《なほ》る〇蝸牛《かたつむり》(マイ〳〵ツブラのこと)を黒焼《くろやき》にし其《そ》れを粉《こ》にして付《つけ》ても治《なほ》る〇鯖《さば》の頭《かしら》を黒焼《くろやき》にして付《つけ》ても可《よ》し〇梓《あづさ》の木《き》の皮《かは》を黒焼《くろやき》にし其《そ》れを酒《さけ》て用《もち》ゐても可《よ》し〇青苔《あをのり》を粉《こ》にして胡麻油《ごまあぶら》で付《つけ》ても可《よ》し〇蜆《しじみ》を煎《せん》じて其汁《そのしる》で洗《あらつ》ても可《よ》し〇五倍子《ばいし》を粉《こ》にして其《そ》れを付《つけ》ても可《よ》し

九〇　癇《かん》の妙《めう》藥《やく》

蟾蜍《ひきがへる》を黒焼《くろやき》にし其《そ》れを粉《こ》にして用《もち》ゐれば治《なほ》る〇藜蘆《をもと》の根《ね》を白水《しろみづ》で浸《ひた》し其《そ》れを干《ほ》して粉《こ》にし而《しか》して丸《まる》めて毎日《まいにち》三度《ど》づゝ吞《の》めば治《なほ》る〇羅石草《ひるも》の葉《は》を取《とつ》て干《ほ》し其《そ》れを粉《こ》にして湯《ゆ》で用《もち》ゐても可《よ》し〇烏鴉《からす》を寒中《かんちう》に捕《と》りて嘴《はし》と爪《つめ》とを去《と》り其《そ》れを黒焼《くろやき》の粉《こ》にして用《もち》ゐても可《よ》し

九一　白禿瘡《しらくも》の妙藥《めうやく》

茵陳《かはらよもぎ》(ゴギヤウのこと)を黒焼《くろやき》にし其《そ》れを粉《こ》にして胡麻油《ごまのあぶら》で解《とい》て付《つ》ければ治《なほ》る〇金鈴子《せんだんのみ》を黒焼《くろやき》にし其《そ》れを粉《こ》にしてカミノ油《あぶら》で解《とい》て付《つ》けても治《なほ》る〇鷄《にはとり》の卵《たまご》を胡麻油《ごまのあぶら》に合《あは》せて付《つけ》ても可《よ》し〇土器《かはらけ》の粉《こ》と松脂《まつやに》の二品《ふたしな》を平均《へいきん》にし其《そ》れを粉《こ》にしてカミノ油《あぶら》で解《とい》て付《つけ》ても治《なほ》る〇干《ほ》した蕪《かぶ》を黒焼《くろやき》にし其《そ》れを粉《こ》にして付《つけ》ても可《よ》し〇石《し》蒜花《ひとはな》(チゴク花のこと)の根《ね》を取《と》り其《そ》の切口《きりくち》で磨《すつ》ても可《よ》し

九二　頭瘡《あたまのかさ》と諸瘡《しよさう》の妙藥《めうやく》

牛膝《ごしつ》（ゴマノヒサと云ふ草）を黒焼《くろやき》にし其《そ》れをカミノ油《あぶら》で解《とい》て付《つ》ければ治《なほ》る○蓖麻子《ひまし》を糊《のり》で押合《おしあは》せて足《あし》ゝ平《ひら》へ貼《は》りても治《なを》る

九三 腋《わき》臭《が》の妙《めう》薬《やく》

明礬《みやうばん》を粉《こ》にし其《そ》れを水《みづ》で解《とい》て付《つ》ければ治《なほ》る○五味子《ごみし》を粉《こ》にし其《そ》れを水《みづ》で解《とい》て付《つ》けても治《なを》る○古錢《ふるぜに》を砥《と》ておろし其《そ》の砥《と》クソを付《つけ》ても治《なを》る○墨《すみ》を磨《す》りて腋《わき》の下《した》に塗《ぬ》るに穴《あな》あり其處《そのところ》は墨《すみ》が乾《かわ》かぬなりソコへ灸《きう》をすへれば治《なを》る○石灰《いしばい》を七日《か》間《かん》、酒《さけ》に浸《つ》けて置《おい》て其《そ》れを付《つけ》ても治《なほ》る○巴豆《はづ》と田螺《たにし》の二品《しな》を磨《す》り爛《たゞ》らかして腋《わき》の毛《け》を能《よ》く拔《ぬい》て其處《そこ》へ塗《ぬ》り付《つけ》ても治《なを》る○田螺《たにし》の殻《から》を粉《こ》にして付《つけ》ても可《よ》し

九四 鼠《ねづみ》瘻《かさ》の妙《めう》薬《やく》

山百合《やまゆり》の根《ね》を磨《す》りて蜈蚣《むかで》の黒焼《くろやき》を半分合《はんぶんあは》せ其《そ》れを練《ね》りて付《つ》ければ治《なを》る○猫《ねこ》の糞《ふん》の雨露《あめつゆ》に晒《さら》されたるを取《と》り其《そ》れを粉《こ》にして胡麻油《ごまあぶら》で解《とい》て付《つけ》ても可《よ》し

九五 瘰《るい》癧《れき》の妙《めう》薬《やく》

鼈《すつぽん》を味噌汁《みそしる》で煎《せん》じ其《そ》れを呑《の》めば治《なを》るものとす

九六 魚《うを》の目《め》（千日瘡《かさ》ノコト）の妙薬《めうやく》

蜂《はち》の子《こ》の孵化《かへ》らぬ（生レ出《で》ヌ）とき其《そ》れを磨《す》り爛《たゞ》らかして付《つ》ければ治《なほ》る○秋《あき》グミの葉《は》と莖《くき》を刻《きざ》み煎《せん》じて其《そ》れて洗《あら》へば治《なほ》る○白米《しろごめ》一粒《つぶ》を魚《うを》の目《め》に押當《おしあて》て小刀《こがたな》の先《さき》で米《こめ》の上《うへ》へ十の字《じ》を畫《か》き其《そ》れを滯《とよ》の中《なか》へ棄《す》

つれば米《こめ》の腐《くさ》るときに魚《うを》の目《め》は抜《ぬ》けるものとす○鹽漬《しほづけ》の茄子《なす》を切《きつ》て其《そ》れを魚《うを》の目《め》の處《ところ》へ摺《こすつ》ても可《よ》し

九七　水腫《みづぶくれ》の妙藥《めうやく》

冬瓜《とうがん》の黒燒《くろやき》と狸皮《たぬきのかは》の黒燒《くろやき》の二品《ふたしな》を平均《へいきん》に合《あは》せ粉《こ》にし其《そ》れを小豆《こまめ》の位《くらゐ》に丸《まる》めて一日《にち》に三十粒《つぶ》づゝ酒《さけ》で用《もち》ゐれば治《なを》る

九八　小便《せうべん》の通《つう》ぜぬときの妙藥《めうやく》

田螺《たにし》の肉《み》を摺《すつ》て臍《へそ》(其人の)に貼付《はりつ》けるときは小便通《せうべんつう》じて可《よ》し○沈香《ちんく》(四匁)と甘草《かんさふ》(二匁)を煎《せん》じ用《もち》ゐても治《なを》る○菅《すげ》を煎《せん》じて腰湯《こしゆ》をしても治《なを》る○枇杷《びは》の葉《は》を煎《せん》じて用《もち》ゐても可《よ》し○蛤《はまぐり》の貝《かい》の能《よ》くされたるを粉《こ》にして陰莖《いんけい》(ヘノコ)の口《くち》に入《い》れても可《よ》し而《しか》して女《をんな》はそれを紙《かみ》へ貼《つ》けて陰部《いんぶ》へ貼《はつ》ても治《なを》る○鱵《さより》(俗にサイレンといふ)の目《め》を取《と》り干《ほ》して措《おい》て其《そ》れを煎《せん》じて用《もち》ゐても治《なを》る

九九　大便《だいべん》の通《つう》ぜぬときの妙藥《めうやく》

青苔葉《あをこけは》の黒燒《くろやき》(三匁)と葛粉《くずこ》(一匁)の二品《ふたしな》を粉《こ》にして其《そ》れを酒《さけ》で用《もち》ゐれば治《なほ》る○牽牛子《あさかほのみ》と大黄《たいわう》と桃仁《とうにん》の三品《しな》を粉《こ》にし其《そ》れを赤飴《あかあめ》で包《つゝ》んで長《なが》く丸《まる》めて肛門《こうもん》(ケツノ穴)へさせば治《なを》る○白桃《しろもゝ》の花《はな》を干《ほ》して粉《こ》にし其《そ》れを白砂糖《しろざとう》の水《みづ》で煉《ねつ》て丸《まる》めて用《もち》ゐるときも治《なを》る

秘傳實驗 神佛靈妙開運大秘書 終

秘伝実験
神仏霊妙開運大秘書

大正十五年二月五日　初刷発行（松陽堂）
平成十六年三月五日　復刻版初刷発行
令和　五　年三月二日　復刻版第三刷発行

著　者　陽新堂主人

発行所　八幡書店
東京都品川区平塚二―一―十六
KKビル五階
電話　〇三（三七八五）〇八八一
振替　〇〇一八〇―一―四七二七六三

ISBN978-4-89350-517-0 C0014 ¥3000E